신족과 거인족의 투쟁

이데아와 시뮬라크르

소운 이정우 철학 대계 1
신족과 거인족의 투쟁

초판1쇄 펴냄 2022년 7월 20일

지은이 이정우 | **펴낸이** 유재건 | **펴낸곳** 그린비 | **주소** 서울시 마포구 와우산로 180, 4층 | **대표전화** 02-702-2717
팩스 02-703-0272 | **홈페이지** www.greenbee.co.kr | **원고투고 및 문의** editor@greenbee.co.kr

주간 임유진 | **편집** 홍민기, 신효섭, 구세주, 송예진 | **디자인** 권희원, 이은솔
마케팅 유하나, 육소연 | **물류유통** 유재영 | **경영관리** 유수진

ISBN 978-89-7682-683-1 93100

學問思辨行: 배우고 묻고 생각하고 판단하고 행동하고

독자의 학문사변행을 돕는 든든한 가이드 _그린비 출판그룹

그린비 철학, 예술, 고전, 인문교양 브랜드
엑스북스 책읽기, 글쓰기에 대한 거의 모든 것
곰세마리 책으로 통하는 세대공감, 가족이 함께 읽는 책

신족과 거인족의 투쟁

이데아와 시뮬라크르

이정우 지음

그린비

"실재를 둘러싼 논쟁이 너무나도 격렬해서
우리는 그들 사이에 마치
거인족과의 전투(gigantomachia)라도
벌어지는 것 같은 인상을 받게 되는구려."

―플라톤, 『소피스테스』

개정판에 부쳐

2008년에 처음 출간된 본 저작은 1990년대에 내가 가졌던 문제의식을 철학사의 맥락에서 접근한 저작이다.

지금도 마찬가지이지만, 그 당시 나는 '가짜'라는 것에 대한 깊은 존재론적 회의를 품고 있었다. 한편으로 가짜는 사회적 맥락에서 떠돌아다니는 언어, 사상, 문화로서 다가왔고, 다른 한편으로 사물들, 기술(테크놀로지)의 맥락에서 다가왔다. 물론 양자는 자주 결합된 형태로서 나타났다. 대중매체와 대중문화를 통해 유포되는 각종 이미지들(과 사실상 이미지인 말과 글들), 기술적인 조작들을 통해 전파되는 '문화상품'들, 조화(造花)의 수준을 훨씬 뛰어넘는 모조품들, 그리고 사회를 관류하는 각종 이데올로기들, 사람의 신체조차도 조작의 대상이 되는 현상들… 내게는 '세상'이라는 것이 그 자체가 가짜인 듯이 느껴졌다. 1993년 한 허름한 극장에서 보았던 〈블레이드 러너〉는 내게 이 시대를 그린 초상화처럼 보였다.

이런 상황에서 다가온 두 사람의 철학자가 장 보드리야르와 질

들뢰즈였다. 이 두 철학자들 그리고 당시에 새롭게 등장한 컴퓨터 기술/사이버공간, 이 세 사상은 공통으로 하나의 개념, 지하 깊은 곳에 파묻혀 있다가 수천 년의 세월이 흐른 후 무덤을 뚫고 나와 새로운 생명을 얻은 개념을 사유했다. 바로 '시뮬라크르'(simulacre)라는 개념을. 정보과학이라는 새로운 테크놀로지는 '시뮬레이션'을, 보드리야르는 '시뮬라시옹'을 논했고(simulation='시뮬라크르 만들기'에 대한 기술적 조작과 문화적 비판), 들뢰즈는 '시뮬라크르'를 '사건'으로서 재사유했다. 나는 시뮬레이션/시뮬라시옹에 대해서는 '세계' 개념과 연관시켜 사유하게 되었으며, 들뢰즈로부터는 사건의 철학을 배웠다.

이런 생각의 흐름에서 나는 『소피스테스』라는 텍스트를 발견하게 되었다. 이전에도 이 대화편을 읽었지만, 시뮬라크르와 시뮬레이션/시뮬라시옹에 대한 문제의식을 가지고서 대한 이 텍스트는 예전과는 상당히 다른 의미로서 다가왔다. 1990년대 이래 가져 왔던 문제의식이 어떤 철학사적 맥락을 잡아내기에 이른 것이다. 플라톤이야말로 '진짜와 가짜'를 변별하는 데에 평생을 바친 사람이며, 19세기 이래 새롭게 도래한 사유의 흐름은 그의 변별 방식에 강력한 반론을 제기하는 것으로 보였다. 이런 발견으로부터 나는 '신족과 거인족의 투쟁'을 사유하게 되었고, 플라톤이 고대 철학의 맥락에서 사유했던 이 문제-틀을 철학사 전체로 넓혀 '플라톤 vs. 니체-베르그송'의 구도로써 다시 사유하고자 한 것이다. 소은 박홍규의 가르침은 이 대결을 사유하는 데에 길잡이가 되어 주었다.

가끔씩 세상은 이제 더 이상 돌이킬 수 없는 지경으로 들어서지 않았나 하는 울적한 기분에 사로잡힌다. 이것은 세계 내에서 발생하는 기분으로서의 우울감이 아니라 세계의 존재 그 자체로부터 유래하는 존재론적 우울감인 듯하다. 그래서 이 먹구름을 뚫고서 희망과 용기를 잃지 않게 해줄 것은 오로지 이 존재론적 우울감과의 진검승부 외에는 없을 듯하다. 플라톤과 니체-베르그송의 대결을 다룬 이 저작은 이런 진검승부의 한 결을 형성한다.

2022년 여름

逍雲

차례

일러두기

1. 이 책은 2008년 한길사에서 출간된 『신족과 거인족의 투쟁』을 개정하여 복간한 것으로, 「보론2: 플라톤과 원근법의 문제」가 새롭게 추가되었다.

2. 본문과 각주에서 지은이가 강조하고자 한 부분은 국문과 영문 모두 고딕체로 표기했다.
   예: 베르그송은 동일성을 부정한 것이 아니라 생성의 근거 위에서 설명코자 했다.
   예: 핵심적인 것은 '복사물들'(eikonês)과 '시뮬라크르들'(phantasmata)의 구분이다.

3. 플라톤의 분할법을 정리해 놓은 구절에서는 분할의 해당 항목들에 밑줄을 그어 표기했다.
   예: 우선 기술은 제작술과 획득술로 나뉜다.

4. 작은따옴표는 일반적으로 사용되는 어휘들로서 문맥상 도드라지게 보일 필요가 있을 때 사용했다.
   예: '힘에의 의지'와 '영원회귀'는 니체의 핵심 개념들이다.

5. 큰따옴표는 다른 저자들의 표현들을 직접적으로 인용할 때 사용했다.
   예: 니체가 "신은 죽었다"고 말했을 때, 그는 무엇을 의미했던 것일까?

6. 대괄호는 인용 시 독자에게 도움을 주기 위해서 옮긴이가 삽입한 구절을 표시한다.
   예: "베르그송은 이것[생명의 약동]을 통해 기계론적 진화론의 약점을 지적하고자 했다."

7. 인용은 약자를 사용하여 본문에 표기했으며, 약자 사용 방식에 대해서는 각주에 명기했다.
   예: "[…]라고 할 수 있을 것이다."(EC, 75/113)
   EC = Henri Bergson, *L'Evolution créatrice*, PUF, 1907.

서론: 신족과 거인족

앎과 모름은 일견 모순관계로 보인다. 앎과 모름을 포괄하는 개념을 생각하기 어렵다는 점에서 이 개념들은 대립관계가 아니라 모순관계를 형성한다('지식'이라는 말은 이미 '앎'의 의미를 함축하고 있다). 모순관계는 모순된 존재들 사이의 불연속을 함축한다. 정도의 경우든(높음과 낮음, 흼과 검음, …) 택일의 경우든(남과 여, 척추동물과 무척추동물, …) 대립은 중간을 허용하거나(정도의 경우) 두 항을 감싸는 동일성의 연속성을 함축한다(택일의 경우). 앎과 모름은 중간항이나 상위의 포괄을 허용하지 않는 모순이다. '無知'는 '知'(의 존재)의 무이다. 그러나 실제 앎과 모름이 섞여 있는 경우가 많다는 사실을 어떻게 이해해야 하는가? 모순관계는 無와 불연속을 함축하며 모순된 둘은 섞일 수 없다. 섞임은 연속성(아페이론)과 타자화가 가능할 때에만 성립하기 때문이다. 그러나 앎과 모름은 때로 섞이는 것으로 보인다. 우리는 '존재'라는 말을 알고 있는가? 더 정확히 말해 그 의미를 알고 있는가? 존재에 관한 숱한 책들이 상극한다는 사실이 그렇지 않음을 말해 주는 것 같다. 우리는 '존재'에 대해 알기도 하고 모르기도 한다. 모순되는 두 항이 섞여 있다는 점에서 이것은 묘(妙)하다. 플라톤은 엘레아에서 온 이방인의 입을 통하여 이 묘함을 지적한다.

> 그렇다면 이제 우리가 길을 잃어버린 것 같소이다. 하니 그대들이 이 '존재'(to on)라는 표현으로 무엇을 이해하려 하는지를 우리에게 설명해 주지 않으려오? 그대들은 분명 그 뜻하는 바에 매우 친숙해 있을 것이고, 사실 우리 자신도 지금껏 그렇다고 믿어 왔었소. 하나 지금에 와서는 이렇게 당혹감에 처해 있소이다.(『소피스테스』, 244a)[1]

앎과 모름이 계속 교차할 때 모름이 앎을 누르게 된다. 그래서 우리는 다시 계속해서 물음을 던지게 된다. 우리를 사유하게 만드는 것은 물음이다. "존재란 도대체 무엇일까?" "존재한다는 것은 무엇을 뜻할까?" 우리는 존재 앞에서 무지의 고뇌와 사유의 희열을 동시에 느낀다. 그래서 아리스토텔레스는 우리에게 존재 물음의 항구성과 근본성을 토로한다. "먼 옛적에 제기되어 지금까지도 논의되고 있으며 또 앞으로도 논의될, 늘 우리를 당혹감에 처하게 만드는 그런 물음이 있다: 존재란 무엇인가/무엇이 존재인가(ti to on), 즉 실재란

---

1) Platon, *Le Sophiste*, texte établit et traduit par Auguste Diès, Société d'Editions "Les Belles Lettres", 1985. 이하 플라톤 저작의 모든 인용은 이 전집에서 한다.

무엇인가/무엇이 실재인가(tis he ousia)?"(『형이상학』, 1028b 2)[2] 우리는 파르메니데스의 시대부터 오늘날에 이르기까지 지적 거인들을 사로잡았던 가장 근본적인 문제 앞에 서 있다.

『소피스테스』는 존재 물음을 체계적으로 다룬 최초의 텍스트이다. 우리는 이 텍스트에서 출발한다. 플라톤이 쓴 것으로 알려져 있는 이 텍스트 안에 그러나 플라톤은 없다. 이 텍스트에는 '나'(또는 '우리')로 표현되는 저자=주체가 등장하지 않는다. 우리는 이 책에서 플라톤의 목소리를 직접 들을 수가 없다. 플라톤은 타인들이 나누는 대화를 재구성해냄으로써 자신의 생각을 표현한다. 그래서 늘 이런 물음이 제기되곤 한다: 대화편의 어디까지가 플라톤의 생각을 담고 있고 어디까지가 타인들의 생각을 기록/해석하고 있는가? 대화편에 등장하는 소크라테스의 생각은 물론, 소크라테스를 논박하는 상대방의 생각까지도 플라톤이 구성한 것이다. 그 생각들은 기록된 것들인가 창작된 것들인가. 어디까지가 역사적 소크라테스이고 어디까지가 플라톤의 소크라테스인가. 플라톤의 저작들은 여러 가지 문헌학적 문제들을 우리 앞에 던져 놓는다.

플라톤의 저작들은 '대화편들'이라 일컬어진다. 플라톤은 등장인물들 사이에서 전개되는 대화를 그려냄으로써 자신의 생각을 전개한다. 이 인물들은 대개의 경우 논쟁한다. 즉, 로고스를 통해 투쟁한다. 사실 로고스는 본래부터 투쟁을 통해서 성립했다. 헬라스 역

---

2) Aristoteles, *Metaphysics*, by Hugh Tredennick, Loeb Classical Library, 1933. 이하 아리스토텔레스 저작의 모든 인용은 이 전집에서 한다.

사에서 '지혜'(소피아)는 정치적 상황에서 출현했다. 인간이 이빨이나 발톱이 아니라 말로써, 로고스로써 문제를 해결할 수 있다는 자각으로부터 지혜, 사유, 철학이 시작되었다. 사유는 투쟁, 전쟁에서 시작되었으나 그 투쟁, 전쟁은 로고스를 통해서 성립했던 것이다. 요컨대 그리스의 본격적인 사유는 자연철학에서 시작된 것이 아니라 정치적 지혜에서 시작된 것이다. 로고스와 소피아는 아고라와 함께 성립했다. 대화편들은 로고스를 무기로 벌어지는 투쟁, 우리 식으로 말해 '담론 투쟁'이다. 진리의 여신 아테네는 제우스의 머리에서 완전무장한 채로 뛰쳐나왔다. 진리의 여신은 곧 무(武)의 여신이기도 하다. 플라톤의 대화편들은 로고스와 로고스가 서로 부딪치면서(dia-logos) 벌어지는 박진감 넘치는 '드라마'를 그리고 있다.

'드라마'는 행위, 사건, 상황을 뜻한다. 그리스에서 드라마는 큰 사건과 더불어, 즉 페르시아 전쟁과 더불어 시작되었다. 드라마에는 인물들이 등장하며, 대사가 있고, 무대 장식, 음악 등이 있다. 플라톤의 드라마는 사유하기 위한 드라마, 사유의 여정을 그린 드라마이다. 우리는 대화편들을 우선 드라마로 읽어야 한다. 거기에서 소리와 색깔을, 인격과 분위기를 느낄 수 있어야 한다. 트라쉬마코스와 소크라테스의 치열하면서도 코믹한 대결(『국가』), 프로타고라스와 소크라테스의 긴박감 넘치는 만남(『프로타고라스』), 『향연』에서의 그 활기차면서도 아름다운 열변들, 아테네 교외의 아름다운 풍광에 대한 인상 깊은 묘사(『파이드로스』)… 이런 것들을 느끼지 못한다면 우리는 플라톤 사유의 반쪽을 놓치게 될 것이다. 플라톤의 드라마들은 곧 행위들, 사건들, 상황들이다. 그것은 고유명사를 가진 개별 인물들——

대부분 실존했던 것으로 여겨지는 인물들——이 특정한 장소와 날짜에 만나 나눈 대화들이다.[3] 아리스토텔레스가 젊은 시절에 썼던 드라마들을 파기하고 새로운 방식의 산문들을 시도했을 때, 철학은 그 내용에서만 아니라 형식에서도 새로운 국면에 접어들었던 것이다.

때로 대화편은 대화 참여자들 중 한 사람이 이전에 있었던 대화를 통째로 전달해 주는 형식을 취한다. 『국가』에서 소크라테스는 밴디스 여신의 축제에 다녀오는 길에 트라쉬마코스, 글라우콘, 아데이만토스 등과 만나 나누었던 대화를 그 다음날 누군가에게 전달해 준다. 『파이돈』에서 파이돈은 엘리스로 돌아가던 길에 에케크라테스를 비롯한 퓌타고라스 학도들을 만나 소크라테스가 그 최후의 순간에 케베스, 심미아스… 등과 나누었던 이야기를 전달해 준다. 복잡한 대화 내용을 이렇게 통째로 들려주는 것은 곧 놀라운 기억력을 통해 하나의 이야기(뮈토스)를 모두 외워서 들려주는 시인의 역할을 상기시킨다. 철학과 폴리스를 위해 전통적인 시가와 (당대에 초라하게 타락했던) 드라마를 탄핵했던 플라톤이었지만, 그 자신은 위대한 시인의 혈통을 이어받고 있다 해야 하지 않겠는가. 어떤 면에서 보면 플

---

3) "아리스토텔레스는 사람이 있으면 그냥 사람이지, 늙은 사람, 누구누구의 아들, 어디서 온 사람 등으로 말하지는 않습니다. […] 우연적인 속성이기 때문에 학문에서는 별 가치가 없다는 것이죠. […] 모든 다른 철학에 대해서도 그런 얘기를 할 수가 있습니다. 그러나 플라톤의 데이터는 […] 고유명사의 입장에서 데이터가 주어집니다. […] 플라톤은 그 데이터의 총체에 접근할 때에, 우선 직접적인 어떤 역사적 사건으로서, 다시 말하면 우리의 추상적인 사고가 하나도 들어가지 않는 상태에서부터 데이터를 이해합니다. […] 플라톤의 우주론은 봉쇄적인 체계니까 우주도 하나의 고유명사입니다. […] 그런 고유명사의 극한에서 본다는 것이 플라톤의 데이터의 특색입니다."(박홍규, 『형이상학 강의 I』, 민음사, 1995, 14~16쪽)

라톤은 (젊은 시절 심취했다가 철학에 입문하면서 내버렸다고 전해지는) 드라마에 대한 미련 때문에 대화편이라는 형식을 취했을 것이다. 플라톤의 로고스는 뮈토스와 뒤섞여 있다.

그러나 논쟁이라는 행위에는 간단히 풀기 힘든 긴장과 혼란이 놓여 있다. 논쟁이 로고스를 통한 투쟁이라면, 거기에는 강렬한 외부성, 순수사유의 외부성이 존재할 수밖에 없다. 논쟁에는 늘 개인적 기질, 상황/분위기의 미묘함, 감정의 돌발, 기억에서의 얽힘… 등 많은 우발성들이 개입한다. 일상에서의 대부분의 논쟁들이 성과 없이 끝나는 것은 이 때문이다. 플라톤의 대화편은 이런 외부성들을 내부성으로 거두어 정돈한다. 철학의 정연한 논변을 위해 외부성들은 제거되며 모든 갈등과 대립은 플라톤의 사유에 녹아들어 그 들러리 역할로 전락한다. 『국가』(1권)에서 트라쉬마코스의 날카로운 논변들은 논쟁이 진행되면서 점차 플라톤의 사유 속으로 굴복해 들어간다. 그래서 대화편들은 종종 "전적으로 그렇습니다", "제우스에 맹세커니와 틀림없는 사실입니다" 같은 맥 빠진 대사로 일관한다(물론 이런 대사들은 플라톤의 논변을 한 단계씩 넘어가게 하는 디딤돌의 역할을 해준다는 점에서, 결코 허투루 보아 넘겨서는 안 된다는 것도 사실이다). 이런 대목들에서 드라마는 위축되고 철학적 논변만이 건조하게 전개된다. 그러나 때로는 드라마적 요소가 너무 많아 철학서로서는 잡설이 너무 길다는 느낌을 주기도 한다. 대화편들에서 드라마와 철학은 때로는 절묘하게 결합하지만 때로는 균형을 잃고 삐걱거린다. 그러나 결국 플라톤에게 중요한 것은 정밀한 논변의 절차를 밟아 철학적 문제들을 해결하는 것이라고 보아야 할 것이다. 그 각각의 발걸음들을 분명히 하기 위해 동의/승인과 논박, 재설명, 우회를 비롯한 여러 절차들이 필요하게 된다. 이 절차들은 드라마의 형식으로 꾸며진다. 논변은 대화편의 뼈대를 구성하며 드라마는 그 살과 피를 구성한다.

플라톤의 대화편들이 외부성을 내부화하고 있다 해도 그 과정은 간단하지 않다. 플라톤은 적어도 대화 내용이 요청하는 논변들의 복잡성과 밀고-당김에 있어서는 그 극한에까지 'dia-logos'를 펼쳐 보여준다. 논변은 간단하게 내부화되지 않는다. 그렇지 않았다면 플라톤은 "플라톤"이 될 수 없었을 것이다. 그의 대화편들을 일방적인 내부화나 매끈한 건축술로 간단히 규정하는 것은 경솔한 것이다.[4] 말미에 가서 김이 빠진다 해도, 트라쉬마코스와 소크라테스는 치열하게 밀고 당기면서 논변을 전개시킨다. 『국가』의 2권은 플라톤 자신에 대한 가능한 논박을 충분히 펼쳐 보인다. 『프로타고라스』에서 자신의 생각을 유려하게 펼치는 프로타고라스는 결코 허수아비가 아니며, 그의 생각들 중 핵심적인 어떤 것들은 그대로 플라톤에 의해 수용된다('정치술'의 필요성에 대한 역설 등). 『파르메니데스』에서는 자신이 그때까지 공들여 완성한 이데아론을 새삼스럽게 전면적인 검토에 부친다. 『에우튀프론』을 채우고 있는 에우튀프론의 아둔한

---

4) 지젝은 플라톤의 저작들이 의견들의 대칭적인 교환을 전혀 포함하고 있지 않으며, 따라서 그가 '대화편들'을 쓴 것은 철학사상 가장 큰 아이러니일 것이라고 말한다.(슬라보예 지젝, 『신체 없는 기관』, 이성민 외 옮김, 도서출판b, 2006, 7쪽) 가라타니 고진은 충분한 검토 없이 플라톤주의를 '건축에의 의지'로 특징짓고 있다.(가라타니 고진, 『은유로서의 건축』, 김재희 옮김, 한나래, 1998, 1장)

논리들은 아마 실제에 가까운 모습이었을 것이다. 플라톤의 대화편들은 내부화된 변증법이지만, 그것은 대화의 복잡성들을 최대한 살리고 있는 역동적인 변증법인 것이다. 우리는 이런 관점에서 플라톤의 대화편들에 접근할 것이다.

플라톤의 사유는 『국가』에서 이미 풍부한 결실을 보고 있다. 그러나 모든 위대한 경지는 언제나 자기 자신과의 싸움을 통해 이루어진다. 플라톤은 스스로의 철학을 전면적으로 재론에 부침으로써 다시금 새로운 발걸음을 내디딘다. 『파르메니데스』·『테아이테토스』·『티마이오스』는 플라톤 사유의 새로운 정초를 담고 있다. 『파르메니데스』는 이데아론을 다각도로 재검토함으로써 엘레아학파를 넘어선 플라톤을 보여준다. 『테아이테토스』는 진리 개념을 심층적으로 다룸으로써 후기 사유의 인식론적 토대를 놓고 있다. 『티마이오스』는 플라톤 사유에서 그때까지 비교적 소홀히 다루어졌던 자연＝퓌지스에 대한 풍부한 논의를 전개시킴으로써 새 경지를 열고 있다. 이 세 대화편은 각각 존재론·인식론·자연철학에서 플라톤 사유의 새로운 토대를 제공한다.

이렇게 새롭게 놓인 토대 위에서 다시금 존재론과 실천철학의 종합적 지평이 열린다. 3부작으로 기획된, 그러나 아쉽게도 그 3부가 쓰이지 못한 『소피스테스』·『정치가』·『철학자』는 플라톤 사유의 가장 원숙한 경지에서 쓰이고 기획된 세 대화편들이다. 그리고 그 첫머리에 『소피스테스』가 놓인다. 이 대화편은 플라톤 사유의 새롭게 구성된 이론적-실천적 심층을 열어젖히고 있다.

그러나 이 대화편이 보여주는 또 하나의 특징은 그 논의 구도에 있다. 이 대화편은 하나의 주제를 단조롭게 전개하기보다는 여러 가지의 주제를 복합적으로 접속시키고 있다. 놀라운 것은 그 접속이 너무나도 절묘해서 이 대화편의 통일성과 치밀함에 조금도 손상을 입히고 있지 않다는 사실이다. 그것은 각 악장이 독자적인 울림을 전해주면서도 조화로운 전체를 들려주는 교향곡과도 같다. 중요한 것은 각 절편들의 배치이다. 『소피스테스』는 철학함의 한 전범을 보여준다. 이 대화편의 출발점은 사이비 지식인으로서의 소피스트들에 대한 고발이다(그 뒤에는 참다운 정치가와 참다운 철학자에 대한 탐색이 복선으로 깔린다). 따라서 대화편의 출발점은 지극히 현실적이고 실천적인 맥락이다. 그러나 논의가 진행됨에 따라 주제는 점차 본격적인 인식론적-존재론적 문제들로 넘어간다. 사유는 현실에서 출발해 점차 근본적인 차원으로 나아간다. 그러나 중요한 것은 근본적인 차원(존재론)의 문제를 해결한 후 플라톤의 논의가 본래의 출발점으로 되돌아온다는 점이다. 인식론적 단절과 회귀를 통해 대화편은 완결된다.

플라톤은 엉터리 지식을 팔아 치부하는 사이비 지식인으로서의 소피스트들을 독특한 방식에 따라 규정한다. 플라톤의 "logon didonai", 그것은 분할(diairesis)의 방법이다. 『파이드로스』와 『정치가』에서도 중요한 역할을 하는 이 방법은 플라톤의 후기 철학을 이해하는 한 관건을 형성하고 있다. 소피스트들은 결국 가짜를 진짜로 속여 팔아 치부하는 존재로 규정된다. 그러나 여기에 다시 근거가 요청된다. 이런 주장이 성립하려면 오류/거짓(pseudos)이라는 것이 존재해야 하기에 말이다. 오류/거짓이란 그렇지 않은 것을 그렇다고

(또는 그런 것을 그렇지 않다고), 없는 것을 있다고(또는 있는 것을 없다고) 주장하는 것에 다름 아니다. 그래서 오류/거짓이라는 것이 성립하려면 반드시 비존재(to mê on)가 존재해야 한다. 그래서 이제 파르메니데스에 반(反)해서 비존재의 존재를 증명해야 하는 상황이 도래한다. 이렇게 처음에는 지극히 현실적이고 정치적인 문제로부터 출발했던 논의는 인식론적 문제 제기를 거쳐 마침내 철학의 최고 최대의 문제인 (비)존재의 문제에 도달하게 된다.

본격적인 논의에 들어간 플라톤은 파르메니데스를 넘어서기 위해 '친부살해'를 감행하고, 당대까지의 존재론사를 검토하는가 하면, '신족과 거인족의 투쟁'(gigantomachia)을 논하기도 한다. 나아가 판단의 문제와 유들 간의 공통성, 비존재의 존재, 다섯 개의 최상위 유들, 타자로서의 비존재 같은 굵직한 문제들을 쏟아낸다. 이렇게 존재론을 확립한 그는 다시 현실로 내려오기 시작한다. 논의의 디딤돌이었던 오류/거짓의 문제가 재론된다. 즉 확립된 존재론에 근거해서 오류/거짓의 문제가 새로운 방식으로 다루어진다. 그리고 이제 논의가 처음 출발했던 지점, 즉 "소피스트들이란 누구인가?"라는 물음으로 되돌아온다. '관조적 삶'으로 올라갔다가 다시 '실천적 삶'으로 내려오는 '양방향의 삶'.(『국가』, 520c) 이런 오르내림을 통해 논의의 원환이 완성되기에 이른다. 사이비 지식인들을 고발하려는 현실적인 문제에서 출발해 인식론을 거쳐 존재론으로까지 올라갔다가 다시 인식론을 거쳐 본래의 문제로 돌아온 이런 원환 운동은 사유한다는 것이 무엇인가, 철학함이란 무엇인가를 선명하게 보여준다. 구체적이고 현실적인 문제를 해결하기 위해 보다 탄탄한 근거를 찾아내고 그렇게 찾아낸 근거를 가지고서 처음 출발했던 문제로 되돌아오는 이 논의 구도만큼 사유함, 철학함의 의미를 잘 보여주는 경우도 드물다.『소피스테스』를 철학사의 최고 고전들 중 하나로 꼽을 수 있는 이유는 그것의 내용 외에도 이러한 논의 구도 자체에 근거한다.

플라톤은 당대까지의 존재론사를 논하면서 '신족과 거인족의 투쟁'을 언급하고 있으나, 본 저작의 제목은 보다 큰 지평에서의 투쟁이다. 우리는 여기에서 플라톤과 그 후예들로 구성된 신족과 니체와 그 후예들로 구성된 거인족의 투쟁을 논할 것이다. 니체 이후 철학은 하나의 모토를 반복해 왔다: "플라톤주의를 전복하라!" 그러나 이런 반복은 역설적으로 플라톤주의의 건재를 증명해 주고 있다. 죽은 시체를 전복할 이유는 없겠기에 말이다.

고전적인 철학자에 대한 비판은 이미 죽은 철학자에 대한 비판이 아니다. 죽은 철학자는 살아 있는 철학자들에게 대답할 수 없다. 그에게 던지는 비판은 대답 없는 메아리를 낳을 뿐이다. 그래서 비판은 대개 일방적인 공격으로 끝난다. 아리스토텔레스는 플라톤을 오해했고, 헤겔은 칸트를 부당하게 폄하했으며, 바슐라르는 베르그송을 허수아비로 만들었다. 사실상 철학사적 인물들에 대한 모든 공격은 살아 있는 인물들에 대한 공격이다. 플라톤에 대한 공격은 현대의 플라톤'주의자들'에 대한 공격이며, 공자에 대한 공격은 현대의 공자'주의자들'에 대한 공격이다. 그리고 그러한 공격이 존재한다는 사실 자체가 그 철학사적 인물의 현존(現存)을 증명해 준다. '~주의자들'이 존재하지 않는다면 그 '~'에 대한 공격은 무의미한 것이겠기에 말이다. 모든 철학적 투쟁은 현재의 투쟁이다. 철학사적 인물은 그 투쟁에 연루됨으로써 그가 살아 있다는 것을, 그가 '철학사적 인물'이라는 것을 증명한다. 철학사에서의 반복은 결코 지루한 반복이 아니다. 그것은 언제나 각각의 당대에 벌어지는 투쟁들의 반복인 것이다.

플라톤주의의 전복은 결국 현대 플라톤주의자들과 반플라톤주의자들의 투쟁을 둘러싸고 벌어지는 사건이다. 그러나 우리는 현대의 플라톤주의자들을 적극적으로 논하지는 않을 것이다. 여기에서는 플라톤 자신과 그 적대자들을 직접 대화시킬 것이며, 오늘날의 대결——예컨대 들뢰즈와 바디우의 대결——은 다음의 과제로 넘길 것이다. 플라톤주의와 반플라톤주의 사이에서 전개되는 투쟁은 이데아와 시뮬라크르의 대결로 요약된다. 우리의 시대는 '시뮬라크르의 시대'이며, 이것이 우리가 논의의 핵심적인 전장(戰場)으로서 『소피스테스』를 택한 이유이다.

우리 논의는 신족"과" 거인족의 투쟁을 다룰 것이며, 따라서 신족 자체 내에서의 차이들과 거인족 자체 내에서의 차이들에 대해서는 자연히 둔감할 수밖에 없다. 플라톤에서 헤겔에 이르는 신족 자체 내에서의 차이들, 그리고 니체에서 데리다에 이르는 거인족 자체 내에서의 차이들은 종종 우리의 시야를 비켜 갈 것이다. 여기에서는 매우 긴 어떤 이야기의 출발선만이 다루어진다.

현대 사유에서 플라톤의 사유는 종종 단순화된 형태로 다루어지곤 했다. 『사건의 철학』에서 우리는 현대라는 입각지에 서서 플라톤주의를 다소 단순화해서 다루었다. 그러나 이제 우리의 입각지를 헬라스로 옮겨 새로운 논의 지형을 짤 때가 온 것 같다. 世界의 모든 것은 상대적이며, 우리는 보다 많은 상대성들을 보듬음으로써만 그 진상(眞相)에, 世界의 모든 얼굴에 더 가까이 갈 수 있기 때문이다. 늘 바깥으로, 외부성으로, 타자성으로 가로지르면서 유목하는 것이 중요하다. 우리는 우선 『소피스테스』편을 읽어 가면서 한편으로 단순화된 플라톤 상(像)을 깨고서 이데아론의 보다 심층적인 모습을 들여다볼 것이며, 다른 한편으로 그럼에도 역시 우리가 플라톤을 넘어가야 한다면 그것은 정확히 어떤 지점에서인가를 니체와 베르그송을 통해서 짚어 볼 것이다.

I
이데아와 시뮬라크르

"먼 옛적에 제기되어 지금까지도 논의되고 있으며
또 앞으로도 논의될, 늘 우리를
당혹감에 처하게 만드는 그런 물음이 있다:
존재란 무엇인가 / 무엇이 존재인가 (ti to on)
즉 실재란 무엇인가 / 무엇이 실재인가 (tis he ousia) ?"

— 아리스토텔레스, 『형이상학』

꒯꒦

퀴레네 출신의 수학자, 소크라테스보다 열 살 정도 연하로서 플라톤과 테아이테토스를 가르치기도 했던 테오도로스가 대화를 연다.『테아이테토스』에서 소크라테스, 테아이테토스와 함께 인식론적 문제들을 논했던 그는 "내일 여기에서 보자"는 소크라테스와의 약속을 지켜 다시 이들을 만난다. 그러나 이날 테오도로스는 한 사람의 이방인을 동반하고서 나타난다.

플라톤의 대화편은 만남에서 시작된다. 바실레우스 관아(官衙) 앞에서의 에우튀프론과 소크라테스의 만남, 임박한 사형 집행을 기다리던 소크라테스와 그의 죽마고우인 크리톤의 만남, 독배를 들이켜는 소크라테스를 지켜본 파이돈과 (퓌타고라스 학파 사람인) 에케크라테스의 만남…, 대화편들은 이런 만남들, 만남이라는 사건들에서 시작된다. 만남이라는 사건은 모든 일이 그곳에서 시작되는 출발점이다. 모든 사건들은 관계, 교차, 만남을 통해 발생한다. 관계가 없는, 타자성과의 접속이 일체 배제되는 곳에서 사건은 발생하지 않는

26

다. 만남을 통해, 특히 사람과 사람의 만남을 통해 모든 것이 시작된다. 만남은 타자들의 얽힘을 가져온다. 타자들의 만남은 각각의 동일성에 변화를 가져온다. 헤어질 때 타자들은 만남의 장 속에서 벌어진 사건들을 통해 변화된 자기를 가지고 간다. 만남은 그곳에서 동일성들이 타자화되고 다시 새로운 동일성들이 형성되는 사건이다. 사람과 사람의 만남은 정보·기억·언어·의견·경향·감정… 등의 교착(交錯)을 가져온다. 때문에 창조적 대화는 반드시 이질성을 전제한다. 낯섦, 부딪침, 갈등, 비대칭적 교환… 등은 창조적 대화의 필수적인 요건들이다. 설사 이런 요소들이 대개의 경우는 건강한 창조가 아니라 불필요한 언사들이나 감정적 대립을 가져오기 마련이라 할지라도 말이다.

이 점에서 플라톤의 대화편들은 당혹스러운 특성을 보여준다. 현실과는 매우 다른, 매끄럽게 내부화된 대화 장면들을 보여주기 때문이다. 대화편들은 기본적으로 같은 코드를 공유한 사람들의 만남을 다룬다. '이방인'이 등장하는 『소피스테스』편도 마찬가지이다. 거기에는 이질감, 낯섦, 부딪침, 오해, 갈라짐…이 별달리 존재하지 않는다. 대화편들은 기본적으로 철저한 소통 가능성, 코드의 동질성 위에 입각해 있다.[1] 프로타고라스, 고르기아스 등과 소크라테스의 긴

---

1) 예컨대 『파이돈』(64c)에서 소크라테스/플라톤은 죽음을 신체와 영혼의 분리로 규정하며, 아무런 문제없이 심미아스의 동의를 얻어낸다(뒤에서 이 논제를 다시 논의 대상으로 삼지만, 역시 대화 상대자들의 부드러운 동의를 얻어낸다). 기본적인 코드를 공유하는 사람들끼리의 대화이기에 말이다. 그러나 우리의 대화가 종종 이질감의 확인으로 그치곤 하는 것은 바로 기본적인 코드들을 공유할 수 없는 데에서 유래하는 것이 아닌가.

장감 넘치는 대결, 트라쉬마코스와 소크라테스의 치열한 논쟁 같은 경우들도 있지만, 대화편들에는 현대인들에게 그토록 중요하고 예민한 문제인 타자성(他者性)의 문제가 거의 나타나지 않는다.[2] 물론 그리스인들도 '알아들을 수 없는 말'(barbarismos)을 지껄이는 '야만인들'을 알고 있었고, 중국인들도 동서남북의 '오랑캐들'을 알고 있었다. 그러나 이들은 결코 그들을 자신들과 대등한 차원에서 문제로 삼지는 않았다. 그런 점에서 그들은 진정한 타자가 아니었다(모든 진정한 타자는 동일자에 대한 위협을 내포한다). (다른 모든 고대 문화들을 포함해) 헬라스 사유를 읽을 때 우선 이런 한계를 정확하게 인식하는 것이 중요하다.

그러나 이런 한계 내에서 본다면 대화편들은 이질성들이 모이는 장소라고 볼 수 있다. 대화편들은 소크라테스와 같은 현자, 테오도로스나 테아이테토스, 티마이오스 같은 과학자들, 아가톤, 알키비아데스, 디오티마(가상의 인물로 추측됨), 호메로스(인용되는 한에서) 같은 예술가들, 프로타고라스, 고르기아스 같은 소피스트들, 글라우콘, 아데이만토스 같은 평범한 인물들… 등이 모이는 장소를 보여준

들뢰즈와 가타리가 그리스의 사유를 '친구들'의 사유로 규정하고 그 한계를 지적하는 것도 이 때문이다. "철학에서 등장하는 친구는 어떤 외부적 인물, 하나의 예, 또는 경험적인 상황을 가리키지 않는다. 그는 사유 안에 내재하는 현존, 사유 자체의 가능성의 조건, 생생한 범주, 선험적으로 체험되는 존재이다." Gilles Deleuze and Félix Guattari, *Qu'est-ce que la philosophie?*, Minuit, 1991, p. 9.

2) 이것은 다른 모든 고대 문화들에서도 마찬가지일 것이다. 고대의 문화들은 지역적-시대적 테두리에서 연원하는 일정한 코드의 지평 위에서 이루어진 문화들이기에 말이다. 오늘날 그런 코드들 중 하나를 선택해 믿으면 종교가 되고, 코드들 바깥에서 그것들을 상대화하면서 사유하면 철학이 된다고 할 수 있다.

다. 그 장소에서 수많은 지식, 판단, 태도, 성격, 말솜씨… 등이 집결된다. 이 모든 것들이 플라톤의 재구성에 의해 일정한 논변들로 조직된다. 이 점에서 대화편들은 종합의 장소들이다. 그 종합은 드라마의 형식을 띔으로써 그만큼 생생하고 흥미진진한 이야기가 된다. 아리스토텔레스, 칸트, 헤겔 등에게서 이전의 철학자들은 이들의 논의 전개의 고리들로 (때로는 너무나도 간단하게) 끼워 넣어진다. 현대의 저작들에서 이전의 철학자들은 각주의 자리를 차지한다. 그러나 플라톤 대화편의 등장인물들은, 비록 플라톤이 재구성한 틀 내에서이지만, 각자의 목소리들을 내면서 생생하게 현존한다.

테오도로스는 자기 이름에 걸맞게도 신들의 선물이라고 할 만한 인물을 동반하고 나타난다. 이방인을 동반하고서 나타난 것이다. 이방인의 출현은 낯섦의 출현이다. 그러나 이방인은 플라톤의 지적 스승인 파르메니데스 학파에 속하는 사람이다. '친구들'의 지평을 벗어나지 않는 것이다. 이방인은 지혜를 사랑하는 사람, 즉 철학자(philosophos)이다. 아무 문제가 없다. 다만 첫 대목에서 소크라테스는 호메로스를 인용하면서 일단 이방인을 경계하는 언사를 발한다. 그가 "신성한 논박자"가 아닌지를 물은 것이다.(216b) 이 표현은 외경심과 경계심을 함께 함축하고 있다. 이방인은 지혜를 사랑하는 사람이기에 신성한 사람이다. 그러나 동시에 그는 짓궂은 신들처럼 자신들의 허물을 지켜볼지도 모른다. 신성함에 대한 외경심. 논박자에 대한 경계심. 우리는 뒤에서 소피스트들이 "논박을 일삼는 자들"로 특징지어지는 것을 보게 될 것이다. 소크라테스는 엘레아의 이방인

이 소피스트의 부류인가를 묻고 있는 것이다.[3]

테오도로스는 짓궂은 신들처럼 행동하는 것, 논박을 일삼는 것은 "손님의 방식"이 아님을 분명히 한다. 이 지적은 "테오도로스의 방식"(『테아이테토스』, 145c)을 연상시킨다. 진지한 방식, 진실을 말하는 방식이다. 호인(好人) 테오도로스 역시 이방인, 즉 퀴레네 사람이다. 그러나 그는 아테네에서 수학을 연구했고 테아이테토스를 키워냈다. 그리고 소크라테스와 친교를 맺었다. 테오도로스가 손님의 방식은 논박자의 방식이어서는 안 된다고 말했을 때, 그는 엘레아의 손님에게 자신의 경우를 오버랩시키고 있는 것이다. 엘레아의 손님은 지혜를 사랑하는 사람이기에. 그러나 소크라테스가 보기에 테오도로스의 태도는 호의적이긴 하지만 분명하지는 못하다. 그래서 소크라테스는 묻는다. "듣고 보니 정말 그렇구려. 하나 그런 분들을 알아보는 것은 신들을 알아보는 것보다 더 어려운 것 같소이다. 그런 분들은 '여러 폴리스들을 돌아다니면서'[4] 높은 견지에서 사람들의 인생을 지켜보기 마련인데, 그런 분들이야말로 진짜 철학자들이 아

---

3) 그러나 신성한 소피스트가 가능한가? 신성한, 그래서 철학자인 사람이 소피스트일 수 있는가? 소피스트는 철학자의 하위 부류인가, 아니면 대립하는 부류인가? 뒤에서도 확인되겠지만 이에 대한 플라톤의 생각에는 모호한 구석이 있다. 현대적으로 말해, 이것은 '철학자'를 분류적 관점에서 보는가 아니면 평가적 관점에서 보는가의 문제이다(그러나 분류와 평가가 과연 분명하게 구분되는가?).

4) 이것은 호메로스가 묘사한 신들의 특성이다. "신들은 다른 나라에서 온 낯선 사람들처럼/ 온갖 모습을 하고서 폴리스들을 떠돌아다니면서 [⋯]."(『오뒤세이아』 XVII, 485~486) 『국가』(2권)에서 플라톤은 신들은 완벽한 존재여서 다른 존재로 변할 이유가 없다는 것, 자기 동일성을 유지해야 한다는 것을 역설했다. 때문에 호메로스의 이 구절을 인용하면서(381d) 그것을 탄핵했다. 흥미롭게도 바로 그 구절이 여기에서 인용되고 있다.

니겠소. 그래서 무지한 사람들의 눈에는 이들이 변화무쌍한 존재들로 보이는 모양이오. 어떤 사람들에게는 대단한 존재들로, 다른 사람들에게는 하찮은 존재들로 말이오. 그래서 이들은 어떤 때는 정치가로, 어떤 때는 소피스트로 보이고, 심지어 어떤 때는 미친 사람으로 보이기까지 합니다. 실례가 되지 않는다면 손님에게 묻고 싶은 게 있소이다. 손님의 고장에서는 이런 분들을 어떻게 생각하는지, 그리고 어떻게 부르는지 말이오."(216c~d)

소크라테스의 이 물음에는 앞으로 이 대화편을 이끌어 갈 여러 주제들이 복선으로서 깔려 있다. 철학자들은 여러 가지 외관을 띠고서 나타난다. 그들은 곳곳을 돌아다니고(소크라테스 이전의 철학자들이 모두 아테네 바깥의 사람들이었고 또 상당수가 편력하는 사람들이었다는 점을 상기) 또 높은 곳에서 사람들의 삶을 지켜본다. 즉, 철학자들은 현실 속에 명시적으로 또 정주적으로 나타나지 않는다. 때문에 사람들은 그들을 알아보지 못하며, 또 일정하게 평가하지도 못한다. 이들의 이런 특성은 사람들의 알아-봄[再認]을 비켜 가게 만든다. 그래서 그들은 때로 소피스트로, 때로 정치가로, 때로 미친 사람으로까지 평가된다(알키비아데스는 소크라테스에게서 광기──이 경우는 매혹적인 광기──를 읽어내지 않았던가). 결국 철학자들의 이미지와 실상은 다르다. 사람들은 이미지들에 현혹되어 그 실상을 제대로 파악하지 못한다. 이미지와 실상이 구분되지 못한다. 그래서 핵심적인 문제가 대두된다. (외관상 비슷한 존재로 인식되는) 소피스트, 정치가, 철학자는 진정 어떻게 다른가?(3부작의 주제) 외관상 구분되지 않는(그래서 아리스토파네스를 비롯해 많은 사람들이 소크라테스와 소피스트들을 동일시하지 않았던가) 이들을 어떻게 구분할 것인가? 중요한 것은 구분이다. 이제 소크라테스는 이 어려운 문제를 엘레아에서 온 손님에게 건넨다. 문제는 테오도로스를 거쳐 엘레아의 손님에게 자연스럽게 이전된다.

소크라테스는 소피스트, 정치가, 철학자가 과연 한 부류(genos)에 포함되는 세 하위 부류들인지, 아니면 셋 중 둘은 하나로 묶이고 나머지 하나만 구분되는 것인지, 아니면 셋 각각이 구분되는 것인지를 묻고 있다. 상위 부류로 묶이는 하위 부류들은 공통의 기반 위에서 차이를 내포한다. 그것들은 넓게 보아 하나이고 좁게 보아 여럿이다. 공통의 기반, 즉 그것들을 감싸는 상위 부류를 가지지 않는 부류들은 단적으로 분리된, 불연속으로 단절된 부류들을 형성한다. 이 경우 각 부류들은 내부화될 수 없다. 다자가 일자에 정합적으로 귀속될 때, 특히 여러 층위에 걸쳐 위계적으로 귀속될 때 조화로운 내부화가 성립한다. 거기에는 진정한 의미에서의 바깥이 없다. 일자에 포섭되지 않는 다자들 사이에는 내부화되지 않는 바깥이 존재한다. 바깥은 통약 불가능한 불연속성을 함축한다. 앞으로 우리는 플라톤의 구분은 내부화를 거부하는 구분이라는 것, 그가 드러내는 차이는 동일성 내에서의 차이가 아니라는 것을 보게 될 것이다. 그리고 아리스토텔레스는 바로 이 점을 이해하지 못했다는 것도 보게 될 것이다.

소크라테스는 이 점에 관련하여 "손님의 고장에서"의 의견을 물었다. 대화는 의견들/견해들의 집합을 함축한다. 소크라테스는 엘레아의 견해를 물음으로써 아테네의 테두리를 넘어 논의의 지평을 확보하고자 한다. 손님은 내부화를 전제하지 않는 세 부류의 구분을 이야기하고 그 중요성과 어려움을 확인한다. "하지만 그 세 부류가 각각 무엇인지를 규정하는 것은 사소한 일도 아니고 또 쉬운 일도 아닌 듯합니다."(217b) 이제 대화편 전체의 논의 구도가 모양을 드러냈다. 엘레아의 손님은 플라톤이 이 대화편(을 포함하는 3부작)에서 일차적으로 전개하고자 하는 물음을 제시한다. 소피스트, 정치가, 철학자를 각각 어떻게 규정할 것인가? 그들을 어떻게 구분할 것인가?

이 물음에 대해 테오도로스와 이방인은 "기꺼이" 답변하겠노라고 말한다.(217a~b) 직역하면 "어떤 'phthonos'도 없이" 답변하겠다는 것이다. 'phthonos'는 악의, 질투심, 헐뜯음, 폄하 등을 뜻한다. 플라톤이 대화에 끼어드는 이런 요소들을 잘 알고 있었음을 여기에서 감지할 수 있다. 그러나 논의의 내부화를 위해 플라톤은 우선 이런 요소들을 차단한다.

소크라테스는 누군가가 혼자서 길게 이야기하는 방식과 상호 간에 물음과 답변을 주고받는 방식을 구분한다. 『프로타고라스』에서도 그랬듯이, 소크라테스는 문답법이 진리 탐구의 좀 더 적합한 방식이라고 믿는다. 이방인도 이에 동의한다. 권력형 인간은 연설하기를 좋아한다. 술자리에서조차 혼자서 좌중을 압도하길 원한다. 그런 인간과의 만남은 고역이다. 이방인은 그런 것은 예(禮)가 아니라고 말한다. 그러나 이하의 논의 전체는 사실상 이방인의 긴 논변이다. 이방인은 그 점에 대해 미리 양해를 구한다. 테아이테토스와 이방인의 대화에서 드라마적 요소는 최소화된다.

1. 분할술의 의미

이제 논의는 본격화된다. 문제는 소피스트들, 정치가들, 철학자들, 이 각각의 부류들을 어떻게 규정할 것인가이다. 플라톤은 이 작업을 위해 이미 『파이드로스』에서 선보였고, 후에는 『정치가』로 이어지는 '분할의 방법'을 제시한다.[1] 우리에게 주어지는 일차적 현실은 복합적이다. 합리적 사유는 복합체들을 분석한다. 분석된 각각의 것들은 타자들과 섞이지 않은 단순한 것들이다. 단순한 것들을 찾아냈을 때 명료한 규정이 가능하다. 섞여 있음에서 골라냄으로 나아가는 과정이 분석적 사유를 특징짓는다.

　그러나 플라톤이 사물을 바라보는 방식은 근대 과학적 방식과

---

1) 분절(articulation)과 분할(division)은 다르다. 분절과 달리 분할은 분할된 존재들 사이에 무(無)가 개입하며, 이것은 자연철학의 중요한 문제들 중 하나였다. 우리는 뒤에서 이 문제를 만나게 될 것이다. 따라서 굳이 따지면 '분절'이 더 정확하다. 그러나 지금의 맥락에서는 이런 구분과 별개로 관례를 따라 '분할'이라는 말을 쓴다. 여기에서의 플라톤의 분류가 내부화를 전제하지 않는 분류이기 때문에 이 역어도 무리는 없다.

는 판이하다. 사물들을 추상공간에 옮겨 놓고서 그 기하학적 구조, 역학관계, 함수관계, 인과관계를 찾는 방식이 아니라 현실에 있어, 삶에 있어서의 사물들의 활동/기능(ergon)——사실상 폴리스(그것도 아테네)에서의 활동——에 초점을 맞춘다. 활동/기능은 각 사물의 본질에 관련되며(말馬의 활동은 말의 본질을 표현한다), 나아가 목적(말의 목적은 자신의 본질을 표현하는 활동을 행하는 것이다), '~다움'(말이 말의 목적/본질을 표현해 활동할 때 그 말은 말답다)에 관련된다. 이 사고는 플라톤의 'locus classicus'에 속하며, 대화편들에서 자주 반복해서 등장한다. 따라서 중요한 것은 '소피스트'라는 기호가 아니라 소피스트라는 존재의 활동이 무엇인가를 파악하는 것이다. 소피스트라는 이 난해한 존재를 추적하기 위해 이방인은 "아주 커다란 작업을 완수하기 위해서는 우선 [같은 부류의] 보다 작은 일을 먼저 해보는 것이 좋다"는 격언을 끌어들인다.(217d) 그렇게 함으로써 탐구를 이끌어 갈 방법을 다듬고자 하는 것이다. 이것은 곧 "좀 단순한 대상을 다루면서 거기에서 앞으로 다룰 큰 주제를 위해 하나의 모델——본(本), 예(例)——을 찾아내는 방식"이다.(218d) 예컨대 낚시꾼의 기예 같은 것 말이다.

0. 분류는 ('ergon'과 맞물려 있는 개념인) 능력(dynamis)에서 시작된다. 여러 능력들 중에서 낚시는 기술(technê)에 속한다.[2]

---

2) 잘 알려져 있듯이 이 말은 오늘날의 'technology'와 'art'를 포괄하는 말이며 때문에 '기예'(技藝)로 번역된다. 그러나 이 말의 의미는 이보다 더 포괄적이다. 이 말은 무엇인가를 잘

1. 기술은 크게 "농사라든가 그 외 우리 몸을 위한 여러 가지 기술들, 그리고 용기(用器)들을 제작하거나 조립하는 기술들, 그리고 또 모방술"을 포함하는 제작술과 "모든 형태의 배움과 앎, 그리고 또 장사, 싸움, 사냥 등을 통해 무엇인가를 얻는 것들" 즉 획득술로 양분된다. 획득술은, 말로든 행동으로든, 이미 존재하는 것들을 얻거나 (타자들로 하여금) 얻지 못하게 하는 기술이다. 낚시술은 어디에 속하는가? 물고기를 만들어내는 것이 아니라 포획하는 것이기에, 당연히 획득술에 속하게 된다.

2. 획득술은 다시 두 가지로 나뉜다. 선물이나 임대료 또는 구매 등에 의한 교환, 즉 합의에 의한 교환술이 그 하나이고, 다른 하나는 말이나 행동으로 사물들을 일방적으로 취하는 기술 즉 포획술이다. 낚시술은 물고기와 합의하는 것이 아니므로 당연히 포획술에 속한다.

3. 포획술은 다시 두 가지로 나뉜다. 드러나게 행하는 포획은 경합이지만 은밀히 행하는 포획은 사냥＝밀렵이다.

4. 사냥은 다시 생명체의 사냥과 무생명체의 사냥으로 나뉜다(후자는 아마도 희귀한 돌멩이들을 줍는다든가 죽었으나 멋지게 생긴 나무들을 줍는 것 같은 경우들을 뜻하는 것 같다. 5번과 연계해서 볼 때

함, 숙련된 솜씨를 구사함, 전문적인 지식을 가지고서 행함 등을 뜻한다(헬라스에서는 오늘날처럼 순수 학문과 기술이 날카롭게 구분되지 않았을뿐더러, 과학과 기술의 구분 같은 것도 희박했다. 그래서 '학예'(學藝)라는 번역도 가능하다). 담론세계의 의식적인 구분은 아리스토텔레스에서 비롯된다. 플라톤에게서 이 말은 전문 지식, 숙련된 솜씨, 특정 분야에서의 뛰어남 등을 포함해 매우 넓은 뜻으로 사용되었다.

어쩌면 식물들을 무생명체로 다루었을 수도 있다).

5. 생명체의 사냥술 "즉" 동물 사냥술은 걸어 다니는 동물을 잡는 사냥술과 헤엄치는 동물을 잡는 사냥술로 나뉜다.

6. 헤엄치는 동물의 사냥술은 다시 조류 사냥술과 어류 사냥술로 나뉜다. 낚시술은 물론 어류 사냥술에 속한다.

7. 어류 사냥술은 포위해서 잡는 경우와 타격해서 잡는 경우로 나뉜다. 통발, 그물, 올가미, 바구니 등을 통해 포위해서 잡는 경우는 '그물 사냥'이라 불리고, 낚싯바늘이나 작살 등으로 쳐서 잡는 경우는 '쳐서 잡는 사냥'으로 불린다.

8. '쳐서 잡는 사냥'은 밤에 불빛으로 하는 사냥과 낮에 낚싯바늘로 하는 사냥으로 나뉜다.

9. 또 낚싯바늘로 하는 사냥은 위에서 아래로 후려치는 작살 낚시와 위로 후려치는(낚아채는) (일반적인 의미에서의) 낚시 사냥으로 나뉜다.

이렇게 "사소한 예"를 통한 분류가 종결된다. 분할법은 취합(聚合) = 모음(synagôgê), 분할 = 나눔, 그리고 결합 = 엮음(koinônia)을 둘러싸고서 전개되는 '변증법'(dialektikê)이라는 플라톤적 탐구 방법의 한 요소이다. 초기의 저작들에서 형상들의 존재 증명에 애쓰던 플라톤은 후기로 가면서 형상들 사이의 관계들의 규명에 초점을 맞춘다(취합 = 모음과 분할 = 나눔은 『파이드로스』에서 이미 나타나지만, 결합 = 엮음은 『소피스테스』편부터 나타난다). 이렇게 플라톤이 닦아 놓은 길은 데카르트에 의해 다시 다듬어져 '분석과 종합'이라는 가장 기초적인 사고 방법으로서 오늘날까지 내려온다. 이것은 최초의 논리적-과학적 사고 방법론이며, '합리(주의)적 사고'의 원형이다.

플라톤에게 변증법은 대수학, 기하학(입체 기하학 포함), 천문학, 음악(화성학)에 통달한 사람이 그다음 단계이자 마지막 단계에서 터득해야 할 최고의 학문이다("마치 갓돌처럼 다른 모든 교과들 위에 놓이는" 학문). 그것은 감각이 아닌 이성에 근거하는 학문이며, 순수사유에 근거하는 앎이다('legein' 동사가 본래 나눔과 모음의 뜻을 담고 있음을 기억하자). 그 궁극적인 목적은 사물들의 본질/형상, 나아가 선의 본질/형상에 도달하는 것이다.(『국가』, 532a~b) 변증법은 근본적 학문이기에 다른 학문들이 전제하고 있는 가설들에 근거를 제공해 준다. 즉, 원리에로 나아가는 학문이다. 그것은 생성에 관련해 성립하는 지식인 '경험적 지식'(독사)이 아니라 본질/실재에 관련해 성립하는 지식인 '합리적 지식'(에피스테메)에 속한다. 사물들의 본질을 인식한다는 것은 곧 타자들과 섞여 있게 마련인 그것들의 현실적 존재에서 시작해 그 순수한 핵심을 가려냄을 뜻한다. 여기에서 분할=나눔이 변증법의 핵심 요소를 이룸을 알 수 있다(특히 선의 형상을 가려내는 것, 그 순수한 현존으로서의 선의 형상을 보는 것이 궁극의 목표이다). 그러나 나눔은 이미 전체에 대한 안목을 전제한다. 그래서 변증법적 자질을 갖춘 사람은 실재의 본성에 대한 포괄적인 통찰——두루 봄(synopsis)——을 갖춘 사람이다.(537c) 따라서 변증법에는 모음과 나눔의 계기가 함께 깃들어 있다. 플라톤의 분할술은 단순한 논리적 연산이 아니다. 그것은 형상들 사이의 관계를 논하는 것이고, 형상들의 존재 자체를 이미 전제하는 것이기 때문이다. 따라서 나눔, 모음, 엮음은 존재론적 맥락에서 이해되어야 한다. 분할술의 의미를 좀 더 천착하기 전에 우선 분할술에 입각해 소피스트들을 찾아내 보자.

플라톤은 낚시꾼을 규정했던 방식을 본=모델로 삼아 소피스트 규정에 나선다. 플라톤은 익살스럽게도 소피스트를 일종의 낚시꾼으로 규정한다. 그렇다면 낚시꾼이라는 "사소한 예"에는 주도면밀한 복선이 깔려 있었던 셈이다. 낚시꾼과 소피스트는 '같은 종족'에 속한다. 그러나 생각해 보자. 지금 이방인과 테아이테토스는, 결국 플라톤은 소피스트들을 사냥하고 있는 것이 아닌가? 소피스트들을 한 구석(분할 끝에서 드러나게 될 그들의 자리)으로 몰아넣고 있는 것이 아닌가? 소피스트들과 소크라테스-플라톤은 모두 사냥꾼들이 아닌가? 차이는 어디에 있을까?

이하 플라톤은 소피스트를 규정해 나가거니와, 사실상 명확한 선이해를 깔고 나간다. 하나의 항을 두 항으로 분류한 후, 플라톤은 대부분의 경우 소피스트가 왜 (분류된 두 항 중) 한쪽에 속하는가를 논하지 않은 채 둘 중 하나의 항으로 넘어간다. 이 때문에 플라톤의 분할술은 아리스토텔레스의 비판(그러나 빗나간 비판)을 받게 된다.

플라톤은 소피스트를 한 가지 측면에서가 아니라 여러 가지 측면에서 규정한다. 신출귀몰해서 갖가지 흔적들을 남기고 다니는 소피스트들이기에 그런 것일까? 플라톤 자신은 분류를 여섯 가지로 정리해 주고 있으나(어떤 사람들은 일곱 가지로 보기도 한다), 간추려 논한다면 네 가지 분류가 제시된다(세 번째와 네 번째를 두 번째의 부연으로 볼 경우).

플라톤은 낚시꾼을 분류하면서 그려 놓았던 도식을 십분 활용한다. 도식의 여기저기에서 분할을 다시 시작함으로써 소피스트들의 다양한 면모를 드러내고 있는 것이다.

첫 번째 분할(222a~223b). 소피스트들을 사냥꾼들과 동일시하는 선이해를 깔고 나간다. 따라서 여기에서의 분할은 낚시꾼 분할의 6번 단계에서 시작해서 나아간다. 낚시꾼은 헤엄치는 동물들을 사냥하고, 소피스트는 걸어 다니는 동물들을 사냥한다.

0. 소피스트술(sophistikê)은 일종의 기예이다.[3] 그리고 무엇인가를 만들어내기보다 얻어내는 것이기에 획득술에 속한다. 나아가 획득술 중에서도 포획에 속한다. 즉 소피스트들은 사냥꾼들인 것이다.[4] 사냥꾼이되 당연히 생명체들의 사냥꾼들이다. 그렇다면 소

---

3) 'technê', 'phronêsis', 'epistêmê', 'sophia' 등은 모두 의미를 달리하지만, 기본적으로 그리스인들에 의해 높이 평가받는 능력들에 관련된다(하이데거는 이 개념들을 포함해 능력들에 관련되는 여러 개념들에 대해 주도면밀한 분석을 가했다. Martin Heidegger, *Platon: Sophistes*, Gesamtausgabe Bd. 19, Vittorio Klostermann, 1992. 이하 'PS'로 약함). 여기에서 플라톤이 소피스트술을 일단 기예의 범주에 넣고서 시작하는 것은 적어도 소피스트들을 "존경할 만한 적"으로 보고 있음을 함축한다. 소피스트술을 일단 기예에 넣는 이방인(지금의 플라톤)은 강한 주장을 할 때의 소크라테스(젊은 플라톤)와는 대조된다. 후자는 소피스트술을 결코 기예에 넣지 않았기 때문이다. 예컨대 『고르기아스』(465a)에서의 소크라테스(플라톤)는 소피스트술을 기예로 인정하지 않았다.

4) 소피스트술을 경합으로 분류할 수도 있다. 사냥으로 분류된 소피스트술은 프로타고라스조차도 비난했던 부류의 소피스트술이다. 소피스트들이 매우 다양함에도 플라톤은 한쪽으로 논의를 몰고 가고 있음을 볼 수 있다. 플라톤은 소피스트들이라는 'genos'를 찾고 있기 때문

피스트들은 헤엄치는 동물들 사냥과 걸어 다니는 동물들 사냥 중 어디에 속하는가? 소피스트들은 사람들을 사냥하기에 걸어 다니는 동물들의 사냥에 속한다. 낚시꾼이 헤엄치는 동물들을 사냥한다면, 소피스트들은 걸어 다니는 동물들을 사냥한다.

1. 육지 동물 사냥에는 야생 동물들 사냥과 길들인 동물들 사냥이 있다. 소피스트들은 사냥을 위해 산이나 들판으로 가지 않고 폴리스로 간다는 점에서 길들여진 동물들(사회적 존재로서의 인간)을 사냥한다. 즉, 소피스트들은 부(富)와 (교육을 필요로 하는) 젊은이들이 우글거리는 곳으로 간다. 폴리스에는 일정한 제도, 관례, 교육… 등에 의해 길들여지는 젊은이들이 존재하고, 정치를 꿈꾸는, 또 유리한 변론을 배우고자 하는 그들은 소피스트들을 원한다. 그래서 소피스트술은 길들인 동물 사냥에 속한다.

2. 소피스트술은 해적질이나 노예 사냥, 참주정치, 전쟁… 등을 통해 인간을 획득하는 강제적인 사냥이 아니라 법정에서의 연설, 대중 선동, 사교를 위해 수사를 가르침으로써 젊은이들을 사냥하는 기예이다. 때문에 소피스트술은 기본적으로 설득술(pothanougikê)에 속한다.[5]

3. 소피스트술은 공공적인 기예가 아니라 사사로운 기예이기에 '개

이다. 그러나 우리는 뒤에서 이 출발점이 낳는 근본적인 문제점을 보게 될 것이다.

5) 설득과 논증의 구분은 소크라테스-플라톤 사유의 초석이다. 논증은 논리적인 것이지만 설득은 심리적인 것이다. 논증은 객관적 증명에 속하지만 설득은 타인의 마음을 움직이는 일종의 술책(術策)이다. 소크라테스-플라톤은 소피스트들을 진정한 철학자들이 아니라 설득술을 가르치는 존재로 본다.

인 사냥술'에 속한다.

4. 개인 사냥술에는 마음에 드는 이성(異性)에게 선물을 주어 유혹하는 구애술(求愛術)——오늘날 대중문화에서 묘사되는 '헌팅'——과 그와 달리 보수를 받는 사냥술이 구분된다.

5. 보수를 받는 사냥술 중 하나는 남에게 아첨을 떨어 돈을 버는 자들——현대적 의미에서의 '빈대'와 통한다——의 아첨술과 빼어난 인간으로 만들어 주겠다고('덕＝아레테'를 가르쳐 주겠다고) 속여서 돈을 버는 지식 사기꾼들의 사냥술이 있다. 플라톤은 바로 이 지식 사기꾼들이 소피스트들이라고 말한다. 따라서 소피스트술은 곧 지식 사기술이다.

요컨대 첫 번째 분할에 따르면, 소피스트들이란 거짓 지식을 팔아서 축재(蓄財)하는 자들, 돈 많은 젊은이들에게 아레테(빼어남/덕)를 가르쳐 준다고 꼬드겨 돈을 뜯어내는 자들이다. 플라톤의 이 첫 번째 규정은 "쪽집게 과외"를 통해 입시생들의 부모에게서 돈을 뜯어내는 강남 대치동의 과외 선생들을 연상시키기에 충분하다. 또는 미래를 알려 준다는 사술(邪術)을 통해 치부하는 점쟁이들, 대중들의 영혼을 선동하는 강연을 하면서 막대한 강연비를 챙겨 가는 지식 딴따라들, 선정적인 책을 써서 베스트셀러를 만들어내는 글쟁이들 등을 연상시키기에 충분하다. 그렇다면 소피스트들의 축재——소피스트들마다 다 달랐겠지만 그 규모는 상상 이상으로 대단했다고 한다[6] ——를 가능하게 했던 아테네의 사회 구조는 과연 무엇이었을까.

소피스트들에 대한 여러 가지 논의가 필요하지만, 가장 중요한 것은 당대 아테네의 상황, 재판의 방식, 그리고 지식의 필요를 들 수 있을 것이다. 제국으로 성장해 풍요로움을 누리던 아테네는 출세하고 싶어 하는 모든 사람들이 모여든 장소였고, 또 이해관계를 둘러싼 갖가지 소송들이 들끓던 곳이었다. 아테네의 재판은 단 하루 동안 진행되었으며, 오늘날의 재판과는 전혀 성격이 다른 재판이었다 (당대 재판의 구조와 분위기는 『소크라테스의 변론』에 잘 나타나 있다). 단 하루 동안에, 그리고 재판장의 '분위기'에 의해, 말 한 마디에 의해 자칫하면 한 사람의 운명이 바뀔 수 있는 상황에서 '말'이라는 것이 가지는 예민함과 위력은 극에 달한다(맥락이 다르지만, 軍政 시대의 정치적 담론들을 연상하면 될 것 같다). '말'이라는 것이 가장 고도의 긴장과 강도를 유지할 수밖에 없는 재판이라는 상황에서 우주의 본체를 논하는 자연철학은 무용한 것이었고, 그와는 전혀 다른 성격의 '지식'이 요구되었다. 즉 문법, 수사, 웅변, 화술 등 언어/말과 연관되는 모든 형태의 지식들이 요청되었던 것이다. 이런 시대 상황이 소피스트들을 낳았다. 오늘날 '입시'라는 상황이 고액 과외를 낳고, 대중매체들이 담론 장사꾼들을 낳은 것처럼. 플라톤에게 소피스트들은 세계에 대한 진짜 지식을 탐구하는 사람들이 아니라 얄팍한 지식

---

6) 플라톤, 『에우티프론, 소크라테스의 변론, 크리톤, 파이돈』, 박종현 역주, 서광사, 2003, 111쪽, 주 42 참조. 그러나 이들이 번 액수들이 과장되었을 수도 있다. 이소크라테스는 플라톤이 전하는 바와는 대조적인 적은 액수를 전해 주고 있다. 그러나 아마도 이들의 수입은 오늘날의 연예인이나 스포츠 선수들에서처럼 매우 큰 편차를 보였을 것으로 짐작된다.

을 가지고서 어떻게든 출세해 보려고 발버둥 치는 사이비 지식인들이었다. 첫 번째 분할은 이런 맥락에서 이해되어야 한다.

두 번째 분할(223c~224e). 소피스트들은 한 가지 기예가 아니라 여러 가지 기예에 관련되는 사람들 즉 "변화무쌍한" 사람들이기에 여러 가지 규정이 필요하다. 그래서 이제 플라톤은 두 번째 규정으로 나아간다. 플라톤은 이미 그려 놓은 분할의 도식을 계속 활용하면서 논의한다. 소피스트들은 도식의 어느 한 갈래에 얌전히 구속되는 것이 아니라 여기저기를 마음껏 돌아다닌다. 마치 스나크처럼.[7] 배제적 선언(選言) = 'exclusive disjunction'의 연쇄로 구성되는 수목형(樹木型) 사고는 플라톤의 소피스트 사냥에서는 무너진다. 소피스트들은 리좀처럼 움직인다. 사냥으로서 파악되었던 소피스트술은 이제 교환술로 건너가 다시 분할된다.

0. 소피스트술이 일단 획득술에 속함을 논했거니와, 획득술에는 사냥술과 교환술이 있었다. 소피스트들은 돈을 주고 지식을 파는 존재들이기에 교환술에 속한다. 그래서 이번에는 교환술에서 분할이 시작된다(사냥술과 교환술이 배제적 선언으로가 아니라 포함적 선언으로 파악되고 있음에 주의하자).

1. 교환술에는 선물을 주고받는 것과 매매하는 것이 있다. 소피스트

---

7) 다음을 보라. J. F. Mattéi, *L'Étranger et le simulacre*, PUF, 1983.

술은 돈을 받고 지식을 파는 매매술에 속한다.

2. 매매술에는 자신이 만든 상품을 직접 파는 직매술과 일반 상품들을 파는 판매술이 있다. 소피스트들의 매매술은 후자에 속한다(여기에서 플라톤은 소피스트들이 파는 지식들은 그들이 창조해낸 것들이 아니라는 점을 전제하고 있다. 만일 그렇게 보았다면, 애초에 분할은 제작술에서 시작되었을 것이다).

3. 판매술에는 폴리스 내부에서 성립하는 국내 판매와 폴리스들 사이에서 성립하는 국외 판매 즉 무역이 있다. 소피스트술은 무역술에 포함된다.[8]

4. 무역술에는 신체에 유용한 것들의 무역술과 영혼에 유용한 것들의 무역술이 있다. 소피스트들은 물질적 존재들의 판매자들이 아니라 정신적인 것들의 판매자들이므로 영혼 관련 상품들을 판매하는 기예라 할 수 있다.[9]

5. 영혼 관련 상품들의 무역술에는 전시술/공연술과 지식 판매술이 있다. 소피스트술은 "굳이 말한다면"(소피스트들의 지식은 진짜

---

8) 이것은 소피스트들이 대부분 아테네 토박이들이 아니라 다른 곳들에서 흘러 들어온 이방인들이라는 점을 함축하고 있다. 그러나 이 대화편의 주인공도 이방인이 아닌가? 그래서 앞의 구절을 다시 연상하게 된다. "그런 분들은 '여러 폴리스들을 돌아다니면서' 높은 견지에서 사람들의 인생을 지켜보기 마련이오. 그런 분들이야말로 진짜 철학자들이 아니겠소. […]" 여기에서 소피스트들과 철학자들은 다시 기이하게 오버랩된다.

9) 테아이테토스가 이 대목을 알아듣지 못해 되묻는 것을 보면, 영혼 관련 상품들이라는 개념은 당시 아테네인들에게도 낯선, 플라톤이 새롭게 발굴해낸 개념이었던 것 같다. 이는 시가(詩歌), 그림, 마술 같은, 오늘날로 말하면 '문화 상품들'을 뜻한다. 이것들은 모두 사람들의 영혼을 겨냥한 것들로, 그중에는 순수 오락적인 것들도 있고 정신적 고양을 위한 지적 상품들도 있다. 플라톤이 볼 때 소피스트술은 기본적으로 오늘날의 문화 상품 판매술에 속한다.

지식이 아니므로) 지식 판매술에 속한다.

6. 지식 판매술에는 빼어남 = 덕 = 아레테를 파는 기예와 다른 기예들을 파는 기예가 있다. 소피스트술은 아레테를 가르친다고 공언하는 사람들이므로 일단 덕과 관련된 지식을 파는 기예이다.

이로써 소피스트들에 대한 두 번째 규정이 나왔다. 여기에서 소피스트들의 판매 종목이 영혼 관련 상품이라는 점, 특히 아레테라는 점은 매우 중요하다. 첫 번째 규정의 요점이 사냥꾼들로서의 소피스트들은 부잣집 자식들을 찾아다니며 축재하는 부도덕한 지식인들이라는 점에 있다면, 두 번째 분류의 요점은 장사꾼들로서의 소피스트들이 판매하는 품목은 다름 아닌 아레테(물론 그릇된 아레테)라는 점이다.

세 번째와 네 번째 규정은 매우 짧으며, 사실상 두 번째 규정의 부연으로 볼 수도 있다. 이는 각각 소피스트술을 아레테를 사서 팔거나(세 번째 규정), 아니면 직접 제작해 파는 것(네 번째 규정)으로 파악하고 있다. 여기에서 차이는 두 번째 규정이 소피스트들을 무역상들로 규정하고 있는 데 비해 세 번째 규정은 소매상으로, 네 번째 규정은 직매상으로 규정하고 있다는 점이다. 이것은 플라톤이 소피스트들이라는 'genos' 내에 다시 여러 종류들이 존재함을 모르고 있지 않다는 것을 시사한다. 내용의 핵심에 관련해서 중요한 대목은 아니지만, 네 번째 규정은 우리를 당혹스럽게 만들기에 충분하다. 지금까지 줄곧 견지되어 왔던 전제, 즉 소피스트술은 획득술이라는 전제가 무너지고 있기 때문이다. 두 번째 규정에서 사냥꾼이라는 전제가 무너졌다면, 이제 위로 올라가 획득술이라는 전제도 무너지게 된다(물론 이 경우에도 최종 목적은 판매에 있지만). 소피스트의 신출귀몰함은 플라톤의 논리 전개 자체에서 증명되고 있는 듯하다. 플라톤은 소피스트술을 분할의 어떤 한 가지에만 고정시키지 않고, 각 가지에 배당했을 때마다 의미가 새롭게 규정될 수 있는 것으로 보고 있다.

세 번째 분할(225a~226a).　이제 세 번째 규정은 다시 소피스트술을 포획술에 포함시키고서 논의를 시작한다.

1. 낚시술의 규정에서 경합에는 공개적인 것과 은밀하게 행해지는 것이 있음을 보았다. 그러나 여기에서는 경합이 공개 경쟁에 관련된 것과 싸움에 관련된 것으로 분할된다. 소피스트술은 싸움에 관련되는 것으로 분류된다(이것은 소피스트들의 '교육'이 공개 교육이나 공적 교육이 아니라 사교육이며, 이 사교육의 맥락은 앞에서 말했듯이 논쟁에 이기는 것, 변론에서 이기는 것에 있었기 때문이리라).

2. 싸움에는 신체적 싸움과 말싸움이 있다. 소피스트들의 싸움은 당연히 말싸움에 속한다(여기에서 이방인은 신체의 반대항으로서 '영혼'이 아니라 '이성'을 들고 있다).

3. 말싸움에는 정의/부정의의 문제와 관련해 긴 변론을 통해서 서로 대립하는 법적 변론과 물음과 답변을 잘게 나누어 논쟁하는 의견 대립이 있다. 소피스트술은 공적인 변론에 관련된 것이 아니기 때문에 의견 대립에 관련된 기예, 즉 타인의 의견을 반박하는 기예이다.

4. 의견 대립에는 여러 종류가 있는 것이 사실이다. 그러나 그중 특히 정의/부정의——보다 넓게는 올바름과 올바르지 못함——와 관련해 벌어지는 논쟁에 관련된 것을 논쟁술(eristikon)이라 한다. 소피스트들은 덕＝아레테를 가르친다고 공언하는 사람들이고, 덕＝아레테는 올바름/정의와 올바르지 못함/부정의와 직결되므로, 소피스트술은 논쟁술에 속한다.

5. 논쟁술에는 돈을 낭비하는 것과 버는 것이 있다. 낭비하는 경우는 유치한, 그리고 돈도 안 되는 수다를 떠느라 일을 게을리 해 돈을 탕진하는 경우이고, 돈을 버는 논쟁술은 바로 소피스트술의 경우이다.

네 번째 마지막 분할(226a~231c). 소피스트들은 변화무쌍한 존재들이다. 즉, 실체를 잡기 힘든 존재들이다. 이것은 소피스트들의 시뮬라크르적 성격을 함축한다. 때문에 플라톤은 이 변화무쌍한 존재들이 남기고 다니는 흔적들을 찾기를 제안한다. 이 대목은 플라톤의 생각을 여러 측면들에서 보여주고 있는 흥미로운 부분이다.

지금까지 플라톤은 기술을 제작술과 획득술로 양분하고서 논의를 전개시켰다. 그러나 이 대목에서는 분리술(diakritikê)이라는 또 다른 기술을 놓고서 논의를 전개한다. 분리술도 기술이라면, 앞에서 기술을 제작술과 획득술로 양분했던 것은 임시방편적이었던 것일까? 아니면 분리술은 제작술이나 획득술 둘 중 하나에 속하는 것일까? 별다른 설명 없이 논의를 진행하는 이방인에게 테아이테토스 스스로도 당혹감을 느꼈던 것 같다. 분리술의 이미지는 분할술의 이미지에 오버랩된다. 'diakritikê'는 분리, 구분, 결정, 판단 등과 관련되며, 이런 작업은 지금 플라톤의 작업 바로 그것과 거의 같은 것이다. 다시 묘한 얽힘이 있다.

0. 집안일을 할 때 체질하는 것, 거르는 것, 까부르는 것, 또는 빗는 것, 잣는 것, 짜는 것 같은 여러 기술들이 있다. 이것들을 '분리술'이라 부를 수 있다.

1. 분리술에는 (빗기, 잣기, 짜기에서처럼) 닮은 것을 닮은 것에서 분리해내는 경우도 있고, (체질하기, 거르기, 까부르기에서처럼) 더 나은 것에서 더 못한 것을 분리해내는 경우가 있다. 후자의 경우를 정화술(kathrmos)이라 부른다. 소피스트들은 지혜를 가르쳐주겠다고, 달리 말해 무지를 분리해내 주겠다고 공언하는 사람들이므로, 이들의 기예는 일단 정화술에 속한다(그러나 뒤에서 보겠지만 정말 문제가 되는 것은 닮은 것을 닮은 것에서 분리해내는 것이다).

2. 정화에는 신체의 정화와 영혼의 정화가 있다. 신체의 정화에는 매우 여러 가지 것들이 있지만, 여기에서는 영혼의 정화가 문제가 된다. 소피스트술은 영혼의 정화술과 관련되기 때문이다.[10]

---

10) 분할술은 늘 두 항들 중 하나를 방기하고 관심의 초점이 되는 다른 한 항에만 초점을 맞추어 왔다. 그러나 이 대목에서 플라톤은 예외적으로 방기되는 항(즉 신체에 관련된 정화술)에 대한 긴 부연을 덧붙이고 있다. 신체의 정화에는 생명체의 정화와 무생명체의 정화가 있다. 생명체의 정화에는 체육과 의술의 정화 같은 내적인(신체 내부를 정화하는) 것도 있고 목욕의 정화와 같은 외적인(신체 표면을 정화하는) 것도 있다. 무생명체의 정화에는 축융술(縮絨

3. 영혼에는 악한 부분('포네리아')과 선한 부분('아레테')이 있다. 영혼의 정화는 영혼의 악한 부분＝악덕함('카키아')을 제거하는 것이다. 영혼의 악덕함에는 두 가지가 있다. 신체에서의 질병에 유비적인 것과 신체에서의 기형에 유비적인 것이 있다. 신체적 질병에 유비적인 것은 불화이고(불화는 판단/의견과 욕망이, 의지와 쾌락이, 이성과 고역苦役이 싸우게 만든다) 신체적 기형에 유비적인 것은 편파심이다(편파심은 분별심을 눈멀게 해서 무지를 낳는다). 따라서 영혼의 정화는 <u>불화의 정화</u>와 <u>편파심/무지(agnoia)의 정화</u>로 분할된다. 신체적 질병에는 의학이, 기형에는 체육이 필요하듯이, 불화가 낳는 오만무례(휘브리스), 부정의, 비겁에는 징벌이 필요하고, 편파심/무지에는 교육술이 필요하다. 요컨대 영혼의 악덕함의 정화는 징벌에 의한 불화의 정화와 교육술에 의한 무지의 정화로 분할된다. 소피스트술은 '소피스트'라는 말 자체가 시사하듯이 무지의 정화술에 관련된다.

4. 무지에는 일반적인 의미에서의 무지와 독특한 성격의 무지가 있다. 후자는 곧 "모르면서 안다고 믿는 것"이다. 그래서 교육술에는 일반적인 의미에서의 무지를 깨우치는 기술과 어리석음을 깨우치는 기술이 있다. 전자는 <u>기술교육</u>이고, 후자는 <u>교양교육</u>이다. 소피스트들은 특정한 기예를 가르치기보다는 읽기, 쓰기, 말하기… 등에 관련된 교육에 종사하는 사람들이므로, 소피스트술은

術)이나 초벌칠 등을 비롯해 여러 잡다한 것들이 있다.

교양교육에 속한다.

5. 그러나 교양교육 자체도 다시 더 나눌 수 있다. 교양교육에는 어른들이 아이들을 꾸짖거나 타이르는 요령인 훈계술과 철학적 비판(elenchos)이 있다.[11] 철학적 비판은 가장 중요한 정화이다.

　이제 소피스트술을 훈계술이나 철학적 비판 어느 한 곳으로 분류해야 한다. 그러나 여기에서 플라톤은 매우 당혹스러운 상황에 부딪치게 된다. 소피스트술은 분명 훈계와는 성격이 다르며, 그렇다면 철학적 비판으로 분류되어야 한다. 그러나 이렇게 될 경우 소피스트들은 철학자들이 되어버린다. 무엇이 잘못된 것일까? 교양교육을 훈계술과 소피스트술과 철학적 비판으로 삼분해야 할까? 그러나 플라톤은 이 삼분법을 취하지 않는다. 이 쉬운 길을 플라톤은 왜 가지 않았을까? 아니라면 분할을 더 해나가면 되지 않을까? 철학적 비판을 진정한 철학적 비판과 그릇된 철학적 비판——철학"적"이긴 하지만 결코 좋은 철학은 아닌 그런 행위——으로 다시 세분하면 되지 않을까? 그러나 플라톤은 이 길도 가지 않는다. 사실 'eristikê'가 그릇

---

11) 철학적 비판은 훈계술이 아닌 교양교육을 실시하는 사람들의 행위이거니와, 플라톤이 묘사하고 있는 내용은 실질적으로는 다름 아닌 소크라테스의 탐구 방식이다. 관습이나 권위에 기초하는 '훈계술'과 대조적으로, 소크라테스적인 철학적 비판은 확고한 방법론에 기초한 학문적 비판이다. 그것은 다음과 같은 과정을 거쳐서 실행된다. (1) (모르면서 안다고 생각하는) 사람들의 의견들을 캐물어서 들어간다. (2) 그런 의견들을 모두 모아서 맞대면시킴으로써 그것들이 같은 대상에 대해, 같은 관점들에 관련해, 같은 관계들 아래에서 서로 모순된 이야기들을 하고 있음을 밝힌다. (3) 그런 의견들이 얼마나 허술하고 그릇된 것인지를 증명한다.

된 논박술의 의미를 띠고 있고, 따라서 자연히 'elenchos'와 대비되기에(실제 다른 대목들에서는 그렇게 구분되어 사용된다) 용어들도 이미 마련되었건만, 왜 이 대목에서 'eristikê'와 'elenchos'를 대비시키지 않는가? 플라톤은 여기에서 분할을 멈추고서, 소피스트술을 마지못해서 철학적 비판으로 분류하고 있다. 왜일까? 수수께끼 같은 대목이다(그러나 우리는 대화편의 말미에서 소피스트술이 보다 분명하게 정의됨을 보게 될 것이다).

변화무쌍한 소피스트들을 포획하기 위해 여러 갈래의 그물을 던졌던 이방인은 이제 지금까지의 논의를 정리한다. 1) 소피스트란 부잣집 자식들을 포획하러 다니는 사냥꾼들이다. 2) 소피스트란 지식의 도매상이자 소매상이자 직매상이다. 3) 소피스트란 논쟁술을 가르친다고 하면서 치부하는 자이다. 4) 논의의 여지가 있지만, 무지를 정화해 주는 자이다.

결국 플라톤이 바라보는 소피스트는 두 가지 핵심적인 특징, 즉 한편으로 진리 탐구보다는 치부에 발 벗고 나선 자의 모습과 다른 한편 무지를 정화해 주는 자이긴 하지만 사실상 논쟁술을 가르치는 것에 불과한 자의 모습을 띤다. 따라서 소피스트에 대한 플라톤의 규정은 두 측면을 포함한다. 하나는 진정한 철학자가 아니라 지식 장사꾼에 불과하다는 것이고, 다른 하나는 진정한 지식/교육이 아닌 사이비 지식/교육을 가르치는 가짜 철학자에 불과하다는 것이다. 전자는 도덕적 규정이고, 후자는 인식론적 규정이다. 그러나 더 본질적인 것은 후자이다. 소피스트의 가르침이 거짓이 아니라면 즉 그들의 지식이 인식론적으로 정당하다면, 후자의 규정이 파기되어야 할 뿐만 아니라 전자의 규정도 달라져야 하기 때문이다. 물론 설사 정당한 지식으로 치부한다 해도, 철학적 탐구 때문에 가산을 탕진한 소크라테스나 막대한 재산을 가난한 사람들에게 나누어 주었다고 전해지는 플라톤과 같은 관점에서 볼 때 그런 지식인들은 진리를 치부에 종사케 만드는 저열한 지식 장사꾼들에 불과한 존재들이다. 그러나 어쨌든 그들의 지식이 진짜 지식이라면 도덕적 규정——사실상 비난——도 약화될 수밖에 없다. 때문에 플라톤은 이제 대화편의 초점을 인식론, 더 나아가 존재론에 맞춘다. 그러나 인식과 존재에 대한 본격적인 논의로 넘어가기 전에 지금까지 이야기한 '분할법'의 의미가 무엇인가를 음미해 보자.

아리스토텔레스는 플라톤의 분할술을 매개(媒介)가 결여된 불완전한 삼단논법으로 평가한다. 아리스토텔레스의 분할은 유와 종차로 이루어진다. 그것은 구체적인 것들을 추상적인 것으로 일반화해 가는 방법이자, 거꾸로 말해 일반적인 것을 (그것에 포함되면서 서로 대립하는) 하위 항들로 종별화(種別化, specify)해 나가는 방법이다. 그리고 삼단논법은 매개항을 필수적으로 요구한다: 동물은 척추동물과 무척추동물로 분할된다. 인간에게는 척추가 있다. 고로 인간은 척추동물이다. 아리스토텔레스가 볼 때 플라톤의 분할은 삼단논법의 중추인 매개항/중간항(to meson)이 결여되어 있다.(『분석론 전서』, 46b) 즉 플라톤(과 그 학파)은 대전제와 소전제를 구분하지 않고서 분할을 행하고 있으며, 정의 대상을 자의적으로 어느 한쪽 항으로 분류하고 있는 것이다. 이런 문제점은 분할의 과정이 한 단계씩 나아갈 때마다 반복된다. 예컨대 인간의 정의는 '동물'——'可死的 동물'

——'다리 달린 동물'——'두 다리 동물'——'날개 없는 동물' 등으로
진행되거니와, 매 단계마다 부가되는 술어들에 대해 우리는 "왜?"라
고 물을 수 있는 것이다.(『분석론 후서』, 92a) 아리스토텔레스적 비판
에 입각하면 플라톤의 분할은 그야말로 엉망진창이다. 출발점 자체
가 일정하지 않고, 분류 대상이 분할의 매듭들 여기저기를 돌아다닌
다. 분할은 해놓았지만 분류 대상이 왜 그중 한쪽으로 분류되는지 그
근거가 명시되어 있지 않다. 분할 자체가 여러 가지 방식을 취하고
있고, 각 방식 사이의 연계성이 분명하지 않다. 그 외에도 비판적으
로 바라볼 수 있는 점은 얼마든지 있다.

　　그러나 아리스토텔레스는 플라톤 분할법의 맥락을 잘못 읽고
있는 것은 아닐까? 혹시 플라톤의 분할법은 아리스토텔레스가 생각
한 것과는 다른 맥락에서 진행되고 있는 것이 아닐까? 분류 대상인
소피스트가 분할의 여러 도식들을 변화무쌍하게 돌아다니는 것은
분할의 방법 자체의 문제점이 아니라 소피스트라는 존재의 본성에
관련된 문제이다. 분할법 자체가 여러 가지로 분산되어 있고 그 구조
가 이질적인 것은 분할법의 논리적 결함이 아니라 그것이 포획하려
고 하는 대상 자체의 성격 때문이다. 만일 그렇다면 플라톤의 엉성하
기 짝이 없는 분할법은 오히려 소피스트들을 "정확히" 표상하고 있
는 것이다. 스나크로서의 소피스트를 포획하기 위해 구성된 아주 기
묘하게 짜인 그물. 플라톤의 분할법을 논리학적 시각에서 보는 것은
"순진한"——이 말의 니체적 뉘앙스에서——것이다. 논리적 구성은
외관일 뿐이다.

　　아리스토텔레스와는 대조적으로 '분할＝나누기'라는 행위에 가

장 강렬한 정치적 함축을 넣어 사유한 인물은 미셸 푸코일 것이다. 분할하는 지식과 배제하는 권력의 착종. 여기에서 문제는 분할당하느냐 분할하느냐, 규정당하느냐 규정하느냐의 투쟁이다. 소피스트들의 저작들이 많이 남아 있어 소크라테스와 플라톤을 분할하는 그들의 방식을 확인할 수 있다면? 스나크가 사냥꾼을 포획하는 일이 벌어질지도 모를 일 아닌가. 푸코는 근대 훈육사회의 지식-권력의 분할법을 해부했지만, 플라톤 분할법을 이런 식의 윤리-정치적 관점에서 읽는 것도 가능할 것이다. 물론 경우에 따라 이런 식의 독해는 부메랑이 되어 돌아와 독해자를 옭아맨다(우리는 "당신의 '권력에의 의지'는 무엇인가?"라고 물을 수 있다).[12] 요점은 이것이다: 플라톤의 분할은 객관적 인식을 위한 것인가 정치적 권력을 위한 것인가? 전자가 순진한 독해라면 후자는 "영악한" 독해이다. 독해란 근원적으로 이 두 가지 극 사이를 오가는 행위이다.

　두 가지를 나누어 생각해 보자: 소피스트들에 대한 플라톤의 도덕적 비난과 그 비난을 떠받치는 철학적 근거. 그러나 이 두 가지가 원환을 이루며 대화편을 구성하고 있다 할 때, 두 종류의 독해 그 어느 것도 대화편을 전체적으로 이해하게 해주지는 못한다. 순진한 독해는 전자의 맥락을 간파해내지 못하고 있고, 영악한 독해는 후자에 대한 진지한 독해를 간과하게 된다. 철학적 부분은 앞으로 전개될 우

---

12) 다음을 보라. Francis Wolff, "Trios: Deleuze, Derrida, Foucault, historiens du platonisme", *Nos Grecs et leurs modernes*, textes réunis par Barbara Cassin, Seuil, 1992, pp. 232~248.

리 논의 전체의 주제이거니와, 도덕적 부분을 별도로 떼어내 영악한 독해의 눈길로 볼 경우 어떤 결과가 나올까? 요컨대 플라톤의 '권력에의 의지'는 무엇인가?

소피스트들에 대한 플라톤의 비난은 두 가지 물음을 낳는다. 첫째, 소피스트들을 등질화할 수 있는가? 둘째, 정당한 지식으로 치부하는 것은 도덕적으로 부당한 것인가? 첫 번째 물음에 대해 우리는 소크라테스에 대비해 소피스트들을 등질화하는 것이 가능할지 몰라도, 그것은 소피스트들이 무조건 저열해서가 아니라 차라리 소크라테스가 너무나도 뛰어났기 때문이라고 답할 수 있을 것이다. 분명 소피스트들은 매우 다양한 종류의 인간들이었다. 이들을 등질화하는 것이 과연 애초에 가능한 것일까? 이것이 분할법이 오락가락하는 이유들 중 하나이다. 또 하나, 소피스트들이 치부를 목표로 했다 해도 그들이 정당한 지식으로 치부했을 경우는 어떤가? 철학적으로 중요한 것은 이들이 정당한 지식을 근거로 치부하느냐의 여부일 것이다. 소피스트들이 정당한 지식으로 치부했다면, 설사 치부 자체가 진정한 철학자의 모습과는 거리가 멀다 하더라도, 플라톤의 비난은 그만큼 약화되어야 할 것이다. 요컨대 소피스트들은 분명 진정한 철학자와는 거리가 먼 인간들이었지만, 그들을 단적으로 등질화할 수는 없으며 또 그들의 지식이 과연 정당한 것이었는가의 여부가 더욱 중요하다.

분할법을 단지 순수 논리학적 분류의 시도로서가 아니라 가치론적 구도하에서 진행되는 훨씬 미묘한 행위로서 이해하되, 플라톤 철학의 일반적이고 핵심적인 성격으로 육박해 들어가는 것으로 보는 독해를 들뢰즈에게서 발견할 수 있다. 들뢰즈는 플라톤의 분할 법이 매개항이 결여된 불완전한 삼단논법이라는 아리스토텔레스의 비판이 부적절함을 지적한다. 분할술은 기본적으로 '선별'의 문제와 관련된다.[13] 즉, 종차를 통해 유를 잘라 나가는 아리스토텔레스의 분할법과는 달리, 플라톤 분할법에서의 차이는 "순수한 것과 불순한 것, 좋은 것과 나쁜 것, 진짜와 가짜" 사이에서의 차이이다. 플라톤 분할법에서 문제가 되는 것은 한 존재의 동일성을 확인하는 것 (identifier)이 아니라 진짜를 선별해내는 것(authentifier)에 있는 것이다. 형상들의 계통학적 체계를 구성하려는 아리스토텔레스의 시도와 진짜를 식별해내려는 플라톤의 시도는 성격을 전혀 달리한다. 진짜의 선별은 특히 나누어-가짐[分有] 개념을 통하여 정초된다. 그리고 이 개념은 이데아 개념 없이는 성립하지 못한다. 사물들은 이데아를 얼마나 많이 나누어-가지고 있는가를 통해서 존재론적으로 식별되고 가치론적으로 평가된다.[14] 들뢰즈의 이러한 해석에 입각할 경우, 플라톤의 분할법은 분명 가치론적 배경에서 이해되어야 하며, 특히 좋은 후보, 진짜를 가려내는 선별에의 관심에 입각해 있다고 해

---

13) Gilles Deleuze, *Différence et répétition*, PUF, 1968, p. 84. 이하 이 저작은 'DR'로 약한다. 아울러 '선별'의 문제는 들뢰즈 자신이 평생에 걸쳐 집요하게 관심을 보인 문제들 중 하나라는 사실을 기억하자.

14) 따라서 이런 식의 사유에서는 존재론과 가치론이 분리되지 않는다. 내가 다른 곳에서(『사건의 철학』 2강, 그린비, 2011) '가치-존재론'으로 특징지었던 이 사유 양식은 플라톤에게서만이 아니라 서구 중세 사유, 그리고 다른 사유 전통(예컨대 성리학)에서도 발견되는 양식(『인간의 얼굴』 3장, 민음사, 1999), 즉 고중세적 사유를 특징짓는 핵심적인 사유 양식들 중 하나라 할 수 있다.

야 한다.

여기에서 핵심적인 것은 이데아의 존재이다. 이데아가 존재할 때 선별도 가능해지기 때문이다. 우리의 삶에서 선별은 진정 중요한 문제이다. 진짜 민중을 생각하는 정치가는 누구인가?(『정치가』), 진짜 지식인 = 철학자는 누구인가?(『소피스테스』)… 등의 물음은 선별의 지혜를 요구한다. 플라톤은 이 선별의 문제를 해결하기 위해 이데아론을 전개했다 할 것이다. 따라서 플라톤의 사유를 '권력에의 의지'로 읽기보다는 차라리 플라톤이 내세운 근거, 즉 이데아론의 정당성을 논하는 것이 보다 생산적인 길이 될 것이다. 그래서 우리는 결국 존재론의 문제를 만나게 된다. 『소피스테스』는 소피스트의 정체를 규명하려는 현실적인 문제에서 출발해 인식론과 존재론으로 나아간 후, 다시 현실적인 문제에로 회귀하는 원환적 구조를 띠고 있음을 논했다. 이제 이 구조의 의미를 좀 더 잘 이해할 수 있게 되었다. 플라톤의 사유는 선별에의 의지를 깔고 있으며, 그 의지를 근거 짓는 것은 이데아론이라는 존재론이다. 따라서 플라톤 사유의 이해와 평가의 초점도 결국 이데아론에 맞추어지게 된다. 이제 우리는 본격적으로 플라톤의 사유세계로 나아가게 된다.

2. 시뮬라크르, 거짓, 비존재

소피스트들 분류해내기라는 문제에서, 즉 진정한 지식인과 사이비 지식인의 분류라는 현실적인 문제에서 출발했던 대화편은 어느새 본격적인 철학적 논의로 넘어간다. 지금까지의 소피스트론은 소피스트들에 대한 플라톤의 경험을 바탕으로 그것을 논리——그러나 논리적으로 보이지 않는 논리——적으로 구성한 것이었으나, 이제 플라톤은 자신의 논의를 뒷받침할 수 있는 보다 철학적인 근거를 찾게 된다. 플라톤이 행하고 있는 것과 같은 가치론적 논의, 즉 "진정한"이라는 수식어가 들어가는 논의는 일정 수준에 도달하면 인성론적(인간이란 어떤 존재인가?), 인식론적(참/거짓을 가르는 기준은 무엇인가?), 존재론적(있음과 없음은 어떻게 이해되어야 하는가?) 논의를 요청하게 된다. 이제 대화편은 '가짜'의 문제를 본격적으로 거론하게 된다. 소피스트들을 여러 각도에서 규정했던 플라톤은 이제 변화무쌍한 소피스트들에게서 가장 본질적인 하나의 측면을 포착하려 한다. 이것은 우리를 시뮬라크르의 문제로 데려간다.

지금까지 제시되어 온 여러 규정들 중에서 "논박을 일삼는 자"라는 규정은 특히 중요하다. 소피스트들은 어떤 형태로든 언어, 지식, 교육… 등에 관련되는 존재들이기에 말이다. 소피스트들의 규정에는 도덕적 측면과 인식론적 측면이 혼합되어 있었으나, 이제 논의의 초점은 인식론적 맥락에 맞추어진다.

소피스트는 상당한 지식을 소유하고 있는 사람으로 보인다. 그리고 소피스트들은 '소피스트'라는 하나의 이름으로 불리지만 대단히 여러 종류의 지식들을 가지고 있는 존재로 보인다. 그러나 그것은 신뢰할 만하지 못한 모습(to phantasma/hê simylacra)을 띤 존재이다. 즉 소피스트들은 일종의 환영(le phantasme/le simulacre)이다.[1] 플라톤은 시뮬라크르를 본격적으로 논하기 전에 우선 소피스트 자체가 시뮬라크르임을 넌지시 암시하고 있다. 소피스트들은 수많은 지식들을 가지고 있는 것처럼 "보이지만" 사실은 그렇지 "않은" 존재, 즉 가짜=시뮬라크르인 것이다. 여기에서 시뮬라크르라는 말은 '외관' 또는 '(거짓된) 이미지'라는 뜻으로 쓰이고 있다. 소피스트들은 가짜이다. 그렇다면 가짜란 무엇인가?

소피스트들은 모든 종류의 대상들에 관한 지식을 소유하고 있는 것으로 보인다. 첫째, 일반인들의 눈에는 잘 보이지 않는 신성한 것들. 둘째, 눈으로 볼 수 있는 현상들. 셋째, 법을 비롯한 정치에 관

---

1) 환영(幻影)은 그림자의 뉘앙스를 띠어 가짜를 뜻하고, 환각(幻覺)은 감각의 뉘앙스를 띠어 가짜에 대한 오지각(誤知覺)을 뜻하고, 환상(幻想)은 생각/관념의 뉘앙스를 띠어 가짜에 관한 오인(誤認)의 뉘앙스를 띤다. 소피스트들은 일종의 환영들이다.

련되는 모든 일들. 즉 소피스트들은 형이상학적인 존재들, 자연에 속하는 여러 존재들, 그리고 폴리스에서의 삶에 관련된 여러 존재들, 요컨대 세계의 모든 것에 대해 다 알고 있는 듯이 보인다. 소피스트들의 일차적 외관은 박식함에 있다. 그러나 이들의 박식은 정확히 말해 이 모든 것들을 아는 데 있는 것이 아니라 그것들 중 하나를 아는 사람들을 모두 논박해버리는 데 있다. 그래서 소피스트들은 'antilogikos', 즉 "반대로 말하는 자"이다. 자신은 아무것도 모르면서, 단지 논박의 요령만을 가지고서 다른 사람들이 무엇에 대해 이야기하든 논박해버리는 자, 그래서 잘못 보면 마치 무엇이든 다 알고 있는 사람처럼 보이는 자, 플라톤이 생각하는 소피스트는 정확히 이런 존재이다(이런 능력을 가장 절박하게 요청했던 곳이 바로 당대의 아테네의 정치판과 재판정이었다는 사실을 다시 한번 상기하자).

모든 것을 아는 것은 불가능하다. 그러나 소피스트들은 모든 것을 논박한다. 그렇다면 소피스트술의 비법은 어디에 있을까? 어떻게 거짓을 참으로 보이게 만들 수 있을까? 어떻게 하나도 제대로 모르면서 모든 것을 아는 것처럼 보일 수 있을까?(『국가』, 596a~605b) 플라톤이 '진리'의 문제를 거론하는 것은 이 맥락에서이다. "그래서 우리에게는 그[소피스트]가 모든 것을 알고 있는 듯이 보이지만 사실상 결코 진리를 가지고 있지는 않은 자로 보이네." 이제 서서히 진리 개념을 둘러싼 논의가, 그러나 부정적인 방식으로 시작된다. 이 야기는 진리에 대한 논의가 아니라 진리를 사칭하는 방식에서 시작되는 것이다. 그것은 곧 **흉내내기**의 문제이다. 플라톤은 소피스트술을 회화술에 연계시켜 규정한다. 회화에 대한 플라톤의 생각은 『국가』(10권의 전반부)에 잘 나타나 있다. 여기에서 플라톤은 자신의 진리론을 제시하면서 왜 모방(술)이 진리에서 두 단계나 떨어져 있는가를 보여준다. 1) 같은 이름을 가지고 있는 여럿은 그 이름에 상응하는 하나의 이데아를 가진다. 예컨대 우리가 '말'(馬)이라고 부르는 여럿(적토마, 오추마, '로시난테', 카르툼…)은 모두 '말의 이데아'를 가진다. 현실의 사물들은 각각에 해당하는 이데아를 모방하고 있다. 즉, 현실은 이데아의 그림자이다(이데아는 신들이 만든 것이다. 신은 같은 이름의 이데아를 두 개 만들지 않는다. 둘을 만든다면 그것들을 아래에 두는 궁극의 하나가 다시 존재해야 하기 때문이다). 2) 현실의 사물들은 이데아의 모방물들이다. 신들은 이데아에 따라 사물들을 만들었다. 사물들의 제작자는 이데아를 보면서 제작한다. 침상의 제작자는 침상의 이데아를 보면서 현실적인 침상을 제작한다. 침상 제작자는 이데아를 만들지는 못하지만, 이데아를 보고서 침상을 만든다. 3) 모방자들은 현실의 사물들을 쉽게 모방해낸다. 그것은 거울로 사물들을 비추는 것과도 같다(거울에 말을 비추면 말의 이미지가 생겨나듯이). 모방은 모든 것을 쉽게 만들어낼 수 있다. 말을 종이에 그리면 말이 생겨나고, 건물을 그리면 건물이 생겨난다. 회화는 실제 무엇인가를 인식해서 만들어내는 것이 아니라 그 외양을 마구 만들어낼 뿐이다. 4) 이데아의 차원은 '진리'이다.[2] 현실적인 사물들은 이데아의

---

2) 플라톤에게는 이데아 자체가 진리이기도 하고, 때로는 이데아의 드러남이 진리이기도 하다. 그리고 때로는 이데아의 올바른 서술이 진리이기도 하다. 본래 '탈은폐성'의 뜻을 품었던 '진리'(alêtheia)가 플라톤에 이르러 (오늘날 예컨대 타르스키의 정의——"'눈은 희다'는 눈이 흴 때 그리고 오직 그때에만 참이다"——를 통해서 이해되는) '상응으로서의 진

모방물들이다. 제작자들은 이데아를 모방해서 그것과 유사한 현실의 사물을 만든다. 그러나 모방자들은 현실의 사물을 보고서 그것을 모방한다. 침상의 이데아는 '침상 자체'이다. 현실의 침상은 이데아를 보고서 제작된 것이다. 그러나 침상을 그린 그림은 현실의 침상을 모방한 것이다. 따라서 모방된 침상은 진리(이데아)로부터 두 단계나 떨어져 있다. 요컨대 제작은 '진리'를 모방하지만, 모방은 '현상'을 모방한다.

결국 이미지 제작자 즉 모방자는 "실재에 대해서는 아무것도 모른 채 그것의 현상(to phainomenon)에 대해서만 알고 있다". 플라톤의 이런 생각은 진리와 거짓, 진실재(眞實在)와 이미지의 문제를 다루는 『소피스테스』에로 이어진다. 플라톤은 소피스트들을 진정한 논변을 펼치지는 못한 채 독특한 기술에 의해 그야말로 모든 것들을 만들어내는 존재들로 파악한다. 사물들을 제작하는 것은 매우 어렵고 시간이 걸린다. 그러나 이 독특한 기술은 사물들을 금방 만들어버린다. 그리고 그것들을 싸게 팔아버린다. 이것은 일종의 '유치한 놀이' 같은 것으로서, 유치한 놀이에는 흉내내기만 한 것이 없다.[3] 플

리'(adequatio intellectus et rei)로 이행했다고 말하면서, 하이데거가 "우리가 여기에서 시도하는 것은 'alêtheia'를 그 근원성에서 살펴보려는 것도 또 'homoiôsis'[일치해-들어감]로서의 진리를 그 순전한 자명성에서 살펴보려는 것도 아니다. 우리는 그저 그 둘의 독특한 뒤엉켜 있음을 보려는 것이다"라고 한 것은 이 때문이다. Martin Heidegger, *Vom Wesen der Wahrheit*, Vittorio Klostermann, 1988, §2.

3) 좀더 정확히 말한다면 'to mimêtikos'는 'hê mimêsis'와 구분된다. 후자가 일반적인 의미에서의 '모방' 일반을 가리킨다면, 전자는 (경멸적 의미를 동반하는) 단순한 방식의 흉내내기를 뜻한다. 즉 "유치하다"는 뉘앙스가 깃들어 있다. 따라서 이 대목에서의 '흉내내기'는 '모방'보다 한 단계 더 저급한 행위를 가리킨다. 플라톤은 철없는 어린이들에게 멀리 떨어진

라톤은 '회화술'을 이렇게 파악한다. 소피스트술과 회화술의 차이는 후자가 그림을 통해 행하는 바를 전자는 말을 통해 행한다는 것뿐이다. 그래서 소피스트술은 다음과 같은 것이다. "사물들의 진리로부터 멀리 떨어져 있는 젊은이들의 귀에 요술과도 같은 말들을 퍼붓고, 갖가지 일들에 관한 거짓 이야기들을 들려주고, 그들로 하여금 자신들이 듣는 모든 것들이 참이라고, 그런 것들을 들려주는 자들이야말로 가장 지혜로운 자들이라고 환상을 가지게 만드는 것."(234c) 요컨대 소피스트는 "실재를 흉내내는 존재" 즉 일종의 요술쟁이이다. 이로써 플라톤이 생각하는 소피스트 상(像)의 가장 핵심적인 측면이 정식화되었으며, 이제 이런 규정을 뒷받침하기 위한 본격적인 인식론적-존재론적 논의가 펼쳐진다.

플라톤의 시대와 현대 사이에는 거대한 심연이 가로놓여 있다. 플라톤의 시대는 본래적 사물들의 시대이다. 하늘과 땅, 물과 불, 동물과 식물 같은 본래적 사물들은 묵직한 실재성(實在性)을 견지하면서 사람들의 눈앞에 선명하게 서 있었다. 인간이 만들어내는 것들(건축물, 마차, 가구들…) 또한 견고한 사물들이었고 2차적이긴 했으나 실재성을 자랑했다. 그리고 본래적 사물들을 인식하고 견고한 사물들을 제작할 수 있는 능력은 '테크네'라는 말로 집약되었다. 이에 비해 환각적인 이미지들의 위상은, 적어도 고급한 지성들의 눈에는, 매우 낮았다. 플라톤의 사유 속에는 이 세 존재론적 층위들 사이에

거리에서 가짜 그림을 보여줌으로써 진짜인 것처럼 속이는 경우를 들고 있다.

존재하는 깊은 심연들이 깃들어 있다.

그러나 정말 놀라운 것은 플라톤에게는 본래적 사물들보다 더 본래적인, 아니 결코 범접할 수 없는 거리를 통해서 확고하게 구분되어야 할 만큼 본래적으로 본래적인 존재들이 있다는 사실이다. 플라톤이 감각으로 확인할 수는 없고 오로지 이성으로 확인할 수밖에 없는 것들로 파악했던 것들, 즉 형상들(이데아/에이도스)——5나 원 같은 수학적 형상들, "a와 b가 같고 b와 c가 같다면, a와 c는 같다"와 같은 논리적 형상들, 인간, 새, 짐승 같은 보편자들을 비롯한 무수한 형상들——은 본래적 사물들을 그 '그림자들'로 가지는 진짜 본래적 존재들이다. 칠판 위에 그린 불완전한, 특정한 색깔을 가진, 특정한 질료를 사용한 원들은 모두 원-형상의 그림자들이다.[4] 이런 사유 구도에서 환각적 이미지들이 어떤 존재론적 위상을 차지할지는 명백하다. 플라톤에게 이미지들/시뮬라크르들은 진실재로부터 두/세 단계나 떨어져 있는 흐릿한 가짜들에 불과했다.

오늘날 우리는 시뮬라크르의 시대를 살고 있다. 사실 우리의 삶이 시뮬라크르의 시대에로 진입한 것은 극히 최근의 일이다. 내 마음

---

4) 플라톤의 이런 생각은 '명제'의 개념을 뒷받침하는 존재론이기도 하다. "눈은 희다", "雪は白い", "La neige est blanche", "Snow is white"… 등은 어느 언어건, 누가 말했건, 어떤 목소리로 말했건 똑같은 그 무엇을 가리키고 있다는 생각이 그것이다. 물론 이 경우 문제가 되는 것은 사물-이데아가 아니라 사태-이데아로서, 앞으로 이 사태-이데아의 개념을 정교화할 필요가 있을 것이다. 나아가 사건-이데아 또한 생각할 수 있다. 수많은 지역들에서, 또 수많은 시간대에 이루어진 '홈런'이라는 사건-이데아를 생각해 볼 수 있다. 미리 말한다면, 이렇게 이데아 개념을 확장시키는 것, 그러나 어디까지나 (앞으로 논할) 생성존재론(ontology of becoming)의 토대 위에서 확장시키는 것이 현단계 존재론의 핵심 과제이다.

속에는 아직도 어린 시절을 보냈던 고향의 정경들이 생생히 살아 있다. 초가집, 뒷동산, 마을(이래 봤자 집이라곤 단 세 채였지만) 어귀의 개울, 마당에 널려 있던 노란 담배 잎사귀들, 우물, 그리고 앞뜰의 닭장, 소 우리…. 사물들만이, 본래적 사물들과 견고한 도구들만이 존재했다. 시뮬라크르는 거의 없었다. 사람들, 동식물들(어릴 때 끌고 다녔던 소, 뒷동산에 피어 있던 할미꽃들, 아침에 방문을 열면 가장 먼저 인사했던 처마의 제비들, 가끔씩 나타나 나를 놀래키던 뱀들, 내가 그토록 좋아했던 뒤뜰의 대나무들…. 생명체들과 사람들의 관계는 얼마나 가까웠던가. 생물학적 분류 같은 것은 없었다), 그리고 (할아버지께서 나를 태우고 다니던) 리어카, 우물, 연(鳶), 삽과 곡괭이 같은 소박한 인공물들, 이런 사물들이 존재하는 모든 것이었다. 언제나 사람들과 함께 놀았다. 다방구, 술래잡기, 집 뺏기… 같은 놀이들. 눈 덮인 겨울 산에서의 토끼 사냥과 얼음을 깨고 했던 물고기 사냥. 아마 적지 않은 사람들이 이런 시간들을 기억하고 있을 것이다.

얼마 전부터 세계/세상은 현저하게 다른 것으로 바뀌었다. 우리는 하나의 시대가 끝나고 다른 시대가 시작되는 시간의 지도리를 통과하고 있는 것이다. 이 새로운 시대, 그것은 곧 '시뮬라크르의 시대'이다(뒤에서 논하겠지만 시뮬라크르와 '시뮬라시옹'은 뉘앙스를 달리하며, 지금의 맥락은 사실 시뮬라시옹의 맥락이라 해야 한다). 컴퓨터와 영상은 이 시대를 가능케 한 대표적인 기계들이다. 이 기계들이 사람들의 일상을 지배하면서 시뮬라크르들이 사물들을 압도하기 시작했다. 지금의 아이들은 사물들 이전에 시뮬라크르들을 접한다. 사슴을 보기 전에 사슴을 찍은 영상을 보고, 뱀을 보기 전에 뱀 장난감을 만지며, 말을 타기 전에 말 로봇을 가지고 논다. 우리의 삶은 시뮬라크르들로 뒤덮여 있고, 그것이 삶의 자연스러운 환경으로 자리 잡게 되었다. 이제 그것들을 시뮬라크르들이라고 생각하는 것 자체가 이상하게 느껴지는 시대가 된 것이다.

자연의 산물들과 견고한 인공물들로 이루어진 현실, 그리고 그 저편의 이데아들과 이편의 시뮬라크르들, 이 세 차원(또는 네 차원) 각각의 의미는 무엇인가? 세 차원은 어떤 면에서 다른가? 아니면 그러한 구분은 피상적인 것에 불과한가? 이데아들은 오늘날 어떤 존재론적 위상을 부여받을 수 있는가? 시뮬라크르의 시대는 길몽인가 아니면 흉몽 나아가 악몽인가? 시뮬라크르들은 우리의 삶을, 우리라는 존재를 어떻게 바꾸어 놓고 있는가? 시뮬라크르의 정치경제학적 맥락은 무엇인가? 이 모든 문제들이 우리에게 과학적-철학적 사유를 요청하고 있다. 『소피스테스』를 읽는 것이 우리 시대의 삶을 이해하기 위한 징검다리일 수 있는 것은 바로 이 때문이다.

그러나 핵심적으로 이해해야 할 한 가지 사실은 이것이다. 방금 환각적 이미지들이라는 맥락에서의 시뮬라크르를 이야기했지만, 사실 플라톤에게서 시뮬라크르의 문제는 상이한, 나아가 대조적이기까지 한 두 갈래를 형성하고 있다는 사실이다. 우선 자연적/본래적 시뮬라크르들의 맥락이 있다. 순간적인 존재들, 동적인 존재들의 위상이 그것이다. 이데아의 그림자인 현실세계는 유동적이다. 그러나 그 중에서도 특히 유동적인 것들, 즉 사건들, 이미지들, 감성적 언표들, 요컨대 시뮬라크르들의 위상은 무엇인가? 플라톤의 사유체계에서처럼 저급한 것들일 뿐인가? 그러나 우리의 삶은 시뮬라크르들로 가득 차 있지 않은가. 그리고 누군가의 잠깐 동안의 표정, 순간적으로 일어나는 사건들을 비롯해 시뮬라크르들이야말로 우리 삶에서 커다란 의미를 함축하고 있지 않은가. 플라톤에 의해, 그리스적 편견에 의해 폄하되었던 시뮬라크르의 의미를 새롭게 발굴해낸 것은 현대 사유의 가장 커다란 성과들 중 하나이다. 이런 맥락에서 우리의 시대는 시뮬라크르들에 새로운 존재론적 위상을 부여해 주어야 할 시대이다. 이전의 저작에서 나는 이런 긍정적인 맥락에서의 시뮬라크르를 논했다.[5]

그러나 이와 달리 위에서 언급했던 인위적인/제작된 시뮬라크르들의 맥락이 있다. 현대는 시뮬라크르들의 의미를 재발견해낸 시대일 뿐 아니라 무수한 시뮬라크르들이 만들어지고 있는 시대이기도 하다. 영상이 발명되면서 우리의 삶은 점차 영상으로 덮여 가기 시작했다. 컴퓨터가 발명되면서 시뮬라크르 만들기 즉 시뮬레이션은 군사적 측면에서, 산업적 측면에서, 문화적 측면에서 우리의 삶을 송두리째 바꾸어 놓고 있다. 언어와 그림이라는 전통적인 시뮬라크르들은 뒷전으로 물러나고 시뮬레이션을 통해 만들어진 이미지들, 사건

---

5) 그렇다면 플라토니즘은 파기되어야 하는가? 하지만 현대 수학은 과거에 수학적 파악의 대상이 아니었던 것들, 플라톤이 (그에 해당하는) 이데아를 인정해야 할까 하고 망설였던 그런 대상들에서조차도 수학적 형상들을 발견해내고 있지 않은가? n-차원 다양체를 비롯해 수학적 존재들은 예전에는 상상도 못했던 형상들을 속속 드러내고 있지 않은가? 달마치아 해안조차도 프랙털 모형으로 분석되고 있지 않은가? 그래서 우리는 묘한 상황에 처해 있다. 한편으로 현대는 반플라톤적인 존재들——비(非)존재들——의 의미를 새롭게 발견했지만, 그러나 동시에 플라톤도 상상 못했던 이데아들을 발견해내고 있다. 우리는 어떤 존재론을 구축할 수 있는가? 21세기의 존재론은 이 지점에서 출발한다.

들이 문화의 전면을 채우고 있다. 시뮬라시옹의 득세는 현대 문화에 활력을 불어넣기도 하고 (특히 미학적 측면에서) 동시에 현대라는 시대를 몽환으로 몰아넣기도 한다. 이제 시뮬라크르들이 현실을 모방하지 않는다. 현실이 시뮬라크르들을 모방한다. 살인 사건이 영화화되는 것이 아니다. 영화를 보고 그것을 흉내낸 살인 사건이 발생한다. TV는 9·11 테러를 분석하고 전달해 주기보다는 폭파 장면 자체를, 수십 번 수백 번 보여준다. 사람들은 영화를 보는 것처럼 테러를 감상한다. 전쟁 장면을 보고서 "사진 참 잘 찍었다"고 말한다. 삶과 몽환(夢幻) 사이의 관계는 전복된다. 본래적 시뮬라크르들이 새로운 의미와 가치를 부여받아 생기발랄하게 재생(再生)하고 있는 현실의 반대편에서는 자본주의와 테크놀로지 그리고 대중문화가 만들어내고 있는 거대한 몽환적 삶의 미망(迷妄)이 퍼져 나가고 있다. 이것은 비판적으로 봐야 할 맥락에서의 시뮬라크르이다.[6]

시뮬라크르의 빛과 그늘은 사유를 자극하기에 충분하다. 시뮬라크르들의 등장은 존재론, 진리론, 정치학, 윤리학, 미학 등을 비롯한 다양한 담론들의 사유를 요청하고 있다. 시뮬라크르의 문제는 이렇게 우리 시대의 중핵에 위치해 있다.

---

6) 플라톤의 사유에서 왜 이 두 가지 상이한 내용들이 '시뮬라크르'라는 하나의 개념틀에서 이해될까? 현대인들에게 전혀 상이한 것들로 인식되고 있는 두 가지 —사건들과 인공물들 —가 왜 하나의 동일한 존재론적 지평에서 이해되고 있는 것일까? 그리고 이 두 가지 맥락은 현대에 와서도 과연 한 가지 맥락으로 통합되어 다루어지고 있는 것일까? 이 문제에 대해서는 이 책의 보론을 보라.

소피스트를 '요술쟁이'로 규정했거니와 이제 좀 더 정확한 논의가 요청된다. 소피스트술은 모방술 즉 '이미지 제작술'이다. 그러나 소피스트는 어떤 이미지를 만들어내는가? 이미지 제작술의 한 부류는 '모방술'로서, 이것은 원본을 비슷하게 복사하는 기술이다. 이것은 곧 모상(模像=eikôn)을 만들어내는 기술이다(현대어 '圖像=아이콘'에 해당). 퍼스가 규정했듯이, 아이콘은 '비슷함'을 핵심으로 하며 "대상들과 유사한 한에서 그것들을 표상해 주는 것"이다. 따라서 모상의 핵심은 원본과의 유사성에 있다. 그러나 원본과 얼마만큼 유사한 것이 모상인가? 얼마만큼 원본을 닮아야 모상이라고 할 수 있는가? 플라톤은 길이, 높이, 깊이의 비례관계, 즉 3차원 공간에서의 한 사물의 연장(延長)을 정확히 모방하고, 게다가 색깔을 정확히 모방했을 때, 모상이 성립한다고 말한다. 요컨대 형태와 색깔에서의 유사성이 그 기준이다(이 경우 그림은 애초에 모상을 만들어내지 못하는 경우로 전락한다. 3차원을 2차원에 재현하기란 아예 불가능한 것이기에 말이다). 여기에서 비례관계, 즉 원본의 길이, 높이, 깊이를 정확히 복사한-공간적-관계는 중요하다. 이것은 원본의 절대 크기가 아니라 그 공간적 형태의 동일성에 초점을 맞추고 있는 것이기 때문이다. 이것은 인형이 꼭 사람의 크기와 같아야 장점이 있는 것은 아니라는 사실을 상기시킨다. 요컨대 공간적 닮은꼴인 것이 중요한 것이다. 여기에서 논의의 초점은 공간적 외연에 있고 다음으로는 색에 있다. 다른 측면들(예컨대 촉감, 광택… 등)은 언급되지 않는다. 여기에서 그리스적 사고, 나아가 일반적인 의미에서 서구적-합리적 사고의 한 성격을 읽어낼 수 있다.

플라톤은 모상과 구분되는 또 하나의 이미지 제작술을 언급한다. 이 경우는 예컨대 큰 이미지＝모방물을 만들 때 사람들의 눈을 속여 아름다움을 창출하는 경우이다. 작품의 윗부분을 더 크게 만들어 보는 사람들로 하여금 아래와 위가 같아 보이도록 하는 경우를 예로 들 수 있다. 이것은 곧 모상처럼 보이지만 결코 모상과 동일시되어서는 안 될 또 다른 부류, 즉 '환영＝시뮬라크르'이다. 그리고 시뮬라크르들을 만들어내는 기술이 곧 '환영술＝시뮬라크르술'이다. 이 경우 인식 조건이 달라지면 환각이 폭로된다. 예컨대 누군가가 공중에 떠서, 또는 보다 적절한 각도에서 그 작품을 보면 진상은 곧 드러난다. 따라서 시뮬라크르는 감각이 우리를 속인다는 사실에 근거하고 있다. 실재와 외관은 다르다. 실재는 있는 그대로의 사물 자체이다. 반면 외관은 우리에게 그렇게 비치는 대로의 사물의 모습이다. 즉, 실재는 우리의 감각을 거치면서 있는 그대로의 모습이 아니라 우리의 인식 조건에 의해 왜곡된 모습으로 변형된다. 그러나 이 대목에서 플라톤은 감각을 초월함으로써가 아니라 감각의 조건을 다소 변형시킴으로써 진상을 알게 되는 경우를 언급하고 있다. 이는 지금 문제되고 있는 것이 이데아와 시뮬라크르의 관계가 아니라, 모상과 시뮬라크르의 관계이기 때문에 그렇다.

플라톤의 이런 논의는 현대인들에게는 좀 우스꽝스럽게 보이는 면이 있다. 원본을 빼닮은 모상을 만들어야 할 맥락이 분명 존재한다. 그러나 모든 모상이 원본을 빼닮아야 하는 것은 아니다. 원본을 변형시킴으로써 창작의 묘미를 느낄 수도 있다. 모든 작품들이 원본을 빼닮으려 노력한다면 원본과의 차이를 통해 새로움을 창출해낼 수 있는 가능성은 차단되어버린다. 물론 이런 의아심은 현대인의 미학적 감수성을 밑바탕에 깔고 있다. 우선 여기에서 두 가지가 전제되어야 한다. 첫째, 플라톤의 논의는 철저하게 진리론의 맥락에서 전개되고 있다. 따라서 여기에서 재미/흥미 또는 다른 고려는 부차적인 것이다. 아니, 사실 진리를 모독하는 재미/흥미나 이득 같은 요소들은 바로 플라톤이 겨냥해서 논파하려는 대상이다. 둘째, 플라톤의 논의는 반드시 이데아의 동일성과 모상들 및 시뮬라크르들의 유사성이 요청되는 어떤 맥락을 깔고 있다. 즉, 원본과의 차이를 최대한 좁혀 나가야 할 절박한 어떤 맥락을 전제하고 있는 것이다. 이 두 가지를 합쳤을 때 다음 결론이 나온다: 플라톤에게 중요한 것은 사물들이 이데아에 더 가까이 가는 것이다. 이데아에서 멀어질수록 존재론적-가치론적 위상은 그만큼 나빠진다(여기에서 존재론과 가치론은 하나를 이룬다. '가치-존재론'). 들뢰즈가 적절히 표현했듯이, "우리가 시뮬라크르에 대해 그것은 복사물의 복사물이라고, 무한히 떨어진 도상, 무한히 느슨해진 유사성이라고 말한다면, 우리는 사태의 본질에 접근한 것이다".[7]

　　그러나 가치-존재론은 플라톤의 사유를 내파(內破)시킬 수도 있는 화약을 담고 있는 것이 아닐까. 진리가 이데아로부터의 거리를 통해 측정된다면(즉 절대치 진리로서의 이데아와 마이너스적 존재들로서의 사물들. 여기에서 시뮬라크르는 마이너스의 무한대로 가까이 간

---

7) Gilles Deleuze, *Logique du sens*, Ed. de Minuit, 1969, p. 297; 『의미의 논리』, 이정우 옮김, 한길사, 1999, 411쪽. 이하 'LS'로 약함.

다), 진리의 정도는 영원성/부동성의 정도와 동일시된다. 진리는 정도의 문제가 된다. 정도는 연속성을 함축하며, 이 연속성은 시뮬라크르가 이데아로까지 기어올라 갈 수 있는 길을 내주고 있는 것이 아닐까. 물론 플라톤에게서 이데아와 사물들 사이의 거리는 모상들과 시뮬라크르들 사이의 거리와 비교되지 않는 도약을 내포한다. 이데아의 존재는 사물들 사이에서의 존재론적 (위상의) 차이들을 가능하게 해준다. 사물들 사이의 가치-존재론적 차이를 말할 수 있는 것은 '이데아로부터의 거리'라는 규준이 있기 때문이다. 이것은 달리 말해 이데아의 존재는 사물들 사이의 가치-존재론적 차이를 통해 보다 구체적으로 입증된다는 것을 뜻한다. 모상과 시뮬라크르 사이의 가치-존재론적 차이가 이데아——여기에서는 해당 사물들을 가지고 있는 이데아——의 존재를 구체적으로 입증해 준다. 그러나 여기에서 차이가 정도차라면 문제는 복잡해진다.

유사성이라는 말에는 마술과도 같은 힘이 있다. 유사성에는 정도의 미끄러짐이 깃들어 있다. 그래서 합리주의 사유는 유사성의 카오스를 벗어나기 위해 그것을 동일성/차이로 분석하고 불연속을 세운다. 게다가 유사성은 양방향적이다. 물론 지금의 경우는 모상이 이데아를 닮는 것이지 이데아가 모상을 닮는 것은 아니기에 방향은 문제가 되지 않는다. 그렇다면 이데아와 모상이 "비슷하다"는 것은 어떻게 확인되는가? 여기에서 우리는 플라톤주의의 한 비밀을 감지해 낼 수 있다. 이데아는 모상과 시뮬라크르 사이의 차이를 외삽(外揷)한 것이다. 그러나 문제가 생기는 것은 이 지점에서이다. 모상과 시뮬라크르가 정도의 미끄러짐 속에 놓여 있다면, 모상과 시뮬라크르 사이의 차이가 계속 움직인다면, 이데아와 모상의 유사성도 흔들린다. 이로부터 다시 우리는 또 하나의 비밀을 감지해낼 수 있다. 이데아는 모상과 시뮬라크르 사이에 차이를 수립하기 위해서 사유되었다. 이데아가 고정될 때 모상과 시뮬라크르 사이의 차이 역시 고정된다(따라서 'hypothesis'라는 말은 그야말로 문자 그대로 이해되어야 한다). 그러나 여기에서 우리는 순환 논리를 발견하게 된다. 모상과 시뮬라크르의 차이를 외삽했을 때 이데아가 성립하지만, 이데아가 고정되어야 모상과 시뮬라크르의 차이도 고정된다. 이렇게 플라톤의 사유는 계속 미끄러지는 (모상과 시뮬라크르 사이의) 차이와 그 거리를 정확히 측정할 수 있게 해주는 이데아의 고정이라는 두 초점을 통해 순환적으로 정초되어 있다.

그러나 이 경우 즉 이데아가 고정되었을 경우에도, 여전히 정도의 미끄러짐은 존재한다. 어쩌면 그리스 사유는 이 미끄러짐, 즉 아페이론을 잠재우기 위해 분투했던 사유가 아니었을까. 아페이론은 그리스 사유의 역사 전체에 걸쳐 요동하고 있다. 아페이론에 운동성이 부과될 때 우리는 연속적 운동성 또는 운동하는 연속성——베르그송의 '지속'——을 만나게 된다. 베르그송의 사유에 이르러 늘 지하에서 으르렁거리기만 하던 아페이론은 드디어 형상들의 감옥을 부수고 지상으로 솟아올랐던 것이 아닐까. 우리는 뒤에서 이 점을 볼 것이거니와, 불연속적 본성차와 연속적 정도차의 문제는 우리의 이어지는 논의들 내내 긴장의 끈을 늦추지 말고 살펴보아야 할 문제이다. 이 점은 들뢰즈의 앞의 인용문에서도 읽어낼 수 있다. 평소의 지론에 걸맞지 않게, 여기에서 들뢰즈는 정도차와 본성차에 세심하게 주목하고 있지 않다. 복사물을 다시 복사한다는 생각에는 정도차의 뉘앙스가 들어 있지만, (바로 이어 나오는) "시뮬라크르와 복사물 사이의 본성상의 차이야말로 그들이 [이미지 제작술의] 분할에 있어 각각 반쪽을 차지하게 만드는 것이다"라는 표현과 묘하게 어긋나고 있다. 그리고 바로 이런 식의 부주의가 이방인-플라톤으로 하여금 당혹스러움을 토로하게 만드는 것은 아닐까. "소피스트가 이 기술들 중 어디에 속하는지 지금까지 우왕좌왕해 왔는데, 나는 지금도 역시 분명하게 해결책을 찾지 못하고 있소이다. 소피스트란 참 기이한 존재여서 그를 완벽하게 포획한다는 것은 정말 힘든 일입니다그려."(236c)

그러나 이 곤경은 분명 단지 소피스트가 분류 도식들의 여기저기를 옮겨 다니기 때문만은 아니다. 여기저기 옮겨 다닌다는 것은 이미 그 옮겨 다니는 주체의 동일성을 전제하는 것이다. 문제는 더 근본적인 데 있는 것으로 보인다. 철학자를 이데아로 놓을 경우, 소피스트가 철학자의 모상인지 시뮬라크르인지를 판별하는 것 자체가 어려운 일인 것이 아닐까. 소피스트는 정도의 미끄러짐을 통해 인라인을 타면서 불연속을 전제하는 분할법 자체를 비웃고 다니는 것은 아닐까? 어쩌면 이런 어려움은 플라톤이 분할법이라는 프로그램을 작동시키면서 자기도 모르게 뿌려 놓았던 악성 바이러스가 아닐까? 그리고 이 바이러스는 다름 아니라 플라톤이 개개의 소피스트들이 아니라 소피스트들의 'genos'를 찾겠다고 했을 때 이미 슬며시 끼어들어 왔던 것이 아니었을까? 그래서 이제 플라톤은 문제의 어려움을 토로하면서 논의의 물꼬를 본격적인 존재론적 분석에로 이끌어 간다. "그래서 우리는 정말이지 어렵기 짝이 없는 물음 앞에 놓이게 되었다오. 왜냐 하니 그렇지도 않으면서 그런 것으로 나타나고 보이는 것, 참을 말하지 않으면서 무엇인가를 말하는 것, 바로 이런 것들이 이제나 저제나 풀기 힘든 아포리아[根本難題]를 던져 주기에 말이오. '오류/거짓은 실재한다'고 말하거나 생각하면서 모순에 빠지지 않기란 정말 어려운 일이란 말이오."(236e)

소피스트들은 거짓을 참으로 속이는 존재들이다. 그러나 이 주장이 성립하려면 "~게 보이는 것"과 "~인 것"이, 거짓과 참이 명확히 구분되어야 한다. 그렇지 않다면 소피스트들에 대한 지금까지의 규정은 허망한 것으로 판가름 날 것이다. 그러나 플라톤은 좀 더 심층적인 층위에서 물음을 던진다. 참과 거짓의 구분 이전에, "도대체 거짓/오류라는 것이 존재하는가?"라는 물음을 던지는 것이다. "오류/거짓이 실재하지 않는다"고 말할 때 우리는 필경 모순에 빠지게 된다. 왜일까? 우리는 늘 무엇이 오류/거짓인가에 대해 논쟁할 뿐 오류/거짓이 실재한다는 것을 의심치는 않기 때문이다. 지금부터 풀어야 할 모순은 바로 이런 상식의 근저에 잠복해 있다. 플라톤의 물음은 그리스 존재론을 무겁게 누르고 있는 어떤 문제틀(problématique)에서 솟아오르는 것으로 보인다. 이 문제틀은 무엇인가?

이어서 나오는 다음 구절은 이하에서 전개되는 논의 전체의 구도를 담고 있다. "그런 주장은 대담하게도 비존재의 존재를 전제하고 있다오. 그런 전제 없이는 그렇게[오류/거짓은 실재한다고] 주장하기가 불가능하기에 말이오. 그런데 테아이테토스, 위대한 파르메니데스 님께서 때로 운문으로 때로 산문으로 줄곧 이렇게 말씀하셨지 않았소이까? '존재하지-않음[비존재]이 존재한다는 주장을 경계하라. 그대의 생각을 그런 주장으로부터 멀찌감치 떨어지도록 하라.' 이 구절은 바로 파르메니데스 님의 권위를 담고 있다오. 하지만 이 말이 진리인지는 그것을 시험에 부쳐 봐야 보다 분명히 판가름 나지 않겠소이까."

거짓/오류는 비존재의 존재를 전제하고 있다. 왜인가? 우선 그리스어 'einai'는 오늘날의 'to be'와 마찬가지로 '있다'와 '~이다'를 동시에 뜻했음에도 파르메니데스의 시대에는 오로지 '있음'으로서만 이해되었다는 사실을 기억하자. 따라서 위의 번역은 파르메니데스식 번역이지만, 플라톤의 시대 정도가 되면 다음과 같이 고쳐서 번역할 수도 있다. "[~이] '아니다'이다 라는 주장을 경계하라." 무와 부정은 때로 혼용된다. '~이 아니다'와 '~이 없다'. "그는 용기가 없다"(He has no courage)는 "그는 용감하지 않다"(He is not courageous)이다. 그러나 파르메니데스의 경우 둘은 혼용된다기보다 아예 구분되지 않는다. 'einai'는 '있음'으로서만 이해된다. 따라서 부정의 문장은 무의 문장으로 이해된다. "이것은 파이프가 아니다"(This is not a pipe)는 "이것은 파이프-있음의 없음이다"로 이해된다. 더 정확히 말해, "이것은 파이프가-아니(not)-(이)다(is)"가 "이것은 파이프-없음의 있음이다"로 이해된다. 때문에 이런 표현은 모순된 표현으로 이해된다. '~이 아님'이라는 표현은 곧 '비존재'의 '존재'를 함축하는 것이며, 따라서 모순된 것이다. 비존재의 존재는 있을 수 없는 것이다(그러나 '~이 아님'이라는 것이 존재해야 '~이 아님'을 '~임'으로 말하는 오류도 가능하다. 여기에 문제의 핵심이 있다).
이어지는 대화는 이런 맥락에서 이해되어야 한다.(237b~c)

> 이방인 우리는 [위험천만하게도] 절대 무(to mêdamôs on)를 언급
> 하곤 하지 않소?
> 테아이테토스 물론입니다.
> 이방인 […] 지금까지의 이야기를 듣고서 누군가가 이 '비존재'(to
> mê on)라는 말이 어디에 적용되어야 하느냐고 물음을 제기한다면
> […] 어떤 대상에 또 어떤 성격에 따라 적용된다고 해야 하겠소이
> 까?
> 테아이테토스 정말 어려운 물음이네요. 제 수준에서는 대답할 엄
> 두가 나지 않습니다.

이제 테아이테토스가 역부족임을 고백할 정도의 난문이 제기되
었다. 이방인이 언급한 'to mêdamôs on'과 'to mê on', 이 두 표현은
똑같은 의미를 담고 있지는 않다. 'to mêdamôs on'이 전적으로/아예
없는 것이라면, 'to mê on'은 절대 무로도 또 상대 무——뒤에서 중요
한 논제로서 다루어진다——로도 해석될 수 있는 표현이다. 따라서
여기에서 플라톤은 이 두 표현을 우선은 절대 무의 의미로 동일시해
사용하고 있다고 볼 수 있다(따라서 이하 전개될 '친부살해' 논의는 'to
mê on'이 'to mêdamôs on'만이 아니라 상대 무를 뜻할 수도 있음을 보
여주는 과정이다). 그리고 이에 대해 누군가가 이의를 제기한다면, 즉
'to mê on'이라는 말을 도대체 어디에 적용할 수 있으며 또 어떤 성

격에 따라 적용할 수 있는지를 묻는다면, 그것은 (명민한 테아이테토스를 좌절시킬 정도로) 만만찮은 물음임을 강조한다. 이제 이방인은 이 물음에 대한 응답을 구성해 나간다.(237c~d)

이방인　한 가지 분명한 게 있다면, 존재하는 무엇인가에 ['없다'라고] 비존재를 적용할[서술할] 수는 없다는 것이오.

테아이테토스　물론입니다.

이방인　그런데 비존재를 존재에 서술할 수 없다면, '무엇인가'에 비존재['없다']를 서술하는 것은 그릇된 것일 것이오.

테아이테토스　어째서입니까?

이방인　이 '무엇인가'라는 표현은 언제나 반드시 존재하는 그 무엇에 붙어서 사용되지 않겠소? 이 표현을 존재하는 그 무엇에 관계없이, 말하자면 벌거벗은 채로 사용하는 것은 불가능하지 않겠소이까?

테아이테토스　듣고 보니 정말 그러네요.

이방인　따라서 '무엇인가' 하고 말하는 것은 반드시 '무엇인가 [존재하는] 어떤 것[어떤 하나]'을 말하는 것이라 해야 하지 않겠소?

테아이테토스　물론입니다.

존재하는 무엇인가에 '아니다'를 서술할 수는 있다. "철수는 즐겁지 않다"라고 말할 수 있다. 그러나 'to mê on'을 'to mêdamôs on'으로 보는 한에서 이런 서술은 불가능하다. 플라톤은 그리스어의 구조에 따라 이 논의를 두 가지로 나누어 논의한다. 즉 비존재를 '무엇인가 존재하는 것'에 서술할 수 없거니와, 이것은 다음 두 가지를 동시에 뜻한다. 1) 비존재를 [무엇인가] '존재하는 것'에 서술할 수 없다. 2) 비존재를 '무엇인가'[존재하는 것]에 서술할 수 없다.

'무엇인가'라는 말은 홀로 사용될 수는 없고 반드시 어떤 존재하는 것과 함께 사용될 수 있다. 따라서 '무엇인가'에 비존재를 서술할 경우 존재에 비존재를 서술하는 것이 되며 모순에 빠진다. 이로부터 '무엇인가' 하고 말하는 것은 반드시 '무엇인가 [존재하는] 어떤 것[어떤 하나]'을 말하는 것이라는 결론이 도출된다.[8] 그러나 '무엇인가'가 반드시 하나/단수를 가리키라는 법은 없기에 이방인은 수적 구별을 개입시켜 다시 묻는다.

> 이방인 이 '무엇인가'(quelque)는 '하나'를 뜻하고, '무엇인가들'(quelques)은 둘[雙數]을 뜻하거나 여럿을 뜻하지 않겠소이까.
> 테아이테토스 그렇게밖에는 달리 말할 수가 없겠네요.
> 이방인 그리고 무엇인가에 대해 말하고 있지 않는 사람은, 필연적으로, 단적으로 아무것에 대해서도 말하고 있지 않는 것이라고 해야 할 듯하오.

---

8) 하이데거의 해설: "〈ti〉 legein은 on과 더불어 말해지는 것이며, 더 나아가 [⋯] hen과 더불어 말해지는 것이다. 각각의 무엇(Etwas)은 존재하며, 각각의 무엇은 하나의 무엇이다. 〈ti〉 legein은 또한 legein 자체의 의미에 있어 즉 일반적으로-무엇을-말함(überhaupt-etwas-Sagens)에 있어 존재와 하나-임(Eines)이 함께 고려되지 않는다면 결코 가능하지 않다."(PS, §61)

'무엇인가'에 대해서 말하고 있지 않은 것은 어떤 존재에 대해서도 말하고 있지 않은 것이다. '무엇인가'가 단수에 붙는 경우든, 쌍수에 붙는 경우든, 복수에 붙는 경우든('ti', 'tine', 'tines'), '무엇인가'라고 말하는 순간 이미 어떤 존재(들)가 전제되고 있으며, 따라서 '무엇인가'에 대해 말하고 있지 않다는 것은 어떤 존재에 대해서도 말하고 있지 않은 것이다. 따라서 그것은 아무것에 대해서도 말하고 있지 않은 것이다.

그러나 여기에서 'mêden legein'(아무것도 말하지 않음)을 보다 자세히 들여다볼 필요가 있다. 그 어떤 것도 말하지 않는 것이 가능한가? 말을 하되 어떤 것도 말하지 않는 것이 가능한가? 말한다는 것은 항상 '무엇인가'에 대해 말하는 것이다. 그 '무엇인가'가 구체적으로 무엇인지 규정되어 있지 않다 해도. 왜냐하면 위에서 논했듯이 '무엇인가'는 늘 하나이든 둘이든 여럿이든 존재를 함축하기 때문이다. 따라서 말하되——'무엇인가'를 말하되——아무것도 말하지 않는다는 것은 불가능하다. 그래서 이런 아포리아가 발생한다. 'mêden legein'은 말하되 그 말함의 대상이 아무것도 아님——무(無)——일까, 아니면 아예 말하지-않음일까? '무를-말함'이라는 것이 가능한가? '무를-말함'은 '아무-말도-하지-않음'을 달리 표현할 뿐인 것인가? 아니면 둘은 구분되는 것인가? 구분되되 결국 같은 것인가? 그래서 이방인은 말한다. "누군가가 무엇인가를 말하고 있되 그 어떤 것에 대해서도 말하고 있지 않다는 생각 자체를 거부해야 하지 않겠소? 차라리 존재하지-않는-무엇[비존재]을 입 밖에 내려 할 때 그는 사실상 아무 말도 하고 있지 않다고 해야 하지 않겠소?"(237e)

전반부는 무를-말함이라는 생각을 거부해야 하지 않겠는가라는 반문이다. 말하고 있되 아무것도 말하고 있지 않다는 것은 무를-말함이다. 이런 생각 자체를 거부해야 하지 않겠는가? 후반부는 무를-말함이라고 하기보다는 오히려 무는 아예 말할 수 없다고 해야 하지 않겠는가라는 반문이다. 무를 입 밖에 내지도 못하는 것이 아닐까? 파르메니데스가 이야기했듯이, 무는 생각할 수도 말할 수도 없는 것이 아닌가? 이렇게 해서 파르메니데스의 생각을 "시험에 부쳐" 보려 했던 이방인의 계획이 일단락된다. 그러나 테아이테토스가 "이제야 확실히 우리가 부딪쳤던 어려움이 해결되었네요"라고 했을 때, 즉 "누군가가 이 '비존재'라는 말이 어디에 적용되어야 하느냐고 물음을 제기한다면 […]" 하고 이방인이 난문을 던졌을 때, 그가 맞닥뜨렸던 역부족의 당혹스러움이 풀린 데 대해 안도감을 표현했을 때, 이방인은 "아직 갈 길이 멀다오"라고 찬물을 끼얹는다. 본격적인 논의는 이제 막 시작되었을 뿐이다. 이제 이방인은 지금까지의 논의를 더욱 극단적으로 몰아붙여 그렇게 논의를 전개하는 과정 자체를 막다른 골목으로 몰고 간다.

이방인　아직 문제가 남아 있소, 젊은이. 그것도 가장 크고 일차적인 문제가 말이오. 이제 문제의 근원을 들여다보아야 할 것 같소.
테아이테토스　그게 무엇인가요? 빨리 말씀 좀 해주세요.
이방인　존재[하는 것]에 다른 어떤 존재[하는 것](ti tôn ontôn heteron)를 갖다 붙이는 것은 가능하오.
테아이테토스　물론입니다.

이방인 하지만 비존재[존재하지 않는 것]에 어떤 존재를 갖다 붙이는 것이 가능하겠소?

테아이테토스 그건 곤란하죠.

여기에서 "갖다 붙이는 것"은 종합＝묶음(symplokê)으로 새길 수 있다. '밝은 얼굴'은 '얼굴'에 '밝음'을 갖다 붙인 것이다. 즉, '얼굴'이라는 존재에 '밝음'이라는 다른 존재를 갖다 붙인 것이다. 더 단적인 예로 '그 사람' 역시 '사람'에 '그'를 갖다 붙인 것이다.[9] 그러나 존재하지 않는 무엇에, 무(無)에 무엇인가를 갖다 붙일 수는 없다. 이제 수를 개입시켜 보자. '하나의 탁자'는 '탁자'에 '하나'를 갖다 붙인 것이다. 그러나 존재하지 않는 것에 수를 갖다 붙일 수는 없다.

이방인 우리는 수(數)를, 그게 어떤 수이든, 분명 존재로서 [존재한다고] 이해하오.

---

9) '밝음'과 '얼굴'이 대등한 두 존재/사물로 이해되고 그 종합＝묶음이 논의되는 것은 현대인들에게 기이하게 느껴질 수 있다. 현대인들에게 얼굴은 하나의 면(面)이고 밝음은 그 면의 표현 또는 성질로 이해되기 때문이다. 이것은 바로 아리스토텔레스가 "자체로서 존재하는 것들"과 "[이 자체로서 존재하는 것들에] 부대해서만 존재하는 것들"을 구분함으로써 플라톤을 비판했던 그 논리이다. 그러나 플라톤은, 문법적인 용법만을 가지는 말-조각들을 제외한다면, 우리가 사용하는 말들 하나하나에 사물들/형상들이 대응하는 구도에 입각해 사유한다(앞에서 'quelque'를 따로 떼어 논했던 것도 이 같은 맥락에서이다). 이 점에서 플라톤의 사유는 아리스토텔레스보다 더 원자론'적'이다. 어쩌면 서구의 모든 논리적-수학적-합리적 사유 전통들은 기본적으로 원자론'적'이라고 할 수 있을지도 모르겠다. 포르-루아얄의 논리학에서 러셀의 '논리적 원자론', 비트겐슈타인의 '그림 이론' 등으로 이어지는 사유 전통에서 이 점이 분명하게 확인된다.

테아이테토스 '존재한다'는 말을 들을 자격이 있는 무엇이 있다면, 수가 바로 그렇다고 해야겠지요.

이방인 하니, 하나이건 여럿이건 수를 비존재에 귀속시키려는 시도는 아예 하지 말아야 할 것이오.

테아이테토스 그렇게 하면 곤란하겠죠. 이성(理性)이 그렇게 하지 못하도록 막을 테니까요.

이방인 그런데 수를 떠나서 어떻게 '비존재들'[있지 않은 것들] 또는 '비존재'[있지 않은 것]라는 말을 할 수 있겠소? 아니, 어떻게 생각이라도 할 수 있단 말이오?

테아이테토스 좀 더 설명해 주시겠어요?

이방인 우리가 '비존재들'이라 말할 때 우리는 비존재에 복수를 적용시키고 있는 것 아니오?

테아이테토스 분명 그렇습니다.

이방인 그리고 '비존재'라고 말할 때는 단수를 적용시키고 있는 것이 아니오?

테아이테토스 그것도 분명 그렇습니다.

이방인 이렇게 존재[로서의 수]와 비존재를 함께 묶으려 하는 것은 정당한 것도 아니고 합당한 것도 아니오.

테아이테토스 확실히 그러네요.

이방인은 존재인, 그것도 탁월한 존재인 수를 비존재와 종합함으로써＝묶음으로써 '하나의 비존재'나 '비존재들'이라고 말하는 것은 불가능하다는 것을 역설하고 있다. 결국 우리는 '비존재'나 '비존재들'이라고 말할 수조차 없다. '비존재(들)'를 이야기하려면 단수나 복수로 이야기해야 할 터인데, 이것은 존재하지 않는 것에 존재를 묶는 불합리를 함축하기 때문이다. 그래서 이방인은 비존재를 사유하고 말할 때 부딪치게 되는 아포리아를 최종적으로 못 박는다. "지금까지 그대도 보았듯이, 자체로서의 비존재를 정당한 방식으로 입 밖에 내거나 논하거나 사유하는 것은 불가능하오. 그것은 사유 불가능하고 논의 불가능하고 입 밖에 낼 수도 없는 것, 결국 이성에 반(反)하는 것이 아니겠소?"(238c)

"자체로서의"라는 표현에 주목하자. 자체로서의 비존재를 말하거나 사유하는 것이 불가능하다면, 자체로서가 아닌, 다른 의미에서의 비존재는 어떠한가? 플라톤의 논의는 이제 이 방향으로 물꼬를 잡는다. 그러나 그러한 지점에 도달하기 위해서는 조금 더 우회가 필요하다.

237e에서 그리고 방금 인용한 238c에서 비존재는 사유할 수도 말할 수도 없다는 사실이 거듭 천명되었다. 그러나 이방인은 이제 진정으로 핵심적인 세 번째의 난제——이전의 두 개를 전복시키는 난제——를 제시한다. 비존재는 사유할 수도 말할 수도 없다는 사실을 거듭 확인하는 과정에서 우리는 비존재에 대해 계속 말하고 사유해 오지 않았는가! 생각하고 말한다는 것은 항상 무엇인가(ti)를 생각하고 말하는 것이다. 즉, 비존재의 불가능성을 사유하고 말하기 위해서는 비존재를 사유하고 말해야 한다. 이것은 근본적 아포리아이다. '비존재'는 무(無)의 사태를 가리키기 위한 하나의 기호일 뿐이라고 말할 수도 있겠다. 그러나 우리의 주제는 기호가 아니라 사태 자체이

다. 무 바로 그것을 사유하고 말할 수 있는가라는 문제인 것이다. 따라서 무/비존재의 불가능성을 사유하고 논하는 것은 불가능성 자체보다 더 근본적인 아포리아를 내포한다.

그래서 이방인은 비존재의 불가능성을 논하려 하면 그렇게 논하는 사람 자체가 모순에 빠지게 되지 않는가 하고 묻는다.(238d) 첫째, 수는 존재이기에 비존재에 갖다 붙일 수 없다고 했지만, 바로 이런 주장을 하기 위해서도 우리는 비존재를 '비존재'나 '비존재들'이라고 즉 단수 또는 복수로 말하지 않을 수 없었다. 즉, 비존재에 수를 갖다 붙이지 않을 수 없었다. 둘째, 비존재는 사유할 수도 말할 수도 없는 것"이다"라고 말함으로써, 우리는 비존재에 존재 = '이다'를 갖다 붙이지 않았는가. 셋째, 'to mê on'이라고 말함으로써 우리는 비존재(mê on)에 이미 존재를 함축하고 있는 정관사 'to'를 갖다 붙이지 않았던가. 넷째, 비존재는 "사유 불가능하고, 논의 불가능하고, 입 밖에 낼 수도 없는 것"이라고 말함으로써 우리는 이미 그것을 (역시 이미 존재를 함축하고 있는) 중성 단수형(adianoêton, arrêton, apthenkton)으로 말하지 않았던가. 마지막으로, 비존재를 '그것'(auto)으로 부름으로써 우리는 이미 존재를 함축하고 있는 말을 (단수 형태로) 썼던 것이다. 이 모든 이유에서 이방인은 비존재를 사유하고 언표하는 것이 함축하는 아포리아를 거듭 확인하게 된다.

시뮬라크르/이미지의 문제, 실재와 가상을 둘러싼 존재론적 논의, 그리고 오류의 가능성 문제를 차례로 논한 후, 이제 이 세 문제가 종합되면서 이하 전개될 테마의 핵심이 포괄적으로 정리된다. 시뮬라크르의 문제가 참/거짓 ——진/위라는 인식론적 맥락과 실재/가상이라는 존재론적 맥락을 모두 아울러서 ——과 맺는 관계가 전반적으로 정리되는 것이다.

이방인은 소피스트를 보다 구체적으로 추적해 들어가기 위해 앞에서 이야기했던 시뮬라크르의 문제를 다시 거론한다. 소피스트의 기술은 이미지 제작술, 시뮬라크르 제작술이라고 했다. 소피스트는 진짜 지식이 아니라 가짜 지식의 제작자 즉 논박술의 귀재이다. 그러나 누군가가 소피스트에게 그렇게 말한다면, 그는 곧장 이렇게 논박할 것이다: 도대체 그 '이미지'라는 것이 무엇인가? 플라톤이 이미지의 문제를 제기하는 것은 이미지란 실재가 아니라 실재의 모방물일 뿐이며, 따라서 이미지를 능수능란하게 만들어내는 소피스트들은 거짓된 지식 ——이 표현 자체가 형용모순이거니와——의 제작자들임을 보여주기 위해서이다. 그러나 이 논의를 진행시키기 위해 플라톤은 우선 이미지의 존재론을 전개해야 한다. 이미지의 존재론에 근거해서 소피스트들의 거짓/오류를 밝혀내야 하기 때문이다. 플라톤은 이 문제를 소피스트가 제기할 가상적인 논박을 놓고서 그것에 대한 재반박의 형태로 다룬다.

테아이테토스는 "이미지란 무엇인가?"라는 소피스트들의 질문에 이미지의 본질＝형상을 통해서가 아니라 구체적인 예들을 통해서 답한다(그러나 이런 식의 답변들은 늘 소크라테스의 면박을 받아 왔음을 기억하자). 테아이테토스에 따르면 이미지란 "물이나 거울에 비친 영상들, 그려지거나 [조각 등을 통해] 새겨진 모방물들, 그리고 이런 유의 모든 것들"이다. 이런 예들은 『국가』에 등장하는 예들

──"물이나 거울 등에 비친 그림자들, 영상들"(510a), "돌이나 나무에 새겨진 이미지들"(515a), "그려진 이미지들"(598a)──과 차이가 없다. 그러나 이런 예들에 대해 소피스트들은 마치 그들이 눈을 감고 있거나 아니면 아예 눈이 없는 듯이, 즉 이런 예들이 아예 눈에 보이지도 않는 듯이 하면서 "오로지 말에 근거하는 것"만을 요구할 것이다. 이것은 곧 테아이테토스의 말을 들은 소피스트들은 그런 구체적인──눈으로 봐야 하는──예들이 아니라 개념적 규정을 요구할 것임을 뜻한다(아이러니하게도 이런 요구는 바로 소크라테스를 특징 짓고 있는 모습이 아닌가!). 다시 말해 소피스트들은 테아이테토스가 열거한 것들을 통관(通貫)해서 규정해 주는 어떤 것을 요구할 것이다. 사실 이러한 요구는 플라톤 자신의 논의를 개진하기 위해서도 필요한 것이라 해야 할 것이다. "[말해야 할 것은] 그대가 여러 가지로 열거한, 그러면서도 하나의 이름으로 즉 '이미지'라는 이름으로 부름으로써 결국 하나로서 이해한 이 모든 대상들에게 공통된 그것이오."(240a)

소피스트/이방인의 이런 요구에 테아이테토스는 이미지에 대한 첫 규정을 제시한다: "진짜 존재/일차적인 존재와 비슷한 다른 어떤/이차적인 대상." 여기에서 'to heteron toioûton'은 원래의 진짜 존재는 아니지만 그것과 비슷한 것, 닮은 것, 유사한 것을 가리킨다(플라톤은 이런 존재를 가리키기 위해 'to eoikos'를 쓰고 있다). 접두어 'aph-/apo-'가 시사하듯이, 이 다른/이차적인 어떤 것은 본래/진짜 존재에게서 추출해낸 것이다. 'eidos'와 'eidôlon'의 관계에 주목하자. '에이돌론'이라는 말은 '에이도스'라는 말의 그림자를 그 안에 품고 있다. 즉, 에이돌론은 에이도스에서 나왔고 그래서 에이도스의 그림자를 품고 있지만(에이도스 자체를 그 안에 가지고 올 수는 없으므로) 에이도스가 아닌 무엇이다. 그래서 에이도스를 닮았지만 그것은 아닌 무엇, 이차적인 에이도스이다. 그래서 테아이테토스는 이미지란 "결코 본래의 존재는 아니지만 그것과 비슷한 무엇"이라고 규정한다. '본래의 존재'로 번역한 'alêthinon'은 플라톤에게서 비교급인 'alethesteron', 나아가 최상급인 'alethestata'와도 구별되어 사용되는, 최상의 진리를 가리키는 말이다.[10] 그것은 이데아/에이도스와 동의어이다. 이방인의 다음 질문, 즉 본래의 존재는 '참된 존재'(ontôs on)인가라는 질문은 이런 맥락에서 이해된다. 결국 이방인/플라톤의 맥락에서 '에이도스', '알레티논', '온토스 온'은 모두 같은 것을 뜻한다. 그러나 여기에서 플라톤은 이데아들과 사물들 사이의 관계를 문제 삼고 있지는 않다. 지금의 문제는 실물과 모방물의 관계이다. 다시 말해, 지금의 '에이도스', '알레티논', '온토스 온'은 평소의 논의(이데아들과 사물들)에서 한 층위 내려와 사물들과 이미지들의 관계를 논하고 있다. 때문에 다른 맥락들에서 이데아에 관련해 사용되던 이 개념들은 지금은 '실물'(實物)의 뉘앙스로 사용되고 있는 것으로 받아들여져야 한다.

'에이돌론'이 '온토스 온'이냐는 이방인의 질문에 테아이테토스는 그것과 "비슷한 것"이라 답한다. 이미지는 모방물이라는 뜻이다.

---

10) 이에 관련해 하이데거, 『진리의 본질에 관하여』, 9절을 보라.

이방인은 이에 대해 다음과 같이 묻는다. "본래의 사물이 아닌 것은 참과 대립하는 것이오?"(240b) '본래의 사물'이라고 번역한 '알레티논'은 사실상 '가장 참된 것', '자체로서 참된 것'이라는 뉘앙스를 담고 있다. 그렇다면 이방인의 물음은 사실상 동어반복이라고 해야 하겠다. "참되지 않은 것은 참과 대립하는 것"이라는 명제와 마찬가지인 것이다. 그러나 단순한 동어반복은 아니다. 앞의 참이 '참된 존재' 즉 이데아, 여기에서는 실물을 가리킨다면, 뒤의 참은 인식론적 맥락에서의 진리를 가리키고 있기 때문이다. 여기에서 우리는 '참'이라는 말이 존재론적 맥락과 인식론적 맥락을 함께 포함하고 있음을 상기할 필요가 있다. 그리고 거기에는 가치론적 맥락까지 함께 깃들어 있다. 이것은 '알레테이아'라는 그리스어의 경우에도 마찬가지이다. 따라서 위의 물음은 단순한 동어반복이 아니라 존재론적 실물을 인식론적 진리에 연결시키고 있는 중요한 물음인 것이다. 이미지는 '온토스 온'이 아니다. 이는 동시에 그것이 진리가 아님을 뜻하기도 한다.

이미지는 '온토스 온'이 아니지만 분명 존재한다. 즉 "어떤 방식으로든" 그것은 일단 존재한다. 달리 말해 이미지는 "참으로" 존재하는 것은 아니지만 모방물(에이콘)로서는 틀림없이 존재하는 무엇이다. 이로부터 매우 흥미로운, 그리고 앞으로의 논의가 전개되는데 핵심적인 복선의 역할을 할 결론이 따라 나온다.(240b)

이방인　그렇다면 이미지란 참으로 존재하는 것은 아니면서도 어쨌든 존재하는 무엇이란 이야기가 아니겠소?

테아이테토스　참 묘하네요. 존재와 비존재가 기이하게도 이렇게 얽혀버렸으니 말입니다.

여기에서 염두에 두어야 할 인물은 소피스트들보다는 파르메니데스이다. 존재와 비존재의 묶임, 비존재도 "어떤 의미에서는" 존재한다는 이 사실은 곧 파르메니데스 명제의 와해를 함축한다. 이것은 또한 소피스트들의 거짓/오류를 비판할 교두보의 확보를 뜻하기도 한다. 거짓/오류는 어떤 방식으로든 비존재와 연결되어 있다. 따라서 비존재의 존재를 밝혀내지 않는다면 거짓/오류의 존재도 밝혀낼 수 없다. 따라서 이미지를 분석하는 과정에서 비존재의 존재를 논하게 된 것은 앞으로의 논의 전체를 끌고 갈 실마리를 확보한 것과 같다. 그래서 이제 이방인은 소피스트들과 거짓/오류의 문제로 논의의 물꼬를 돌린다. 다음 논증은 중요하다.(240d~e) 1) 소피스트의 영역은 시뮬라크르의 영역이고, 그 작업은 속임수라고 했거니와, 이로써 그의 기술이 야바위꾼의 기술임을 강조했다. 그렇다면 그런 기술은 우리 영혼으로 하여금 거짓된 생각을 하도록 만들지 않겠는가? 2) 거짓된/위(僞)의 판단은 실재 즉 진짜로 있는 것에 반대되는 것들을 판단[의 근거로 설정]하고 있는 것이 아닌가?(여기에서는 '우시아' 개념을 쓰고 있다) 3) 정확히 말해서, 오류란 절대적인 비존재를 비존재로 판단하는 데 있지 않다(절대적 비존재는 사유할 수도 언표할 수도 없다는 것을 상기). 오류란 어떤 의미에서든 일단 존재한다고 할 수 있는 그런 비존재에 대해 그것이 진짜로서 존재한다고 판단하는 데에서 성립한다. 오류가 성립하는 또 하나의 경우는 거꾸로 전적으로 존재하는 것 즉 실재를 비존재로, 단적으로 없는 것으로 판단하는 경우이다. 세 번째로, 언표들[로고스들] 역시 존재를 비존재로 또는 비존재를 존재로 이야기할 때 오류가 된다.

1)에서 이방인은 진짜/가짜라는 존재론적 문제에서 발생한 이미지, 시뮬라크르의 문제를 진리/오류의 문제에 연결시키고 있다. 2)에서는 시뮬라크르의 존재론을 거짓의 인식론으로 연결한 후, 다시 거짓의 인식론을 시뮬라크르의 존재론으로 되돌려 재확인하고 있다. 시뮬라크르란 바로 "진짜로 있는 것(ousia)에 반대되는 것들"이기 때문이다. 이로써 비존재와 거짓/오류의 관련성이 분명하게 드러났다. 1)과 2)가 비존재와 오류를 연결시켜 논의의 구도를 확정하고 있다면, 3)은 오류가 비존재와 관련 맺는 방식에 따라 여러 가지로 성립함을 논하고 있다.

다음에 이어 이방인이 강조하고 있듯이, 이 모든 논의들이 성립하려면 '비존재의 존재'라는 대전제가 있어야 한다. 그렇지 않을 경우 소피스트들은 비존재의 존재의 불가능성을 내세워 거짓/오류의 불가능성을 강조할 터이고, 그럴 경우 참/거짓의 구분은 근거를 상실하게 되겠기에 말이다. 지금까지의 논의를 통해 "비존재의 존재를 인정한다면" 어떤 결과가 나올지 미리 그 논리적 귀결을 그려 보았지만, 사실상 '비존재의 존재' 자체가 충분히 논증된 것은 아니다. 그래서 이제 플라톤은 '비존재의 존재'에 대한 보다 상세한 논의에 착수한다.

3. 신족과 거인족 사이: 역능으로서의 실재

이미지에 관한 논의를 통해서 거짓/오류를 이야기하려면 비존재의 존재를 인정해야 함이 분명해졌다(아울러 비존재가 존재한다면 존재의 비존재 또한 가능하다). 그래서 이 대목에서 이방인이 자신이 '친부살해범'으로 보일까 봐 걱정하는 것도 무리가 아니다. 비존재의 존재를 인정하는 것은 다름 아니라 그의 스승인 파르메니데스를 부정하는 것이 되겠기에 말이다. 플라톤은 그의 지적 아버지인 파르메니데스를 극복함으로써만 소피스트들을 논박할 수 있는 존재론적 교두보를 확보할 수 있다. 따라서 "나를 친부살해범으로 보지 말았으면 하오"(241d)라는 말은 사실은 이하부터 전개될 친부살해적 논의를 예고하고 있다 하겠다. 이 친부살해적 논의의 핵심은 무엇인가. "우리의 논의를 뒷받침하기 위해서는 어쩔 수 없이 우리 사부님의 생각을 의문에 부쳐야 하며, 비존재는 어떤 관계하에서는 존재하며 또 존재 또한 어떤 방식에 있어서는 존재하지 않는다는 것을 확립할 수밖에 없지 않겠소이까."(241d)

그러나 이방인은 이 문제를 본격적으로 논하기 전 우선 이전 철학자들 및 당대 철학자들이 이 문제에 관련해 논의했던 성과들을 종합적으로 검토해 보길 원한다. 즉 플라톤 자신의 존재론을 전개하기 전에 우선 자신에 이르기까지 전개되어 온 그리스 존재론사를 일별해 보기를 원한다. 모든 철학은 철학사의 끝에서 이루어진다. 때문에 철학, 적어도 일급의 철학의 의미는 그 이전에 전개된 철학사에 대한 일정한 이해의 바탕 위에서 성립한다. 플라톤은 이제 자신의 존재론을 펼치기 시작할 이즈음에서 철학사에 대한 자신의 생각을 피력하게 된다. 그러나 존재론사에 대한 그의 검토는 우선 매우 비판적인 언급으로부터 시작된다. 그는 파르메니데스를 포함해서 당대에 이르기까지 존재론적 논의 ——"존재들/실재(實在)는 [양적으로] 얼마나 있으며, 또 [질적으로] 어떤 것들인지"를 규명하는 것 ——를 전개해 온 사람들은 허술하기 짝이 없는 논의들을 펼쳐 왔노라고 비판한다. 즉, 그들의 이야기는 엄밀한 의미에서의 '철학'이 아니라 할아버지/할머니가 손자/손녀들에게 들려주는 '옛날이야기'(뮈토스) 같은 것들이었다는 뜻이다. 이 '옛날이야기들'을 정리하면 다음과 같다.

　　어떤 이들은 실재에는 세 가지가 있으며, 이것들이 어떨 때는 서로 다투다가도 또 어떨 때에는 서로 화해하면서 결혼해서 자식들을 낳아 기른다고 하오. 그러나 또 다른 사람들은 단지 두 가지의 실재 ——습(濕)과 건(乾), 또는 온(溫)과 냉(冷) ——를 이야기하면서, 그것들을 함께 살게 하고 결혼시키오.
　　크세노파네스 선생, 아니 그전까지 유래를 거슬러 올라갈 수 있는 우리 엘레아학파는 [위와 같이 실재를 여럿으로 보는 견해들에 대립해] 全體를 오직 하나[一者]로(hen on ta panta) 볼 뿐이며, 그런 관점에 입각해 논의를 전개시키오.

하나 이오니아와 시켈리아의 어떤 시인-철학자들은 [위의 두 형태의 다원론들과 우리 엘레아학파의 일원론을 화해시켜] 가장 분명한 것은 실재는 하나이면서 또한 여럿이며(to on polla te kai hen estin) 사랑과 미움이 그런[하나와 여럿의] 결합을 가능하게 한다고 보았소. 그들 중 보다 엄밀한 이들은 그것[실재]의 불일치 자체가 영원한 일치라 했소. 보다 느슨한 이들은 이 법칙의 엄밀함을 좀 늦추어 전체가 어떨 때는 아프로디테가 주관하는 사랑에 의해 하나가 되었다가 또 어떨 때는 어떤 불일치에 의해 여럿이 되고 또 스스로에게 적대적이 된다고 말하오.(242c~243a)

첫 번째 문단에서 언급하고 있는, 실재를 셋으로 본 이들이 누구인지는 분명치 않다. 캠벨, 첼러 등은 제우스, 크로노스, 게＝가이아/크톤을 우주 발생의 근원으로 본 페레키데스를 들고 있다. 여기에서 제우스는 하늘을, 크로노스는 시간을, 게＝가이아/크톤은 땅을 주재한다. 실재를 둘로 본 이들은 많으나 그것들을 결혼시킨 이가 누구인지도 분명치 않다. 캠벨은 아르켈라오스를 들고 있다. 이오니아와 시켈리아의 시인-철학자들(Mousai)은 각각 헤라클레이토스 학파와 엠페도클레스 학파를 가리킨다. 보다 엄밀한 이들은 헤라클레이토스 학파를("그것이 어떻게 자신과 불화하면서도 그 자신과 일치하는지를 사람들은 이해하지 못한다. 그것은 마치 활과 뤼라의 경우처럼 반대로 당기는 조화이다"[1]), 보다 느슨한 이들은 엠페도클레스 학파를 가리킨다("[사원소들은] 어느 때에는 사랑에 의해 그것들 전부가 하나로 합쳐지나, 다른 때에는 다시 불화의 미움에 의해 제각각 따로 떨어지기 때문이네"[2]). 이렇게 이방인은 실재를 몇 가지로 보았는가 그리고 실재를 어떤 방식으로 파악했는가에 초점을 맞추어 당대까지의 존재론을 열거했다.

그렇다면 플라톤은 이전의 철학자들에 관해 어떤 태도를 취하고 있는가? 어떤 철학자의 손을 들어 주는가? 그러나 그의 목적은 다른 곳에 있는 것 같다. 이방인은 이렇게 말한다. "이들 중 누가 맞고 누가 틀리는지는 답하기 참 어려운 문제 같구려. 또 옛날부터 빛나는 명성을 누려 온 이들을 너무 강하게 비판하는 것도 예(禮)는 아닌 것 같소이다. 그러나 이것만큼은 분명히 해두어도 좋을 것 같소. […] 그들이 우리 같은 대중을 위에서 굽어보면서 너무 권위적인 태도를 취했다는 것 말이오. 그들은 우리가 따라가건 따라가지 못하건 개의치 않고 자신들의 주장을 극한으로까지 밀어붙이지 않았겠소."

이방인의 말은 이전 철학자들의 태도에 대해 심리적인 비난을 발하고 있는 것이 아니다. 이 말에는 철학의 역사에서 매우 중요한 무엇인가가 들어 있다. 플라톤은 이전 철학자들이 철학하는 방식, 학문의 방법 자체에 대한 근본적인 문제 제기를 하고 있는 것이다. 이것은 다음 세 가지로 나누어 생각해 볼 수 있다. 첫째, 이전의 철학자

---

1) 「단편 50」, 『소크라테스 이전 철학자들의 단편 선집』, 김인곤 외 옮김, 아카넷, 2005.
2) 「단편 33」, 같은 책.

들은 자신의 생각을 논증적으로 제시하기보다 마치 어떤 계시를 내리듯이 이야기하거나, 옛날이야기를 전해 주듯이 하거나, 또는 시인들처럼 모호한 언어로 이야기했다는 점이다. 이것은 플라톤이 이전의 철학자들을 종교, 신화, 문학으로부터 철학(오늘날의 학문 전체)으로 넘어가는 과도기의 인물들로 보았음을 함축한다. 즉, 이들은 철학자들이긴 했으나 또한 동시에 종교의 예언가들이나 옛이야기를 들려주는 시인들이기도 했다는 뜻이다. 둘째, 이것은 달리 말하면 예전의 철학자들은 이성=로고스에 입각해 사물들에 대한 합리적인 설명을 제공하지 못했다는 것을 뜻한다. 달리 말해, 플라톤은 이전의 철학자들이 자신들의 주장에 대해 합당한 '근거를 대지' 못했다고 보는 것이다. '근거를 대는 것'은 소크라테스가 강조했던 핵심 사항이었고, 플라톤과 아리스토텔레스에게 전수되어 소피스트들을 논박하는 결정적인 무기로서 사용되었다. 셋째, 근거를 댄다는 것은 그것을 들어주고 그것을 승인하거나 논박하는, 요컨대 함께 사유하고 탐구하는 타인들의 존재를 함축한다. 로고스는 혼자만의 이성이 아니라 대화와 논쟁을 할 수 있는 사람들의 공통의 이성이기도 하다. 계시를 내리듯이 말하거나 남들이 알아듣기 힘든 모호한 언어를 발하는 것은 일방적인 행위라는 것이다.

그러나 이런 일반적인 내용 외에 플라톤이 제기하는 보다 근본적인 문제는 자연철학과 존재론──오늘날의 맥락에서는 과학과 철학──에 관련된 것이다. 플라톤은 이전의 자연 탐구들이 존재론적 토대를 결하고 있었음을 지적한다. 즉 자연 탐구자들은 존재에 대해, 언어적으로는 'einai'에 대해 사유하지 않은 채 자연에 대해 이런 저런 탐구를 했다고 보는 것이다. "철학자들이 실재가 여럿 또는 하나 또는 둘이고, 이었고, 이 된다고 말할 때, 또 분리(diakrisis)와 결합(synkrisis)의 원리에 따라 온과 냉의 섞임을 말할 때, 테아이테토스, 이들의 말이 무슨 말인지 알 수 있겠소? 젊었을 시절 나는 지금 우리를 당혹스럽게 만들고 있는 이것, 즉 비존재에 대해 들었을 때 그것을 충분히 알아들었다고 생각했었소. 그렇지만 우리는 지금 이렇게 당혹감에 처해 있지 않소이까?"(243b)

그리스의 철학자들은 자연 탐구에서 사유를 시작했다. 파르메니데스는 이전의 자연 탐구에 대해 존재론적 개입을 시도함으로써 자연 탐구를 좌절에 빠트렸다. 즉 자연 탐구는 일정한 존재론적 전제 위에서 성립했으며, 그래서 그 전제를 위협하는 다른 존재론이 제시되었을 때 난관에 처할 수밖에 없었다. 플라톤은 한편으로 당대까지 진행되어 왔던 자연 탐구의 토대를 존재론적 층위에서 비판하고 있으며, 다른 한편으로 파르메니데스 존재론의 한계를 겨냥하고 있다.[3] 즉 플라톤은, 엘레아학파의 손님으로 하여금 파르메니데스의 논제들을 넘어서게 하는 방식을 통해서, 파르메니데스와는 다른 존

---

3) 앞에서도 말했듯이, 이전 존재론(자연 탐구)에 대한 플라톤의 논의는 상당히 야박하다. 비존재의 존재에 대한 사유는 이미 파르메니데스 이후 자연철학들에 의해 시도되었다. 예컨대 원자론은 파르메니데스의 일자를 무한히 많은 원자들로 쪼갠 후 그것들 사이에 공허를 도입했다. 공허 즉 비존재의 존재를 통해서만 원자들은 운동하고 접촉할 수 있다. 비존재의 도입은 이미 이때 시작되었던 것이다. 플라톤의 작업은 그 연장선상에 있다. 다만 그는 비존재를 자연철학적 비존재만이 아니라 비존재 일반의 차원에서 제기하고 있는 것이다. 플라톤의 비존재는 논리적-존재론적 비존재이다. 소피스트들과 관련된 인식론적 맥락에서 보자면, 부정(negation)과 관련되는 비존재란 말하자면 논리공간/언어공간에 존재하는 공허인 것이다.

재론을 가지고서 자연 탐구의 근거를 파고들어 새롭게 철학을 정초하고자 하는 것이다. 이방인의 다음 말은 이런 상황을 압축적으로 전달해 주고 있다. "존재/실재에 관련해 우리의 영혼은 큰 당혹감으로 차 있소이다. 우리는 자신이 존재/실재에 관해 익숙하다고 느끼며 또 누군가가 그에 관해 이야기할 때면 그것을 잘 알고 있다고 생각하지만, 비존재에 관해서는 이해하기 힘들다고 생각하오. 하지만 사실 우리가 존재나 비존재나 잘 모르기는 매한가지 아니겠소."(243c)

이전까지 플라톤은 주로 비존재의 존재에 관해 논의해 왔지만, 존재론사를 검토하는 이 시점에 이르러서는 존재 자체도 쉽게 이해할 수 있는 것이 아니라는 것을 토로하고 있다. 그러나 이러한 언급의 속내는 이전의 철학자들이 이 어려운 존재 문제를 방기한 채 자연 탐구에 몰두해 왔다는 점을 겨냥한 비판적 의식이다. 이제 플라톤은 기왕의 존재론사에 대한 보다 세부적인 검토에 들어간다.

이방인은 우선 가장 크고 주된 주제를 검토해 볼 것을 제안한다. 이것은 곧 실재에는 몇 가지가 있고 또 실재는 어떤 것인지를 둘러싼 근본 물음의 제기이다. 테아이테토스는 이 문제 제기를 이렇게 다시 정식화한다: 존재를 논함에 있어 우선 필요한 것은 사람들이 그 말로 무엇을 뜻하려 하는지를 분명히 하는 것이다. 이것은 곧 기존의 탐구에 대한 존재론적 문제 제기이다. 여기에서 플라톤은 이전의 사유들이 자신들의 사유 아래 암암리에 깔려 있는 존재론적 전제들을 검토하지 않았노라고, 존재를 이야기하면서 그것을 사유하지는 않았노라고 비판하고 있는 것이다. 이 점에서 이 대목은 서구 철학사의 중요한 한 국면을 드러내고 있다. 우선 검토해야 할 것은 실재의 수 문제이다.

I. 다원론의 아포리아 이런 맥락에서 이방인은 기존의 철학자들에게 다음과 같은 물음을 던지고 있다. "全體를 온과 냉 또는 그런 식의 짝으로 이야기하려는 여러분들은 그 짝을 또는 짝의 두 항들을 '실재/존재'로 말하면서 그 말로 무엇을 뜻합니까? 여러분들이 말하는 이 '실재/존재'라는 말을 어떤 뜻으로 이해해야 합니까? 이 말은 (한 짝의) 두 항이 아닌 또 하나의 것이며, 그래서 全體는 둘이 아니라 셋이라 해야 합니까? [그렇지 않다면 다른 한편] 여러분들은 두 항 어느 하나만 실재/존재가 아니라 둘 다 실재/존재라고 하시니, 그렇다면 실재/존재는 결국 하나라 해야 할 터이니 말입니다."(243d~e)

여기에서 플라톤은 실재의 수를 둘러싼 어려운 문제를 제기하고 있다. 우선 플라톤이 제시하고 있는 것은 두 가지의 대안이다. 첫째, 실재/존재(einai)는 짝으로 제시되는 두 항 이외의 제3의 항이기에, 全體는 둘이 아니라 셋이다. 둘째, 두 항 각각이 실재/존재라고 말한다면, 결국 실재/존재는 하나이다. 그런데 이 두 번째 대안은 두 가지로 나누어 볼 수 있다. 첫째, 두 항 각각이 실재/존재라면 그중 어느 하나가 진짜 실재/존재이다. 이 점에서 실재는 하나이다. 둘째, 한 항도 실재/존재이고 다른 항도 실재/존재이기에 결국 실재/존재는 하나이다. 이방인이 이야기하고자 하는 것은 후자라 해야 할 것이다. 이것은 이어지는 이방인의 말에서 분명히 드러난다: "어쨌든 여러분들은 그것들을[두 항을] 하나로 부를 것입니다." 즉 두 항이 무엇이건 그것들을 '실재/존재'라고 하나로 말하는 한, 그 하나로 말해

진 것(hen legomenon)은 바로 실재/존재 그 하나이다.

결국 실재/존재를 하나의 짝을 이루는 두 가지로 말하는 '다원론자들'은 그들이 자신들의 논의를 펴면서 'einai'를 말하는 한 실재/존재가 셋이 되거나(한 항과 다른 한 항, 그리고 존재/실재) 하나가 되는 당혹스러움을 겪어야 한다. 이로써 다원론이 처해야 하는 아포리아가 드러났다.[4]

실재에 대한 논의는 현상적 多를 근본 원리들로 소급시켜 이해함을 전제한다. 감각에 드러나는 多와 운동을 이성으로 파악되는 근본 원리들로 환원하는 것은 그리스 존재론의 핵심적인 발명품이다. 여기에서 근본 원리들의 수가 문제가 되었다. 플라톤은 두 개의 근본 원리들을 제시하는 다원론자에게 거기에는 늘 존재가 붙어 온다는 것, 어떤 말을 하든 거기에는 존재가 전제되어 있다는 것을 상기시킴으로써 기존의 존재 탐구에 '존재-론'이 결여되어 있음을 일깨운다. 그러나 어떤 것을 이야기하든 거기에 존재가 붙어 온다는 플라톤의 지적이 단지 존재를 즉 존재라는 하나를 실재로 제시하려는 것은 아니다(이어지는 대목에서 플라톤은 일원론에 대해서도 비판적 논의를 펼치기 때문이다). 여기에서 플라톤은 존재를 둘러싼 물음의 난

---

4) 플라톤의 이런 논리에는 훗날 사람들이 '보편자 실재론'이라고 부를 사유방식이 깃들어 있다. n개의 개별적 존재들만이 아니라 그 개별적 존재들을 포괄하는 보편자 또한 실재한다고 볼 때, 존재의 수는 항상 n+1이 된다. 60억의 인간이 존재한다면, 존재하는 것은 60억 1개이다. 아니면 60억은 결국 '인간'이라는 하나일 뿐이어서 인간 하나만이 존재하든지 말이다. 자연적 보편자들(종, 유…)이든 사회적 보편자들(가족, 행정단위들, 국가…)이든 보편자들을 실재로서 사유할 때, 플라톤의 위의 문제 제기는 언제라도 성립한다. 훗날 들뢰즈가 '다양체' 개념을 통해서 극복하고자 한 것이 바로 이런 사유이다.

해성 자체를 지적하려 하는 것이다. 그것은 우리가 논의의 출발점에서 언급한 지적이다: "그렇다면 이제 우리가 길을 잃어버린 것 같소이다. 하니 그대들이 이 '존재'(to on)라는 표현으로 무엇을 이해하려 하는지를 우리에게 설명해 주지 않으려오? 그대들은 분명 그 뜻하는 바에 매우 친숙해 있을 것이고, 사실 우리 자신도 지금껏 그렇다고 믿어 왔었소. 하나 지금에 와서는 이렇게 당혹감에 처해 있소이다."(244a)

II. 일원론의 아포리아　이제 논의는 실재를 하나로 보는 입장으로 넘어간다. 사실 다원론에 대한 플라톤의 언급은 일원론을 암시하는 듯이 보이기도 한다. 그래서 이제 문제는 "全體는 하나라고 말하는 사람들에게" 도대체 그들이 실재/존재를 무엇으로 이해하고 있는지 물어보아야 할 것이다. 이제(244b 이하) 이방인은 다음과 같은 논변을 펼침으로써 일원론에 관련해서도 존재 물음의 결여를 지적한다. 1) "실재는 하나"라고 주장하는 사람들에게 우리는 "당신들은 실재라는 이름하에서 무엇＝어떤–것을 이해하고 있습니까?"(on kaleite ti;)[5]라고 물을 수 있다. 2) 그런데 이 물음은 "당신들은 두 가지 이름[on과 ti]으로 하나의 대상을 가리키는 것입니까?"라는 물음과 같다. 3) 그러나 궁극적인 실재를 오로지 하나로 보는 사람이 그 하나를 두 가지 이름으로 부르는 것은 불합리한 것이기에, 이러한 가

---

5) 이것은 실재를 어떤 것으로 이해하는가, 즉 물로 이해하느냐 불로 이해하느냐를 묻는 것이 아니라 실재를 '어떤 것'으로, '무엇인가'로 이해한다는 것을 뜻한다. 앞에서 등장했던 'ti＝quelque'를 상기할 것.

정["실재는 하나"라는 가정][6]을 놓고 나가는 사람은 어려움에 처할 수밖에 없다.

플라톤이 염두에 두고 있는 것이 엘레아학파임은 분명하다. 이것은 "실재는 하나이다"(hen monon einai)라고 주장한 것이 엘레아학파이기 때문만은 아니다. 엘레아학파 특히 파르메니데스야말로 기존의 자연철학자들에게 존재론적 문제를 제기함으로써 그리스 철학사에 중요한 분기점을 가져온 인물이며 때문에 지금 플라톤이 행하고 있는 작업의 선구였다는 점에서, 플라톤에게는 그것이 다원론과 대립하는 일원론의 입장 그 이상의 의미를 띤 것이었기에 말이다. 일원론은 그것이 '존재'의 일원론인 한에서 실재의 수 문제에 더하여 존재의 문제 자체를 제기하고 있기도 하다. 우리는 여기에서 플라톤과 파르메니데스의 대결이 중요한 국면에 들어섰음을 알 수 있다.

이방인의 논리는 이것이다: "실재는 하나"라고 말하는 사람들은 실재를 그 무엇인가로서, 어떤-것(une quelque chose)으로서 이해하고 있다. 따라서 이들은 실재를 '하나'로 이해하고 있는 동시에 '그 어떤 것'으로도 이해하고 있다. 이것은 궁극적인 실재를 하나로 보는 입장과 양립 불가능하다. 나아가 이방인은 하나의 이름만이 존재하는 경우에도 문제가 생김을 지적한다. 1) [실재란 오직 하나라고 말하는 사람이 두 개의 이름을 이야기하는 것은 불합리함을 보았다. 그

---

6) 여기에서 '가정'(hypothesis)은 근대 과학철학에 있어서처럼 현상을 설명하기 위해 잠정적으로 제시된 '가설'이 아니라 세계 전체를 이해할 수 있게 해주는 것으로 제시된 실재를 뜻한다. 즉, 그것은 "~하면, 그러면"의 형식이 아니라 'hypokeimenon'이나 'hyparchon'의 의미에서 이해되어야 한다.

러나] 더 나아가, 하나의 이름만이 존재한다고 말하는 것 또한 불합리하다. 2) 왜인가? 이름은 그 이름이 지시하는 대상을 전제하고 있고,[7] 그래서 하나의 이름을 말하는 사람은 이미 두 가지 것을 말하고 있는 것이기 때문이다[일자를 가리키는 '일자'라는 이름은 이미 일자 바깥에 존재한다]. 3) 만일 이름과 대상이 같은 것이라고 한다면, 그것은 그 이름이 아무-것도-아닌 것의 이름이라고 해야 하거나[이름 외에 다른 것이 있는 것이 아니므로] 아니면 이름의 이름이라고 할 수밖에는 없게 된다[두 개가 같아지면 둘 다 이름이 되므로]. 4) 또한 [이름과 대상이 같다면] 실재로서의 하나는 결국 하나의 이름이 되어버린다[오직 하나의 이름만이 존재하는 결과가 되어버린다].

플라톤은 "실재는 오로지 하나"라는 생각을 펼칠 때 그런 생각은 불합리한 결과를 가져온다는 것을 이렇게 두 단계로 나누어 논증하고 있다. 여기에서 플라톤은 다시 '전체'(to holon)의 개념을 도입하고 있다. 플라톤이 이 개념을 검토하는 것은 이제 파르메니데스와 정면으로 대결을 시작함을 뜻한다. 이 대목에서 플라톤이 인용하고 있듯이, 파르메니데스는 바로 이렇게 말했기 때문이다.

어느 부분에서나 둥근 구(球) 덩어리처럼 보이네.

---

7) 이름과 대상의 필연적 관계는 고대 문화의 주요 요소를 형성했다고 해야 한다. 'imagin-ation'이라는 말의 고전적 용법은 이 점과 연관되어 있다. 즉, '이미지-형성'으로서의 'imagination'은 대상의 재현을 전제하고 있다. 현대 문화에서의 'imagination'의 용법은 재현의 끈이 끊어지고 인간의 자의성이 극에 달한 시대의 맥락을 함축하고 있다. 보드리야르의 유명한 글(「시뮬라크르들의 자전」,『시뮬라시옹』, 하태환 옮김, 민음사, 2001)을 상기.

그 중심에서 그 어느 방향으로나 동등한 힘을 갖추고 있네.
그 어느 부분에서건 더 크거나 더 작을 이유가 없기에.

파르메니데스는, 번역 자체가 부분들을 인정하는 것처럼 보일지 몰라도, 多와 운동은 환상이며 존재하는 것은 오로지 일자, 즉 유일의 구 덩어리일 뿐임을 말하고 있다. 이것이 파르메니데스적 의미에서의 'to holon'이다. 그러나 플라톤은 파르메니데스의 이 논리를 부정한다.

플라톤에 따르면, 실재는 중심과 주변(가운데와 가장자리)을 가지며 바로 그렇기 때문에 부분들을 가진다(퓌타고라스 학파의 '수' 개념이 그렇듯이, 파르메니데스의 '존재' 개념에서도 추상과 구상은 구분되지 못하고 혼재되어 있다. 그러나 플라톤은 이 근본적인 문제에로 접근하지는 않는다). 이것은 일자는 유일의 하나라는 파르메니데스 명제의 부정이다. 즉, 多의 인정이다. 이 대목은 극히 중요한 대목임에도 이방인은 별다른 말이 없이 마치 지나가는 듯이, 당연하다는 듯이 말하고 있다. 이것은 플라톤이 이미 『파르메니데스』편(145a)에서 그것을 논증했기 때문이다(그래서 플라톤의 이데아들은 복수이며, 이 점에서 플라톤의 다원론은 후기 자연철학자들의 다원론의 연장선상에 있다. 그러나 이데아들의 복수성을 다시 거두어들여 세계의 통일성을 재확립하는 것이 또 하나의 과제로 주어지며, 이 과제에 접근하기 위해 'koinônia'가 논의된다).

전체가 부분들로 나누어진다면, 그 전체는 나누어진 각각의 부분들에 상관적으로(epi tois meresi pasin) 하나의 구체적으로 규정된 전체가 된다. 다시 말해, 전체는 하나의 'memerismenon'이 된다.[8] 이 분절된 전체는 '하나 자체'(to hen auto)와는 다른 성격 (pathos tou henos)을 가진 전체이다. 우리는 여기에서 '분절'(分 節=articulation) 개념이 최초로 명확히 정식화되는 담론사적 현장 을 마주 대하게 된다. 분절된 전체는 파르메니데스적 의미에서의 '하 나 자체'와 다른 의미에서의 전체이다. 이 전체는 하나이면서 동시에 여럿이기도 하다. 따라서 하나 이상의 하나이다(卵의 분화만큼 이 점 을 인상 깊게 보여주는 경우도 드물 것이다). 논의의 전개상 우리는 앞 에서 간단하게 정리되었던 존재론사의 세 번째 부분 앞에 서 있다. 다원론과 이원론을 거쳐 하나와 여럿을 함께 이야기하는 사유에 도 달한 것이다.

전체(분절된 전체)와 일자('하나 자체')의 구분을 기초로 해서, 이제 전체, 일자, 존재의 삼자관계가 다루어지며 일원론의 근본적인 아포리아가 제시된다.

엘레아학파는 딜레마에 빠진다. '존재'는 존재론적 원리('하나 자체')를 뜻할 수도 있고 사물들 '전체'를 뜻할 수도 있다. 파르메니 데스의 언표들은 두 가지 경우 모두를 뜻할 수 있다. 존재는 일자이 기도 하고 전체이기도 하다. 그런데 이런 이중성 자체가 엘레아학파

---

8) 아리스토텔레스는 이런 의미에서의 전체, 즉 분절된(분할된 것이 아니다) 것(diaireton)을 'syneches'로 개념화했다(『형이상학』, 1020a에서의 분할과 분절의 구분). 규정된 전체의 개념 은 헤겔에 의해 고도로 정교화된다. 그러나 헤겔에게서 多를 온전하게 보듬는 一, 부분들과 전체들의 정합성 ── 원융(圓融) ──이라는 생각은 여전히 보존된다. 多가 항상 一의 동일성 내에서만 사유되는 이 전통이 극복됨으로써 현대적 사유가 도래했다.

의 핵심인 '하나 자체'의 성격을 손상시킨다. 그래서 딜레마가 출현한다. 1) 존재는 일자이자 전체이거나 2) 존재가 전체라는 것을 포기해야 한다. 첫 번째 경우 엘레아학파는 존재, 일자, 전체의 세 가지 원리를 전제하는 것이 된다. 두 번째 경우에는 '전체 자체'(auto to holon)는 존재와 무관하게 되고 따라서 (존재와 결합되지 않기에) 존재하지 않게 된다. 역으로 말해, 존재는 전체성을 상실하게 되며 복수성으로 흩어진다. 뿐만 아니라, 파르메니데스에게 존재는 곧 일자＝'하나 자체'라는 점을 생각한다면, 존재는 존재하지 않는다는 심각한 결론이 나온다. 이외에도 존재가 일자이자 전체라는 점이 고려되는 한 여러 아포리아들이 따라 나온다.

이렇게 다원론과 일원론 모두 만만치 않은 아포리아들을 양산하게 된다. 그러나 논의의 무게중심은 일원론에 걸린다. 다원론(플라톤이 든 예로는 이원론)은 삼원론이나 일원론으로 귀착했거니와, 일원론으로 귀착할 경우 그것은 엘레아학파의 입장이 되기 때문이다. 이렇게 본다면 플라톤이 명시적으로 말하고 있지는 않지만 그의 입장은 다원론으로 기운다. 실재의 수를 둘러싼 논의가 아포리아 제시의 형식을 띠고 있다 해도, 플라톤의 주된 관심은 파르메니데스의 극복이고 비존재의 존재의 정립이다. 그러나 보다 넓게 볼 경우 플라톤은 비존재를 비롯한 존재들을 수립하려는 다원론의 조망 속에서 움직이고 있다. 이것은 그의 사유가 파르메니데스의 일자를 극복하고 다원론적 사유를 펼친 '후기 자연철학자들'의 연장선상에 있음을 함축한다. 달리 말해, 후기 자연철학의 다원론을 존재론적으로 근거 짓고 있다고 할 수 있는 것이다.

존재론사를 실재의 수라는 관점에서 살펴보고 이 문제가 함축하는 근본적인 아포리아를 드러낸 이방인은 이제 논의의 물꼬를 실재의 성격에 관한 방향으로 돌린다. 이것은 곧 비존재에 못지않게 존재에 관련해서도 그것이 무엇인지를 말하는 것은 쉬운 일이 아님을 뜻한다. 또, 이것은 곧 실재란 무엇인가를 둘러싼 그리스 철학사에서의 오랜 논의를 함축한다. 이방인은 이 논쟁을 '신족과 거인족의 투쟁'으로 묘사한다: "실재를 둘러싼[9] 논쟁이 너무나도 격렬해서 사실 우리는 그들 사이에 마치 거인족과의 전투(gigantomachia)[10]라도 벌어지는 것 같은 인상을 받게 되는구려."(246a) 그렇다면 이방인/플라톤은 이런 관점에서 그리스 존재론의 구도를 어떻게 파악하고 있는가? 이방인은 다음 두 종류의 존재론자들이 거대한 투쟁을 벌여 왔다고 말한다.

첫 번째 부류. 이들은 천상에 있는 것들, 보이지 않는 것들을 모

---

9) 'ousia'는 'genesis'의 대립어이며, 'to on'은 'to gignomenon'의 대립어이다. 구분해 번역하면 실재와 생성이 대립하고 실재하는 것(존재)과 생성하는 것이 대립한다. 그러나 이 구분이 이 대화편에서 특별한 역할을 하지는 않기 때문에 굳이 구분해 번역하지는 않았다.

10) '[신족의] 거인족들과의 전투'는 헤시오도스의 『신통기』(神統記), 675~715에 나온다. 요약하면 다음과 같다: 우라노스는 아이들이 세상에 나오는 것을 싫어해 가이아가 밴 아이들을 그의 배에 가두어 둔다. 가이아는 막내아들 크로노스를 설득해 우라노스의 성기를 잘라버리게 했다. 우라노스의 생식기에서 흘러내린 피가 가이아에게 흘러 들어가 거인족＝기간테스들이 태어난다. 주신(主神)이 된 크로노스는 자식들을 두려워해 레이아가 낳는 아이들을 삼켜버린다. 레이아는 한 아이(제우스)를 몰래 숨겨 살아남게 했으며, 성장한 제우스는 계략으로 크로노스 배 속의 형제들을 끄집어낸다. 제우스는 아버지 크로노스와 그 형제들인 티타네스를 물리치고 승리한다. 그러나 가이아가 타르타로스에 갇힌 아들 크로노스와 티타네스를 구하기 위해 기간테스를 끌어들이면서 다시 신족과 거인족의 투쟁이 벌어진다.

두 땅으로 끌어내린다. 이들은 실재와 물체[11]를 동일한 것으로 간주하며, 때문에 다가갈 수 있고 만질 수 있는 것들만이 실제 존재한다고 생각한다. 때문에 그 외의 다른 존재들을 이야기하는 사람들을 부정한다.

두 번째 부류. 이들은 천상에서 반론을 편다. 이들에 따르면, 순수사유의 대상들, 비물체적인 형상들이야말로 참된 실재이다. 이들은 첫 번째 부류가 그들의 '유일한 진리'라고 생각하는 물체들을 그들의 논변들에 넣어 분쇄해서[12] 그것들에게서 실재의 지위를 박탈하고 단지 생성의 지위만을 던져 준다.

첫 번째 부류가 거인족이라면 두 번째 부류는 신족이다. 신족과 거인족의 투쟁은 실재를 둘러싼 투쟁으로서, 신족이 형상들이야말로 실재이며 물체들은 다만 생성일 뿐이라고 주장한다면 거인족은 물체들이야말로 실재이며 형상들 같은 것은 없다고 주장한다.[13] 이

---

11) 그리스어 'sôma'(라틴어 'corpus')는 우리말 물체와 신체를 모두 포괄한다. 그리스인들이 'sôma'라 할 때 그들이 먼저 떠올린 것은 오히려 신체이다. 즉, 동물들의 신체가 일차적 관심사이다. 따라서 '물체'(物體)라는 번역어는 한자어의 뉘앙스 그대로 매우 넓은 외연으로 이해되어야 한다.

12) 여기에서 "분쇄한다"는 표현과 "생성의 지위만을 부여한다"는 표현은 조응하고 있다. 물체들을 실체로 보지 않는 신족은 물체들이 견고하고 항구적인 실재가 아니라 단지 생성일 뿐이라는 것을 강조하기 위해 그 물체들을 분쇄(粉碎)해야 한다. 신족이 볼 때 본래적인 것은 질료-흐름일 뿐이며 물체란 이 질료-흐름이 잠시 굳어진 것뿐이다. 따라서 물체이든 질료-흐름이든 결국 생성일 뿐이다. 물체들에 대한 신족의 이런 해석은 형상의 존재를 이야기하기 위한 복선이다. 물체들이 자체로서의 실재가 아니고 단지 질료-흐름일 뿐이라면, 이 질료-흐름이 사물들로 화하기 위해서는('개체화') 그것과는 별도의 존재가 요청되기 때문이다. 이로써 형상 개념이 들어설 논리적/존재론적 자리가 마련된다.

13) 이런 대조는 우리가 흔히 들어 온 '관념론과 유물론의 투쟁'을 연상시킨다. 그러나 이런 해독은 근대적 틀을 고대에 투사하는 것이다. 첫째, 거인족이 '유물론자들'인가? 플라톤은 물

제 이방인은 이 각각의 주장들에 대한 검토에 들어간다.

그러나 이 검토가 균형 잡힌 검토인 것은 아니다. 플라톤은 신족의 위치에 서서 거인족을 다루며, 거인족들 중에서 비교적 훌륭한 이들로 전제되는 사람들의 논변들을 검토한다. 플라톤이 생각하는 훌륭한 거인족들, 물체들이야말로 실재이며 형상들 같은 것은 없다는 주장을 수준 높게 펼치는 이들에 대해 플라톤은 다음과 같은 논변을 전개한다.

1. 세계에는 사멸하는 동물들이 존재한다는 것에 거인족은 동의할 것이다. 따라서 그들은 생명체를 실재라고(존재하는 어떤 것이라고) 인정할 것이다.
2. 거인족은 이 실재를 생명이 있는 물체(sôma empsychon)라고 생각할 것이다.
3. 이것은 곧 거인족이 생명/영혼을 실재로 인정함을 뜻한다.[14]

체를 이야기하고 있지 물질을 이야기하고 있지 않다. 물질은 다가갈 수도 만질 수도 없다. 물체만이 이를 허용한다(물론 오늘날의 미시적 물질을 상정하지 않은 채 물질과 물체를 단지 크기의 차이만으로 인식했을 수도 있다). 플라톤의 말을 액면 그대로 이해하면 거인족은 존재론적인 방식보다는 인식론적인 방식으로 규정되고 있다. 이들에 따르면 우리가 다가갈 수 있고(이것은 볼 수 있음을 전제한다), 만질 수 있는 것들만이 실재이다(때문에 '물체'가 문제시된다. 그렇다면 소리, 냄새, 맛 등은 어떻게 생각해야 할까?). 둘째, 신족이 '관념론자들'인가? 여기에서 문제가 되는 'eidos'는 형상이지 관념이 아니다. 여기에서 문제가 되는 'idealism' 은 어디까지나 '형상철학'이지 '관념론'이 아니다.

14) 헬라스 말 'psychê'는 처음에는 생명을 뜻했으나 점차──특히 소크라테스를 통해서──영혼/정신의 의미를 띠게 된다. 플라톤은 이 말의 이런 이중성을 교묘히 이용하고 있다. 그러나 거인족이 생명으로서의 프쉬케를 인정한다고 해서 영혼/정신으로서의 프쉬케를 인정할지는 의문스럽다. 생명이라는 자연적 존재에서 영혼/정신이라는 정신적 존재로 살짝 넘어

4. 영혼은 때로는 정의롭고 때로는 정의롭지 않으며, 또 때로는 현명하고 때로는 현명하지 못하다.

5. 각각의 영혼이 정의롭게 되는 것은 그것이 정의로움을 가지고 있기 때문이며, 그것을 스스로에게서 현존(現存)하게 만들기 때문이다. 그 반대도 마찬가지이다.

6. 어떤 존재에 나타나거나[현존하게 되거나] 사라지는[현존하기를 그만두는] 모든 것은 분명 하나의 실재이다.

7. 정의로움과 현명함, 그리고 다른 모든 덕들 및 이것들과 반대되는 것들, 그리고 이 모든 것들의 장소인 영혼이 실재라는 것이 인정된다면, 거인족도 이 모든 것들 중 볼 수 있고 만질 수 있는 것이라곤 거의 없다는 것을 인정해야 할 것이다.

8. 바로 이 볼 수 없고 만질 수 없는 것들이 체(體)를 가지고 있을까? 영혼조차도 물체로 보는 거인족이라 하더라도 이것들이 모두 실재가 아니라거나 모두 물체라고 말하지는 못할 것이다.

　　플라톤의 논변은 거인족이 인정할 만한 대상에서 출발해 점차 거인족이 부정할 대상으로 상승해 올라가는 전략을 취하고 있다. 우선 생명체에서 논의가 시작된다. 생명체는 거인족이 그 실재성을 부정할 대상이 아니다. 생명체란 곧 그 안에 생명/영혼(psychê)이 깃들어 있는 물체이기에 말이다(사실 이미 말했듯이, 'sôma'가 가장 일

가는 이 대목을 유념할 필요가 있다.

차적으로 연상시키는 것이 곧 동물들의 신체이다). 플라톤은 이로부터 거인족이 생명의 실재성을 인정하리라는 결론을 내린다.

그러나 이것은 간단치 않은 문제이다. 살아 있는 물체 즉 생명체의 실재성을 인정한다 해서 생명/영혼의 실재성을 인정해야 하는 것은 아니다. 우선 이 논의 자체가 물체/신체와 생명/영혼의 구분을 전제하고 있다. 분명 물체와 생명체 사이에는 차이가 있고 그 차이를 우리는 '생명'이라 부른다. 'psychê'에 생명의 의미와 영혼의 의미를 모두 넣어 이해했던 그리스인들에게는 따라서 생명체는 영혼을 가진 존재이다. 그러나 문제의 핵심은 '살아 있는'이라는 형용사와 '생명'이라는 명사이다. 어떤 존재가 살아 있다 해서 그로부터 '생명'이라는 어떤 실재가 간단히 연역되지는 않는다. 플라톤이 전제하고 있는 영혼이라는 실체는 쉽게 증명할 수 있는 것이 아니다. 그럼에도 플라톤의 논변 자체가 암암리에 이런 생각을 깔고 들어가고 있다는 점에 주의하자.

거인족의 경우 문제는 좀 더 간단하다. 이들에게 영혼이란 보통의 물체들과는 다른 매우 영묘(靈妙)한 물체, 그러나 어디까지나 물체이기 때문이다(그러나 여기에서 문제는 복잡해진다. 이 영묘한 물체 ──차라리 '물질'──는 다가가거나 만질 수 없는 것이기에 말이다. 따라서 거인족은 거인족대로 숙제가 생기는 셈이다. 물체와 물질의 관계는 매우 복잡한 문제이나 여기에서는 다루어지지 않고 있다). 따라서 거인족이 영혼의 존재를 인정한다면, 그것은 플라톤적 맥락에서가 아니라 그들 자신들의 맥락에서이다.

4의 논변에서 플라톤은 영혼에는 어떤 성질들이 존재한다고 말한다. 즉 영혼은 등질적이고 정적인 존재가 아니라 특정한 질(質)들을 "띠는" 존재, 특정한 질들로 스스로를 표현하는 존재이다. 그래서 영혼은 정의롭거나 그렇지 못하고, 또는 현명하거나 그렇지 못하다. 다른 아레테들에 관련해서도 마찬가지이다. 영혼이 이런 차별성을 띠고 나타나는 것은 사실이다. 그러나 4에서 5로 넘어가는 논변은 전형적인 '플라톤적 실체화'를 보여준다. 어떤 영혼이 정의롭다는 사실에서 플라톤은 그 영혼이 "정의를 가지고 있다"고 말한다. 여기에서 '정의롭다'는 형용사/성질은 '정의'라는 명사/실체로 변환된다(그러나 희랍어에서의 명사와 형용사의 관계를 상기한다면 플라톤의 실체화는 이유가 없는 것이 아니다). 즉, 정의로운 영혼은 정의라는 실재를 품고 있으며 그것을 바깥으로 드러내 보인다는 것이다.[15] 따라서 영혼이란 하나의 장소이고 정의라는 실재가 그 장소에 나타나기도 하고 그곳을 떠나기도 한다(6). 7에서는 영혼이 '장소'임이 단적으로 명기된다. 이로부터 플라톤은 이 모든 것들, 바로 아레테들, 즉 물체가 아닌 것들은 분명 실재한다고 결론 내린다. 요컨대 플라톤은 생명체로부터 생명/영혼으로, 다시 생명/영혼의 성질들로부터 (그 성질들의 실체들인) 비물체적 아레테들로 논의를 이끌어 나간다. 이 논의를 통해서 플라톤은 거인족들에게 정의로움, 현명함, 아름다

---

15) 실재는 어떤 존재에 나타나기도 하고 사라지기도 한다는 생각은 플라톤 사유 전체에 있어 중요하다. 실재는 보다 덜 존재하는 것(질료)과 구분되지만 늘 그것을 통해서 나타난다('parousia'개념의 중요성). 그래서 경험적 대상들은 그 자체는 형상들이 아니지만 우리에게 형상을 발견할 수 있는 단초를 제공해 준다. 지금의 논의에서 생명은 생명체를 통해서 나타나며, 아레테들은 영혼의 성질들을 통해서 나타나는 것으로 이해되고 있다.

움…을 비롯한 아레테들('비-물질적인 것들')이 실재함을, 따라서 물체적인 것들만이 실재인 것은 아님을 보여주려 하고 있는 것이다.[16]

거인족의 문제점을 이렇게 논파했으나, 플라톤은 거인족들이 이런 논변을 호락호락하게 받아들이지 않으리라는 것을 스스로 밝힌다. 때문에 플라톤은 방금의 논변에 비해 비교적 완화된 하나의 주장, 즉 거인족의 일반적 주장에 비해서는 일정 정도 탈물체화된 그 무엇이지만 방금 논변을 통해 주장된 형상들과는 또 다른, 어떤 의미에서는 물체들과 형상들 사이에 있다고도 짐작해 볼 수 있는 어떤 것을 실재(적어도 하나의 실재)로서 제시한다. 이 생각은 이후 철학의 역사에 긴 그림자를 드리울 극히 중요한 생각이다. "나는 이렇게 말하고 싶소. 타자에 작용을 미치는 경우건 아니면 […] 타자에 의해 작용을 받는 경우건 어떤 자연적 힘/역능(dynamis)을 가진 것은 그것이 어떤 것이건 실재한다고 말이오. 나는 실재에 대한 정의로서 [일단] 오로지 역능을 제시하고 싶소."(247d~e)

거인족이 실재로 인정하는 '물체들'에 비해서는 탈물질적인 무엇, 그러나 (거인족이 단호히 부정할) 형상들도 아닌 무엇을 제시함으로써, 플라톤은 일단 거인족을 신족 쪽으로 약간 끌어당기면서 앞으로 전개할 논지를 마련한다. 그것은 곧 후대에 다양한 개념들로 분화되어 나갈 하나의 개념 즉 'dynamis' 개념이다(앞에서 'psychê'의 존재를 확보한 것과 맞물린다. 'dynamis'를 가진 존재들은

---

16) 3의 논변까지를 오히려 거인족의 방식으로 이해한 후(즉 특별한 물질로서의 영혼의 존재를 인정한 후), 이하의 논변을 다른 방식으로 전개한다면 어떤 결론이 나올까?

곧 'psychê'를 가진 존재들이기 때문이다). 이 개념은 아리스토텔레스의 가능태/잠재태(현대 프랑스어의 'puissance'에 해당), 스피노자의 'potentia'(특히 영향을 주고받는 능력으로서의 'potentia' 개념 없이 스피노자를 읽을 수는 없다), 라이프니츠의 'vis viva', 니체의 '역능의 지'(Wille zur Macht)… 등으로 다양하게 변주되면서(이 개념들 모두가 구체적으로는 의미를 달리하지만) 서구 철학사를 관류하게 된다. 우리는 존재론사의 중요한 한 지도리 위에 서 있다.

거인족의 생각을 검토하고 가상적인 대화의 형식으로 일정한 양보를 이끌어냄으로써, 플라톤은 보이지도 만져지지도 않지만 '존재한다'고 해야 할 핵심적인 실재로서의 힘/역능을 제시했다. 이번에는 신족으로 가야 할 차례이다. 여기에서도 플라톤은 유사한 전략을 구사한다. 즉 거인족에게서 보이지도 않고 만져지지도 않는 어떤 것의 존재를 승인하도록 유도한 후, 이제 형상들만을 '존재'로서 인정하려는 신족에게서 운동/생성 역시 "존재한다"는 사실을 승인받고자 하는 것이다. 이렇게 함으로써 플라톤은 신족과 거인족이라는 양극단의 중간 그 어딘가로 우리를 이끌어 가고 있다.

신족 즉 "형상의 친구들"은 생성을 '존재'[17]와 분리시켜 말한다.[18] 이것은 곧 신족은 생성을 '존재'에서 분리해내버린다는 것을

---

17) 인용부호에 넣은 존재('존재')는 신족이 생각하는, 즉 생성을 배제하는 한에서의 실재이다. 플라톤이 결론으로서 제시할 포괄적인 존재/생성과 구분해, 신족이 생각하는 존재는 '존재'로 표기했다.

18) 'chôris'는 아리스토텔레스의 플라톤 비판에서 자주 언급되는 표현이다. 그러나 플라톤은 여기에서 신족=" 형상의 친구들"이 강조하는 이 개념을 비판적으로 검토하고 있다. 따라서 아

뜻하며, 'ousia'에서 생성을 배제함을 뜻한다. 즉, 신족에게 생성은 실재가 아니다. 이방인은 신족의 이런 생각을 다음 두 가지로 정리해 준다. 1) 신체에 의해, 우리는 감각을 통해서 생성과 관계 맺는다(koinônein). 반면 영혼에 의해, 우리는 순수사유를 통해서 '존재'와 관계 맺는다. 2) '존재'는 자기동일적이고 항구적이지만(aei kata tauta hôsautôs echei), 생성은 매 순간 변한다(allote allôs).

첫 번째 명제는 생성과 '존재'의 인식론적 기반을 말하고 있고, 두 번째 명제는 존재론적 특성을 말하고 있다. 첫 번째 명제에서 가장 중요한 말은 'koinônein'이다. 여기에서 플라톤은 신체-감각과 생성, 영혼-(순수)사유와 형상의 짝을 'koinônein' 개념을 가지고서 설명하고 있는 것이다. 이 사유 구도가 후대에 끼친 영향력은 거의 절대적이다.[19] '짝을 이루다', '공동체를 이루다'를 뜻하는 이 말을 통해 플라톤은 인식을 설명하고 있는 것이다(여기에서는 "같은 것이 같은 것을 알아본다"는 헬라스 사람들 일반의 믿음이 한몫을 하고 있다).

수동의 경우건 능동의 경우건(pathêma ê poiêma) 관계 맺음이란 사물들 서로간의 만남을 가능케 하는 힘/역능의 결과이다. 거인

리스토텔레스의 비판은 플라톤 후기 사상에 대한 충분한 소화를 결여하고 있다고 해야 하지 않을까.

19) 전통적인 합리주의는 대부분 이 구도를 취해 왔다('구조주의'에 대한 존재론적 해석도 포함). 영혼-사유와 형상의 짝을 부정할 때 현상론-감각주의가 성립한다. 영혼-사유의 작용을 긍정하면서도 그 존재론적 짝인 형상을 인정하지 않으려는 사람들은 각종 형태의 '구성주의'(예컨대 칸트, 바슐라르 등)를 제시했다. 이분법을 채택하되 현상/실재가 아니라 현상의 두 차원을 구분하려 한 사람은 후설이었다. 어느 경우건 플라톤의 구도를 참조하고 있다. 감각도 사유도 아닌 또 다른 능력을 발견한 베르그송 등은 진정 독창적인 경우에 해당한다.

족 = "대지의 자식들"을 논하면서 힘/역능을 실재로서 확보해 놓은 플라톤은 이제 신족 = "형상의 친구들"에서 출발해 반대 방향으로 논리를 전개함으로써 다시 힘/역능의 실재성을 강조한다. 즉 생성이 작용을 가하고 받는 힘/역능에 관여하기에 능동의 경우건 수동의 경우건 힘/역능을 실재로 인정할 수는 없다고 생각하는 신족의 생각을 비판적으로 검토함으로써, 다시 한번 실재로서의 힘/역능을 강조하는 논의를 펼치는 것이다.

신족의 생각을 비판적으로 검토하기 위해, 이방인은 영혼의 순수사유만이 '존재'와 관계 맺는다는 그들의 생각을 분석한다. 신족에 따르면 영혼은 ['존재'를] 인식하고 '존재'는 [영혼에 의해] 인식된다. 이 말은 정확히 어떤 뜻으로 이해되어야 하는 것일까? 무엇인가를 인식한다는 것과 무엇인가에 의해 인식되는 것은 인식하는 것과 인식되는 것의 관계-맺음을 전제하지 않는가? 인식한다는 것은 영혼이 무엇인가에 힘을 가하는 것이고 인식대상이 영혼의 힘을 받는 것이 아닌가? 즉 인식이란 정적인 행위가 아니라 능동적인/수동적인 '가함'/'겪음'을 전제하는 것이다 참된 인식이 영혼과 실재 = 형상 사이에서 발생한다고 해도, 영혼과 실재 = 형상 사이의 관계-맺음 없이는 불가능하다. 그래서 'koinônia' 개념이 핵심적인 역할을 한다. 존재를 힘으로 정의한다면, 세계는 힘을 가하거나 받는 존재들로 차 있다고 해야 한다. 모든 존재들은 서로 힘을 가하고 받는다. 흥미로운 것은 플라톤에게서는 인식 또한 이런 구도에서 이해된다는 사실이다. 인식론은 존재론에 흡수되어 논의된다. 인식한다는 것 역시 힘을 가하고 받는 것이다. 감각과 그 대상, 영혼과 그 대상이 힘을 가하고 받는 것이다. 이것이 'koinônia' 개념으로 포착된다.

플라톤의 사유는 이후 철학사에 긴 그림자를 드리울, 특히 스피노자 등에게서 보다 분명하게 나타날 '겪음'(pathos)의 문제를 다루고 있다.[20] 인식을 포함해서 세계는 사물들과 사물들의 관계 맺음을 통해 존재한다. '존재한다'는 것은 그 핵심에 있어 힘을 포함하고 힘은 곧 사물들로 하여금 작용을 가하고 받게 만든다. 작용을 가하고 받음으로써 사물들에는 (후대의 표현을 쓴다면) 양태(modus)의 변화가 생겨난다. 이런 과정을 떠나서는 인식 또한 이해 불가능한 것이 된다.

여기에서 이방인은 운동(kinêsis), 생명(zôê), 영혼(psychê), 지혜(phronêsis), 이성(nous)의 존재를 언급한다. 이런 존재들은 존재-전체(to pantelôs onti)에 반드시 포함되어야 한다. 그렇지 않을 경우 존

---

20) 겪음의 문제를 세부적으로 들어갈 경우 연속적 겪음과 불연속적 겪음이 구분된다. 플라톤의 경우 맥락에 따라 'paschein'은 좁은 의미 즉 연속적 겪음을 뜻한다. 이것은 아페이론의 상태로 겪는 것, 정도의 방식으로 겪는 것이다. 노을이 지는 것을 바라보는 것이 그 한 예이다. 정도로 받아들이는 것은 질(質)의 경우이다. 연속성, 정도, 질이 한 개념군을 형성한다. 불연속적 겪음의 예로서 고양이와 개를 별개의 종으로서 받아들이는 경우를 들 수 있다. 이는 질의 겪음이 아니라 종류, 범주, 보편자의 파악이다. 영혼과 형상의 관계 맺음은 엄밀히 말하면 'paschein'이 아니라 후자와 같은 '파악'으로 이해해야 할 것이다. 누군가의 강의를 듣고 있는 것은 연속적 겪음인가 불연속적 겪음인가? 일종의 파로서의 강사의 목소리, 그리고 얼굴 표정, 방의 조명… 등은 연속적 겪음에 속한다. 이미지들은 연속적 겪음의 대상이다. 그러나 이미지들이 이미지들로 그치지 않고 사건으로서 불연속을 이룰 때 불연속적 겪음이 성립한다. 강사가 내는 소리는 단순한 이미지들, 연속적 흐름들로 그치지 않는다. 어떤 사건들로서 구분되고 의미를 띠게 되면서 지각의 수준에서 인식/개념의 수준으로 계속 파열(破裂)해 가고 있다. 강사의 표정도 듣는 사람들이 어느 순간 그의 표정에서 어떤 특정한 의미를 읽어낼 때, 즉 하나의 사건으로서 표정 '하나'를 구분해낼 때 불연속적 겪음이 성립한다. 이것은 이미 하나의 파악이다. 파악은 이미 정신의 수준을 함축한다.

재는 파르메니데스의 일자가 될 것이다. 세계는 힘이며 힘은 운동을 함축한다. 이 힘은 곧 생명의 힘이고 영혼의 힘이다. 그리고 영혼에는 지혜(실천적 지혜)와 이성이 포함되어 있다(플라톤은 영혼 안에 생명과 이성이 포함되어 있다고 말한다. 이것은 희랍어 영혼 개념의 포괄성 때문에 그렇다). 중요한 것은 세계가 살아 있다는 것, 운동한다는 것, 그리고 이성이나 지혜의 활동도 이런 기반 위에서 이해할 수 있다는 것이다. 그래서 결국 우리는 운동체(to kinoumenon)와 운동 자체가 "존재한다"고 해야 하는 것이다. 만일 운동이 존재하지 않는다면 어떻게 될까? 이성 또한 다른 것과 관계 맺을 수 없을 것이요, 그러면 결국 인식 또한 불가능할 것이다.[21]

그러나 이로써 운동만이 존재한다는 결론으로 가는 것은 아니다. 이 세계에는 분명 인식이라는 현상이 있고 인식현상은 어떤 형태로든 동일성을 요청한다. 사람이나 장소를 알아보는(re-cognize) 경우든, 현상들에서 어떤 법칙성을 읽어내는 경우든, 눈에 직접 보이지 않는 구조를 밝혀내는 경우든… 인식이란 어떤 형태로든 동일성을 요청한다. 즉 주체의 동일성, 객체의 동일성이 전제되어야 한다(여기에 주체와 객체가 공히 놓여 있는 공간의 동일성이 추가되어야 할 것이다). 어떤 면에서는, 형상들이 동일성의 인식을 근거 짓기도 하지만

---

21) 논의의 전체에 걸쳐 플라톤은 운동, 운동하는 것들이라는 현상적인 존재들만을 문제 삼지 운동의 기저(基底)인 물질 자체에 대해서는 언급하지 않는다(다만 "물체들을 그들의 논변들에 넣어 분쇄해서"라는 앞에 나온 구절에서 간접적으로 시사되었다고는 할 수 있다). 이것은 이 저작이 자연철학 저작이 아니기 때문이다. 물질 개념──더 정확히는 물질-공간으로서의 질료 개념──은 『티마이오스』에서 본격적으로 논의된다.

'발견의 맥락'에서 본다면 동일성의 인식이 형상들의 존재를 요청한다고 볼 수도 있을 것이다. 어쨌든 인식은 "동일한 상태, 동일한 방식으로 동일한 대상과 관계 맺는 존재(to kata tauta kai hôsautôs kai peri to auto)"를 전제하는 것이다. 이는 곧 이 세계에는 운동만이 아니라 정지 또한 존재함을 뜻한다. 일원론과 다원론, 현상론자들과 형상주의자들 사이에서 균형을 취한 플라톤은 이제 다시 운동과 정지 사이에서 균형을 취하고자 하고 있음을 분명히 볼 수 있다. 요컨대 인식(epistêmê), 지혜, 이성 등의 존재는 동일성/정지의 존재를 함축하는 것이다.

이 대목에서 플라톤의 논변은 그다지 정치하지 않다. 무엇이 더 근본적인 것이고 무엇이 파생적인지가 분명히 나타나 있지 않기 때문이다. 인식과 이성의 존재가 동일성과 정지를 요청한다 해도, 인식과정이나 이성의 존재까지도 물질적으로 설명할 수 있다고 한다면 어찌할 것인가? 별도의 초월적 존재들을 상정하지 않아도 된다면 어찌할 것인가? 플라톤에 의해 이 물음에 대한 본격적인 대답이 제시되었다고 보기는 힘들다. 물론 이런 입장을 취할 경우, 거인족으로서는 다시 물질의 일반적인 운동과 인식과정에서의 운동 사이의 차이를 설명해야 할 이론적 부담을 지게 된다는 것도 사실이다(어쩌면 이 이론적 부담은 플라톤의 그것보다 더 클 수도 있다!). 플라톤으로서는 이런 지경에 빠지기보다는 인식현상의 현실적인 모습에 입각해 문제를 풀어 나가야 한다고 생각했으리라.

운동과 정지를 공히 인정하는 논지를 편 이방인은 이제 다시 하나의 아포리아를 제시한다. 이것은 운동과 정지 그리고 존재라는 삼자를 둘러싼 아포리아이다.

"대지의 자식들"의 한계를 논하면서 힘/역능을 실재의 가장 기초적인 측면으로서 논했고, "형상의 친구들"을 논하면서 이들이 편협하게 정의했던 '존재'와 이들이 부정하려 했던 생성을 함께 포괄하는 존재/실재를 논한 이제, 존재에 대한 논의는 잘 마무리된 것일까? 그러나 이방인은 우리가 이제야말로 정말 강력한 아포리아를 만나게 되었다고 말한다. 왜인가? 이것은 앞에서 등장했던 'koinônia' 개념의 해명이 불충분했음을 시사한다. 문제는 이 개념에 대한 본격적인 해명이다.

형상의 친구들을 논박하면서 이방인과 테아이테토스는 운동과 정지를 함께 긍정했다. 하지만 그렇다면 이들은 자신들이 앞에서 다른 이들에게 던졌던 물음에 똑같이 맞닥뜨리게 된다. 스스로가 쏜 화살이 스스로에게 되돌아온 것이다. 앞에서 이방인은 전체/만물을 온과 냉으로 규정하는 사람들에게 존재의 아포리아, 존재/실재의 수에 관련된 아포리아를 던졌었다. 그렇다면 논의의 일관성을 위해 이제 운동과 정지를 존재에 포함시킨 우리의 논의 자체에 대해서도 똑같은 물음을 던져야 할 것이다. 이 물음은 다음과 같이 정리된다.

1) 운동과 정지는 전적으로 대립하는 개념들이다. 2) 운동과 정지는 둘 다, 그리고 동등한 의미에서 존재한다. 3) 운동과 정지가 둘 다 존재한다는 것이 둘 다 운동한다는 것을 뜻하지는 않는다.[22] 4) 그렇다고 둘 다 정지해 있다는 것을 뜻하지도 않는다. 이상의 논의로부터 이방인은 다음과 같은 결론을 유도한다. 5) 존재는 운동과도 정

지와도 구분되는 제3의 것이다. 운동과 정지는 존재에 포괄된다. 운동과 정지는 존재와 결합된다는 의미에서 존재한다. 결국 존재는 운동도 정지도 아닌 또 다른 어떤 것이다.

그러나 이방인은 여기에서 다시 만만치 않은 문제를 제기한다: 무엇인가가 정지해 있다는 것은 그것이 운동하고 있지 않은 것이며, 운동하고 있다는 것은 정지해 있지 않은 것이다. 즉, 정지와 운동은 양자택일의 구조를 형성한다. 그러나 존재는 정지도 운동도 아닌 제3자이다. 그렇다면 존재를 어디에 적용해야 하는가? 이것은 비존재를 논하면서 비존재를 어디에 적용할 수 있겠는가라는 문제에 부딪쳤던 것과 같은 상황이다. 요컨대 우리는 운동, 정지, 존재의 관계가 정확히 어떤 것인지를 파악해야 할 시점에 도달한 것이다. 이것은 곧 유들 사이의 함께-존재함 즉 'koinônia'의 문제이다. 운동도 존재이고 정지도 존재이다, 이런 식의 명제를 어떻게 이해해야 하는가. 이렇게 해서 우리는 (우리 논의의 존재론 부분에서의) 처음으로 되돌아왔다. 즉, 하나와 여럿의 문제로 되돌아온 것이다. 이제 'koinônia' 개념을 통해서 하나와 여럿의 문제가 새로운 지평에서 논의된다.

---

22) 2)에서 3), 4)로 넘어가는 것은 "만일 운동도 존재이고 정지도 존재라면, 운동/존재는 존재/운동이다"라는 생각을 매개하고 있다. 5)로 넘어갈 때 이 생각은 함축적으로 거부된다.

4. 'koinônia'의 문제

지금까지 '신족과 거인족의 투쟁'을 다루면서 플라톤은 한편으로 존재론의 기초 정향들을 세웠고 다른 한편으로 존재의 보다 심층적인 아포리아를 이끌어내었거니와, 이제 그는 '유들의 결합'(koinônia tôn genôn)의 개념을 통해서 자신의 존재론을 보다 적극적으로 개진하기 시작한다. 그 실마리는 서술(prédication)의 문제이다.

플라톤은 우리가 하나의 동일한 사물(tauton touto)을 여러 가지 이름/말(onomata)로 부를 수 있다는, 여러 가지 술어들로 서술할 수 있다는 사실을 확인한다. 메가라학파와 안티스테네스를 염두에 둔 이 사실, 즉 하나의 사물과 여러 이름의 문제는 곧 하나와 여럿의 문제에 관련된 대표적인 문제들 중 하나이다. 플라톤은 하나와 여럿을 덮어놓고 모순된 것으로 놓는 사람들, 따라서 "선(善)이 선하다"나 "사람은 사람이다" 같은 언표만 인정하고 "(그) 사람은 선하다" 같은 언표는 인정하지 않는 사람들을 "나잇살이나 먹었으면서도 여전히 멍청한" 사람들로 비웃는다. 이 언급을 통해서 플라톤은 앞에서 등장했던 'symplokê'와 'koinônia'의 의미를 재확인하고 있다고 할 수 있다.

플라톤이 이 대화편을 통해서 집요하게 수립하고자 하는 존재론적 진리는 앞에서도 강조했던 규정된 전체 즉 'memerismenon'으로서의 전체이다. 이것은 존재론적 맥락에 있어 파르메니데스의 극복을 뜻하며, 하나와 여럿의 문제에 대한 플라톤의 입장을 함축한다. 그리고 이 입장은 '신족과 거인족의 투쟁'에 관한 논의를 통해서 얻은 힘/역능, 운동이라는 존재에 의해 보충된다. 지금 플라톤이 말하고 있는 것은 똑같은 논의의 인식론적 버전이다. 多와 운동을 구제한 플라톤은 이제 메가라학파나 안티스테네스 같은 철학자들에 대항해서 담론에서의 多와 운동을 구제하려고 하는 것이다. 즉, 앞에서 논했던 인식론적 진리——인식은 영혼의 활동/운동을 전제한다는 것——를 보충해서 하나의 사물이 여러 이름으로 불린다는 사실을 강조하고 있는 것이다. 이로써 플라톤은 결합의 개념을 확보하려 하고 있다.

그러나 늘 그렇듯이 플라톤은 자신의 생각을 선언적으로 던지기보다 그것을 잘게 분절해서 한 단계씩 논증해 나가려 한다. 때문에 플라톤은 방금 일단 긍정했던 이 결합의 개념을 다시 논의에 회부하거니와, 이제 앞에서 제기했던 운동, 정지, 존재 삼자의 관계에 관련해 결합의 문제를 본격적으로 제시한다. 이방인은 다음과 같은 선택지를 제시한다. 1) 존재를 운동과 정지에, 또는 [일반적으로] 어떤 것을 다른 어떤 것에 결부시키는 것을 거부해야 한다. 즉 이것들을 섞일 수 없는 것들, [서로에게] 관여할 수 없는 것들로 보아야 한다. 2)

그것들이 서로 결합할 수 있다고 가정해서 모두를 함께 섞을 수 있다. 3) 어떤 것들은 결합할 수 있지만 어떤 것들은 결합할 수 없다. 이제 이 세 가지 선택지를 하나씩 검토함으로써 결합론(結合論)의 기본 틀을 마련해야 할 것이다.

첫째, 만일 1번의 선택지를 택한다면 1) 운동과 정지는 존재에 관여할 수 없을 것이다(oudamê methexeton). 그럴 경우 운동도 정지도 실재/존재와 결합할 수 없을 것이다. 그러나 이런 생각은 모순을 가져온다. 대지의 자식들이든 형상의 친구들이든 이들은 자신들의 주장에 존재/실재를 결합시킬 수 없겠기에 말이다. 그렇다면 그들은 모든 것은 운동하고 "있다"거나 모든 것은 정지해 "있다"고 주장할 수도 없을 것이다. 2) 또 결합을 부정한다면, 때로는 만물을 모으고 또 때로는 분할하는 사람들의 주장도 성립할 수 없을 것이다. 그들이 [무한한] 만물을 하나/통일성으로 모으고 또 이로부터 무한한 사물들을 나오게 하는 경우건 아니면 유한한 사물들로 분할하기도 하고 또 그것들로 [하나/통일성을] 다시 만들어내는 경우건, 또 그들이 이 이중적인[양방향의] 생성을 교대로 일어난다고 생각하건 아니면 언제나 함께 일어난다고 생각하건, 결합(symmeixis)을 전제하지 않는다면 이 모든 주장들은 무의미하게 된다. 3) 나아가 결합을 인정하지 않을 경우, 하나의 사물이 다른 사물의 규정성을 공유할 수 없으며 따라서 그 이름/술어로 불릴 수 없다는 극히 어리석은 생각에 빠지게 된다. 그럼에도 이 사람들은 그 무엇에 대해 이야기하건 "있다/~이다(einai)", "따로 떼어서(chôris)", "다른 것들로부터(tôn allôn)", "그 자체로(kath'auto)" 같은 말들을 사용하지 않을 수 없으며, 이것은 그야말로 눈 가리고 아웅 하는 꼴이 된다. 요컨대 결합을 절대적으로 인정하지 않는다면 모든 것이 불가능하게 되는 것이다.

둘째, 모두를 함께 섞어버리는 경우, 모든 것이 모든 것과 결합한다고 생각하는 경우는 어떤가. 이럴 경우 정지에 운동이 결합되어 정지가 운동하게 되고, 운동에 정지가 결합되어 운동이 정지하게 된다. 정지가 운동이 되고(정지가 운동으로 교대함을 뜻하는 것이 아니다) 운동이 정지가 되는 것은 불가능하다. 따라서 이 경우 역시 기각된다.

셋째, 그래서 결국 어떤 것들은 서로 결합하지만 어떤 것들은 서로 결합하지 않는다는 결론이 도출된다.[1] 이것은 존재론적으로는 사물들 사이의 결합의 문제이며, 인식론적으로는 이름들/술어들(넓게 보아 주어도 포함) 사이의 결합의 문제이다. 이름들 사이의 결합을 우리는 '판단'이라 부른다. "철수는 키가 크다"라는 판단은 '철수', '키', '크다'라는 세 개의 이름(또는 '철수'와 '키가-크다'라는 두 개의 이름)을 결합시키고 있다. 우리는 결합의 이론이 또한 판단의 이론을 가능케 함을 짐작할 수 있다.

---

1) 파르메니데스에서 후기 자연철학, 플라톤으로 이행하면서 多와 운동이 긍정되었다. 그러나 이렇게 생각해 보자. 만일 多만 인정되고 운동은 부정된다면? 각각의 사물들/형상들은 절대 불연속을 이루면서 완벽한 자기동일성을 가지고서 고립될 것이다. 운동은 연속성과 타자화(他者化)——타자와 관계 맺음으로써 그 영향을 받음——를 함축한다. 연속성과 타자화가 불가능한 곳에는 운동도 없다. 앞에서 확보한 'dynamis'와 여기에서 확보하고 있는 'koinônia'는 서로 맞물려 있다. 아울러, 운동만 인정되고 多는 부정된다면? 거기에는 오로지 'flux', 'white noise'만이 존재하게 될 것이다. 관계 맺음은 多와 운동이 동시에 인정될 때 성립한다.

그런데 특히 여러 가지의 것들을 묶어 주는 끈들처럼 결합에 각별히 중요한 존재들도 있다. 이것은 예컨대 언어에 있어 모음과 같은 것들이다(이 모음들은 뒤에서 논할 '최상위 유들=megista genê'를 암시하고 있다). 이 모음들을 필두로 문자들의 결합 관계를 연구하는 것이 문법학이다. 이는 음악의 경우에서도 마찬가지이며, 다른 모든 기예들의 경우에서도 마찬가지이다. 즉, 뛰어난 기예는 뛰어난 결합술을 함축한다. 그렇다면 존재들 사이의 결합관계들, 특히 보다 큰 존재들——유적 존재들, 유적 형상들, 훗날의 용어로 보편자들——의 결합 관계를 연구하는 기예가 존재하지 않을까? 그런 기예가 있다면 그것은 과연 무엇일까? 이방인은 이렇게 말한다. "유들 역시 바로 그런 식으로 결합할 수 있다면, 이제 담론들을 가로지르면서 길을 잃어버리지 않기 위해서는 필히 하나의 학문이 요구된다고 해야 하지 않겠소? 어떤 유들이 서로를 겪고(sym-phônein) 어떤 것들이 서로 겪지 않는지를(dechesthai) 엄밀하게 가려내야 할 터이니 말이오. 나아가 [모음의 예에서처럼] 모든 것들에 연속성을 수립해서 그것들이 결합할 수 있도록 해주는 것들, 아니면 반대로 나눔들의 경우 집합들 사이에서 이 나눔의 요인들이 되는 것들이 존재한다는 것을 보여주려면 말이오."(253b~c)

테아이테토스는 만일 그런 학문이 존재한다면 그것이야말로 가장 고차적인 학문일 것이라고 말한다. 그리고 그 학문은 이방인에 따르면 "자유인들의 학문"이다. 그래서 우리는 소피스테스를 해명하기 위해 길을 떠났으나 뜻밖에도 먼저 필로소포스(철학자)를 발견하게 되었다. 철학자란 바로 이 자유인들의 학문에 종사하는 사람이기 때문이다. 이 학문은 다름 아닌 'dialektikê'이다. 이방인에 따르면 변증법의 작업이란 "유들에 따라 나누는 것, 그리고 어떤 한 형상을 다른 형상으로 취하거나 다른 형상을 그 형상으로 취하지 않는 것"이다. 이러한 변증법에 능한 것이야말로 "순수하고 정당하게" 철학하는 것이다.

　　그런데 이방인에 따르면 이렇게 형상들을 식별하는 능력, 즉 어떤 것들이 결합할 수 있고 어떤 것들이 결합할 수 없는지를 밝히는 능력은 특히 다음 네 가지 경우에 그 능력을 잘 발휘해야 한다. 1) 각각 구분되는 복수의 형상들을 가로지르면서 모든 방향으로 전개되는 유일한 하나의 형상. 2) 상이한 복수의 형상들 및 그것들을 외부에서 포괄하는 하나의 유일한 형상. 3) 복수의 집합들을 가로지르되 자체의 통일성을 잃지 않으면서 퍼져 나가는 하나의 유일한 형상. 4) 절대적으로 고립된 복수의 형상들.

　　이렇게 변증법을 수행하는 사람들은 소피스트들만큼이나 알아보기 어렵다("하나 그런 분들을 알아보는 것은 신들을 알아보는 것보다 더 어려운 것 같소이다[…]"라 했던 것을 상기). 그래서 논의의 초기에 대화자들은 철학자들과 정치가들 그리고 소피스트들을 구분하는 것의 어려움을 토로했던 것이다. 그러나 이 대목에서 이방인은 철학자들을 알아보기 어려움과 소피스트들을 알아보기 어려움이 상반된 이유에서 유래함을 지적한다. 소피스트들은 어두운 곳으로 피해 다니기 때문에 알아보기 어렵다. 그러나 철학자들은 너무 밝은 곳에 존재하기 때문에 알아보기 어렵다. 철학자들은 형상들의 빛 속에서, 실재의 빛 속에서 살아가기 때문이다('동굴의 우화'를 상기). 태양이 너무 눈부셔 바라보기 힘들듯이 대다수 사람들은 이 실재의 세계를 바라보기 힘들어한다.

형상들의 결합관계를 다루는 변증법에 대한 이야기를 잠깐 삽입했거니와, 이제 논의는 다시 결합론으로 되돌아온다. 여기에서 플라톤은 '최상위 유들' 즉 가장 큰 유들 = '유적 형상들'의 문제를 끌어낸다(훗날의 '범주론'). 무수한 형상들 사이에서 길을 잃지 않기 위해서, "그중 가장 큰 것들로 불리는 것들을 끄집어내도록 합시다. 그러고서는 그것들이 각각 따로 있을 때 과연 어떤 것들인지, 그리고 그것들이 서로 결합할 수 있는 힘을 얼마만큼이나 가지고 있는지를 살펴보도록 합시다. 존재와 비존재에 관련해 완벽한 논변을 전개할 수는 없는 경우라 해도, 적어도 비존재가 존재함을 큰 무리 없이 주장함으로써 […] 논의를 펼칠 수는 있을 것이오."

지금까지 논의해 온 유들 중에서 존재, 정지, 운동은 가장 중요한 것들이었다. 이것들 중 정지와 운동은 결합하지 못한다. 후대의 용어로 이 둘은 모순관계를 형성한다. 그에 비해 존재는 정지와도 운동과도 결합할 수 있다.

여기에서 이방인은 논의의 새로운 물꼬를 튼다. 존재는 존재 즉 자체와는 같지만 정지, 운동과는 다르다. 정지는 자체와 같지만 존재, 운동과 다르다. 운동 역시 자체와 같지만 존재, 정지와 다르다. 이방인이 여기에서 말하려 하는 것은 이것이다: 우리가 多에 직면할 때면 이미 거기에서는 같음과 다름의 논리가 작동하고 있다. 같음/같은 것(tauton)과 다름/다른 것(thateron)은 多에 직면하자마자 만나게 되는 보편적인 형상들이라는 점에서 최상위 유의 또 다른 후보들로 떠오른다. 같음과 다름——동일성과 차이, 동일자와 타자——은 존재, 정지, 운동으로 환원되는가, 아니면 이것들과는 또 다른 존재들인가.

그런데 같음이 정지와 운동에 결합된다면 정지와 운동은 같은 것이 되어버린다. 즉 정지 = 운동이 된다. 이는 불가능하다. 반면 다름이 운동 또는 정지에 결합한다면 운동은 운동 아닌 것이 되어버리고, 정지는 정지 아닌 것이 되어버린다. 결국 같음과 다름은 운동과 정지와는 별개의 무엇이며, 운동과 정지 각각에 대해서는 같음이 그리고 운동'과' 정지에 대해서는 다름이 결합할 수 있다. 존재의 경우는 어떤가? 존재와 같음은 결합할 수 있는가? 존재 = 존재인 한에서는 결합할 수 있다. 그러나 운동도 존재이고 정지도 존재라면, 존재 = 존재는 결국 운동 = 정지의 결과를 낳는다. 이 또한 불합리하다. 따라서 존재와 같음이 결합할 수는 있지만 존재가 단적으로 같음인 것은 아니다. 존재와 같음은 다르다. 그런데 여기서 우리는 이미 "다르다"고 했다. 존재와 같음이 똑같아지지 않기 위해서도 다름이 필요하다. 다름은 또 하나의 별개의 형상이다. 그래서 존재는 같음과 결합할 수도 있지만 다름과 결합할 수도 있다. 같음과 결부된 존재는 '그 자체로서' 존재하며, 다름과 결부된 존재는 '다른 것들과 관련해(pros alla)' 즉 다른 존재들과 다른 존재로서 존재한다. 그리고 다름은 옮겨 다닌다(A는 B와 다르고, B는 C와 다르고, C는 D와…).

그래서 다름 역시 하나의 최상위 유이다. 이렇게 다섯 가지 최상위 유가 마련되었다(그런데 이 다섯 가지 최상위 유의 성립 또한 다름을 필요로 한다. 다섯 최상위 유가 모두 다르기에 말이다).

이제 다섯 가지 최상위 유들의 관계를 다시 정리해 볼 수 있다. 운동과 정지는 상반된다. 그러나 운동은 존재와는 결합한다. 운동은 또한 같음과 다르다. 운동은 그 자체[운동]와 같지만 다른 형상들과는 다르다. 달리 말해, 운동은 같음과 결합할 수는 있지만 같음인 것은 아니다. 또, 운동은 정지와 결합할 수 있다. 그때 운동체는 정지해 있게 된다. 그러나 운동이 정지인 것은 아니다. 달리 말해 운동은 다름과 결합할 수 있으며, 그래서 정지와 달라질 수 있다. 운동이 다름은 아니지만 다름과 결합할 수는 있는 것이다. 마지막으로 운동은 존재와 결합할 수는 있지만 운동이 존재인 것은 아니다. 운동이 존재라면 정지는 존재와 모순을 이루는 비존재가 될 것이다. 운동은 존재와 결합할 수 있지만 존재와 다르다. 결국 운동은 정지와도 같음과도 다름과도 또 존재와도 모두 다르다(다른 최상위 유들에 관련해서도 똑같이 논의할 수 있다). 그래서 우리는 최상위 유가 다섯 개임을 다시 한번 확인할 수 있다.

5. 타자로서의 비존재

이제 우리의 등정에 있어 가장 높은 봉우리를 통과했다. 이제 오던 길을 다시 밟으면서 (그러나 새롭게 파악하면서) 하산할 때이다. 우리는 소피스트들에 대한 문제 제기에서 논의를 시작해 분할법을 통해서 소피스트들의 정체를 추적했다. 그리고 소피스트들을 분할하는 과정에서 거짓/오류, 이미지/시뮬라크르의 문제를 논했으며, 다시 거짓이라는 개념을 확보하기 위해서 비존재의 문제에 부딪쳤다. 이제 논의는 본격적인 인식론적-존재론적 차원으로 상승한 것이다. 그 꼭대기에서 비존재의 문제를 해결하기 위해 실재의 수를 둘러싼 논의, 실재의 성격을 둘러싼 거인족과 신족의 투쟁에 대한 논의, 그리고 형상들 사이의 관계에 관한 논의를 통해서 존재론적 입장을 확보했다. 이제는 지금까지 우리가 확보한 논의 결과들을 가지고서 현실로 내려갈 때이다. 지금까지 밟아 올라왔던 과정을 되밟아 내려가면서 이제 우리는 비존재의 문제, 오류/거짓의 문제, 그리고 소피스트들의 문제를 하나씩 재검토하게 될 것이다.

철학사에서 무(無)와 부정(否定)이라는 두 개념은 언제나 밀접한 관련하에서 논의되어 왔다(헤겔, 베르그송, 사르트르 등). 이제 플라톤이 전개할 비존재와 타자에 관한 논의는 이런 논의 전통의 출발점을 이룬다. 운동은 존재와 결합한다(물론 '실재'라는 말을 강하게 사용할 경우 즉 'to ontôs on'의 뜻으로 사용할 경우 이런 결합은 성립하지 못한다. 플라톤이 신족과 거인족 사이에서 균형을 꾀했다고 해서 그의 형상 중심의 사유가 포기된 것은 아니다). 즉, 운동은 존재가 아니지만 존재와 결합한다. 플라톤은 이로부터 비존재의 존재를 즉각적으로 도출해낸다. 왜인가? "그래서 운동에 있어서뿐만 아니라 다른 모든 유들에 있어서도 반드시 비존재의 존재가 있어야 하오. […] 다름/타자의 성격이 그것들 각자를 존재의 타자로 즉 비존재로 만들기 때문이오. 보편적으로 말해, 우리는 이런 관련하에서 모든 것들이 바로 비존재라고 말할 것이오. 역으로 말한다면, 그것들 모두가 존재에 관여하기에 결국 존재들이라고 일컬어야 할 것이오."(256d~e)

운동은 예컨대 정지가 아니다. 운동이 오로지 운동 자체로서만 존재하기보다는 다른 유들과의 관련하에서 존재할진대, 여기에는 필연적으로 운동'이 아님', 운동'과는 다름'이 즉 부정과 타자성이 매개된다. 뿐만 아니다. 정지 편에서 본다면 운동 자체가 정지의 부정이요 타자성이다. 그래서 이런 결론을 내려야 한다. 모든 존재들은 자체에 대해서는 동일성/동일자이지만, 그 외의 다른 모든 것들에 대해서는 부정이요 타자성인 것이다. 그러나 이렇게 부정이요 타자성인 모든 존재들은 물론 존재한다. 결국 비존재는 존재한다. 부정과 타자성 개념을 매개로 하는 비존재는 존재하는 것이다. 이제 오랜 여정 끝에 우리는 마침내 비존재의 존재를 확보하게 되었다. 플라톤에게 비존재는 곧 타자(heteron)의 존재이자 동일자의 부재(不在)이다. 결국 플라톤은 파르메니데스의 일의적 존재론(오로지 '있음'으로서의 'einai')을 자신의 다의적 존재론('있음'이기도 하고 '임'이기도 한 'einai')으로 대체하고 있는 것이다.[1] 이방인은 이 점을 이렇게 요약한다. "우리가 비존재에 대해 말할 때, 이것은 존재에 반대되는 무엇(enantion ti toû ontos)을 말하는 것이기보다는 단지 다른 어떤 것(heteron)을 말하는 것으로 보이오."(257b)

따라서 부정(apophasis)과 대립(enantion)은 구분되어야 한다. 부정은 부정되는 존재의 여집합 전체를 가리킨다. 대립은 대립하는 존재의 반대쪽에 존재하는 것을 가리킨다. 흑색과 흑색'이 아닌' 모든 것, 그리고 흑색'과' 백색. 따라서 비존재 개념은 부정 및 타자와 연관된다. 'mê'나 'ou'는 부정/타자성을 가리키는 것이다. 이렇게 비존재의 존재, 비존재의 실재를 확보함으로써 우리는 비로소 앞에서 인용했던 파르메니데스의 명제——"존재하지-않음[비존재]이 존재한다는 주장을 경계하라. 그대의 생각을 그런 주장으로부터 멀찌감치 떨어지도록 하라"——를 극복하게 되었다. 플라톤은 지금까지의 논의를 다음과 같이 정리해 주고 있다.

---

1) 그런데 모든 존재들에 있어 그것의 존재(긍정으로서의 존재. 그것은 '~이다')는 하나이지만 비존재/부정은 숱하게 많다. 철수는 철수'이다'. 그러나 철수는 영희'가 아니고', 경수'가 아니고', 혜경이'가 아니다'…. 현대적인 표현을 쓴다면, 철수는 그의 여집합 모두에 대해서 부정이고 비존재이다. 이 사실은 베르그송의 존재론에서 중요한 역할을 한다. 앙리 베르그송, 『창조적 진화』, 황수영 옮김, 아카넷, 2005, 4장을 보라.

그러니 누구든 비존재를 존재의 대립으로 말하지 않도록 합시다. 존재와 대립하는 것과는, 그것이 있든 없든 또 이해 가능한 것이든 불가능한 것이든, 이미 작별을 고했으니 말이오. […] 유적 형상들의 상호 섞임이 존재하오. 존재[= 동일자]와 타자는 모든 것에 걸쳐 있으며 또 서로 간에 침투하는 것이오. 그래서 타자는 존재[= 동일자]에 관여하며 바로 이 관여로 인해서 존재/실재하는 것이오. 하지만 그것은 그것이 관여하는 존재가 아니라 타자이며, 동일자가 아닌 타자이기에 자연히 [동일자에 대해] 비존재라는 말이오. 존재 자체도 물론 타자에 관여하며, 결국 나머지 유적 형상들에 대해서는 타자[= 비존재]가 될 것이오. 그것은 그것들[유적 형상들] 각각 중에서 어느 하나도 아니고 또 그것들 전체도 아니오. 결국 존재는 [자신 아닌 다른 모든 것들에 대해] 천 번이고 만 번이고 비존재일 것이고, [이 존재에 관련해서의] 타자들 역시 다양한 관계들하에서 존재이기도 하고 또 비존재이기도 할 것이오.(258e~259b)

플라톤이 타자로서의 비존재의 개념, 그리고 관계, 부정… 등의 개념을 확보한 것은 결국 오류/거짓이라는 것의 존재를 증명하기 위해서였다. 또, 오류/거짓의 가능성을 이야기하려는 것은 곧 소피스트들이 오류/거짓을 범한다는 사실을 고발하기 위해서였다. 그렇다면 비존재 개념을 확보한 지금 플라톤은 소피스트 공격을 위한 팔부능선을 넘은 셈이다. 이제 논의는 오류/거짓의 문제로 넘어간다.

이방인은 문제를 판단, 오류, 이성… 등 인식론적 맥락으로 끌고 내려간다. 이방인은 우선 형상들의 엮임(tôn eidôn symplokê)에 관한 이야기를 끄집어내는데 이는 판단에 대해 이야기하기 위한 복선이다. 판단이란 개념들의 종합이기 때문이다("눈은 희다"). 그래서 이방인은 "형상들의 엮음을 통해서 비로소 명제(logos)가 가능하다"고 말한다.[2] 앞에서 우리는 존재와 비존재에 대해 이야기했다. 그래서 이제 논의의 중요한 전환점에 도달하게 되는바, 이방인은 비존재가 의견(doxa) 및 명제와 섞임을 강조한다.[3] 이방인은 이 섞임이 중요한 까닭을 다음과 같이 밝힌다. "비존재가 의견/명제와 섞이지 않는다면, [안티스테네스의 주장처럼] 모든 것이 참이 되어버릴 것이오. 비존재와 의견/명제의 섞임이 있어야만 판단에서의 오류와 담론에서의 거짓이 생겨나기 때문이오. 생각과 명제에서의 오류/거짓이란 다름 아니라 우리가 비존재를 판단하거나 언표할 때 생겨나는 것이니까 말이오."(260c)

판단/의견에서의 오류(pseudos)/거짓이 존재한다면 윤리적인 맥락에서의 기만/속임수(apatê)도 존재한다. 그리고 기만/속임수가 존재한다면 세상은 이내 이미지들, 모상들, 시뮬라크르들로 가득 찰 수밖에 없다. 이 사태는 바로 소피스트들에 의해 야기된 사태이다.

---

2) 플라톤이 여기에서 말하고 있는 대상은 'apophantikos logos'이며 때문에 '명제'로 번역했다. 프레게가 강조했듯이, 명제는 진위 판단이 가능한 언표이다.

3) 담론, 의견, 상상(작용) 등도 유적 형상들이다. 즉, 존재의 형식들/형상들이다(『파르메니데스』, 150e에서의 인간, 불, 물, 머리카락, 진흙…에 관련되는 토론, 또 형상들의 예로서 이전에 상투적으로 등장했던 동등성, 크기, 정의, 아름다움…에 대한 논의를 상기). 따라서 여기에서 담론, 의견과 존재, 비존재가 섞인다는 것은 결국 형상들 간의 엮임에 대한 논의의 연장선상에서 이해되어야 한다.

그러나 소피스트들은 이런 생각을 부정했는데, 그 핵심적인 논지는 비존재는 존재하지 않는다는 것이었다. 비존재가 존재하지 않는다면 오류도 존재할 수 없고, 오류가 존재하지 않는다면 이미지들, 모상들, 시뮬라크르들의 속임수도 존재하지 않는다. 바로 그렇기 때문에 플라톤은 무엇보다 우선 비존재의 존재를 확보하기 위해 긴 우회를 거쳤던 것이다.

그러나 이방인 = 플라톤은 소피스트들이 이런 논리 앞에서 간단히 승복하지 않으리라는 것을 잘 알고 있다. 만일 소피스트들이 비존재와 사유-언어의 연관성 자체를 부정한다면 어찌할 것인가? 형상들 중 어떤 것들은 존재에 관여하고 어떤 것들은 비존재에 관여하거니와, 명제나 판단은 오로지 존재에만 관여한다고 말한다면 말이다. 그럴 경우 오류는 성립하지 않을 것이고, 아울러 소피스트들의 보금자리인 이미지 제작술 및 시뮬라크르 제작술을 무너뜨릴 수 없을 것이다. 요컨대 소피스트들이 "비존재를 인정한다, 하지만 그것이 명제, 판단과 결합한다는 것은 인정할 수 없다"고 말한다면? 이것은 곧 "모든 것들이 서로 결합할 수 있는 힘을 갖도록" 하자는 앞에서의 (252d) 제의에 대한 도전이다. 그러나 정확히 말해, 여기에서 문제가 되는 것은 모든 것들이 결합할 수 있는가 아닌가 하는 점이 아니다. 이방인 역시 모든 것이 모든 것과 결합되는 것은 아니라고 했기에 말이다. 여기에서 문제가 되는 것은 과연 명제, 판단과 비존재가 결합할 수 있는가 하는 것이다. 그래서 이방인은 새로운 제안을 한다. 명제, 판단과 시뮬라크르(phantasia)가 도대체 무엇인지를 규명하고, 과연 이것들이 비존재와 결합할 수 있는가를 파악해야 할 것이다. 이런 과정을 통해서 과연 소피스트들이 오류와 결합하는지의 여부를 판단해야 할 것이다.

이제 이방인은 명제, 이름, 그리고 말(logos, onoma, rhêma)에 대한 검토로 들어간다. 여기에서 핵심적인 문제는 이것들이 오로지 자체의 동일성에만 관계하는가 아니면 타자와의 '결합 능력'을 통해 작동하는가 하는 것이다. 다시 말해, "그것들 모두가 어울리는가 (synarmottein) 아니면 전혀 어울리지 않는가, 아니면 어떤 것은 어울리고 어떤 것은 어울리지 않는가"의 문제이다. 여기에서 '어울림'이 이름과 이름의 어울림을 뜻하는지 이름과 사물의 어울림을 뜻하는지는 분명하게 나타나 있지 않으나 뒤에 전개되는 내용으로부터 둘 다를 뜻함을 알 수 있다(그러나 방점은 이름과 사물의 결합이라 해야 할 것이다). 이 대목에서 이방인은 중요한 생각을 제시한다. "이어져 언표됨으로써 하나의 의미를 구성하는 것들은 결합하지만, 어떤 의미도 구성하지 않으면서 이어지는 것들은 결합하지 않는다는 이야기이오."

이방인이 이야기하려 하는 것은 현대인들이 볼 때 언어에 대한 지극히 평범한 관찰이다. "아버지 가방에 들어가신다"와 "아버지가 방에 들어가신다"에서처럼 말들이 이어져 있어도 어떨 때는 의미를 가지게 되고 어떨 때는 (적어도 상식적 상황에서는) 의미를 가지지 않게 된다. 이방인은 "음성을 통해 사물들을 지시하는/드러내는 기호들"에는 두 종류가 즉 명사＝이름과 동사가 있음을 일깨운다. 행위들이라는 존재를 드러내는 기호는 동사이고 행하는 존재들을 드러내는 기호는 명사이다. 흥미롭게도 이방인은 형용사를 언급하지 않고 있다. 어떤 존재를 드러내는 데 형용사는 핵심적이다. 색이나 맛, 모양…을 박탈당한 사과란 도대체 무엇일까? 키, 몸매, 표정, 머리카락 색깔…을 박탈당한 소크라테스란 도대체 무엇일까? 이것은 명사란 단지 형용사들의 집합에 불과한가 아니면 그 이상의 무엇(그것들의 핵)인가라는 난해한 문제를 함축하거니와, 어쨌든 여기에서 플라톤이 명사와 동사만을 들고 있는 것은 묘하다(여기에서 다시 우리는 헬라어에서의 명사와 형용사의 관계를 상기해야 할 것이다. 아울러 플라톤 형상 이론의 특징 ──형용사들에까지 형상들이 존재한다는 사실── 도 다시 한번 상기해야 할 것이다).

이방인이 강조하고자 하는 것은 만일 명사들만 늘어놓거나 동사들만 늘어놓을 경우 의미는 형성되지 않는다는 것이다. 명사와 동사가 결합되어야만 의미가 성립하는 것이다("사람은 배운다"). 이 당연한 내용을 테아이테토스가 거듭 묻는 것을 보면(대화편의 구조상의 문제일 수도 있겠지만) 이런 식의 언어학적 분석이 당시에만 해도 그렇게 익숙한 것이 아니었음을 짐작할 수 있다. 헬라스의 사유는 자연철학에서 출발했고 언어에 대한 성찰은 소피스트들에 이르러서야 등장했음을 상기할 필요가 있다. 이것은 '文'의 전통에서 출발한 동북아 사유와 헬라스 사유의 뚜렷한 차이점이라고도 할 수 있으리라. 어쨌든 여기에서 이방인이 강조하고자 하는 것은 말과 말의 'symplokê'이다. 그리고 이 묶음에는 가능한 경우들이 있고 가능하지 않은 경우들이 있는바, 그 두 경우를 가르는 기준은 의미의 성립 여부인 것이다.

그러나 이보다 더 중요한 엮음, 결합, 어울림이 있다. 그것은 말과 사물의 결합이다. 이방인은 다음과 같이 이 점을 못 박는다. "명제는 그것이 명제인 한 반드시 무엇인가에 대한 명제여야 하오. 그 어떤 것에 대한 명제도 아닌 경우는 불가능하오."(262e)

여기에서 이방인은 말과 사물 사이의 상응관계를 확인하고 있다. 말——명제로서의 말——은 늘 무엇인가에 대한 말이고 따라서 무엇인가를 지시하고 있어야 한다. 아무것도 지시하지 않는 말은 무의미하다. 여기에서 우리는 훗날 '지시 이론'이라 불리게 될 의미론의 원형을 접하고 있다. 앞의 테제 즉 말과 말이 제대로 결합되어야 의미를 가진다는 테제와 지금의 테제 즉 말은 항상 무엇인가에 대한 말이라는 테제를 결합할 경우 우리는 다음의 결론을 얻게 된다: 판단은 말과 말을 결합시키는 것이며 이 판단은 늘 어떤 사태를 지시한다. 말과 말의 결합관계는 사물과 사물의 결합관계와 상응한다('하늘'이라는 말과 '푸르다'라는 말의 결합은 하늘이라는 실체와 푸름이라는 성질의 결합에 상응한다).

여기에서 이방인은 명제/판단의 어떤 질(poion tina)을 이야기한다. 마치 사물들에 어떤 질들이 있듯이 명제/판단에도 질들이 있다는 것이다. 그렇다면 명제/판단에 붙은 이 질이란 도대체 무엇일까? 여기에서 이방인이 말하고자 하는 명제/판단의 질은 곧 진(眞)과 위(僞)이다. 예컨대 "테아이테토스는 앉아 있다"는 판단의 질은 진이지만, "테아이테토스는 난다"는 판단의 질은 위이다. 현대 논리학에서 판단/명제의 질은 그 판단/명제가 긍정명제인가 부정명제인가를 뜻하지만, 플라톤에게서의 질은 긍정/부정의 문제가 아니라 진/위의 문제이다. 진인 명제가 존재들을 그것들이 존재하는 그대로 언표한다면, 위인 명제는 존재하는 바와는 달리 언표한다. 앞에서 우리는 이방인이 비존재를 타자로서 규정하는 것을 보았다. 따라서 "존재하는 바와는 달리"라는 구절은 "없는/아닌 것들을 있는/인 것들로"라는 구절로 바꿀 수 있다. 이 대목에서 우리는 비존재의 존재에 대한 증명과 타자로서의 비존재에 대한 규정이 어떻게 위/거짓의 문제로 이어지는가를 확인할 수 있다.

이제 이방인은 생각(dianoia), 의견(doxa), 지각(phantasia)[4]에 대해서도 이것들이 거짓된 것으로 또는 참된 것으로 영혼 속에서 생겨날 수 있는 것들이라는 점을 지적한다. 생각은 판단/명제와 같은 것이다. 차이가 있다면 영혼 속에서 자기 자신과 행하는 소리 없는 대화는 사고라 불리고 목소리를 통해서 영혼 바깥으로 흘러나오는 말은 판단/명제라 불릴 뿐이다. 판단/명제는 긍정 또는 부정의 형태를 띨 수 있다. 우리가 어떤 판단/명제에 대해서 영혼 속에서 이렇게 긍정하거나 부정할 때 그것은 의견이 된다. 그런데 감각작용(aisthêsis)을 매개해서 가지게 되는 의견은 지각이라 불린다. 결국

---

4) 여기에서 'phantasia'는 우리 마음속에서만 이루어지는 상상을 뜻하기보다 이미지를 가지게 되는 과정, '이미지작용'으로 직역되는 한에서의 'imagination'이다. 따라서 사실상 '지각'(perception)과 동의어이다. 17세기 철학에 이르기까지도 우리는 'imagination'이 이런 의미로 사용되었음을 확인할 수 있다. 즉, 'imagination'은 순수 주관적인 작용('상상')이 아니라 주관과 객관이 상응하는 상황에서의 이미지작용('지각')인 것이다. 플라톤이 이 대목 (263e)에서 'pathos'라는 단어를 사용하는 것도 이런 맥락에서 이해할 수 있다. 이 말은 스피노자에서의 'affects' 또는 'affectio'에 상응한다. 아울러 현대 사상에 'l'imaginaire'를 '상상적인 것'으로 번역하는 것이 때로 혼동을 야기하는 것도 이 때문이다. 이 말은 주관적인 상상작용과 주객 공존 상태에서의 지각작용을 모두 포함하는 말이기 때문이다.

생각은 내적인 대화이며, 의견은 긍정된 또는 부정된 생각이고, 지각은 감각과 의견이 섞임으로써 생겨나는 것이다. 그리고 이 모두가 참=진, 거짓=위의 질을 띠는 것이다.

이제 이렇게 해서 이방인은 애초의 약속, 즉 비존재의 존재를 증명함으로써 오류의 가능성을 밝히겠다는 약속을 지키게 되었다. 그 사이에는 비존재를 타자로서 이해하는 중요한 단계가 매개되었다.

이제 우리는 우리가 출발했던 지점에 다시 서 있다. 이방인은 분할술을 통해 소피스트의 위치를 찾아내려 했지만, 소피스트는 번번히 빠져나갔고 그래서 분할술의 그물을 엉망으로 만들곤 했다. 이제 이방인은 이전의 분할에서 난점에 부딪쳤던 한 대목으로 다시 돌아가 그때의 논의를 이어 가고자 한다. 이 대목은 바로 이미지 제작술에 대한 대목이다.

이미지 제작술은 모상을 만드는 기술(eikastikê)과 시뮬라크르를 만드는 기술(phantastikê)로 나눌 수 있었다. 그리고 이방인과 테아이테토스는 소피스트를 이 둘 중 어디에 놓아야 할지 망설였다. 게다가 문제는 더 심각해졌는데, (이방인이 가상으로 설정한 소피스트들은) 도대체 거짓/위라는 것 자체가 존재하지 않으며 따라서 모상이니 이미지니 시뮬라크르니 하는 것들은 아예 존재하지 않는다고 주장할 것이라는 점이다. 이방인은 우리로 하여금 이 대목 앞에 멈춰 서게 했다.

그러나 이제 이 문제를 해결할 교두보가 마련되었다. 오류/거짓/위가 존재한다는 사실을 확립했기에 말이다. 거짓은 "없는/아닌 것들을 있는/인 것들로" 말하는 것이라는 점을 보았다. 따라서 이제 이렇게 말할 수 있다. 진짜가 아니라 그것을 흉내낸 것들(mimêmata tôn ontôn)은 거짓된 것들이다. 그리고 이미지 제작술, 그중에서도 특히 시뮬라크르 제작술은 거짓이라고 이제는 분명하게 이야기할 수 있는 것이다. 소피스트들은 시뮬라크르 제작자들이며 그러한 제작을 통해서 치부하는 거짓된 존재들인 것이다. 이방인은 이 내용을 분할법을 다시 한번 실행함으로써 분명히 한다.

1. 기예에는 제작술과 획득술이 있다.
2. 획득술에는 사냥술과 경합, 그리고 도매술 및 그런 식의 여러 종류들이 있으며 소피스트들은 이런 기예와 관련된다.
3. 그러나 소피스트들을 제작술 쪽에서도 발견할 수 있다. 제작술에는 신적인 것도 있고 인간적인 것도 있다.
4. 동물들을 비롯해 모든 형태의 생명체들은 신적인 제작을 통해 생겨나는 것들이고, 인공적인 것들은 인간적인 제작을 통해 생겨나는 것들이다.
5. 신적인 것들과 인간적인 것들 각각이 두 부류로 나뉜다. 신적인 것들 중 '실재적인 제작'은 자연적 존재들이고 '이미지 제작'은 꿈이나 (넓은 의미에서의) 환각이다. 인간적인 것들 중 실재적인 제작은 건축술 등이지만, 이미지 제작은 회화술 등을 들 수 있다.

a. 이미지 제작술에는 모상 제작술과 시뮬라크르 제작술이 있다.
b. 시뮬라크르 제작술에는 도구를 사용하는 경우와 제작자 자신의

몸을 사용하는 경우가 있다. 후자는 오늘날로 말하면 연기(演技)에 해당하며 특히 좁은 의미에서의 '미메시스'라 부를 수 있다.

c. 미메시스=흉내내기는 흉내내는 대상에 대한 인식이 전제되는 경우와 그렇지 않은 경우가 있다. 인식과 무지의 차이는 크고 그래서 알고 하는 모방과 모르고서 하는 모방의 차이는 크다. 전자를 '모방술'(historikê tismimêsis)이라 부를 수 있고 후자를 '사이비 모방술'(doxomimêtikê)이라 부를 수 있다. 소피스트술은 사이비 모방술에 속한다.

d. 사이비 모방술을 휘두르는 자들 중에는 자기 기예가 사이비라는 것을 알고 있는 사람도 있지만 모르는 척하는 사람도 있다. 전자가 '단순한 모방자'라면 후자는 "닳고 닳은 모방자"라 할 수 있다.

e. 닳고 닳은 모방자들에는 연설조의 긴 이야기를 통해서 대중들을 속이는 자들과 짤막한 논의를 통해서 상대방을 궁지로 몰아넣는 자들이 있다. 전자는 대중 연설가이고 후자는 소피스트이다.

결국 'sophistikos'는 'sophos'를 흉내내는 자일 뿐이다. 그래서 이제 이방인은 소피스트에 대한 최종적인 정리를 통해 그동안의 긴 대화를 마감한다. 그는 진정한 지자(知者)를 흉내내는 자, 반대의견을 만들어내는 기술(enantiopoiologikê)의 소유자, 닳고 닳은 사이비 모방술의 소유자, 시뮬라크르 제작자인 것이다. 이로써 소피스트들의 '종족과 혈통'을 추적하는 일이 완성되며 이방인의 긴 논의도 매듭을 짓는다.

플라톤을 읽을 때, 특히 후기 저작들을 읽을 때, 우리는 사유세계의 시원에, 그 발원처에 서 있다는 느낌을 받게 된다. 우리가 오늘날 아주 쉽게, 별다른 사유 없이 행사하는 생각들, 개념들, 논리들이 형성되어 나온 요람을 마주치게 되는 것이다. 이런 경험으로부터 우리는 사유의 처음으로 되돌아가 새롭게 모든 것을 점검하는 의미 있는 체험을 하게 된다. 그리고 그렇게 체험하게 되는 사유들이 지금 우리의 것들과 생각만큼 그렇게 멀리 떨어진 것은 아니라는 점을 깨닫고 놀라게 된다. 플라톤을 읽는 것은 철학함의 통과의례이다. 그런 통과의례를 거치지 않은 생각들이 난무하는 것이 (예컨대 한국 지식계에서 확인되는) 숱한 지적인 혼란스러움과 천박함의 중요한 한 원인일 것이다. 그래서 오늘날 현대 철학의 세례를 받은 사람들이, 현대 철학이 행했던 지적 고투를 너무 쉽게 물려받음으로써, 플라톤을 너무나도 간단히 물리쳐야 할 인물로 치부하는 것은 경솔한 태도라고 할 수 있다. 그것은 새로운 사유들을 이해할 수 없는 자신들의 지적 능력의 부재를 그 사유들을 억지스럽게 매도함으로써 정당화하려 하는 고루하고 교활한 자들의 행위와 다르지 않은, 그것의 거울상에 불과한 행위인 것이다. 사유함에 있어 가장 그릇된 짓은 철학사의 어느 한 토막(어느 한 인물/학파, 어느 한 언어권, 어느 한 시대)을 잘라 그 안에 매몰되는 일이다. 그럴 때 그것은 학문이 아니라 일종의 소(小)종교가 된다. 우리는 언제나 철학사 전체를 놓고서 사유하고 대화해야 하는 것이다.

우리는 플라톤 사유의 전체적인 모습을 잘 보여주는 대화편으로서, 나아가 철학함 자체의 한 전범으로서, 그리고 더욱 핵심적으로는 형상철학과 생성존재론을, 이데아와 시뮬라크르를 사유하려는 우리의 현재 맥락에 꼭 필요한 저작으로서 『소피스테스』편을 음미해 보았다. 여기에서 우리가 확인한 것은 플라톤의 성숙한 존재론과 윤리학이다. 여기에서 펼쳐진 플라톤의 존재론에서 가장 의미심장했던 것은 'dynamis' 개념이다. 우리는 이 대목에서 형상철학과 생성존재론은 단순한 '이항대립'으로서가 아니라 매우 섬세하게 차이나는 사유들로서 다루어야 할 것임을 확인하게 되었다. 그러나 세계를 영원한 형상이 질료에 '구현'된 것으로 보는 플라톤적 구도와 물질의 생성을 통한 형상들의 우발적 탄생으로 보는 (뒤에서 베르그송에게서 확인될) 구도는 명백하게 대조되는 것이다. 때문에 존재론은 플라톤적 사유와 베르그송적 사유 사이에서 매우 신중하게 다루어져야 할 무엇일 것이다. 이 책에서 우리는 플라톤적 형상철학과 니체-베르그송적 생성철학의 대립을 다루지만, 우리 자신은 그런 대립을 통해 존재론의 보다 성숙한 구도가 형성된 이후의 시대를 살고 있다는 사실을 음미해 보아야 한다. 다시 말해, 우리는 이미 신족과 거인족 사이에서 택일해야 하는 시대가 아니라 이들의 투쟁을 통해서 존재론의 새롭고 복잡한 구도가 형성된 시대를 살고 있다는 사실이 중요한 것이다. 이 구도 속에서 우리의 사유를 구체화하는 것은 그다음의 일이다.

플라톤의 윤리학 전반은 『국가』 등을 비롯한 그의 대화편들을 통해서 일반적으로 잘 알려져 있다. 『소피스테스』편에서는 특히 그의 지식인론을 '분할'의 방법을 통해서 살펴보았다. 플라톤에게 중요한 문제는 선별의 문제이다. 누가 진정한 철학자인가? 누가 진정한 정치가인가? 등등. 그에게 선별이란 기본적으로 가치-존재론에 입각해 있으며, 존재의 위계 즉 가치의 위계의 끝에는 '이데아'가 위치한다. 따라서 모든 존재는 모방의 존재론에 입각해 있으며, 이데아는 (그 자체는 어떤 것도 모방하지 않는) 모방의 근거 자체이다. 이 절대적 동일성을 발견하는 자, 그래서 그 동일성을 진정으로 모방할 수 있는 자가 진정한 철학자-정치가이다. 시뮬라크르는 정확히 이 이데아의 대척점에 존재한다. 그것은 이데아로부터의 일정한 거리에 있는 존재로서 측정할 수가 없는, 그러한 측정을 불가능하게 하는 생성 자체이다. 소피스트들이야말로 바로 이 시뮬라크르들을 만들어내는 존재들이다. 플라톤의 가치(-존재)론에는 이렇게 진짜와 가짜를 둘러싼 문제의식이 중핵을 차지하고 있다.

플라톤은 서구 철학사의 이데아로서 존재했다. 철학자들은 그를 독창적으로 모방함으로써만 철학사의 봉우리들이 될 수 있었다. 근대 철학자들이 고중세의 전통을 넘어 새롭게 사유를 정초했을 때에도 그의 그림자는 온전히 사라지지는 않았다. 절대 생성을 긍정할 수 있는 사유의 출현만이 시뮬라크르의 출현을, 드디어 플라톤이라는 이데아를 무너뜨릴 수 있는 철학사적 인물의 출현을 고지(告知)할 수 있었다. 니체라는 시뮬라크르의 출현만이.

II
시간, 생명, 창조

"일체의 '그랬었다'는 창조하는 의지가
'그러나 나는 그것을 원했노라'고 말하기 전에는
그저 하나의 파편이요 수수께끼요
끔찍한 우연일 뿐이다."

—니체,『차라투스트라는 이렇게 말했다』

"생명이란 엔트로피의 사면을 거슬러 올라가려는 노력이다."

—베르그송,『창조적 진화』

서구의 근대 철학이 아리스토텔레스 이래 길게 이어져 온 플라톤적 사유와 몇 차례에 걸친 격돌을 통해서 전개되어 온 과정은 잘 알려져 있다. 데카르트와 영국 경험론의 대결, 라이프니츠와 프랑스 계몽사상의 대결, 독일 관념론과 19세기 실증주의의 대결 등, 근대 철학의 전개 과정에서 우리는 신족과 거인족의 대결이 그 주제와 무기, 전략, 전장(戰場)을 계속 바꾸어 가면서 반복됨을 확인할 수 있다. 그러나 우리의 시선을 엄밀한 의미에서의 존재론에 맞출 때, 니체와 베르그송에 이르러서야 서구 사유의 근저에서 어떤 근본적인 전환이 이루어짐을 감지할 수 있다. 철학사의 이 지점에서 우리는 이제 다시는 되돌아갈 수 없는 어떤 문턱을 넘어섰다고 말할 수 있을 것이다. 이제 우리의 눈길을 맞추어야 할 곳은 바로 이곳, 서구 사유를 송두리째 탈바꿈시킨 지각 변동의 장소이다.

　서구 존재론사에 중요한 분기점을 가져온 니체에게 플라톤은 전통 철학 전체의 대변자로서 등장한다. 우리는 플라톤과 니체의 대결에서 서구 존재론사를 수놓은 다양한 전장들 중에서도 각별히 중요한 전장 한가운데에 서 있는 우리 자신을 발견하게 된다. 니체의 출현은 플라톤주의에 의해 지배되던 서구 철학사에 새로운 지도리가 도래했음을 뜻하며, 새로운 거인족의 존재론——생성존재론(生成存在論)——이 그 거대한 발걸음을 내디디고 있음을 확인한다. 그러나 생성존재론의 보다 확고하고 정치한 형태를 정립함으로써 현대 철학의 기본 형태를 마련한 인물은 베르그송이고, 그 사유의 여진(餘震)은 화이트헤드와 하이데거, 들뢰즈에까지 이어진다. 이제 우리는 존재론의 역사에서 결정적인 분기점을 마련한 이 거인족의 사유세계에 들어간다.

1. 생성의 무죄

서구 존재론사에 맞서 니체가 벌인 투쟁이 대체적으로 거칠고 과장된 것이었음은 사실이다. 그러나 사유의 역사를 근저에서 바꾼 핵심적인 사유소(思惟素)들 중 니체의 저작에서 찾아볼 수 없는 것은 거의 없다. 니체 이후 전개된 생성존재론의 역사는 어떤 형태로든 그의 계승 및 그와의 대결을 함축한다.

서구 존재론사에 대한 니체의 비판은 엘레아학파 비판에서 시작한다. 파르메니데스는 多와 운동이 완전히 거세된 영원부동의 일자의 사유를 세웠다. 니체는 이 점에서 그가 어떤 현실에 의해서도 흐려지지 않은 가장 순수하게 핏기 없는 추상화를 성취했다고 말한다. 그래서 그는 단정한다. 이 추상화야말로 "200년에 걸친 비극 시대에 있어 그 어떤 경우보다도 더 비그리스적인" 경우가 아니겠느냐고.[1] 이

---

1) Friedrich W. Nietzsche, "Die Philosophie im tragischen Zeitalter der Griechen", *Kritische Studienausgabe*, herausgegeben von Giorgio Colli und Mazzino

렇게 니체에게 엘레아학파는 극단적인 반(反)그리스적 학파로 자리매김된다. 생성존재론의 출발점을 엘레아학파로부터 시작하는 니체의 이런 구도는 이후 생성존재론의 역사 전체에 긴 영향을 끼치게 된다.

니체가 파르메니데스 존재론의 핵심을 지적하고 있는 것은 아니다. 니체는 파르메니데스의 '이미지'를 지적하고 있을 뿐이다. 파르메니데스가 영원부동의 일자의 사유로 나아간 것은 'einai' 동사의 두 의미를 분명히 자각하지 못했고 그래서 부정을 무로 이해할 수밖에 없어서였다. 공간적 多와 시간적 운동은 부정을 함축한다("이것은 저것이 아니다", "그는 더 이상 옛날의 그가 아니다"). 'einai'를 일의적으로만 이해했던 파르메니데스에게 모든 부정은 무로서 이해된다. 하지만 그에게 무는 사유할 수도 언표할 수도 없는 것이다. 따라서 多와 운동은 부정되기에 이른다. 그러나 이것은 이른바 '시대의 한계'라 해야 할 것이다. 여기에서 문제의 핵심은 그 결론에 대한 호오(好惡)가 아닐 것이다. 중요한 것은 파르메니데스가 자신의 논리를 끝까지 밀고 나갔다는 점에 있고, 니체의 생각과는 반대로 바로 이 정신(에우클레이데스적 정신)이야말로 정말 '그리스적인 것'이 아닐까? 그렇다면 차라리 파르메니데스보다 더 그리스적인 사람이 있겠는가, 라고 물어야 하지 않을까? 매우 부정적으로 '느껴지는' 결론에도 불구하고 '논리'를 끝까지 놓지 않는 그 정신 말이다. 여기에서

Montinari, de Gruyter, Bd. I, p. 836. 이하 이 전집은 'KSA'로 약한다.

니체는 "그리스적 생동감"에 대한 그 자신의 경탄을 그리스 존재론의 평가를 위한 아프리오리한 조건으로 놓고 있는 것으로 보인다. 그것은 존재론의 문제를 호오의 문제로 접근하는 것에 다름 아니다.

그러나 니체의 파르메니데스론이 여기에서 끝나는 것은 아니다. 그에 따르면, 사유 초기만 해도 파르메니데스는 아낙시만드로스의 영향 아래에서 생성하는 세계를 사유했다. 늙은 파르메니데스가 이 젊은 파르메니데스를 온전히 망각한 것은 아니다. 그에게는 전적인 존재의 세계와 전적인 생성의 세계가 완전히 분리되는 것은 아니다. '진리의 길'에는 '억견(臆見)의 길'이 여전히 스며들어 있는 것이다. 그래서 니체는 그가 논리적 경직성을 통해 완전히 굳어져 거의 하나의 사유기계로 변해버린 특성을 보여줌에도, 이 점에서 일말의 인간적인 지각이 여전히 남아 있으리라고 말한다.[2)]

니체는 파르메니데스가 부정적인 것과 긍정적인 것의 이항대립 구조를 생각했다고 본다. 그는 감각에 드러나는 세계에 눈을 감고 이런 이항대립적인 추상적-논리적 구조를 단적으로 확립했다는 것이다. 이렇게 볼 경우, 파르메니데스는 긍정적-부정적이라는 이 가치

---

2) 파르메니데스가 생성의 세계와 존재의 세계를 완전히 분리하지 않은 것은 아니다. 그의 사유는 두 세계를 완전히 분리하고 있다. 그의 서사시의 구조에서 이 점이 분명히 드러난다. 차라리 우리는 이렇게 말해야 한다. 그에게서는 아직 구체와 추상이 분명하게 구분되고 있지 않다고. 퓌타고라스 학파에게서 사물과 수가 혼동되었듯이, 파르메니데스에게서도 추상적 논리와 구체적 자연이 혼동되고 있다. 파르메니데스가 "논리적 경직성을 통해 완전히 굳어져 거의 하나의 사유기계로 변한 것"도 아니고, 또 "일말의 인간적인 지각이 여전히 남아" 있는 것도 아니다. 문제는 "인간적인 지각"이 아니다. 파르메니데스는 논리에 충실했지만 그가 속한 '에피스테메' 속에서는 구체와 추상을 충분히 구분할 수 없었을 뿐이다.

론적 이항대립을 존재-비존재라는 존재론적 용어로 바꾸어 표현했고 세계에는 존재적인 것과 비존재적인 것이 공존한다고 생각한 것이 된다. 그렇다면 생성이란 무엇인가? 생성(이 경우 탄생)과 소멸은 비존재에게서 유래한다. 존재만이 있을 때, 거기에는 탄생도 소멸도 있을 이유가 없다. 탄생과 소멸은 비존재 때문에, 즉 부정적인 것 때문에 발생한다. 긍정적인 것(존재)과 부정적인 것(비존재)은 분명 모순된다. 그러나 아프로디테의 힘은 이 두 모순된 항들을 결합시킨다. 이로부터 생성이 유래한다.

　이 문제를 조금 자세히 들여다보자. 아리스토텔레스가 전해 주는 바에 따르면, 이항대립 구조는 오히려 퓌타고라스 학파에게서 두드러지게 나타난다. 물론 파르메니데스에게서도 불과 흙, 즉 뜨거운 것과 차가운 것 같은 이항대립이 등장한다. 그러나 이 문제가 중요한 것은 아니다. 중요한 것은 파르메니데스에게서 긍정적인 것과 부정적인 것이라는 쌍이 존재와 비존재(또는 존재하는 것과 존재하지 않는 것)의 쌍으로 전환되었는가 하는 점이다. 전자가 「억견의 길」에서 등장한다면 후자는 「진리의 길」에 등장한다. 그러나 전자에서의 이항대립이 후자의 이항대립으로 성격을 바꾸어 옮겨 갔다는 근거를 찾기가 쉽지 않다. 또 하나, '부정'의 성격이 문제가 된다. 탄생과 소멸이 비존재에게서 유래한다는 지적은 정확한 지적이다. 그러나 여기에서 '부정'(Negation)이 문제가 된다면 이 부정은 '부정적인 것'에서의 부정이 아니라 '아님'(Nicht)의 부정이라고 해야 한다. '~이 아님'이 매개되어야만 탄생과 소멸이 가능하기 때문이다. 파르메니데스는 앞에서 말한 'einai'에 대한 일의적 이해 때문에 이 부정을 무

(das Nichts)로 이해할 수밖에 없었던 것이다.

　니체는 파르메니데스가 어느 날 동어반복——"존재는 존재하고, 존재하지 않는 것은 존재하지 않는다!"——이 진리라는 것을 깨닫게 되었고, 그로부터 그의 사유를 이끌어 갔다고 말한다. 존재는 탄생할 수 없다. 탄생이란 비존재에서 존재로 가는 것이다. 또 존재는 소멸할 수 없다. 소멸이란 존재에서 비존재로 가는 것이다. 그러나 이는 불가능하다. "ex nihilo nihil fit!" 이로부터 그는 多와 운동을 부정하는 그 유명한 논의들을 이끌어냈고 영원부동의 일자라는 결론에 도달했다. 그런데 그의 감각은 끝없이 그에게 多와 운동을 확인시키고 있다. 그래서 그는 말한다. "저 우둔한 눈을 따르지 말라! 메아리처럼 울리기만 하는 저 귀 또는 혀를 믿지 말라. 오직 사유의 힘만으로 확인해 보아라!" 이 이분법, 즉 이성과 감각의 이분법이 오히려 지성을 파괴했으며 '정신'과 '육체'의 분리를 조장했다. 이 이분법은 플라톤 이래 마치 하나의 저주처럼 철학을 억누르고 있다. 파르메니데스에게 감각이란 오로지 오류의 근원이 될 뿐이다. 그것은 우리로 하여금 생성을, 즉 비존재의 존재를 믿게 만들기에 말이다. 그래서 그는 생성의 세계로부터 눈을 돌렸으며 진리는 창백하고 일반적인 말들의 빈껍데기 속에서만 성립하게 된다. 그는 "경험의 피를" 희생시킨 것이다. 자신들의 논증을 전개하면서 파르메니데스와 제논은 우리가 매번 개념들의 사용에 있어 존재와 무에 대한, 즉 객관적 실재와 그 대립항에 대한 결정적인 최상위 규준을 가지고 있다는, 전혀 증명될 수 없고 또 있을 것 같지도 않은 전제에서 출발한다. 그래서 논리와 현실은 불연속을 이루며, 논리적 개념들은 현실에 비추어 검증될 필요도 수정될 필요도 없다. 엘레아학파가 실재에 부여한 동일성은 감각과 모순되어도 좋았다. 그들에게 그 동일성은 감각에서 빌려 온 것이 아니기 때문이다.

"존재는 존재하고, 존재하지 않는 것은 존재하지 않는다"는 말은 니체의 말처럼 분명 동어반복이다. 그러나 파르메니데스가 이 명제를 근거로 그의 사유를 이끌어 갔는지는 확신하기 힘든 문제이다. 오히려 파르메니데스는 우리가 존재하지 않는 무엇을 생각하거나 언표하는 것이 어떻게 가능하겠는가라는 상식적인 생각에서 출발한 것으로 보인다. "왜냐하면 바로 이 있지 않은 것을 그대는 알게 될 (gnoiês) 수도 없을 것이고(왜냐하면 실행 가능한 일이 아니니까) 지적할(phrasais)[가리킬] 수도 없을 것이기에." "말해지고 사유되기 위한 것은 있어야만 한다. 왜냐하면 그것은 있을 수 있지만, 아무것도 아닌 것(mêden)은 그렇지 않기에." 파르메니데스는 이로부터 (多와 운동은 비존재를 함축하므로) 영원부동의 일자의 사상으로 나아갔다고 해야 할 것이다. 이로부터 多와 운동을 즉 비존재를 믿게 만드는 감각에 대한 불신이 싹텄으리라. 파르메니데스가 감각으로 확인되는 현상계와 이렇게 이성으로 확인된 진리 사이의 관계를 해명하기보다는 단지 이원적으로 병치시킨 것은 사실이다. 그러나 그렇다고 이런 생각이 "하나의 저주처럼 철학을 억누르고 있다"고 말할 수는 없다. 오히려 그 이후의 철학사는 파르메니데스 극복의 역사이기 때문이다. 만일 한 사람의 철학자의 가치가 (때로 자의적인) 근본 진리로부터 여러 정리들을 연역해 사람들에게 제시하는 '정리적인'(théorématique) 데에 있는 것이 아니라 사람들의 생각을 자극하고 그들의 사유를 이끄는 '문제(발견)적인'(problématique) 데에 있다고 한다면, 파르메니데스의 철학사적 가치는 충분하다. 적어도 아리스토텔레스에 이르기까지의 철학자들은 그를 극복하기 위해 사유했고, 그 결과 많은 새로운 생각들을 창출할 수 있었기 때문이다.

파르메니데스는 자신이 존재를 사유할 수 있다는 사실에서 이 존재가 실존할 수밖에 없다고 추론했다. 그리고 여기에는 우리가 경험을 넘어 사물의 본질에 이를 수 있다는 생각이 깔려 있다. 니체는 말한다. 그에게 사유의 재료는 직관(칸트적 의미) 속에 있는 것이 아니라 초감각적 세계에 접근할 수 있는 사유 속에 있다. 아리스토텔레스는 이런 식의 추론들에 반대하면서, 실존은 본질에 속하지 않으며 또 현존재는 결코 사물의 본체에 속하지 않는다고 주장했다. 존재 개념으로부터 그것의 실존을 추론할 수는 없다. '존재'와 '비존재'의 대립은 다시 직관으로 돌아가 그것에 근거하지 않는다면 공허한 표상들의 유희에 지나지 않는다. 칸트가 가르쳐 주었듯이, 진리의 논리적 = 형식적 기준은 필수조건이긴 하지만 또한 소극적 기준에 불과하기 때문이다. 우리가 현실(Wirklichkeit)에 주목하는 한, 예컨대 한 그루의 나무에 주목하는 한, 우리는 "그것은 존재한다", "그것은 변해 간다", "그것이 없다"/"이것은 나무가 아니다"라고 말할 수 있다. 파르메니데스의 것과 같은 낱말들과 개념들을 통해서 현실 즉 사물들 사이의 관계들을 넘어서 본체 즉 진리계(眞理界)의 우화와도 같은 극(極)에 도달하리라 믿는 것은 착각이다. 공간, 시간, 인과율 같은 (감성과 오성의) 순수 형식들을 통해 'veritas eterna'(영원한 진리)에 도달할 수 있다고 믿는 것 역시 착각이다. 주체가 자기 자신을 넘어서 무엇인가를 보고 인식하고자 하는 것은 불가능하다. 파르메니데스는 결국 주관적일 수밖에 없는 개념으로부터 존재 자체(An-sich-sein)로 나아가려 했던 것이다. 니체는 이런 허황된 생각이 "의식으로 절대자를 파악한다"는 식의 철학자연하는 신학자들, "절대자는 이미 존재하고 있어야 한다. 그렇지 않다면 어떻게 그것을 탐구할 수 있단 말인가?"라고 말하는 헤겔, "존재는 어떤 식으로든 주어져 있어야 하며, 우리가 어떤 식으로든 접근할 수 있는 것이어야 한다. 그렇지 않다면 우리는 존재라는 개념조차 가질 수 없을 것이다"라고 말하는 베네케 같은 사람들에게로 이어지고 있다고 말한다.

'존재와 사유의 일치'라는 대전제가 사변적 철학들 특유의 '실체화'의 오류를 낳았다는 니체의 지적은 정확하고 또 중요하다. 우리는 이 대전제를 서구 전통 철학의 대전제로 보아도 무방할 것이다. 그러나 앞으로의 논의를 위해서 한 가지 맥락을 분명히 해둘 필요가 있다. 파르메니데스의 시대 자체가 '존재와 사유의 일치'라는 생각을 자연스럽게 당연시할 시대였다는 점이다. 오늘날 우리는 존재＝실재보다 사유＝문화의 외연이 훨씬 큰 시대를 살고 있다. 기린의 시뮬라크르들은 지구상에 실제 살고 있는 기린들보다 압도적으로 큰 외연을 가지고 있다. 그러나 (TV 사극들에서 자주 볼 수 있듯이) 자신의 시대를 과거로 투영하는 것은 뒷사람이 앞사람에 가하는 상투적인 폭력이다. 우리는 파르메니데스의 시대가 우리의 시대와 현저하게 다른 시대였다는 점을 당연히 염두에 두어야 한다.

"실존은 본질에 속하지 않으며 또 현존재는 결코 사물의 본체에 속하지 않는다.""존재 개념으로부터 그것의 실존을 추론할 수는 없다." 이 생각이 정확히 아리스토텔레스의 것인지는 분명치 않다. 아리스토텔레스에게서 'tode ti = 개체'가 'eidos = 형상'이나 'to ti ên einai = 본질'과 구분되는 것은 분명하다. 니체가 사용한 'Existenz', 'Essenz' 같은 단어들이 은연중 시사하고 있듯이, 그러한 정식은 (스피노자와 라이프니츠에까지 이어지는) 스콜라철학의 정식을 내비치고 있다. 물론 아리스토텔레스에게서도 개체들이 우발성의 양상을 가지는 것은 사실이다. 그러나 그 함축/뉘앙스는 중세철학과 사뭇 다른 것이라고 보아야 할 것이다. 그러나 더 중요한 사실은 파르메니데스의 '존재와 사유의 일치'와 스콜라적 테제인 '실존과 본질의 구분'은 구분되어야 한다는 사실이다. 실존과 본질의 구분이라는 생각은 어디까지나 개체들과 보편자들의 관계를 사유하는 과정에서 등장한 생각이며 따라서 개체들의 존재 자체를 의심하는 것과는 상관없는 것이기 때문이다. 이 구분은 개체의 '존재'의 문제가 아니라 '위상' 또는 '양상'의 문제와 관련되는 것이다.

니체는 파르메니데스에 대한 두 가지 강력한 반론이 존재한다는 점을 지적한다. 첫째, 이성적 사유가 실재이듯이 多와 운동도 실재여야 한다. 사유한다는 것 자체가 개념들의 多와 운동을 전제하기 때문이다. 둘째, 감각들이 가상이라면 도대체 누구에게 가상이란 말인가? 비존재가 누구를 기만할 수 있다는 것인가? 누군가를 기만할 수 있는 그런 존재가 어찌 단지 비존재일 수 있다는 말인가? 전자를 "운동하는 이성으로부터의 반론"이라 부른다면, 후자는 "가상의 기원으로부터의 반론"이라 부를 수 있을 것이다. 이로부터 우리는 多와 운동을 긍정하는 사유를 펼칠 수 있다. 우리는 성쇠(盛

衷＝Wechsel)와 변동(Veränderung)의 이 세계를 진정으로 실재하고 영원히 실존하는 실체들의 합으로 특징지어야 한다. 또, 모든 실체[의 합]는 변화하지도 않고 쇠락하지도 않으며 증가하지도 감소하지도 않는다. 그럼에도 우리는 변화를 느낀다. 그러나 세계의 변화는 착각이 아니라 영원한 운동의 결과일 뿐이다.

이미 보았듯이, 첫 번째 반론은 약간 다른 형태로 이미 플라톤에 의해 전개되었다. 니체의 반론 자체에 공감하면서도, 우리는 이 대목에서 헬라스 철학사를 좀 더 상세히 들여다봐야 함을 알 수 있다. 두 번째 반론 역시 '타자로서의 비존재'에 대한 논의에서 확보된 것이다. 비존재는 존재한다. 단지 그 비존재를 존재로 보았을 때, 좀더 일반적으로 말해 어떤 동일자를 타자로 보았을 때 기만이 성립한다. 따라서 기만이 있으려면 비존재가 있어야 한다. 이 또한 플라톤 자신에 의해 전개된 논리이다. 파르메니데스의 영향과 더불어 우리는 그 후 철학사가 파르메니데스 극복의 역사라는 사실을 다시 한번 상기해야 할 것이다.

나아가 "실체들의 합"이라는 말을 정교화할 필요가 있다. 이때 실체들은 물질들을 뜻하는가?(물질의 다수성 ——예컨대 화학적 원소들의 다수성 ——이 '물질'이라는 근본 개념으로 환원되는가의 문제도 더불어 검토해 봐야 한다) 아니면 개체들을 뜻하는가? 보편자들도 포함되는가? '실체들'이라는 말을 어떻게 이해해야 하는가? 또 극단적인 생성의 철학으로 갈 경우, '실체들'이라는 개념이 필요할까? 많은 검토가 필요하다.

'에네르기 보존의 법칙'을 비롯한 '보존 법칙'들은 19세기 과학,

특히 열역학의 기본 전제이다. 그러나 고립계는 물론이고 폐쇄계조 차도 엄밀한 의미에서는 존재할 수 없다. 그것은 철학사를 오랫동안 지배해 온 동일성——근원적 동일성——의 이념[3]이 물리학에 스며 든 결과이며, 또 화학적 공정을 위해서 인위적으로 만들어내는 장치 들의 자의적 고립성/폐쇄성을 자연의 객관적인 법칙으로 슬그머니 승격시킨 결과일 뿐이다. 우리는 이런 생각이 니체 자신에게도 뚜렷 하게 각인되어 있음을 확인하게 된다. 메이에르송은 서구 학문의 역 사에 엘레아학파의 그림자가 얼마나 길게 뻗쳐 있는가를 잘 보여준 바 있다. 우리는 엘레아학파를 타파해야 할 '원흉'으로 간주했던 니 체 자신이 놀랍게도 이 그림자로부터 온전히 벗어나지 못했음을 확 인한다. 영원회귀 개념이 진정 현대적인 개념이 되기 위해서는 엘레 아적 전제를 완전히 버려야 할 것이고, 이는 베르그송의 주요 과제가 된다.

---

3) "경험의 근저에 항상 존재하는 것, 즉 상존하는 것, 지속하는 어떤 것이 없다면, 우리는 각지 (Apprehension)만을 가지고서는 결코 경험의 대상으로서의 이 잡다가 동시적인 것인지 혹 은 계기적인 것인지 결정할 수 없다. […] 철학자들만은 이보다 더 나아가서 '세계 내의 모 든 변화에도 불구하고 실체는 상존하며 단지 우유(偶有 =Akzidenz)만이 변전한다'고 말함 으로써 약간 더 명확하게 표현할 따름이다. […] 이 명제가 순수하고도 완전히 아프리오리 하게 성립되는 자연법칙의 정점에 서 있어야 마땅하건만, 그런 일은 별로 없는 것이다. […] 모든 현상 안에 어떤 지속체가 있고, 가변적인 것은 그것의 현존재의 규정에 불과하다는 것을 증명했어야만 했을 것이다."(Immanuel Kant, *Kritik der reinen Vernunft*, Reclam, 1966, S. 261~263) 아리스토텔레스적 'kinêsis' 개념에서 한 발자국도 더 나가지 못하고 있 다. 물론 칸트는 이런 생각이 우리 주관의 형식을 표현한다고 본 점에서 새롭다. 그러나 이 경우에도 그는 이 형식이 객관과의 마주침(rencontre)을 통해서 무너지고 새로운 형식이 모색될 때 인식이 진전된다는 사실을 보지 못하고, 이러한 형식을 항구적으로 고착시키려 했다고 해야 한다.

니체는 제논이 무한한 것은 존재할 수 없다고 생각했음을 지적한다. 제논을 따를 경우 완성된 무한(Vollendeten Unendlichkeit)이라는 모순된 개념이 생겨날 것이기 때문이다.[4] 그러나 우리의 현실세계는 완성된 무한을 포함하고 있다. 이로써 논리적인 것과 실재적인 것(das Reale) 사이에 모순이 발생한다. 예컨대 제논은 말한다. "한 장소에서 다른 장소로의 이동은 있을 수 없다. 그러한 이동이 존재한다면 무한성이 완성된 것으로서 주어져야 하기 때문이다. 그러나 이것은 불가능하다." 아킬레우스와 거북이에 관한 유명한 이야기도 같은 논리를 구사한다. 화살의 예는 같은 주장을 보다 대중적인 방식으로 표현한다. 매 순간 화살은 정지해 있고 무한한 정지를 합한다고 운동이 나오는 것은 아니다. 多와 운동은 착각에 불과하게 된다. 여기에서 "완성된" 무한이라는 말을 분명히 할 필요가 있다. 제논에 따를 때, 논리공간에서 생각할 경우 장소 이동은 잠재적 무한을 통과해야 한다. 그리고 잠재적 무한은 끝나지 않고 따라서 이동도 불가능하다. 더 정확히 말해 이동이 완성되지 않는다. "완성된 무한"은 이 잠재적 무한이 끝난 경우를 뜻한다. 그러나 잠재적 무한의 개념은 완성 개념 자체를 거부하며 따라서 여기에서 모순이 생긴다. 그러나 현실공간에서는 분명 이런 이동이 일어나며 따라서 여기에서는 완성된 무한, 더 정확히 말해 완성된 잠재적 무한이 성립한다. 바로 이 때문에 제논은 "완성된 잠재적 무한" 개념을 포함하는 현실은 착

---

4) Nietzsche, "Die Philosophie im tragischen Zeitalter der Griechen", §12.

각에 불과하다고 본 것이다. 날아가는 화살의 경우, "매 순간"이라는 말을 정교화할 필요가 있다.

엘레아학파에 대한 니체의 비판은 '신족과 거인족의 투쟁'——우리의 논의에서 지금부터 이 말은 플라톤주의와 반(反)플라톤주의 사이에서 벌어지는 투쟁의 의미로 사용된다——전체에 있어 초석의 역할을 한다. 비록 (지금까지 논의했듯이) 세부적인 사항들에서 많은 허점들이 발견되는 것은 사실이지만, 헤겔 이후 생성에 대한 새로운 감수성이 도래했음에도 누구도 니체처럼 강렬하게 "생성의 무죄"를 역설하지는 못했다.

존재론에서의 엘레아학파 논박은 윤리학에서의 소크라테스 논박을 짝으로 가진다. 엘레아학파 비판과 소크라테스 비판을 겸했을 때 우리는 니체적 반플라톤주의의 윤곽을 잡아낼 수 있다.

소크라테스에 대한 니체의 비판은 인신공격의 성격이 강하다. "추한 외모", "격한 정념의 소유자", "불끈거리는 성향"… 등.[5] 그러나 그의 글이 전거를 제시하지 않고 있기에 우리는 이런 표현들이 도대체 무엇에 근거한 것인지를 알기 어렵다. 적어도 플라톤의 초기 대화편에 근거할 때, 니체의 인신공격에서 유일하게 설득력 있는 대목은 소크라테스의 "추한 외모"이다. 플라톤으로 하여금 감각적 차원

---

5) 프리드리히 니체, 「플라톤 이전의 철학자들」, 『언어의 기원에 관하여·이러한 맥락에 관한 추정·플라톤의 대화 연구 입문·플라톤 이전의 철학자들·아리스토텔레스 수사학 I·유고 (1864년 가을~1868년 봄)』, 니체 전집 1권, 김기선 옮김, 책세상, 17장.

을 불신하고 감각 이상의 차원으로 향하게 만들었던 그 외모 말이다.

니체에게 소크라테스는 윤리적 개혁을 추구했던 사람이며 그 수단으로서 인식을 택했던 사람이다. "덕을 향한 길로서의 인식 […] 유일한 길로서의 변증법. 귀납적 논증(epagôgikoi logoi)과 정의 (horizesthai). 쾌락, 욕망, 분노 등에 대한 투쟁은 [이것들의] 근저에 놓여 있는 무지(amathia)에 대항하는 것."[6] 인식과 도덕이 일치한다고 본 소크라테스의 생각을 뒤집으면, 인식이 없다면 악(惡)이 있을 뿐이다. 이로부터 자신들이 하는 일을 잘 인식하고 있는 수공업자들이 그렇지 못한 정치가, 연설가, 예술가보다 격이 높다는 결론이 나온다. 이런 영역들에서 정의(定義)를 확보하고자 했던 그의 노력은 이런 맥락에서 이해된다. 그는 세계에 질서를 부여하고자 했다. 살아 있는 숨결로서 거기 있었을 뿐이던 윤리가 이제 탐구의 대상이 된다. 이로부터 관습과의 충돌이 야기된다. 소크라테스는 등에가 되어 말한다. "너희가 나를 저주하면 너희 자신이 그에 대한 수난을 당할 것이다. 내 쪽에서 침묵을 지키는 일은 신에 대한 불복일 것이다."[7] 니체는 여기에서 소크라테스의 위대함과 수난을 보는 대신 "아테네와 그 민주정치의 놀라운 개방성"을 본다. 니체에게 소크라테스는 마지

---

6) 앞의 책, 439쪽.

7) 앞의 책, 444쪽. "덕의 길로서의 인식. 그러나 학자로서가 아니라 논박을 일삼는 신처럼 (theos ôn tis elenktikos)." (한글본의 "저편으로 인도하는 신처럼"이라는 번역은 동떨어진 번역이다) 이 말은 소크라테스가 소피스트를 묘사하기 위해 사용했던 표현이지만(『소피스테스』, 216b), 니체는 이 표현을 소크라테스에게 되돌리고 있다. 그러나 뒤에서 소크라테스라는 '단독자'와 소피스트들의 대립이라는 통상적인 생각을 정리하고 있는 것을 보면 텍스트에 대한 단순한 오독일 수도 있다.

막 현자이다. "지혜(sophia)를 통해 본능에 대한 승리를 쟁취하는 자로서의 현자."

초기의 강의록에 등장하는 이런 소크라테스론에 크게 주목할 만한 점은 없다. 다만 과장된 표현들, 중요한 것도 아닌 문제들에 대한 적대적인 해석, 부정확한 인용과 정리, 편파적인 판단 등을 확인할 수 있을 뿐이다. 니체의 소크라테스론이 보다 첨예한 문제의식과 더불어 등장하는 대목은 비극에 관련해서이다.

니체에게 에우리피데스-소크라테스 짝은 하나의 징후, 헬라스 문명에 있어 디오뉘소스적 예술에서 아폴론적 예술로의 퇴락을 드러내는 징후로서 나타난다. 더 정확히 말해 디오뉘소스와 소크라테스의 대립은 디오뉘소스와 아폴론의 대립을 훨씬 넘어선다. 아폴론적 드라마는 디오뉘소스적 비극 위에서 존립하며 차이생성과 혼돈의 역동성을 드라마적 계열화를 통해 서사화한다.[8] 디오뉘소스는 아폴론을 통해 표현될 때 헬라스 드라마의 형태를 띠게 되지만, 아폴론은 디오뉘소스를 흘끗 드러낼 때에만 비극적 생기를 띤다.[9] 그러나 소크라테스에게 감염된 에우리피데스에게서 헬라스 비극은 마침내

---

8) "아폴론 자신을 개체화의 원리의(principii individuationis) 장려한 신상(神像)이라고 부르고 싶으리라. 그 몸짓과 눈빛이 '가상'의 기쁨과 지혜 그리고 아름다움을 뿜어내는 신상. […] 만약 개별화의 원리가 깨졌을 때 인간의 가장 깊은 근저로부터, 즉 자연/본성으로부터 솟구쳐 나오는 환희에 찬 황홀을 이 전율과 함께 받아들인다면, 우리는 디오뉘소스적인 것의 본질을 엿보게 되는 셈이다." Nietzsche, *Geburt der Tragädie*, KSA Bd. I, §1. 이하 'GT'로 약함.

9) 이 내용은 다음에 잘 나타나 있다. Nietzsche, "Die dionysische Weltanschauung", KSA Bd. I, §1.

이성과 논리의 울타리에 갇히고 만다. "비극으로부터 저 근원적이고 전능한 디오뉘소스적 요소를 솎아내고 그것[비극]을 비(非)디오뉘소스적 예술, 관습, 세계관 위에 순수하고 새롭게 구축하는 것——이제 이것이 좀 더 밝은 조명 아래에서 모습을 드러낸 에우리피데스의 경향이다."[10] 비극은 에우리피데스-소크라테스에 의해, 그리고 훗날에는 기독교에 의해 매장당한다.

니체에게 비극적인 것, 디오뉘소스적인 것은 어떤 것인가. 우리는 「디오뉘소스적 세계관」에서 "도취", "황홀", "봄[春]의 충동", "위반/일탈" 등의 단어들을 발견하게 된다. 니체에게 비극적인 것은 곧 '그리스적인 것'의 이면이다. 아폴론적인 것으로서의 그리스적인 것, 그 이면에서 니체는 또 다른 그리스를 노출시킨다. 니체의 사유가 진행되면서 아폴론과 디오뉘소스는 보다 상보적인 관계를 맺게 되지만("아폴론적 도취") 디오뉘소스에 대한 니체의 애정은 마지막까지 지속된다. "화가, 조각가, 서사 시인은 최고의 환시자들(幻視者, Visionäre)이다. 반면 디오뉘소스적 상태에 있어서는 감정체계(Affekt-System) 전체가 흥분되고 고양된다. 그래서 그것[감정체계]은 그 모든 표현 수단들을 단번에 벗어던지고, 표현, 모방, 변형, 변신의 힘을, 나아가 모사와 연기의 모든 기법을 몰아낸다."(GD, IX, § 10)[11] 이런 상태는 개체화의 원리가 깨지는 순간이고 또 사물들에 대한 도식적인 표상이 깨지는 순간이기도 하다. 디오뉘소스적인 것

---

10) Nietzsche, "Sokrates und die griechische Tragödie", KSA Bd. I, p. 620.
11) GD = Nietzsche, *Götzen-Dämmerung*, KSA Bd. VI.

은 형상의 동일성과 주체의 동일성이 모두 와해되는 상황——반플라톤적인 동시에 반칸트적이기도 한 상황[12]——이다.

에우리피데스의 드라마는 비극의 이런 도취와 위반을 잠재운다. 관객들은 그의 드라마에서 소피스트적인 변론들을 본다. 그로써 에우리피데스가 추구했던 '평균적 시민[시민적 범용성]'이 가능해진다. 그러나 니체는 에우리피데스의 뒤에서 좀 더 막강한 마신(魔神)을 본다. 소크라테스라는 이름의 마신을. 그래서 좀 더 근본적인 대립은 디오뉘소스 대 소크라테스이다. 소크라테스의 영향하에서 에우리피데스는 "아름답기 위해서는 모든 것이 합리적이어야만(verständig) 한다"는 원리에 따라 드라마를 구성한다("미학적 소크라테스주의"). 이런 합리주의/이성주의를 통해서 비극은 서서히 질식하게 되며, "덕은 지식이다, 죄는 무지에서 유래한다, 덕을 갖춘 사람은 행복하다"는 소크라테스적 논리가 드라마를 지배하게 된다. 합창단과 음악은 위축된다. 결국 소크라테스-에우리피데스는 '누스'를 통해 디오뉘소스적 도취를 잠재웠으며, 변론술을 통해 시민적 범용성/중용을 길러냈다. 이제 도취, 황홀, 충동, 위반 등은 '그리스적

---

12) 플라톤적 형상의 철학을 객관 위주의 철학으로 보고 칸트의 주체의 철학을 주체 위주의 철학으로 보는 것은 일면적일 수 있다. 오히려 세계의 근원을 (매우 조심스럽고 치밀한 방식으로이긴 하지만) 주체의 인식체계 내에서 해명할 수 있다고 본 플라톤 및 고대 철학이 더 주체중심적 철학이고 (신과 인간 사이에 좀 더 먼 거리를 설정한 중세 철학을 거쳐) 그런 가능성을 포기한 칸트 및 근대 철학이 타자로서의 객관성 = 무한('물자체')을 존중한 객체중심적 철학이 아닐까? 그러나 오늘날 더 나아가야 한다. '타자'는 더 이상 칸트에서처럼 인식주체-동일자의 극한(Grenze)에서 성립하는 날카로운 선이 아니어야 할 것이다. 타자'들'은 우리 삶의 곳곳에서 출몰하는 것이며, 우리로 하여금 그것들과의 마주침을 통해서 변해 가게 만드는 것이며, 현실성과 역동적인 연관성을 맺는 잠재성일 뿐이다.

가치'의 선사(先史)로 묻혀버리게 된다. 비극적인 것은 논리적인 것에, 일탈적인 것[휘브리스]은 평균성/범용성에 질식당하게 된 것이다. 니체는 다만 "음악을 하는 소크라테스의 탄생"을 물음의 형태로 던져 놓음으로써 자신의 논의에 미묘한 뉘앙스를 첨가하고 있다.

디오뉘소스적인 것을 통해 소크라테스적인 것을 극복하려는 니체의 시도는 아테네에서 정점에 달하는 헬라스 역사를 전복시켜서 보려는 시도로 보인다. 헬라스의 역사를 휘브리스의 위반이 디케의 힘 속에서 수그러드는 과정이라고 한다면, 니체의 시도는 조화와 균형의 디케가 지하에 파묻혔던 휘브리스의 복원에 있다고 할 수 있지 않을까. 휘브리스가 함축하는 미학적 잠재력은 비교적 분명하다. 예술이 새로운 형식을 창조하려는 열망을 그 핵심에 품고 있다면, 그러한 창조를 가능케 하는 존재론적 바탕으로서의 디오뉘소스적인 것에 대한 요청은 의미 있다. 이런 시도는 예컨대 스에마쓰 겐초의 '가악론'(歌樂論) 등이 『만요슈』(萬葉集)를 재발견하려 했던 것을 연상시킨다(이 경우는 차라리 재발명에 가깝지만). 그러나 니체의 시도가 '국민문학'을 구축하려 했던 이노우에 데쓰지로식의 이데올로기적 맥락에서 이루어진 것이 아님은 물론이다. 그에게 휘브리스는 그가 나중에 구체화하게 될 영원회귀와 역능의지 사유가 싹튼 발원처였다 해야 하리라. 이렇게 이해한다면 그의 반소크라테스주의는 출발점부터 미학적 뉘앙스를 띠고 있었던 것으로 보아야 하지 않을까.

그러나 우리가 물어야 할 것은 이것이다: 니체는 반에우리피데스적 미학의 역설을 위해서 반소크라테스주의를 역설한 것인가? 아니면 반소크라테스주의를 역설하기 위해서 반에우리피데스적 미학을 역설한 것인가? 전자의 경우라면 니체에게 윤리학은 반주지주의적 미학으로 가기 위한 과정이 되며, 후자의 경우라면 미학은 반주지주의적 윤리학으로 가기 위한 과정이 된다. 그러나 우리는 니체를 읽으면서 그에게 윤리학과 미학이 하나라는 사실을 감지하게 된다('Kunst'의 용법도 이를 뒷받침하고 있지 않은가).[13] 그리고 문제의 핵심은 바로 이 점에 있다. 에우리피데스의 작품이 소크라테스주의에 물들어 있다는 비난과 소크라테스 윤리학에 대한 비난은 단적으로 연결되는 것이 아니기 때문이다. 소크라테스의 영향이 에우리피데스의 드라마를 반비극적으로, 반디오뉘소스적으로 만들었다고 하자. 그래서 에우리피데스가 비극의 본질을 외면했다고 하자. 이로부터 소크라테스의 윤리학에 대한 논박이 성립하는가? 윤리가 비극적이어야 하는가? 우리의 윤리적 행위가 도취, 황홀, 충동, 위반/일탈을 기반으로 해야 하는가? 무대 위의 디오뉘소스적인 것에 대해 우리는 예술적 감동을 느낄지 모른다. 그러나 사람과 사람의 관계에서, 특히 윤리적 문제가 개입된 상황에서 디오뉘소스적인 것이란 도대체 무엇을 뜻하는 것일까? 윤리의 문제에서 필요한 것은 디오뉘소스적인 것이 아니라 소크라테스적인 것이 아닐까. 물론 윤리의 문제에는 비논리적인 것, 비변증법적인 것, 비합리적인 것이 요청되기도 한다. 그러나 그것이 인(仁) 같은 가치일 수는 있어도 디오뉘소스적인

---

13) 이하 다시 논의하겠지만, 니체에게 'Kunst'란 해석하는 행위, 즉 의미를 창조해내는 행위 일반을 가리킨다. 그것은 영원회귀를 긍정하는 것이며, 초인을 추구하는 것이며, 조형력 (造形力)을 실천하는 것이기도 하다. 철학자 역시 '예술가–철학자'(Künstler-Philosoph)이다.(KSA, XII, 89; 유고들의 경우에는 전집의 권수와 쪽수만을 명기한다)

것은 아니다. 또 어쩌면 소크라테스 자신이야말로 위반/일탈의 실천가일 것이지만, 그러나 그의 위반/일탈이, 휘브리스가 디오뉘소스적인 것은 아니다. 어쩌면 윤리적인 것과 미학적인 것이 그 어딘가에서 만날지도 모른다. 그러나 그 만남이 의미 있는 것이 되기 위해서도 일단 그 둘은 구분되어야 하지 않을까.

그래서 우리가 검토해 봐야 할 글은 미학적 맥락에 의해 많이 채색되지 않은 소크라테스론이다. 비교적 말년에 쓰인 「소크라테스의 문제」가 이에 해당한다.

니체에게 소크라테스는 기본적으로 '병자'이다. 더 나아가 그에게 모든 '현자들'은 염세주의자들, 우울증 환자들, 데카당스의 인간들이다. 니체는 소크라테스의 마지막 말을 인용하면서 그것을 다음과 같이 해석한다. "삶——그것은 오랜 병과 같지. 우리는 아스클레피오스에게 닭 한 마리를 빚지고 있다네. 잊지 말고 내 빚을 갚아 주게나!"(FW, IV, §340)[14] 그리고 니체는 다음과 같이 묘한 추론을 한다. 소크라테스는 천민 출신에다가 추했다. 이것은 그가 순종 그리스인이 아니었음을 뜻하지 않을까? 범죄학자들 중 인류학 전공자들은 전형적인 범죄형은 못생겼다고 말한다. 외모도 괴물, 정신도 괴물. 데카당. 소크라테스는 전형적인 범죄형이었던가? 니체는 단정하지는 않지만 적어도 이것이 한 관상쟁이가 그를 괴물이라고 했던 것

---

14) FW = Nietzsche, *Die fröhliche Wissenschaft*, KSA Bd. III. 여기에서는 소크라테스에 대한 일정 정도 긍정적인 표현들도 발견된다. 그러나 이런 표현들도 「소크라테스의 문제」에 이르면 사라진다.

과 일치함을 상기시킨다. 소크라테스의 그 유명한 '다이몬'도 과장, 광대 짓, 패러디의 대상일 뿐이다. 소크라테스의 속셈은 따로 있다는 것이다.

"아스클레피오스에게 닭 한 마리를 빚지고 있다네. 잊지 말고 내 빚을 갚아 주게나"라는 구절은 아마도 죽음 앞에 처한 한 위대한 인간의 종교심을 표현한 것이리라. 이것이 왜 삶을 병으로 보는 관점으로 해석될까? 아스클레피오스에게의 봉헌이 삶을 오랜 병으로 보는 관점을 함축하지는 않는다. 아스클레피오스는 소크라테스의 조상에 해당하며, 죽음 앞에서 조상에게 미처 표하지 못했던 경의를 후대인들에게 부탁하는, 단순하다면 단순한 상황을 엉뚱하게 곡해하고 있다. 나아가 현자들에 대한 성마른 매도는 무엇을 의미하는 것일까? 또 소크라테스가 혼혈이라는 이야기는 사실무근이거니와, 혼혈이든 '발육 불량'이든 천민이든 못생겼든 그것이 그에 대한 철학적 판단의 근거가 될 수는 없다. 게다가 근대적 지식-권력의 전형인 범죄학에다가 관상쟁이까지 동원하는 장면은 우리를 정말이지 아연하게 만든다. 여기에서 니체는 마치 개그를 하고 있는 것처럼 보인다.

니체에게 소크라테스 사유의 핵심은 '이성 = 덕 = 행복'이라는 등식으로 압축된다. 그에게 이 등식은 "등식들 중 가장 기괴한 등식이며, 특히 상고(上古) 헬라스인들의 모든 본능을 거스르는 등식"이다.(GD, 69) 나아가 이 등식은 하나의 징후, 반그리스적인 징후이기도 하다. 이성에 최고의 가치를 두는 소크라테스의 사유는 비예술적 서곡과 합창단/음악의 폄하로 특징지어지는 에우리피데스의 작품들을 낳았다. 여기에서는 아름답기 위해서는 무엇보다 우선 이성적

이어야 한다. 우리는 이성적일 때 덕(인간'다움')을 가질 수 있고 바로 그때 행복할 수 있다. 소크라테스의 이런 생각은 그 특유의 변증법으로 나타난다. 니체는 플라톤 드라마의 주인공인 소크라테스에게서 에우리피데스의 주인공들을 떠올린다.(GT, §14) 니체에게 이런 식의 변증법은 고귀한/탁월한(vornehmer) 취향을 몰락시키고 천민적인 원한('르상티망')을 표현한다. 변증법은 천민들이 스스로를 상승시키기 위해 사용하는 수단이다. 중요한 것은 권위이며, 근거를 제시하는 것이 아니라 명령하는 것이다. 이러한 권위와 명령을 갖추지 못한 천민들은 변증법을 내세운다. 소크라테스의 아이러니는 바로 이런 반항의 표현이 아닌가? 천민이 품는 원한의 표현이 아닌가? 대화 상대자의 지성을 무력화시킴으로써, 귀족들에 대해 복수하는 것이 아닌가? 그는 새로운 종류의 'agôn'(경기)을 발명한 것이 아닐까?

소크라테스의 사유 전체는 그의 영혼론을 전제함으로써만 적절히 이해될 수 있다. "그대의 영혼을 돌보라"라는 말은 소크라테스의 사유를 가장 핵심적으로 나타내고 있다.[15] 니체에게서 이런 고려는 찾아볼 수 없다. 정확히 반대로 니체에게 소크라테스는 데카당스의 전형이다. 즉, 니체에게 '프쉬케'의 재발견은 그리스가 병적으로 되고 그 본능을 상실하게 되는 징후이다. 반-그리스적인 징후. 그러나 여기에서 '그리스'란 무엇일까? 어떤 그리스인가? 디케가 휘브리

---

15) '자기함양'(epimeleia heautou =cura sui)에 대한 흥미로운 분석을 푸코의 『성의 역사 3: 자기에의 배려』(이혜숙·이영목 옮김, 나남, 2004)에서 발견할 수 있다.

스의 잠재력을 제압하기 이전의 그리스인가? 니체가 "상고 헬라스인들"이라 표현했듯이, 이 그리스는 아테네 이전의 그리스일 것이다. 그러나 왜 '상고'(älter) 그리스인가? 우리는 헬라스의 민주주의와 철학이 얼마나 긴 여정을 거쳐 성립될 수 있었는지를 잘 알고 있다.[16) 우리는 바실레우스의 시대를 미학적으로 그리워할 수 있다. 소설과 영화로 즐길 수 있다. 그러나 윤리적으로도 그런가? 그토록 긴 여정을 거쳐 쟁취한 민주주의와 그 한 방식으로서의 변증법——현실상 그것이 아무리 이상적인 형태의 변증법과 거리가 먼 것이었다 해도——이 과연 (소크라테스를 포함한) 천민들의 원한과 복수의 표현이라고 할 수 있을까. 그래서 바실레우스 시대의 권위와 명령으로 돌아가자고 할 수 있을까. 그러나 바실레우스 시대(적어도 호메로스가 묘사한 시대)조차도 제한된 계층에서였지만 'isegoria'(원형 토론장)를 발견할 수 있지 않은가.(『오뒤세이아』, II) 아곤은 법정싸움으로서 성립했다(그 이전에는 의례적 성격을 가졌던 것으로 보인다). 법정싸움은 세상에서 가장 더러운 싸움이다. 그러나 세상 모든 갈등들의 마지막 싸움터인 법정을 파기한다면 정확히 어떤 다른 방법이 있는가. 우리는 TV 드라마나 만화에서 "멋진 건달들"의 시대를 오락으로서 즐길 수 있다(거의 대부분은 노골적이고 유치한 거짓말들이지만 말이다). 그러나 현실의 윤리 문제에서 이런 생각이 어떤 해결책을 제시할 수 있는가. 니체의 소크라테스론이 사유로서 도대체 무엇을 말하

---

16) 장 피에르 베르낭의 저서들이 큰 도움을 준다. 『그리스 사유의 기원』(김재홍 옮김, 길, 2003)과 『그리스인들의 신화와 사유』(박희영 옮김, 아카넷, 2005)를 참조하자.

고 있는 것일까? 칼리클레스의 후예로서 니체는 여기에서 TV 드라마를 쓰고 있는 것처럼 보인다.

소크라테스에 대한 글은 니체의 글들 중 최악의 것이다. 그것은 거친 인신공격으로 차 있고, 근거도 뚜렷하지 않은 곡해가 대부분이다. 그러나 가장 나쁜 것은 아마도 니체의 소크라테스론이 그에게 그토록 중요한 '거리의 파토스'를 송두리째 잊어버리고 있다는 점일 것이다.

엘레아학파 비판과 소크라테스 비판은 플라톤 비판의 전야이다. 니체에게 '플라톤'이라는 이름은 하나의 고유명사 이상의 것을 의미한다. 그것은 그가 공격하려는 서구 사유 전체의 또 다른 이름이다. 그래서 그의 사유는 "플라톤주의를 전복하라!"라는 슬로건으로 압축된다. 니체에게 플라톤은 한편으로 엘레아적인 '존재'의 철학과 소크라테스적인 '이성'의 철학을 통합한 서구 사유의 핵이며, 그 후 중세와 근대를 거쳐 줄곧 영향력을 행사하게 될 서구 사유의 뿌리이다. 니체의 사유는 엘레아-플라톤적 존재철학에서 생성의 철학으로, 소크라테스-플라톤적 이성철학에서 의지의 철학으로의 이행으로 특징지어진다.

그러나 놀라운 것은 그럼에도 (아직 니체의 특징이 거의 드러나 있지 않은) 초기 강의록을 제외한다면 그의 저작들 그 어디에서도 체계적인 플라톤론을 찾아볼 수 없다는 점이다! 우리는 다음과 같은 가설을 제시할 수 있다: 니체의 저작들 전체를 곧 반(反)플라톤론의 맥락에서 읽을 수 있다. 이제 이런 가설하에서 니체의 철학사 비판,

영원회귀와 역능의지 개념, 허무주의 극복과 초인에의 길을 논함으로써 신족과 거인족의 투쟁을 구체화해 보자.

플라톤 이후의 철학사에 대한 비판에서 우리는 특히 니체의 기독교론을 자세히 볼 것이다. 나는 니체의 철학사 비판이란 사실상 그의 기독교 비판을 철학사 전체에 투영한 것이라고 생각하기 때문이다. 니체가 서구 문명에 가하는 비판이란 다름 아닌 기독교 문명에 대한 비판이다. 그리고 그는 그러한 생각을 다소 무차별적으로 서구 문명사와 사상사 전체에 투영하고 있다. 니체의 기독교 비판을 이해하기 위해서는 그가 깔고 들어가는 몇 가지 생각을 먼저 분명히 해야 한다.

"어떤 짐승이나 종 또는 개체가 그 본능을 상실할 때, 자신에게 불리한 것을 선택하거나 선호할 때, 나는 그들이 타락/몰락했다고 말한다."[17]

"그 어떤 악덕보다도 더 해로운 것은 무엇인가?──모든 실패자들과 약자들에 대한 동정──기독교…."(AC, §2)

"좋은 것은 무엇인가?──힘의 느낌, 힘에의 의지, 인간에게서의 힘 자체를 고양시키는 모든 것."(같은 곳)

"행복이란 무엇인가?──힘이 증폭되었다는 느낌, 장애물 하나가 제거되었다는 느낌."(같은 곳)

니체의 생각은 이 구절에 가장 단적으로 나타나 있다. "삶이란

---

17) Nietzsche, *Der Antichrist*, KSA Bd. VI, §6. 이하 'AC'로 약함.

무엇인가? 힘의 증대, 지속, 축적을 위한 본능, 역능을 위한 본능. 그래서 역능에의 의지가 결여된 곳에는 하강이 있을 뿐이다."(AC, §6)

이로부터 니체의 기독교 비판의 핵심이 분명히 드러난다. 기독교는 역능의지의 쇠퇴 즉 데카당스의 종교이다. 데카당스는 "하강/몰락하는 삶의 징후"이다.(GD, 79) 우리는 기독교에서 하강/몰락하는 삶의 징후를 본다. 왜인가? 기독교는 삶의 본능을 부정하기 때문이다. 니체에게 삶의 본능이 "옳은" 행위인 것은 그것이 쾌락/기쁨(Lust)을 추구하는 것이기 때문이다. 그러나 기독교 허무주의자는 기쁨을 기독교적 가치에 대한 반박으로서 이해한다. 그래서 니체는 기독교에게는 데카당스의 가치가 핵심이라고 판단한다. 이 데카당스의 종교는 여러 가지 장치들을 동원한다.

순전히 공상적 원인들('신', '영혼', '나', '정신', '자유의지' —또는 '자유롭지 않은 의지'까지). 순전히 공상적인 결과들('죄', '구원', '은총', '벌', '죄 사함'). 공상적인 존재들 사이의 교류('신', '靈', '영혼'), 공상적인 자연과학(인간중심적인 과학. 자연적 원인 개념을 완전히 결여한 과학). 공상적 심리학(순전한 자기오해. 쾌와 불쾌라는 감정 일반에 대한 해석들. 예컨대 종교적-도덕적 특성들의 상징적 언어를 통해서 해석되는 교감신경: '참회', '양심의 가책', '악마의 유혹', '신의 임재'). 공상적 신학('신의 나라', '최후의 심판', '영생'). […] '자연'이 '신'의 대립 개념으로 날조된 다음부터 '자연적'은 '물리쳐버려야' 할 것을 뜻할 수밖에 없었다. —허구세계 전체는 자연적인 것[實在!]에 대한 증오에 뿌리를 두고 있으며, 실재에 대한 뿌리 깊은 불

만족의 표현인 것이다.(AC, §15)

니체에게 기독교는 한편으로 '자연적인 것', 본능을 억압하는 종교이며, 다른 한편으로 공상적인 관념들을 양산해내는 종교이다. 그것은 쾌락/기쁨을 부정하며 데카당스의 가치를 신봉한다. 이로부터 여러 가지 문제들이 발생한다. 니체에게 자연적인 것, 본능적인 것은 무엇인가? 고자(告子)에서와 같이 식색(食色)과 자연스러운 감정인가? 니체에게 쾌락/기쁨이란 정확히 무엇을 가리키는가? 기독교도는 기독교를 통해서 쾌락/기쁨을 얻지 않는가? 니체에게 공상적인 것과 실재/진리는 어떻게 구분되는가? 기독교 역시 '진리'를 이야기하지 않는가? 이런 점들이 분명히 되어야 우리는 니체의 언표들을 이해할 수 있다.

니체의 기독교 비판을 좀 더 상세히 들여다볼 수 있게 해주는 대목은 '동정'에 대한 그의 비판이다. 다음 구절은 니체의 입장을 다시 한번 분명히 확인해 준다. "동정은 생기(生氣)를 고양시켜 주는 생동감에 대극적이다. 그것은 의기소침하게 만든다."(AC, §7)[18] 니체에게 삶의 의미는 생명력, 본능, 디오뉘소스적인 것의 고양에 있거니와, 동정은 약한 자들을 더 약하게 만드는 데카당스적 가치의 전형이다. "대체적으로 동정은 도태를 그 법칙으로 하는 진화법칙과 충돌한다. 그것은 몰락하려는 것을 붙들어 주고, 삶의 파산자들과 수형자들의

_____

18) '생기'는 "die Energie des Lebensgefühls"의 번역이고, '생동감'은 "die tonischen Affekten"의 번역이다.

바람막이가 되어 주며, 그것이 죽지 못하게 만드는 모든 종류의 그 많은 실패들을 통해서 삶 자체에 우울하고 의혹에 찬 얼굴을 부여한다."(AC, §7) 파시즘의 분위기가 물씬 풍기는 이 구절[19]에서 니체는 '도태'라는 진화법칙에 근거해 약자에의 동정을 규탄한다. 니체에게 동정은 '덕'이 아니다. 그것은 무(Nichts)를 권유하는 것에 불과하다. 약자를 일어나 싸우게 만드는 것이 아니라 더욱 깊은 구렁텅이로 밀어 넣는 것이다.[20] 기독교는 바로 이 동정의 종교이다. 동정의 종교인 기독교는 생기와 생동감을 약화시키고 무를 권유하는 종교이다.

스피노자가 그렇듯이 니체는 특히 기독교 '신학'(과 '독일 철학')을 맹렬하게 공격한다. 신학자들은 '신', '구원', '영원'의 이름으로 자신들의 광학을 신성불가침의 것으로 만든다. 여기에서 '광학'은 (우리가 뒤에서 논할) 니체적 의미에서의 '관점'을 뜻하는 것으로 보아야 할 것이다. 자신(들)의 광학에 집착하고 그것을 신봉하는 것은 신학자들만은 아닐 것이다. 그것은 모든 지식, 사상, '전공' 등에 따라다니는 직업병이다. 그것은 가부의 문제가 아니라 정도의 문제다. 따라서 신학자들의 경우를 특화시키는 것이 무엇인가를 정확히 지적할 필요가 있다. 다음 구절이 눈에 띈다: "신학자들이 군주들(또는 민족

---

19) 파시즘은 '군국주의'(軍國主義)라는 번역어가 시사해 주고 있듯이 국가의 통제와 대중의 욕망이, 군대의 전체주의와 대중의 열광이 기이하게 혼합되어 있는 현상/사조이다. 따라서 니체의 사유를 파시즘이라 부르는 것은 용어의 남용이다(한국의 얼치기 지식인들이 걸핏하면 남용하는 말이 '파시스트'라는 말이다). 니체는 국가주의자도 대중주의자도 아니다. 그러나 인용된 구절은 파시즘의 상황에서 종종 등장하는 생각으로서, 이 점에서 그에게 파시즘'적인 측면'이 존재한다는 것은 부정할 수 없다.

20) 다음을 보라. Nietzsche, *Morgenröte*, KSA Bd. III, §133. 이하 'MR'로 약함.

들)의 '양심'을 빌미로 권력을 향해 손을 뻗을 때, 그 은밀한 곳에서 매번 무슨 일이 진행되고 있는가를 똑바로 보자. 바로 이것: 종말에의 의지, 권력에의 허무주의적 의지 […]."(AC, §9) 니체는 기독교 신학이 국가 또는 민족과 결탁해 권력을 추구했음을 지적한다. 다시 말해, 신학자들은 양심과 종말 그리고 허무주의를 팔아서 권력을 산다. 역사 속에서 니체의 이런 판단을 뒷받침해 줄 사실들을 찾는 것은 그다지 어려운 일이 아닐 것이다. 이런 권력은 근대 계몽사상에 의해 결정적인 타격을 입었다. 그러나 니체는 독일 이념론/이상주의가 신학을 복구시켰다고 본다. 독일 철학은 '튀빙겐 신학교'에서 나온 "교활한 신학"이다. 칸트는 낡은 이상으로 열린 "샛길"을 발견했다.

기독교 신학자들이 이야기하는 '신'(神)이란 어떤 존재인가? 니체에게 신이란 "하나의 종족을, 한 종족의 강력함을, 한 종족의 영혼[생명력]에서 뿜어 나오는 공격적이고 야심찬 모든 것을 표현하는"(AC, §16) 존재이다. 니체의 신 개념은 포이에르바하의 그것에 가깝지만, 그에게 한 신은 언제나 한 종족의 신이다. 한 신은 한 종족의 자기 확신, 힘, 긍지 등이 투사된 존재이다. 때문에 신들은 투쟁과 폭력의 관계에 있지 도덕의 관계에 있지 않다. 그들은 서로 쟁투하고 승리/패배하고 복수하고 질투하는 존재들이다. 한 종족이 몰락했을 때, 그 종족은 "선한 신"을 발명한다. 이제 신들은 서로 대결을 벌이는 관계로서가 아니라 "선한 신"과 "악한 신"으로 분류된다. 신"들"은 '신'과 '악마'로 재규정된다. 본래 유대교의 신 야훼는 고대의 다른 종족들의 신들과 유사한 신이었다. 그러나 기독교 신학자들은 보다 "진보된" 신 개념을, 즉 선한 신, 보편적인 신 개념을 발명해냈다.

사람들은 이것을 '진보'라 부른다. 니체에게 이것은 데카당스의 진보일 뿐이다. 이제 신은 강인함, 용기, 탁월함, 긍지를 박탈당하고 가난뱅이들, 죄인들, 병자들의 '구세주'로서만 존재하게 된다. 그리고 독일 철학자들에 의해 '이상', '순수정신', '절대자', '물자체' 등으로, 형이상학적 개념들로 탈색되기에 이른다. "신이 삶의 미화와 긍정이 아니라 삶에의 거부로 변질되다니! 신 안에서 삶에의, 자연에의, 생의지(生意志)에의 적대가 선언되다니! 신이 '이 세상'에 대한 모든 비난과 '저 세상'을 위한 모든 날조의 형식이 되다니! 신 안에서 無가 신격화되고, 무에의 의지가 신성시되다니! […]"(AC, §18)

니체에게 신이란 한 종족의 최상태(最上態)이다. 나아가 그것은 고정된 어떤 존재가 아니라 넘어감[超 = über]의 운동을 통해서 창조되어야 할 무엇이다. 그것은 생의지가 자신의 한계를 넘어서 나아가는 지평이다. 기독교는 보편적 신 개념을 발명해내었고 그 결과 '하향평준화'의 길, 즉 가난뱅이들, 죄인들, 병자들의 신이 탄생했다. 그러나 니체의 이런 지적과 아울러, 보편적 신이란 늘 스스로를 보편적 존재로 주장하는 특수적 신이라는 점 또한 지적해야 할 것이다. 보편성과 개별성이 접속해서 특수성을 배제하려 할 때에도(루터, "신 앞의 단독자"), 그런 접속은 사실상 특수성('유럽') 속에서 이루어진다. 우리는 보편적 '신'만이 아니라 "보편적" 신도 비판해야 할 것이다(니체가 한 신을 한 종족의 신으로 본 것도 이 때문일 것이다). 또 하나, "넘어감"은 언제나 최상위에서만 이루어지는가? 넘어감은 그 어디에서나 넘어감이 아닌가? 삶의 어떤 맥락, 어떤 층위, 어떤 시간에서도 넘어감은 성립하며, 그것은 언제나 위대한 것이다. 왜 넘어감은 최상위의 수준에서만 가능한가? 가난뱅이들, 죄인들, 병자들의 넘어 감은 왜 성립하지 않는가? 여기에서 문제의 초점은 차라리 능동성 과 수동성일 것이다. 넘어감은 언제나 능동적 넘어감이어야 한다. 기 독교의 신은 이런 능동성을 막아버린다. 그러나 능동성만 강조할 뿐 넘어감을 위한 객관적 조건을 고려하지 않는다면 어떻게 될까? 현실 성을 전제하지 않는 가능성이란 도대체 무엇일까? (잠재적인 것을 포 함하는) 실재적인 것을 전제하지 않는 상상적인 것이란 대체 무엇일 까? 이 객관적 조건을 사유하려 한 사람은 니체가 아니라 마르크스 였다.

"신 안에서 無가 신격화되고, 무에의 의지가 신성시되다니!" 여 기에는 무엇인가 의구심 나는 구석이 있다. 니체는 전략에 불과한 것 을 본질로 승격시키고 있는 것이 아닐까. 기독교의 신 안에서 신성시 되는 것은 무에의 의지가 아니라 권력에의 의지이다. 무에의 의지는 권력에의 의지를 위한 전략일 뿐이다. 기독교의 신은 "분노, 복수, 질 투, 조소, 간계, 폭행을 알지 못하는 신"이 아니라 그런 신의 전형이 다. 무에의 의지는 외피일 뿐이다. 그렇다면 기독교 역시 니체가 말 한 "한 종족의 신"의 일종이 아닌가? 이로써 미묘한 결론이 도출된 다. 기독교의 신은 니체가 생각한 힘의 의지로서의 한 종족의 신과 이질적이지 않다. 그렇다면 기독교의 신을 비판할 이유가 무엇인가? "Macht"를 '권력'으로 번역하는 한 "Wille zur Macht"는 권력에의 의지이다. 무에의 의지는 권력에의 의지의 시녀이다. 그럴 경우 니체 의 오해와는 달리 기독교와 니체는 공히 권력에의 의지를 추구하는 것이 된다. 그러나 니체의 예수론은 이런 이해를 거부할 수 있는 분명한 논거로서 존재한다. 그래서 우리가 거부해야 할 것은 차라리 기독교를 포함한 신학-종교들 일반이다. 이 일반으로부터 벗어난 것은 기독교가 아니라 기독＝크리스토스 자신이다. 불연속은 고대 종교와 기독교 사이에 있지 않다. 신학-종교 일반과 예수 사이에 있다.

니체에게 예수는 낙타, 사자 다음에 오는 어린아이요, 자신의 내적인 세계에만 거주하는 백치이다. 니체는 예수를 외적인 세계와의 다툼을 철저하게 피하고 오로지 내적인 빛으로만 살아가는 인물로 파악한다. '복음'이란 바로 "더 이상 어떤 대립자들도 없다는 것이다. 천국은 아이들의 것이다"(AC, §32). 예수는 내적인 '빛', 내적인 기쁨, 자기 긍정 속에서 살아간 인물이다. 그에게 죄와 벌, 보상 같은 개념은 낯설다. 그는 오로지 내적 사실들만을 실재들로, '진리들'로 받아들였다. 그는 대속(代贖)하기 위해서가 아니라 사람들에게 참된 삶의 모습을 보여주러 왔다. 그를 박해한 사람들에게마저 그는 맞서지 않는다. 오히려 자신에게 악을 행하는 이들과 더불어 간구하고 고뇌하고 사랑한다. 니체의 예수론은 "Wille zur Macht"를 '권력에의 의지'로만 번역하는 것이 심각한 오역임을 증거한다.

기독교는 예수의 '영혼'을 교회의 '권력'으로 둔갑시켰다. 교회는 카이사르의 칼을 얻음으로써 악마의 세 번째 유혹을 받아들였다.[21] 교회는 예수가 이룩한 단절을 메워버리고 다시 유대적 전

---

21) 대심문관은 말한다. "그런데 당신은 그때 이미 카이사르의 칼을 얻을 수도 있었소. 어째서 당신은 그 마지막 선물을 거부했던 거요? 전능한 악마의 세 번째 충고를 받아들였다면 당신은 인간이 지상에서 찾고 있는 모든 것을 실행해 주었을 거요."(표도르 도스토옙스키, 『까라마조프 씨네 형제들』, 이대우 옮김, 열린책들, 2009, 458~459쪽)

통을 끌어왔다. 기독교의 기원(Entstehung)은 어디에 있는가? 유대의 신 역시 고대의 여타 신들과 유사했다. 그러나 기독교는 이 신을 죄와 벌, 보상을 기초로 하는 '도덕적 세계질서'의 기초로 만들었다. 기독교는 유대적 신의 권력에의 의지에 도덕을 기이하게 덧씌웠다. 이제 이스라엘의 역사는 야훼에게 범한 죄와 그에 따른 벌, 야훼에게의 경건함과 그에 따른 보상이라는 "어리석은 구원-기작(Heils-Mechanismus)"으로 해석된다.(AC, §26) 이 구원-기작은 무엇을 주장하는가? 그리고 누가 그런 기작을 조작해내었는가? "'도덕적(sittlich) 세계질서'란 무엇인가? 인간이 해야 할 바와 하지 말아야 할 바에 대한 영원한 신의 의지가 존재한다는 것, 한 종족/민족의 가치, 한 개인의 가치는 얼마나 신의 의지에 따랐느냐에 따라 결정된다는 것, 한 종족/민족의, 한 개인의 운명을 신의 의지가 지배한다는 것 즉 복종의 정도에 따라 그들을 처벌하거나 보상함으로써 그의 의지가 입증된다는 것이다. 이 딱한 거짓말은 어떤 진실을 숨기고 있는가? 기생충과도 같은 인간, 바로 사제가 신의 이름을 악용함으로써 삶의 모든 건강한 도야(陶冶)들을 희생시켜 잘 먹고 잘산다는 것."(AC, §26)

사제들은 '신의 뜻'이라는 이 편리한 말을 휘두르면서 권력에의 의지를 밀고 나갔다. 이들은 "성서"를 만들어냄으로써 예수와는 이질적인 예수교=기독교를 만들어내기에 이른다. "유일한 기독교인"인 예수의 복음은 사제들에 의해 화음(禍音=Dysangelium)으로 전환되었다. 예수에게 중요한 것은 실천, 행위였으나, 기독교에게 중요한 것은 의식의 특정한 형태 즉 '믿음/신앙'이었다. 예수에게 중요한 것은 "모든 원한 감정을 넘어선 자유와 극복"(AC, §40)이었다면, 기독교에게 중요한 것은 예수의 죽음(이라는 사건)을 보복, 죄, 벌, 법, 대속, 부활, 심판 등의 범주로 바꾸어버리는 것이었다. 예수에게 중요했던 것이 그의 현존과 행위가 함축하는 '신의 나라'였다면, 기독교에게 중요했던 것은 이 '신의 나라'를 미래로 투사해 현재를 협박하는 심판의 시간으로 만드는 것이었다.[22] 누가 이 모든 거짓부렁을 만들어내었는가? '사도' 바울이다. 사도 바울의 유태주의가 기독'교'의 원형을 만들어냈고, '정통'(orthodoxa)을 둘러싼 온갖 우스꽝스러운 '논리'들이 전개된 후, 아우구스티누스의 신플라톤주의가 기독'교'를 결정적인 형태로 만들어냈다. 사제들에 의해 기독교라는 종교, 더 나아가 인류 역사에 대한 거창한 날조가 시행되었고, 그 날조의 후유증은 오늘날 강퍅하게 날뛰고 있는 네오콘의 작태들 속에서 여전히 생생하게 작동하고 있다. 저 기나긴 기억을 보라. 수천 년을 걸쳐서 집요하게 인류를 괴롭히고 있는 저 지겨운 날조된 기억을.

그리고 너희를 영접하지 않거나 듣지 않는 곳이 있다면, 그곳을 떠나면서 거부의 증거로서 너희의 발에서 먼지를 털어버려라. 내 진

---

22) 『도덕의 계보학』(I, §10)에서 니체는 예수라는 '구세주'는 "유대적 가치와 이상(理想) 혁신에의 유혹이자 우회로"였으며, 이스라엘이 "겉으로는 그것을 적대하고 해체하려 한 것처럼 보이는 바로 이 '구세주'라는 우회로를 통해서 그 숭고한 복수심이라는 최종 목표에 도달했다"고 말한다. 여기에서 예수는 이스라엘이 복수를 위해 이용한 도구처럼 묘사되고 있다. 반면 『안티크리스트』에서의 예수는 기독교와 분명하게 구분되는 "유일한 기독교인"으로서 묘사되고 있다.

정 너희들에게 말하노니, 최후의 심판 시 그러한 곳보다는 차라리 소돔과 고모라가 더 견딜 만하리라.(「마가복음」, 6장 11절)

그리고 나를 믿는 이 겸허한 사람을 화나게 하는 자 있다면, 그의 목에 맷돌을 묶어 바다에 던져버리는 편이 나을 것이다.(「마가복음」, 9장 42절)

예수에게 이런 이미지를 씌워버린 후, 바울은 권력에의 의지를 노골적으로 드러낸다. "성자들이 세상을 심판하리라는 것을 모르십니까? 온 세상이 여러분들에 의해 심판받을 터인데, 여러분들이 이런 가장 작은 일들에 대해 판단할 수 없다고 생각하십니까?"(「고린도전서」, 6장 2절) 니체는 독이 발려 있는 『신약』을 읽을 때 장갑을 낄 것을 권유한다.

기독교의 결정적인 설득 수단으로서 열등의식 그리고 왜곡된 평등의식을 들 수 있다. '신의 뜻'이라는 이 괴물 같은 개념, 그리고 "나는 기독교인"이라는 즉 이교도들"이 아니"라는 어설픈 변증법은 대중의 왜곡된 평등주의, 더 나아가 자기기만을 확실하게 뒷받침해 준다. '신의 뜻'과 '기독교인'이라는 두 개념으로 해결되지 않는 것은 없다. 부시의 이라크 침공도 '신의 뜻'이다. '기독교인'이라는 개념은 왜곡된 평등주의를 통해서 모든 열등의식을 무마해 준다. '거리의 파토스'를 느끼는 대신, 그로써 생의 역능을 긍정하고 자기 고양의 의지를 불태우는 대신, 기독교인들은 평등을 내세움으로써 모든 차이들, 모든 위대한 경지들, 모든 상승/고양을 부정한다. 아니 한술 더 떠서, '기독교인'이라는 단 하나의 개념을 통해 자신의 모든 실재적 열등감을 상상적 우월감으로 전환시킨다. 너는 나보다 공부를 많이 했다. 그러나 나는 너의 '지식들'보다 훨씬 위대한 '말씀의 진리'를 알고 있다. 이것으로, 이 단 하나로 열등의식은 단번에 해소될 뿐만 아니라 상상적 우월감으로 전환된다.[23] 다른 모든 측면들에서도 마찬가지이다. 저 놀라운 자기기만을 보라! 대중을 공략할 수 있는 기독교의 막강한 힘의 비밀은 바로 여기에 있는 것이 아닐까. 니체는 이렇게 말한다. "기독교는 땅바닥을 기어다니는 모든 것들이 높이를 가지고 있는 것에 대해 벌이는 뻗댐이다."(AC, §43)

기독교가 오로지 믿음을 내세우면서 지식, 학문, 사유를 거부하는 이유가 여기에 있다. 이 점에서 태초부터 야훼가 지식을 두려워했음은 의미심장하다. 지식, 뱀＝악마, 여자, 선악과는 한 덩어리를 이룬다. 인식의 나무에 대한 공포. 그래서 기독교의 신은 인간에게서 사유를 빼앗아버리기를 원했다. 언어, 전쟁, 홍수 등 갖은 수단을 동원해서 말이다. 이 모든 허구들은 지식을 두려워하는 사제들의 심리를 노골적으로 반영하고 있다. 그들은 말한다. "믿어라, 그러면 복을 받으리라." 기독교의 본질은 약속에 있다. '구약'과 '신약'. 약속을 받은 인간, 미래를 보장받은 인간은 세상에서 가장 행복한 인간

---

23) 물론 '상상적 우월감'이 기독교에서만 발견되는 것은 아니다. 그것은 자기합리화를 본질로 하는 인간이라는 동물의 기본 성격이다. 그러나 기독교처럼 이런 메커니즘이 노골적으로 드러나는 곳도 드물다. 왜인가? 이런 상상적 우월감은 기독교 특유의 양심/복수심과도 상통하기 때문이다. "천국의 축복받은 사람들은 지옥의 저주받은 사람들의 고통을 지켜봄으로써 자신들의 축복에 더더욱 큰 기쁨을 느끼리라."(토마스 폰 아쿠나스) 더욱더 노골적인 표현들이 GM, I, §15에 인용되어 있다.

이다. 기독교는 이 점을 정확히 꿰뚫어 보았다(기독교의 최대 강점이자 전략은 대중심리학에 있다). "믿어라, 그러면… ." 그래서 사람들은 "믿어라, 그러면…"을 믿어야 한다. 기묘한 이중적 믿음. 의심/회의에 최악의 가치가 부여된다. 의심/회의, 지식, 사유… 등에 대한 방벽 세우기가 기독교 초유의 관심사가 된다. 이런 억지를 받아들이지 않는 '이교도들'에게는 피의 보복이 따른다. "길 위에 핏자국이 물든다. 그들이 지나가는 길 위에. 진리는 피로써 입증되어야 한다는 이 어리석은 믿음./ 그러나 피, 이것은 진리의 가장 사악한 증거가 아닌가. 피는 더없이 순수한 가르침에까지 망상과 증오의 독을 부어 넣는다."(AC, §53)

니체의 기독교 비판은 엘레아학파 비판, 소크라테스 비판과 더불어 서구 사유 전통에 대한 비판의 골자를 이룬다. 물론 이런 전통들의 결정판은 플라톤이다. 엘레아학파와 소크라테스는 결국 플라톤으로 흘러들어 가고, 기독교는 결국 "'대중'을 위한 플라톤주의"[24]에 다름 아니기 때문이다. 니체의 기독교 비판은 너무 일방적이며 나아가 강퍅한 면까지 있는 것이 사실이다. 우리는 이 대목을 19세기 서구 사회라는 맥락, 그리고 니체 개인의 맥락을 염두에 두고서 읽어야 할 것이다. 유대-기독교적 전통 바깥의 사람들에게 이런 비판은 간접적인 의미만을 가진다. 그러나 세계사적인 안목에서 바라볼 때, 니체의 기독교 비판은 문명사 전체를 이해하는 데 분명 긴요하다. 그

---

24) Nietzsche, "Vorrede", *Jenseits von Gut und Böse*, KSA Bd. V. 이하 'JGB'로 약함.

리고 그의 비판의 핵심 골자는 세계사의 한 측면을 정확히 포착해 주고 있다. 아울러 그의 기독교 비판은 서구 문명에 대한 그의 안목과 평가 전반에 깊은 그림자를 드리우고 있다는 점을 잊지 말자. 독일 철학에 대한 그의 혐오, 르네상스와 계몽주의에 대한 그의 호감 등도 이런 맥락에서 이해된다. 기독교 비판은 니체 사유의 핵을 형성하고 있다.

니체에게 플라톤은 서구 형이상학의 대명사이다. 엘레아학파와 소크라테스가 그에게 흘러들어 가고 기독교가 그에게서 흘러나왔다. 그렇다면 이런 물음이 제기된다: 플라톤-기독교적인 형이상학을 무너뜨린 근대 철학은 니체 사유의 기초인가, 아니면 그것 역시 니체의 칼날을 피하지 못하는가?

니체의 사유가 계몽주의의 연장선상에 있음은 분명하다. 아니, 고중세로의 복귀를 외치는 복고주의가 아닌 한 계몽 시대 지식인들은 공통의 사유를 공유하고 있다고 하는 것이 좋을 것이다. 그럼에도 그에게는 계몽주의에 대한 날카로운 비판들이 존재하며, 그의 사유가 근대로부터의 결정적인 이행을 준비하고 있음을 확인할 수 있다. 그러나 그 내부를 들여다보면 명백히 두 가지의 흐름이 감지된다. 그의 주된 혹평의 대상은 17세기 형이상학과 독일 이념론이다. 반면 계몽사상 일반과 19세기적 비합리주의 철학에 대한 비판은 좀 더 부드럽다.

니체에게 (데카르트, 스피노자, 라이프니츠, 칸트, 헤겔 등에 의해 대표되는) 근대 형이상학자들은 "어정쩡한 성직자들"에 불과하다.

니체의 생성존재론으로 볼 때, 데카르트와 라이프니츠의 사유는 여전히 형상철학의 구도를 취하고 있고(두 유한 실체와 하나의 무한 실체라는 본질들, 물질/신체를 얻기 전에 실체/본질로서 존재하는 모나드들) 더 나아가 중세적 인격신까지 끌어들이고 있기 때문이다. 니체의 평가는 정당하다고 생각된다. 일정 측면들, 예컨대 생각하는 "나"에 대한 강조(데카르트), 개체"의" 본질에 대한 독창적인 개념화(라이프니츠) 등을 예외로 한다면 이들의 사유가 근대 철학의 출발점을 형성하기보다는 오히려 고중세 철학의 마지막 형태라는 사실은 분명하다. 그러나 데카르트의 코기토 개념이나 라이프니츠적 본질 개념 역시 니체의 생성존재론의 입장에서 볼 때 비판의 대상이 된다.[25]

보다 복잡미묘한 관계는 스피노자의 경우에서 발견된다. 니체는 스피노자에게서 비로소 자신이 경탄할 만한 철학자를 발견해낸다. 니체는 한 편지에서 스피노자는 자신의 '선구자'이며 그로 인해 이제 자기 혼자의 고독은 두 사람의 고독(Zweisamkeit)이 되었다고 열띤 어조로 고백하고 있다.(오버베크에의 서한, 1881년 7월 30일) 인식을 가장 강렬한 감정으로 보는 시각, 그리고 의지의 자유, 목적, 도덕적 세계질서, 비이기적인 것, 악 같은 관념들에 대한 비판이 그를 경탄하게 만들었다. 그러나 이러한 경탄은 이내 비판적 눈

---

25) 데카르트의 "코기토"에 대한 비판에 대해서는 『선악의 저편』, 1부, §§16~17을 보라. 아울러 유고(XI)에도 코기토론이 자주 등장한다. 『도덕의 계보학』, 1부, §13도 참조. 라이프니츠의 모나드론에 대한 비판으로는 예컨대 XII, 539를 보라. 그러나 라이프니츠의 "vis viva" 개념은 (보스코비치를 매개로 해) 니체의 "Wille zur Macht" 개념에 상당한 영향을 준 것으로 보인다.

길로 이행한다. 어떤 이유에서였을까? 다음 구절이 핵심적인 이유였을 것이다. "자기 보존을 희구하는 것은 삶/생명의 실로 근본적인 본능이 폐쇄되고 몰락했다는 것의 징후에 다름 아니다. 역능의 확장(Machterweiterung)을 꾀하며, 이를 위해서라면 종종 자기 보존을 위험에 빠트리고 심지어 희생시키기까지 하는 본능이. 어떤 철학자들, 예컨대 폐결핵 환자인 스피노자가 자기 보존[conatus]을 결정적인 것으로 생각했고 또 그렇게 생각할 수밖에 없었다는 것은 징후적인 것이 아닐 수 없다——이들은 바로 몰락에 처한 자들인 것이다."(FW, §349) 예수론에서 보았듯이 니체에게 중요한 것은 "역능의 확장"이며 이 때문에 그는 스피노자의 "conatus" 개념을 데카당스의 징후로서 이해했던 것이다.[26]

　니체에게 17세기 형이상학과 18세기 계몽사상은 분명하게 구분되는 방식으로 받아들여진다. 이 점에서 니체는 계몽적 비판철학의 연장선상에 있다고 할 수 있다. 이에 비해 니체에게 독일 이념론은 낡은 형이상학의 부활로서 받아들여진다. 보편적이고 필연적인 인식의 존재와 그것을 가능하게 하는 조건으로서의 선험적 주체, 현상계와 물자체의 구분, 영혼불멸, 신, 목적의 왕국, 의무, 정언명법과 같은 '요청'들, 생성하는 신으로서의 절대정신, 변증법의 거대한 목적론, 악을 비롯한 현실적 고통의 외면 같은 잘 알려진 독일 이념론

---

26) 니체의 이런 스피노자론의 한계에 대해, 그리고 스피노자에 대한 보다 의미 있는 독해에 대해서는 다음 글이 도움을 준다. 大崎晴美,「"力"の無神論」,『現代思想』2002年 8月, 106~124頁.

의 테제들은 근대적 이성주의의 대표적인 테제들로서 논박당한다. 이런 테제들은 결국 신학과 종교를 새로운 언어로 옹호하려는 "가장 교묘한 탈출구"에 불과하며, 이미 논박당한 가치들을 "뒷문"으로 다시 도입하는 것에 불과하다.

17세기 형이상학과 18세기 계몽사상의 관계에서와 마찬가지로 독일 이념론에 비해 그 이후 등장한 실증주의나 쇼펜하우어의 염세철학 등은 비교적 긍정적인 평가를 받지만, 이 역시 니체의 칼날을 피해 가지는 못한다. 한때 니체에게 큰 영향을 끼치기도 했던 실증주의(와 특히 그 윤리학인 공리주의)는 니체에게 양가적 가치를 띤다. 실증주의는 그 피상성 때문에 비판받지만, 실증성을 편협하게 닫아버리지만 않는다면 니체의 사유는 실증주의/경험주의를 존중하는 형이상학으로 규정될 수 있다(니체 자신은 '형이상학'이라는 표현을 거부하겠지만). 그리고 이 "경험주의적 형이상학"이라고 부를 수 있는 사유 형태는 베르그송, 화이트헤드, 들뢰즈에게로 이어진다. 반면 공리주의 윤리학은 행복, 쾌락 같은 개념들의 피상성, '유용성'에 대한 아프리오리한 판단의 어려움, 이 윤리학의 근저에 깔려 있는 평균화, 대중화의 경향 등을 이유로 거부된다. 쇼펜하우어의 염세철학은 '의지'의 철학을 제시함으로써 니체 자신의 선구를 이루는 것으로 존중되지만, 그가 궁극적으로 의지의 극복을 통한 탈아(脫我=Entselbstung)의 철학을 제시할 때 '힘에의 의지'의 철학이 아닌 정신적 고요함의 철학으로 가버린 것으로 이해된다.

근대 철학에 대해 앞으로 좀 더 논의할 것이거니와, 현재로서는 니체의 일관된 입장을 확인하는 것으로 족하다. 니체는 데카르트의 실체 개념이든, 스피노자의 神 개념, 라이프니츠의 모나드 개념이든 모두 창조의 차원을 결함으로써 (요즈음식으로 말한다면) 동일성의 철학이라는 테두리를 넘어서지 못했다고 보았다. 마찬가지로 칸트의 선험적 주체나 헤겔의 절대정신, 나아가 쇼펜하우어의 탈아 개념조차도 창조의 철학이 아닌 몰락의 철학이라고 보았다. 이 모든 비판의 근저에는 시간/생성의 절대성, 새로움/창조의 가치에 대한 그의 반(反)플라톤주의적 입장이 일관되게 관철되고 있는 것이다. 그리고 니체의 이런 입장은 생성존재론의 기본 입장으로 자리 잡게 된다. 그렇다면 이제 우리가 해야 할 일은 니체에게 생성이란 구체적으로 어떤 것으로 이해되는가를 이해하는 일이리라. 이것은 영원회귀와 역능의지(힘에의 의지) 개념을 구체화함으로써 가능하다.

2. 영원회귀와 역능의지

니체의 중기 사상을 "계몽적 시기"로 특징지을 수 있다면, 이 시기를 넘어선, 『차라투스트라는 이렇게 말했다』이후에 펼쳐지는 니체 사유의 본격적인 국면에 주목함으로써만, 거기에서 영원회귀, 역능의지, 초인을 읽어냄으로써만 거인족 사유의 핵심을 잡아낼 수 있을 것이다.

영원함과 항구적임을 구분한다면, "die ewige Wiederkunft/Wiederkehr"는 시간을 초월한 영원회귀가 아니라 끝-없이 시간 속에서 계속되는 항구적인 회귀라 해야 할 것이다. 영원회귀는 시간 속에서의 끝-없는 회귀이다. 이렇게 이해함으로써만 니체는 현대 거인족의 선두에 설 수 있다. 이 회귀가 동일자의 영겁회귀가 아니라는 점은 자주 지적되어 왔다. 그렇다면 "회귀하는 것은 무엇인가?" "무엇이 되돌아오는가?"의 물음에서 '무엇'을 특정한 실체로서 오해하지 않는 것이 일차적인 관건이리라. 이 점을 전제하고서 다시 물어보자. 회귀하는 것은 무엇인가? 무엇이 되돌아오는가? "die ewige

Wiederkunft des Gleichen"에서 "같은 것"은 정확히 무엇을 뜻하는가?

되돌아오는 것은 "지금까지 살아왔고 또 지금도 살고 있는 이 삶"이다. 다시 한번 살아야 하고 또 무수히 다시 살아야 하는 것은 무엇인가? "아무런 새로울 것도 없는 생"이다. 끝도 없이 되풀이되는 것, 영원히 되돌아오는 것은 무엇인가? "고통, 향락, 사념, 탄식…, 生의 이 크고 작은 모든 일들"이다. "이 모든 것들이 같은 순서로 연이어 되돌아온다——이 거미줄도, 나무들 사이로 비쳐 오는 달빛도, 바로 이 순간도, 그리고 나 자신도. 존재의 영원한 모래시계는 언제까지나 회전하고 그것과 더불어 모래알보다 더 작은 너 또한 회전하리니!"(FW, IV, §341)

"존재의 영원한 모래시계"는 회전하고 그 속의 한 모래알보다도 더 작은 나 또한 회전한다. 니체의 영원회귀는 고대적인 영'겁'회귀가 아닌가. 겁(劫)의 시간이 흘러가면 "反者 道之動"의 이치에 따라 존재의 모래시계는 다시 회전하고, 그 속의 무수한 모래알들은 이전의 시간들을 살았듯이 또 그렇게 영겁의 시간을 살아야 한다.

달릴 줄 아는 존재라면 그것이 어떤 것이건 언젠가 이 골목길을 달렸을 것이 아닌가? 일어날 수 있는 일이라면 그것이 어떤 것이건 이미 일어났을 것이고, 행해졌을 것이고, 과거사가 되어버리지 않았겠는가?

그리고 모든 것이 이미 존재했었다면(dagewesen), 난쟁이여, 너는 이 순간을 어떻게 생각하느냐? 성문을 가로지르고 있는 이 길 또한 이미 존재했었음에 틀림없지 않겠는가?

여기 이 순간으로 하여금 앞으로 일어날 모든 사물을 자기 자신에게 끌어당길 수 있게끔 모든 사물이 이처럼 단단하게 연결되어 있는 것이 아닌가? 그리고 또한 자기 자신까지도?

만물 가운데서 달릴 줄 아는 것이라면 그 무엇이든 언젠가 이 기나긴 골목길 저쪽으로 달리지 않을 수 없기 때문이다!

그리고 달빛 속에서 느릿느릿 기어가고 있는 이 거미와 저기 저 달빛, 함께 속삭이며, 영원한 사물들에 대해 속삭이며 성물을 가로지르고 있는 여기 이 길에 앉아 있는 나와 너, 우리 모두는 이미 존재했었음이 분명하지 않은가?

그리고 되돌아와 우리 앞에 있는 또 다른 저 골목길, 그 길고도 소름끼치는 골목길을 달려가야 하지 않는가. 우리들은 영원히 되돌아올 수밖에 없지 않은가?

나는 이렇게 말했다. 점점 소리를 죽여 가며. 나 자신의 사상 그리고 내밀한 사상이 두려웠기 때문이었다.

(「환영과 수수께끼에 대하여」, Z, III)[1]

악마에게서 이 이야기를 들은 당신은 어떻게 할 것인가? 그 악마를 저주할 것인가, 아니면 경외심을 가지고서 축복할 것인가? 어떤 절대적 새로움도 없는 이 세계에서 모래시계의 한 모래알이 되어

---

1) Z =Nietzsche, Also sprach Zarathustra, KSA IV.

우주의 궤도를 흘러가야 하는 자신을 한탄할 것인가? 아니면 어떤 초월적 의미도 새로움도 없이 반복되는 생성의 시간을 기쁜 마음으로 살아갈 것인가? 악마의 이 이야기를 심각하게 받아들인 사람이라면 삶의 사건들 하나하나에 대해 이렇게 물어야 하리라. "너는 이것이 다시 한번 나아가 무수히 다시 반복되기를 원하는가?" 시간의 지도리 위에 설 때마다 우리는 이 가장 무거운 물음을 반복해야 한다. 인생이란 살 가치가 있는 것일까라는 이 물음을. 그러나 또한 이렇게 외칠 수도 있으리라. "나는 영원회귀로서의 세계를 기쁜 마음으로 살아가리라!" 영원히 회귀하는 이 세계 영원히 반복되는 생성을 긍정하기. 그러나 이 긍정을 위해서 얼마나 큰 사랑이 필요한가! 자신을 위해서 또 삶을 위해서 얼마나 많은 노력이(gut werden) 필요한가! 이것은 "도달 가능한 최고의 긍정형식"(EH, III, 6, §1)[2]이다.

처음으로 모습을 드러낸 영원회귀의 사유는 우리에게 몇 가지의 물음을, 우리의 사유를 가로막지만 바로 그 가로막음을 통해 우리의 사유를 더 단련시켜 줄 물음들을 제공한다.

무엇이/누가 되돌아오는가? 되돌아옴의 '주체'는 무엇/누구인가? "너는 …"이라는 악마의 속삭임은 되돌아올 주체가 나, 각자의 나임을 시사한다. 그러나 '나'의 존재론적 분절은 완벽한가? '나'의 개체화는 매끈하게 마름질되지 못한다. 그렇다면 어떤 '나'가 되돌아오는가? 나아가 나는 관계 속에서만 생성한다. 관계가 없는 곳에

---

2) EH = Nietzsche, Ecce Homo, KSA VI.

는 존재와 무, 긍정과 부정('~임'과 '~이 아님')의 모순만이 존재한다. 모순의 벽이 허물어지고 타자와의 영향을 주고받음에, 관계 맺음에 들어갈 때 운동과 변화가 성립한다. 영원회귀가 생성하는 세계를 전제하는 한 관계와 그 변화 또한 전제한다. 그렇다면 물어보자. '나'가 되돌아온다면 '나'와 떼어서 생각할 수 없는 관계들 또한 '나'와 더불어 그대로 회귀하는가? 니체의 존재론은 '공가능성'을 함축하는가? 더 나아가 실체들만이 아니라(그러나 니체는 실체 개념을 비판하지 않았는가? 영원회귀와 관련해 '자아'와 '자기'는 어떻게 다른가?) 관계들까지도 되돌아온다면, 돌아오는 것은 결국 세계 자체가 아닌가? 이때 '되돌아옴'이라는 개념은 의미를 상실하지 않겠는가? 다만 세계가 스스로를 펼쳤다가 오그라들고 다시 펼치는 자기반복만이 존재하지 않겠는가?

이럴 경우 시간이란 대체 무엇일까? 만일 세계가 오그라들지 않는다면, 즉 어느 순간에 다시 처음부터 시작된다면, 도대체 어디에서 다시 시작하는가? 또 "다시 시작한다"는 것은 정확히 무슨 뜻일까? 되돌아옴이 성립하기 위해서는 되돌아감, 또는 어떤 파국이 전제되어야 하지 않는가? 이때 되돌아오는 것은 시간인가 사건들인가? 사건들이 시간을 낳는가, 시간이 사건들을 낳는가? 아울러 공간은 어떻게 이해되어야 하는가? 세계가 "펼쳐진다"는 것은 사건들의 펼쳐짐만을 뜻하는가, 아니면 공간 자체의 넓어짐도 함축하는가? 세계가 '유한'하다고 할 때, 사건들의 유한성들만이 문제가 되는가 아니면 공간 자체의 유한성도 문제가 되는가? 세계가 '무한'하다면 그때 되돌아옴은 어떤 뜻으로 이해되어야 하는가? 무한한 공간과 무한한 시간 속에서의 되돌아옴이란 도대체 어떤 것일까? 되돌아옴이란 오로지 사건으로서만 이해될 수 있는 것인가?

영원회귀를 긍정한다는 것은 무엇이고 부정한다는 것은 무엇인가? "지금까지 살아 왔고 또 지금도 살고 있는 이 삶", "아무런 새로울 것도 없는 生", "고통, 향락, 사념, 탄식… , 生의 이 크고 작은 모든 일들"을 부정한다는 것은 무엇인가? 이 고통스러운 깨달음을 전해 준 악마를 저주한다는 것은 무엇을 의미하는가? 차이 없는 세계, 절대적 차이란 존재하지 않는 세계에 대한 두려움인가? 그렇다면 정확히 무엇이 두려운가? 똑같은 삶을 살아야 한다는 것? 그러나 상대적으로 불행한 인간은 불행한 삶을 반복해야 하고 상대적으로 행복한 인간은 행복한 삶을 반복해야 한다면, 영원회귀란 이토록 불공평한 것인가? 그렇다면 두려워해야 하는 것은 정확히 내가 상대적으로 불행한 인간으로서 삶을 반복할 수도 있다는 사실인가? 역사를 메우고 있는 그 참혹하고 몸서리쳐지는 삶의 담지자로서, 성삼품설(性三品說)은 문제조차 되지 않는 그 끔찍한 고통의 삶을 반복해서 재현해야 한다는 두려움인가? 영원회귀를 긍정한다는 것은 무엇을 의미하는가? 똑같은 삶을 반복하는 것, 그것을 행복으로 받아들이는 것인가? 내가 끔찍한 삶의 담지자라면 그것도 긍정할 수 있는가? 모든 사건들이 "같은 순서로 연이어" 되돌아온다면, 내가 그것을 긍정하든 부정하든 소용이 없지 않은가? 그렇다면 니체의 영원회귀는 스토아적 "amor fati"를 가리키는가?

니체의 텍스트들에서는 이 모든 것들이 불분명하다. 사실 니체는 영원회귀론을 제시했을 뿐 충분히 전개하지는 못했다. 영원회귀론이 반드시 니체'의' 영원회귀론은 아니다. 그것은 하나의 주제, 과목, 문제로서 이해되어야 할 것이다. 그 '현대적 형태'는 니체에 의해 제시되었지만 그것만으로는 명확히 헤쳐 나가기가 쉽지 않다. 그러나 우리에게 주어진 텍스트들과 해석들에 입각해 최대한 끌고 나가 보자. 우선 『차라투스트라는 이렇게 말했다』의 관련 텍스트들을 음미해 볼 것이다.

"자신의 아이들을 삼켜야 한다는 시간의 법칙, 그것이 바로 정의다", 광기는 이렇게 설교했다.

[…]

"어떤 행위도 되돌릴 수 없다. 벌을 받는다고 어찌 무효화될 수 있겠는가! 산다는 것 이것이 곧 끝없이 되풀이되는 행위이자 죄가 되어야 한다는 것, 이것 바로 이것이야말로 '산다는 것'(Dasein)이라는 벌에 있어 영원한 것이 아닌가!

의지가 마침내 스스로를 구원하고 의지함이 의지하지-않음이 되지 않는 한."——하지만 그대들은, 내 형제들이여, 광기의 이 우가(寓歌, Fabellied)를 알지 않느냐!

내가 그대들에게 "의지는 창조자"라 가르쳤을 때, 나는 그대들을 이 어리석은 노래에서 데리고 나왔던 것이다.

일체의 "그랬었다"는 창조하는 의지가 "그러나 나는 그것을 원했노라"고 말하기 전에는 그저 하나의 파편이요 수수께끼요 끔찍한 우연일 뿐이다.

[…]

의지가 그 자체 이미 구원자요 선각자(Freuderbringer, 解氷者)가
되었는가? 복수와 온갖 절치(切齒)들의 정신을 버렸는가?

그리고 의지에게 시간과의 화해를, 온갖 화해들보다도 더 고귀한
것을 가르친 자 그 누구인가?

온갖 화해들보다 더 고귀한 것, 역능의지(力能意志)로서의 의지가
의지해야 할 바 바로 이것이니 ——하지만 의지에게 어떻게 이런 일
이 일어나는 것일까? 의지로 하여금 여전히 원상복귀를 의지하도
록 가르치는 자 그 누구인가?

(「구원에 대하여」, Z, II)

시간은 사건들을 낳고 또 소멸시킨다. 생성이란 이렇게 이미 저
지른 일들에 대한 단죄의 성격을 띤다. 니체에 따르면 헬라스 철학
자들은, 그중에서도 특히 아낙시만드로스는 이렇게 생각했다. 생성
의 죄. 생성은 모든 것을 파편화한다. 니체는 이 생성을 정면으로 응
시한다. 그러나 그에게 중요한 것은 헬라스적 징벌도 또 헤겔적 지양
도 아니다. 얼핏 니체 역시 파편들을 기워서 의미를 만들어내려 하는
것으로 보인다. "조각돌과 수수께끼, 그리고 끔찍한 우연, 이것들을
하나로 압축하여 모으는 일이 내가 밤낮으로 노심초사하고 있는 것
의 전부이다." 그러나 그의 진정한 목적은 우연을 부정하는 것이 아
니다. 문제는 "우연을 구원하는" 것이다. 우연의 구원은 그 실마리를
어디에서 찾는가? 그렇다, 바로 의지에서이다. 영원회귀와 역능의지
는 굳게 맞물려 있다.

그렇다면 니체 사유의 한 핵심 고리를 이루는 물음이 등장할 차

레이다. "의지는 어떻게 생성에, 시간에 맞서는가?" 그의 모든 저작들에서 니체는 이렇게 말하고 있는 듯이 보인다: "이 물음, 철학자들은 이 물음에 생성의 부정, 시간의 제거를 통해서 대답해 왔다." 플라톤이 "언제나 존재하는 것"(to on aei)과 "언제나 생성하는 것"(to gignomenon aei)을 구분하고(『티마이오스』, 27d) 전자의 해명을 위해 제시한 형상＝이데아라는 존재/개념이 시간을 넘어서는 존재를 가리키는 한, 니체에게 플라톤주의는 전통 철학의 원형일 수밖에 없다. 그러나 사태가 간단하지 않다. 우리는 앞에서 플라톤이 생성과 존재의 포괄적인 긍정을 통해서 'dynamis'를 실재로 제시하는 현장을 목격했다. 'dynamis'와 'Wille'의 거리는 얼마나 될까? 우리는 문제의 해결을 니체 자신에게서처럼 거친 대립을 통해서가 아니라, 매우 세밀하고 구체적인 논의를 통해서 접근해야 함을 감지하게 된다.

어쨌든 계속해 보자. '의지'/'의지하기'는 극히 복합적인 것이다.(JGB, I, §19) 의지를 복수적인 것으로 파악하는 것이 중요하다. 쇼펜하우어와는 달리 니체에게 "영원한 의지" 같은 것은 없다. 아울러 의지를 그 다양한 층차에서 파악할 필요가 있다. 의지는 그것이 활동하는 복합적 양태들에 입각해 파악되어야 한다. 처음에 의지는 시간 앞에서 좌절한다. 시간은 아직-오지-않은 미래의 자유를 어느새 이미-그렇게-되어버린 과거로 사정없이 낚아챈다. "그랬었다"(Es war), 이것이 시간이 수시로 전달해 주는 통고장이다. 시간의 이 통고장을 받아 들 수밖에 없다는 것, 이것이 의지가 맞닥뜨려야 할 현실이다. 의지는 이 현실 앞에서 좌절한다. "그랬었다"고 할 수밖에 없는 것(Was, es war), 이것이야말로 의지로서는 굴릴 재간이 없는 거대한 돌덩어리이다. 이 거암(巨巖) 앞에서 의지는 어느새 앙심을 품고 있는 자신을 발견한다. 생성을 징벌로 본다는 것 아래에는 이런 앙심이 깔려 있다. 생성이 우주의 도덕적 질서이자 일종의 징벌이라면, 의지는 그 앞에서 옴짝달싹할 수가 없다. 살아야 한다는 것, 거기＝세계에 존재해야 한다는 것이 영원히 되풀이되는 행위가 되고 또 죄가 되어야 한다. 그래서 'da-sein'에서 징벌은 영원하다. 의지의 앙심은 이에서 유래한다. 그래서 변신을 꾀하는 의지라면 이 앙심으로부터 창조로 나아간다.

　"의지는 창조자"라는 가르침, 여기에 니체 사유의 핵심이 존재한다. 의지는 앙심과 절치를 넘어서 시간을, 우연을 긍정할 때, 일체의 "그랬었다"를 "그러나 나는 그것을 원했노라!"(aber so wollte ich es!)로 바꾸어 놓을 때, 시간, 우연, 징벌의 거암 앞에서 좌절하는 존재가 아니라 그것들을 긍정하는 존재로 화한다. 그러나 이러한 긍정은 사후적 정당화가 아니다. 사건들이 이미 일어나버렸기 때문에 어쩔 수 없이 긍정하는 것이 아니다. 그것은 사건들의 일어남 그 자체를 에누리 없이 긍정하는 것이다. "일체의 '그랬었다'는 창조하는 의지가 '그러나 나는 그것을 원했노라'고 말하기 전에는 그저 하나의 파편이요 수수께끼요 끔찍한 우연일 뿐"이라는 니체의 말은 일체의 "그랬었다"를 "그러나 나는 그것을 원했노라"를 통해 파편, 수수께끼, 우연으로부터 구원한다는 것을 뜻하지 않는다. 그것은 어떤 사건에 대해서도 "그러나 나는 그것을 원했노라"라고 말할 수 있게 됨으로써 일체의 "그랬었다"를 파편, 수수께끼, 우연으로부터 구원한다는 것을 뜻한다. 이 구원은 파편들을 이어 붙이고, 수수께끼를 풀고, 우연을 필연으로 바꾸는 것을 뜻하지 않는다. 그것은 파편들을 거두어들이는 전체, 수수께끼를 해소시키는 해(解), 우연을 설명해 주는 필연을 해체함으로써, 파편이 더 이상 파편이 아니고, 수수께끼가 더 이상 수수께끼가 아니며, 우연이 더 이상 우연이 아니게 되는 경지를 가리킬 뿐이다. 각각의 대대항(待對項)들을 걸어차버린 파편, 수수께끼, 우연은 더 이상 파편, 수수께끼, 우연이 아니게 된다. 이때 의지는 시간과 화해하게 된다. 이 화해는 시간을 부정함으로써가 아니라 오히려 긍정함으로써 성립한다. 이때 의지는 그 스스로를 구원하게 되고 기쁨을 가져오는 존재가 된다. 이것이 생성의 존재론이자 윤리학이다.

그러나 의지는 시간과의 화해 이상을 지향해야 하리라. 무엇에의 지향인가? 힘에의 의지이다. 역능의지. 역능에의 의지란 무엇인가? 역능의지는 어떻게 영원회귀를 극복하는가? 니체에게 우연의 긍정은 주사위 놀이의 비유를 통해서 등장한다.

내가 이렇게 가르친다면 그것은 진정 축복일지언정 모독은 아니리라: "모든 사물들 위에는 우연이라는 하늘, 무구(無垢)라는 하늘, '뜻밖에'라는 하늘, 개구쟁이 짓이라는 하늘이 존재한다."

"뜻밖에", 이것이야말로 세계의 더할 나위 없이 유서 깊은 귀족이니, 나 그것을 모든 사물들에게 되돌려주었다. 하여 그것들을 목적에의 예속에서 해방시켜 주었노라.

[…]

분명 얼마간의 지혜가 가능하리니, 하나 나는 일체의 사물들에게서

이 행복한 확신을 찾았다: 그것들이 차라리 우연이라는 두 발로 춤
추려 한다는 것.

[…]

내게 너[하늘]는 신성한 우연의 춤을 위한 무도장이라는 것, 신성한
주사위와 주사위 놀이 선수들을 위한 신성한 탁자라는 것 […]

(「해 뜨기 전에」, Z, III)

일찍이 창조의 숨결로부터, 우연까지도 별들의 윤무(輪舞)를 추게
만드는 천상의 필연으로부터 한 줄기 숨결이 내게 다가왔다면,

내 일찍이 행위의 긴 뇌성(雷聲)이 투덜대면서도 따라가는 저 창조
적 번개의 웃음을 한번 터뜨려 보았다면,

내 일찍이 대지라는 신성한 탁자에 앉아 그것이 요동치고 갈라지고
화염을 토해낼 때까지 신들과 주사위 놀이를 벌여 보았다면,

그것은 대지가 신성한 탁자요, 창조적인 새로운 말들과 신들의 주
사위 놀이로 인해 흔들리기 때문이거늘.

오, 내 어찌 영원을, 반지들 중의 반지, 결혼반지인 회귀라는 반지를
열망하지 않을 수 있으리오?

내 아이들을 낳아 줄 여인을 나는 아직 보지 못했노라. 내가 사랑하
는 이 여인 말고는. 나 너를 사랑하기에, 오 영원이여! 나 너를 사랑
하기에, 오 영원이여!

(「일곱 개의 봉인」, Z, III)

'우연'(Zufall)이란 무엇인가? 우리는 'Zu-fall'을 문자 그대로,

즉 'hazard'로서가 아니라 'contingence'로 이해해야 한다. 여기에서 문제되는 것은 자연법칙을 '벗어나는' 우발성이 아니라 어떤 형이상학적 예단도 전제하지 않는 우연이다. 따라서 주사위 놀이에서 정말 중요한 것은 확률/통계적 계산이 아니라 매 수(手)에 깃들어 있는 우연이다. 대수(大數)의 법칙은 매 수의 우연을 확률/통계적 법칙성으로 거두어들인다. 매 수들은 어떤 법칙을 구현하고 있는 '경우들'로 자리매김된다. 그러나 니체의 주사위 놀이에서는 이런 "이성의 거미줄"이 문제가 되는 것이 아니다. 매 수에서 중요한 것은 "그랬었다"라는 우연을 의지의 필연으로 만드는 것이다. 더 정확히 말해 이미 던져진 수에 대한 추후적 정당화가 아니라 매 수마다 동반되는 의지의 필연을 긍정하는 것이다. 그래서 "한번 주사위를 던짐은 우연의 긍정이요, 떨어졌을 때의 결과는 필연의 긍정"이라고 할 수 있으며,[3] 더 정확하게는 "주사위를 던지는 것은 사건의 우연이며, 매번 긍정과 더불어 던지는 것은 의지의 필연"이라고 할 수 있다.

사건들은 우연적이다. 그것들이 과학적으로 필연의 성격을 띨 때조차도 존재론적으로는 우연적이다. 때문에 니체가 과학적 법칙들을 억지스럽게 부정하려 했다고 볼 필요는 없다. 그가 자주 그렇게 보이기는 하지만 말이다. 니체의 억지스러운 부분들을 사상하고 그 긍정적 측면들을 확대해 볼 때, 우리는 그에게서 삶의 우발성, 사건

---

3) Gilles Deleuze, *Nietzsche et la philosophie*, PUF, 1966, p. 62. 이하 'NP'로 약함. 들뢰즈는 'hazard'와 'contingence'를 명확히 구분하지 않고 있으나, 문제가 되는 것이 'contingence'임을 분명히 해야 할 것이다.

들의 우발성에 대한 신뢰와 사건들을 사는 것에 대한 강한 긍정을 읽어낼 수 있다. 니체에게 인생(aiôn)은 헤라클레이토스의 말처럼 "장기를 두면서 노는 아이"이다.(단편 86) 그것은 우연, 무구, "뜻밖에", 개구쟁이 짓으로 가득 차 있다. 거기에서 신성한 주사위 놀이가 펼쳐진다. 그러한 주사위 놀이에 참여하는 것, 이미 일어난 "그랬었다"에 대해 투덜대면서 따라가기보다는 "창조적 번개의 웃음"을 터뜨리는 것, 진정으로 자신의 사건을 사는 것, 이것이 영원회귀의 긍정이다. 우리가 사랑해야 할 것은 영원이고, 그 사랑의 증표는 회귀이다. 그러나 이 영원은 시간의 저편에 존재하는 침묵의 대리석들과는 전혀 다른 무엇이며, 이 회귀는 어떤 동일자의 되돌아옴과는 전혀 다른 무엇이다. 우리는 영원회귀를 긍정함으로써, 삶의 우발성을, 사건들을 삶으로써 뇌성이 아니라 번개가 될 수 있다. 번개의 웃음을 터뜨리는 것, 창조로서의 삶을 사는 것, 자신의 사건들을 사는 것.

니체의 'Zufall'이 과학적 우연이 아니라 존재론적 우연이듯이, 그의 '필연'(Not) 역시 과학적 필연 = 법칙성이 아니다. 의지의 필연은 과학적 필연과는 한참 거리가 멀다. 나아가 'Not'는 아낭케도 아니다. 그것은 우주의 목적을 전제하고서 발하는 "어쩔 수 없는 것"이라는 한탄과도 한참 거리가 멀다. 니체의 필연은 스토아적 'fatum'이며 의지의 필연은 'amor fati'이지만, 우리는 여기에서 숙명론의 뉘앙스보다는 놀이의 뉘앙스를 읽어내어야 한다. 우연을 긍정한다는 것, 의지의 필연을 긍정한다는 것은 곧 어린아이가 된다는 것, 놀이를 할 줄 안다는 것이다. 놀이를 하기 위해서는, "춤추는 별을 탄생시키기 위해서는", 우리 안에 '혼돈'(카오스)을 품고 있어야 한다(『차라투스트라는 이렇게 말했다』의 「머리말」). 여기에서 혼돈은 질서의 맞은편에 있지 않다. 그것은 새로운 질서의 창조를 가능케 하는 영원회귀일 뿐이다. 혼돈을 품고서 춤추는 별을 탄생시킬 때 우리는 "영원회귀의 주인"인 디오뉘소스가 된다.

니체의 영원회귀론이 품고 있는 가장 핵심적인 아포리아들 중 하나는 『즐거운 지식』(IV, §341)에서 나타나는 영겁회귀와 『차라투스트라는 이렇게 말했다』에서 나타나는 우연/사건의 철학 사이의 관계이다.[4] 오늘날 20세기 후반에 이루어진 여러 니체 연구를 통해서 영원회귀와 영겁회귀는 뚜렷이 구분되기에 이르렀으며, 영겁회귀가 니체의 본지는 아닌 것으로 이야기되고 있다. 그러나 사태를 꼼꼼히 살펴보면 이 문제는 그리 간단한 문제가 아니다. 영원회귀론은 별다른 의미도 없는 쓸데없는 혹일 뿐인가, 아니면 (하이데거가 지적했듯이) 그것을 배제한다면 니체의 사유는 뿌리 없는 나무 같은 것이 되어버릴 것인가.[5] 이제 니체가 남긴 단편들을 통해서 그의 영원회귀론을, 특히 역능의지 개념과의 밀접한 연관성에 초점을 맞추어 재론해 보자.

---

4) 그러나 §341을 잇는 IV부의 마지막 항이 "비극이 시작되다"(incipit tragoedia)라는 제목의 항이라는 것, 그리고 이 항이 훗날 출간되는 『차라투스트라는 이렇게 말했다』의 머리말(중에서도 앞머리)에 해당한다는 것을 주목하자. §341에서의 "최대의 무거움"이 §342의 "비극의 탄생"(차라투스트라의 도래)으로 이어진다는 점에서 영겁회귀로부터 영원회귀로의 이행은 이미 이 텍스트에서 암시되고 있다 하겠다.

5) Martin Heidegger, *Nietzsche I*, Neske, 1998, S. 226. 이하 'N/I'로 약함. II권은 'N/II'로 약함.

니체에게서 생성의 무죄는 영원으로부터의 해방이 아니라 그것의 대체를 의미한다.[6] 니체에 의해 확립된 것은 생성의 절대성이다.

생성의 절대성은 시간의 안착(安着)을 부정한다. 시간은 흐르고 있는 한에서만 시간이다(따라서 과거, 현재, 미래가 뚜렷하게 분절될 경우 시간도 증발해버린다). 이 점에서 생성의 절대성은 현재의 위상에 관련된다. 니체에게 시간이란 시작도 끝도 없는 것으로 이해된다. 시간의 시작과 끝이 존재한다고 할 때, 우주는 영원의 퇴락, 한때의 일탈로 전락한다. 생성에서 일탈(hybris), 죄, 벌을 읽어내는 헬라스적 관념은 이 생각에서 유래한다. 시간이 이미 완성되었다면 우리는 이미 시간 바깥에 있다. 시간이 아직 시작되지 않았다면 역시 우리는 시간 바깥에 있다. 시간이 이미 시작되었으나 끝나지 않았다면 우리는 시간 안에 있다. 이때 시간은 시작과 끝을 가진 목적론적 과정으로 이해된다. 그리고 이때 현재들은 정해진 과정을 채우는 고리들일 뿐이다. 시간의 시작과 끝이라는 관념은 현재의 절대성의 관념과 배리의 관계를 이룬다. 현재가 절대적이라면 시간은 시작될 수도 끝날 수도 없다. 현재는 오로지 지나가는 것만으로 존재한다. 현재에 일정한 외연을 부여하는 것은, 그 외연이 아무리 작은 것일지라도, 시작과 끝이 있는 시간의 축소판일 뿐이다. 반면 이런 유한한 시간을 견지하되 시간의 절대 시작과 절대 끝은 인정하지 않을 때 헬라스적 형

---

6) 니체는 "나는 늘 생성의 무죄를 입증하려고 노력했다. 아마 그로써 나는 전적으로 '책임-없음'의 감정을 얻고 싶어 했으리라"고 말하기도 했으나(X, 237~238), 그에게 생성의 의미는 무죄나 책임-없음의 수준을 훨씬 넘어서 존재론적 절대성을 가지게 된다고 해야 할 것이다.

태의 영겁회귀로 가는 길이 마련된다. 따라서 절대적 현재의 관념은 헬라스적 영겁회귀를 부정한다.

현재의 절대성은 영원회귀론의 기초를 놓고 있다. 끝없이 되돌아오는 것, 그것은 무엇/어떤 것이 아니다. 무엇이 끝없이 되돌아오는가? "같은 것의 영원회귀"에서 같은 것은 무엇인가? 생성, 오로지 생성만이 영원히 되돌아온다. 되돌아오는 것은 바로 생성, 더 정확히 말해 차이의 생성이다. 영원회귀는 차이생성의 영원회귀이다. 들뢰즈는 이 점을 정확히 지적한다. "되돌아오는 것은 존재(l'être)가 아니다. 스스로를 생성으로서 그리고 흐르는 것으로서 긍정하는 한에서, 되돌아옴 자체가 존재를 구성한다. 되돌아오는 것은 하나가 아니다. 多(divers/multiple)를 긍정하는 한에서, 되돌아옴 자체가 하나이다. 달리 말해, 영원회귀에서의 동일성은 되돌아오는 것의 본성을 가리키는 것이 아니라 다르게-되어가는-것(ce qui diffère)을 위한 되돌아옴이라는 사실을 가리킨다. 바로 이 때문에 영원회귀는 일종의 종합으로서 사유되어야 한다. 시간과 그 차원들의 종합, 多와 그것의 재생산의 종합, 생성과 생성으로서 긍정되는 존재의 종합, 이중긍정의 종합."(NP, 55) 여기에서 들뢰즈는 현재가 영원회귀에 관련해 가지는 의미와 더불어 차이생성이 영원회귀를 구성한다는 점까지 지적하고 있다. 그러나 이 문제를 본격적으로 다루기 전에 (들뢰즈의 이런 해석이 거부하고자 하는) 영원회귀론의 또 하나의 측면을 볼 필요가 있다.

영원회귀에 관련해 헬라스의 사유가 니체에게 끼친 영향은 잘 알려져 있지만, 보다 결정적인 연관성은 당대의 자연과학(열역학과 진화론)이 끼친 영향일 것이다. 니체 사유의 한 구석은 열역학 제1법칙이라는 바위에 짓눌린 것으로 보인다. 니체 사유의 이 측면이 가장 분명하게 표명되고 있는 구절들로는 다음 구절들을 들 수 있을 것이다. "우리가 확인하는 힘(Kraft)의 마지막 물리적 상태는 또한 필연적으로 최초의 상태임에 틀림없다."(X, 9) "현존하는 힘들의 세계가 뒤로 달려갈 때 그 힘의 가장 단순한 형태에 도달하게 될 것이며, 마찬가지로 앞으로 달려갈 때 역시 가장 단순한 상태에 도달하게 될 것이다. 두 상태가 동일할 수 있지 않은가? 또 동일해야만 하지 않을까?"(X, 15) "세계의 단 한 순간만 되돌아온다 해도 다른 모든 것들이 되돌아와야만 하리라──이렇게 섬광이 말했다."(X, 479) "모래시계가 끝없이 다시 뒤집히듯이 […] 이 모든 해[年]들이 가장 작은 부분에 있어서나 가장 큰 부분에 있어서나 자체로서 동일하다는 것."(XI, 10) "법칙, 세계는 힘의 한 양자(量子)를 사용하며, 따라서 어떤 장소에서의 힘(Macht)-이동이 체계 전체를 조건 짓는다는 것은 자명한 사실이다. 그래서 계속 이어지는 인(因)과 과(果)가 있을 때 또한 계기하는 그리고 상호적인 의존관계가 존재하리라."(XII, 137)

　　니체의 단편들은 당연히 해석의 여지가 많지만, 이런 구절들은 니체 사유에 드리워져 있는 열역학 제1법칙의 그림자를 뚜렷하게 감지할 수 있게 해준다. 여기에는 우주 자체의 거대한 동일성, 철저한 인과관계의 지배가 부각되고 있다. 에네르기 보존법칙에 따르면 우주의 힘의 양은 일정하다. 에네르기의 전체 양은 유한하며 따라서 에네르기 전환에 따라 아무리 다양한 전변(轉變)들이 발생한다

해도 그 가능성의 총량은 일정할 수밖에 없다. 이에 비해 시간은 무한하다. 여기에 핵심이 있다. 에네르기는 유한하지만 시간은 무한하다는 것. 그렇다면 모든 가능한 전변들은 이미 다 일어났음에 틀림없다. 그리고 지금 우리가 겪고 있는 전변들은 반복임에 틀림없다. 여기에 "세계의 단 한 순간이 되돌아온다 해도 다른 모든 것들이 되돌아와야만 한다"는 생각이 곁들여진다면, 세계는 똑같은 방식으로 영원히 회귀한다는 이야기가 된다. 따라서 "악마의 속삭임"이 일러 주었듯이, 우주 안에서 살고 있는 우리 또한 똑같은 운명을 겪는다. 그래서 니체는 말한다. "에네르기 보존에 대한 명제는 영원회귀를 요구한다."(XII, 205) 여기에 순서의 일정함을 덧붙인다면, 이것은 사실상 영겁회귀이다.

그러나 니체는 열역학 제1법칙이 드리운 그림자 아래에 머물러 있지만은 않는다. 니체의 사유는 생성의 절대성에 입각해 있으며 때문에 우주의 거대한 동일성이라는 테제는 니체에게 직관적인 거부감을 주었을 것으로 짐작된다. 그러나 니체는 이 거부감을 본격적인 학문적 증명으로 끌고 가지는 못했다. 다만 남아 있는 몇몇 단편들에서 우리는 니체 사유의 편린을 살짝 엿볼 수 있을 뿐이다.

"역학은 그 근본에 있어 논리학이다."(XI, 158) 짧아서 해석의 여지가 많지만 시사적인 구절. 역학의 근본이 논리학이라는 것은 힘을 다루는 역학이 그 근본에 있어 힘이 존재하지 않는 논리학에 근거한다는 것을 뜻하지 않을까(니체에게서 역학에서의 'Kraft'와 에네르기학에서의 'Macht'가 분명히 구분되지는 않거니와, 니체가 여기에서 역학이라는 말로 에네르기학을 염두에 두었을지 모른다는 사실도 배제할 수 없다). 그렇다면 역학이 힘을 역'학'으로 다룰 때 거기에는 어떤 중요한 일이 벌어지고 있는 것은 아닐까. 우리는 이 점을 바로 다음에 나오는 문장에서 시사받을 수 있다. "논리학은 추론될 수 없는 것이다. 오류는 어떻게 가능한 것일까? 지속적-과정을 위한 보존법칙은 관점적인 = 원근법적인 착각을 전제한다." 역학의 근저에는 논리학이 깔려 있다. 여기에서 논리학은 무엇을 뜻하는가? 이 '논리학'을 동일률로 이해할 때, 우리는 이 구절을 보존법칙은 동일성의 논리를 전제하고 있다는 뜻으로 이해할 수 있다. 보존법칙이 관점적인 착각이라는 말은 결국 보존법칙이란 인간이 세계에 동일률을 투사한 것에 불과하다는 뜻이 아닐까? 이렇게 해석하는 한에서 이 통찰은 매우 중요하다(우리는 베르그송을 논할 때 이 문제를 다시 다루게 될 것이다). 니체의 이런 생각은 다음 구절에 보다 분명하게 표현되고 있다. "계산할 수 있기 위해 우리는 단위들(Einheiten)을 필요로 한다. 하지만 그렇다고 그러한 단위들이 존재한다고 가정할 수 있는 것이 아니다. 우리는 단위 개념을 우리의 '나' 개념에서, 우리의 가장 오래된 신조로부터 빌려 왔다. 우리 스스로를 하나의 단위/통일성으로 파악하지 않았다면 '사물'이라는 개념도 세우지 못했을 것이다. 이제 뒤늦게 우리는 이런 확신을 가지게 되었다. 나-개념의 구축이 진정한 단위/통일성을 보장해 주는 것이 아니라는 것을. 또한 우리는 세계에 대한 기계론을 이론적으로 견지하기 위해서 언제나 두 가지 허구를 관철시켜야 할 필요에 직면하게 된다. (우리의 감각[에 근거한] 언어를 통해 얻은) 운동 개념과 (우리의 심리적 '경험'에서 유래한) 원자 = 단위/통일성 개념. 기계론은 감각적 편견과 심리적 편견을 전제하

고 있는 것이다."(XIII, 258~259)

니체에게는 열역학 제1법칙의 그림자와 더불어 그것에 대한 비판적 시각도 공존한다. 그리고 이것이 그의 영원회귀론이 혼란스럽게 된 한 이유이다. 니체가 과학에 대해 가졌던 태도를 살펴봄으로써 이런 양면성의 이유를 짐작해 볼 수 있다.

대부분의 19세기 낭만주의자들이 그랬듯이, 니체 역시 과학적 사유의 한 특징을 등질화(等質化)에서 찾았다. 과학적 사유의 이런 특징은 특히 등가성의 원리에서 분명히 드러난다. 과학은 세계에서 "="을 읽어낸다. 과학적 사유의 비밀은 등호(等號)에 있다. 과학은 함수의 발견을 핵심으로 한다. 함수는 등호로서 표현된다. 과학에서 양적 등가성을 함수로서 표현하는 것보다 더 중요한 것은 없다. 과학은 현상적 차이들을 넘어 본질적 등가성을 읽어내려 한다. 니체는 과학의 이런 등질화 경향이 세계에서 차이의 생성을 제거하려는 방식이라고 생각했다. "역학은 그 근본에 있어 논리학"이라는 말에는 이런 생각이 압축되어 있다. 그래서 "논리적 동일성, 수학적 등가성, 물리적 평형"이라는 세 개념이 비판의 대상이 된다.

그러나 이로부터 니체가 양적 사고를 거부했다고 생각하면 오해이다. 니체는 양적 사유를 거부하지 않는다. 양적인 차이들은 힘에의 의지를 사유하는 데 매우 중요하다. 그러나 니체에게 이 차이들을 생성케 하는 힘 자체는 질적인 것이다. 차이생성 자체는 질적 운동이다. 논리적 동일성, 수학적 등가성, 물리적 평형 같은 개념들은 결국 세계에서 차이의 운동을 소거하는 방식들에 불과하다. 니체가 과학을 허무주의적이고 금욕주의적인 행위로 이해하는 것은 이 때문이다. 메이에르송이 과학사에서의 "역사적 아프리오리"에 대한 탐구를 통해서 밝혔듯이, 과학의 이런 경향에는 엘레아학파의 그림자가 짙게 드리워져 있다. 우리는 과학적 동일성에 대한 비판이 엘레아학파 비판의 연장선상에서 수행됨을 확인하게 된다.

열역학 제2법칙('엔트로피 법칙') 역시 유사한 이유에서 비판받는다. "일정한 힘들의 계로부터, 또 양적으로 뚜렷이 한정된 계로부터는 무한한 상태들이 발생할 수 없다. 무한한 공간을 그릇되게 가정하고 그 안에서 힘이 말하자면 말라 없어져버린다고 생각할 때에만, [우주의] 최후 상태가 더 이상 아무것도 생산할 수 없는 죽어버린 상태가 된다[고 말할 수 있다]."(X, 15) 이 구절에서 앞 문장이 제1법칙을 시사하고 있다면, 뒤의 문장은 부정적인 방식으로이긴 하지만 제2법칙을 암시하고 있다. 흥미롭게도 니체는 제2법칙의 그릇된 가정으로서 무한한 공간을 들고 있다. 에네르기 보존법칙이 유한한 공간을 전제하는 데 비해, 엔트로피 법칙은 (그 안에서 힘=에네르기가 말라 없어져버릴) 무한한 공간을 전제한다고 본 것이다. 그러나 니체가 즐겨 구사하는 핵심적인 원리는 시간의 무한성이라는 원리이다. 이 원리는 제2법칙의 비판에서 훨씬 중요한 역할을 행한다. 다음 구절이 니체의 생각을 비교적 분명하게 드러내고 있다. "대체 세계가 응고되고 메마르고 소멸되어 무가 될 수 있다면, 또는 평형상태에 도달할 수 있다면, 또는 그것이 도대체 [동일성의] 지속, 불변성, 총체(Einfür-alle-Mal)를 포함하는 어떤 목적을 가지고 있다면(요컨대, 형이상학적으로 말해서, 생성이 존재로 또는 무로 화할 수 있다면), 그런 상태는 이미 도달했어야 했다."(XIII, 375)

신학적 가정을 하지 않는 한(최근의 맥락에서 본다면, "대폭발" 같은 것을 상정하지 않는 한), 시간은 무한 퇴행하는 것으로서 생각될 수밖에 없다. 시간이 무한하다면, 그리고 우주가 언젠가 평형상태에 도달해야 한다면, 그 평형상태는 이미 도달했을 수밖에 없다. 그래서 니체는 말한다. "세계가 이런 상태에 도달하지 않았다는 바로 그 사실에 근거해, 우리는 기계론[열역학]을 불완전하고 단지 잠정적인 가설일 뿐인 것으로 간주해야 한다."(XIII, 376)

결국 니체는 어느 정도 열역학 제1법칙의 그림자 안에 들어 있었고 제2법칙 또한 의식하고는 있었으나, 과학이란 그 근본에 있어 동일성/동일자의 사유라는 인식하에 이 기계론을 벗어나고 있다고 할 수 있다. 사물을 동일성/동일자의 관점에서 본다는 것은 달리 말해 반응적/수동적 힘에 입각해 본다는 것이다. 적극적인 생기, 새로운 창조의 관점보다는 평형의 유지, 수동적인 반응의 관점에서 본다는 것. 니체의 이런 생각은 (그 시대의 또 하나의 핵심 과학인) 진화론에 대한 그의 비판에서도 뚜렷하게 나타난다.

니체의 '진화론'은 그의 '힘에의 의지'론의 중요한 한 측면을 구성하며, 나아가 영원회귀와 역능의지의 관계에 대해서도 결정적인 시사를 준다. 물리세계에 관련한 니체의 논의에는 양면성이 있다. 한편으로 그의 영원회귀론은 당대의 물리학에 근거하고 있으며 동일성에로 함몰하는 모습을 보인다. 이것은 우연의 긍정을 통한 영원회귀의 긍정과 엇갈리는 생각이다. 동일성의 사유를 전제하는 한 아무리 생성, 의지, 우연의 긍정 등을 이야기해도 결국 정해진 동일성 내에서 빙빙 도는 것에 그치기 때문이다. 다른 한편, 니체는 자연과학이 함축하는 동일성 사유를 비판함으로써 그 한계를 명확히 지적한다. 이때 그는 간접적으로 물리학적 영원회귀를 비판하고 극복하는 입장을 취하게 된다. 여기에서 왜 '간접적으로'인가? 물리세계에서는 힘에의 의지를 발견할 수 없기 때문이다. 물리세계에서의 '힘에의 의지'란 의인적인 비유에 그칠 것이다. 때문에 그는 물리적 영원회귀가 동일성의 테두리에 갇혀 있다는 점을 간접적으로나마 지적하면서도 그 이상의 논의를 진전시키지는 못한다. 그가 결정적인 실마리를 찾아내는 것은 생명세계에서이다. 바로 생명세계에서 우리는 '힘에의 의지'를 발견해낼 수 있다. 이로부터 의미심장한 귀결이 도래한다. 생명세계에서의 힘에의 의지를 영원회귀와 함께 사유함으로써 비로소 니체의 영원회귀론은 물리적(동일성에 머무르는) 영원회귀론이 아닌 다른 영원회귀론으로 나아간다. 다시 말해 우리는 힘에의 의지와 영원회귀를 함께 사유함으로써 비로소 (물리적 영원회귀론의 비판에 그치지 않고) 본격적인 영원회귀론을 구성할 수 있는 것이다. 따라서 당대 생물학과 니체의 관련성, 생명세계에서의 역능의지의 발견, 이 역능의지와 영원회귀의 관련성의 해명은 니체 사유의 핵에 위치하는 과제들이다.[7] 그리고 이 과제들을 해명함으로써 우리는 니체의 초인 개념에 한발 다가설 수 있을 것이다.

---

7) 하이데거는 니체에게서의 생물학의 중요성을 애써 부인하지만(N/I, 465~474) 이것은 그릇된 생각이다. 상세한 논의로 다음을 보라. Keith Ansell Pearson, *Viroid Life*, Routledge, 1997, pp. 109~122.

니체는 서구 철학의 인간중심주의 전통에 강한 도전장을 내밀었고, 바로 이런 맥락에서 진화론은 그에게 중요한 암시를 제공하는 과학으로서 받아들여졌다. 그러나 그는 진화론의 영향을 받은 만큼이나 그것에 대해 비판적 태도를 취함으로써 자신의 사유를 다듬어 나갔다. 특히 다윈과의 관계는 결정적이다. 다윈은 (현대적인 방식은 물론 아니지만) 진화를 기계론적으로 설명하고자 했던 인물이고, 따라서 다윈의 기계론에 대한 비판은 니체의 힘에의 의지 개념의 성립에 결정적인 계기를 제공해 주었다고 볼 수 있기 때문이다.

다윈 진화론의 성격에 대해서는 이미 많은 논의가 있었다. 다윈에게는 '획득형질의 유전'과 '용불용설'이라는 라마르크의 유산이 배어 있었다. 그러나 오늘날의 다윈주의는 바이스만을 거친 네오다위니즘이며, 이것은 곧 다윈에게서 라마르크적인 요소를 솎아냄으로써 가능했다.[8] 우리가 주목할 다윈은 이 방향에서의 다윈이다. 다윈은 니체의 사유에 니체 자신이 생각했던 것 이상으로 스며들어 있다. 니체는 다윈 사유의 의의를 가장 일찍 알아본 사람들 중에 속한다(그의 이해는 헥켈, 스펜서, 헉슬리보다도 정확하다). 그러나 니체가 역능의지론을 다듬은 것은 특히 다윈의 "자연선택" 개념에 대한 비판을 통해서였다. 그리고 이 과정에서 그는 (자신도 모르는 사이에)

---

8) 라마르크와 다윈의 관계에 대한 참신한 논의로 다음을 참조. 池田淸彦, 『構造主義と進化論』, 海鳴社, 1989/1998. 여기서 이케다는 푸코의 '에피스테메' 개념에 근거해 생물학사, 특히 진화론사를 명료하게 해명해 주고 있으며, 생물학사를 구체적으로 들여다볼 때 푸코의 도식에서 어떤 점이 극복되어야 하는가 하는 점까지 제시하고 있다. 현대 사상에 있어 바이스만의 위상에 대해서는 키스 안셀 피어슨, 『싹트는 생명』(이정우 옮김, 산해, 2005)을 참조.

라마르크에 접근하게 된다.

니체에게 다윈의 "자연선택" 개념[9]은 반동적인 사고의 전형이다. 자연도태는 환경이 부적응자를 솎아내는 과정이며, 여기에서 생명체들은 환경의 심판을 기다리는 수인(囚人)들과도 같다. 니체는 자연도태 이론이 이렇게 '적응'과 '보존'을 핵심으로 하는 보수적인 이론이라고 생각한다. 더 나아가 니체에게 자연도태란 약자들이 힘을 얻는 방식에 불과하며 약자들이 뭉쳐 자기 보존의 기회들을 최대화하는 것에 불과하다. 자연도태 이론에 따르면 생명이란 점차 퇴화할 수밖에 없다.[10] 요컨대 어떤 생명체가 "살아남았다"는 것과 "우월하다"는 것을 분명하게 구분할 필요가 있다. 환경에 의해 선택되었다는 것과 우월한 삶을 살았다는 것은 별개의 문제인 것이다.

여기에서 'Leben'이라는 개념의 두 의미를 생각해 볼 필요가 있을 것 같다. 'Leben'을 '생명'으로만 이해할 때 무엇보다도 "살아남는" 것이 중요하다. 이때 '적자생존'이 가장 기본적인 가치가 되며, 그 칼자루는 환경이 쥐고 있다. 그러나 'Leben'을 '삶'으로 볼 때, 더

---

9) 다윈은 『종의 기원』 3판에서 "자연선택"이라는 표현이 의인적이어서 오해를 일으킬 수 있다는 점을 시인하고 있다. 왈라스는 자연선택이 '적자생존'을 뜻하는 것으로 보아야 한다고 강조하면서, 한 서신에서 자연선택(natural selection)보다는 "자연도태"(natural extermination)가 적절함을 시사했다. 자연은 변이들을 선택하기보다는 부적응자들을 도태시키기 때문이다. 이하 "자연도태"로 한다.

10) 이런 문제점은 돌연변이설을 통해서 극복된다. 환경이 적자생존을 지배한다는 생각에만 입각하면 결국 생명체들은 차례차례 절멸될 수밖에 없다. 그러나 (다윈 자신에게서는 아직 분명하지 않았지만) 돌연변이설은 적자생존설과 더불어 '다위니즘'의 두 축을 이룬다. 돌연변이를 통해서 변종들이 계속 생겨난다는 것이 전제될 때, 적자생존이 생명체들의 절멸을 함축하는 이론으로서 이해될 필요는 없게 된다.

구나 '인생'으로 볼 때, 여기에서 "살아남는" 것이 최고의 가치라고 생각하는 것은 유치하기 이를 데 없는 생각이다. 그럴 경우 자식을 많이 낳은 사람이 위대한 역사적인 행적을 낳은 독신자보다 더 '우월한' 존재가 되겠기에 말이다. 초점을 '종족'에 맞추었을 때 문제는 더 복잡해질 것이다. 내가 보기에 자연도태를 비롯한 생물학적-철학적 개념들을 둘러싼 논쟁에는 'Leben = life'라는 말의 이런 이중적 의미가 미묘하게 진동하고 있다. 다윈과 니체의 차이는 동일 지평에서 이루어진다기보다 차라리 'Leben = life'라는 말의 상이한 지평에서 이루어지고 있다. 어디까지나 생물학자인 다윈의 'life'와 철학자인 니체의 'Leben'은 처음부터 다른 지평 위에서 움직이고 있는 것이다. 마치 물리학자인 뉴턴의 'force'와 철학자인 라이프니츠의 'vis'를 단순 비교할 수 없는 것처럼 말이다.

어쨌든 니체의 강조점은 힘의 질에 있지 양에 있지 않다. 번식을 했는가가 중요한 것이 아니라 어떻게 살았느냐가 중요하다. 그리고 "어떻게 살았느냐"에는 바로 환경에 단순 '적응'하는 것이 아니라 그것에 맞서서 어떤 삶의 형식을 창조했느냐에 초점이 있다. 니체에게 생명의 법칙은 '자기 보존'이 아니라 '자기 극복'이다. 생명은 외부 환경의 처분을 기다리는 존재가 아니다. 생명의 본질은 "형식을 창조하는 힘"(herformschaffende Gewalt)에 있다. 니체에게 중요한 것은 적응이 아니라 스스로를 확장해 나가는, 자기조직적인 "조형력"(gestaltenden Kräfte)이다(물론 여기에서 "자기조직적인"은 현대적 의미가 아니다). 삶에 대한 새로운 방향과 새로운 해석을 내릴 수 있는 힘이야말로 니체에게 생명의 본질인 것이다. 니체의 이런 생각은 '힘에의 의지' 개념으로 직결된다. "생리학자들은 생명체의 핵심적인 본능은 자기보존 본능이라는 생각을 재고해야 할 것이다. 가장 중요한 사실은 이것이다: 살아 있는 존재는 그 어떤 존재이든 자신의 힘(Kraft)을 확장하려(auslassen) 한다.[11] 생명/삶이란 곧 힘(Macht)에의 의지이다."(GM, II, §12)

이제 앞에서 말한 물리세계에서의 영원회귀와 지금 논한 생명세계, 더 나아가 문화세계에서의 역능의지를 연관시켜 보자(문화세계에서의 역능의지에 대해서는 뒤에서 상론한다). 하이데거는 영원회귀와 역능의지의 관계를 다음과 같이 규정한다. "'힘에의 의지'는 존재자 자체의 존재를, 존재자의 본질을 가리키는 말이다. '허무주의'는 그렇게 규정된 존재자의 진리의 역사를 가리키는 이름이다. '같은 것의 영원회귀'는 전체로서의 존재자가 어떻게 존재하는가를, 존재자의 존재방식을, 존재자의 실존을 가리킨다. '초인'은 이 전체에 의해 요구되는 바의 인종(Menschentum)을 가리킨다. 'Gerechtigkeit'는 힘에의 의지로 이해된 존재자의 진리의 본질이다."[12](N/II, 233)

역능의지와 영원회귀가 스콜라 철학의 용어인 'essentia'와 'existentia'로 규정되어 있다. 왜인가? 하이데거가 보기에 '힘에의

---

11) "[…] die spontanen, angreifenden, übergreifenden, neu-auslegenden, neurichtenden und gestaltenden Kräfte […]"

12) 여기에서는 'Gerechtigkeit'를 썼지만 다른 곳(N/II, 26)에서는 기존 가치들의 전환을 뜻하는 'Umwertung'을 쓰고 있다. 후자의 표현이 더 적절하며, 'Gerechtigkeit'는 'Umwertung'의 의미로 이해되어야 할 것이다.

의지'[13]는 존재자가 그것의 '본질'(구조)에 있어 무엇인가를 말하는 것이고, '같은 것의 영원회귀'는 그러한 본질을 가진 존재자 전체가 어떻게 존재해야 하는지[존재할 수밖에 없는지]를 말하는 것이기 때문이다.(N/II, 29)

힘에의 의지는 존재자들의 본질이다. 이 본질이란 어떤 것인가? 하이데거는 각각의 힘은 더-큰-역능(Mehr-Macht) 즉 힘의 증가(Machtsteigerung)일 때에만 힘일 수 있다는 점을 강조한다. 다시 말해 힘은 스스로를 초극해 나아갈 때에만 힘일 수 있으며, 그러한 초극을 그칠 때 이미 조락을 시작한 것이다. 이 힘에의 의지는 존재자들의 본질이다. 따라서 존재자들의 모든 가치정립 또한 힘에의 의지에 근거하며 힘에의 의지를 둘러싸고서 이루어진다. 영원회귀는 이 힘에의 의지와 어떤 관계를 맺는가? "힘에의 의지로서의, 끝없이 스스로를 초극해 나아가[야만 하]는 존재로서의 존재자는 하나의 지속적인 생성일 수밖에 없으며, 이 '생성'은 스스로의 바깥으로 나가 '어떤 목적을 향해' 나아갈 수가 없고 항상 힘의 증가라는 회로 속으로 되돌아올 수밖에 없기에 결국 존재자 전체는 이 힘을 둘러싼 생성으

---

13) N/II, 23~229를 번역한 『니체와 니힐리즘』(박찬국 옮김, 지성의샘, 1996)에서는 'Wille zur Macht'가 처음부터 끝까지 "권력에의 의지"로 번역되어 있다. 하이데거의 해설은 문헌적인 분석 면에서는 뛰어난 해설이지만, 결국 니체를 인간중심적인(심지어 파시즘적인) 철학자로 몰아붙여 자신의 철학을 세우는 발판으로 만들려는 해설에 불과하다(얄궂게도 파시즘 정권에 협력한 것은 하이데거 자신이다). "권력에의 의지"라는 번역어는 하이데거의 이런 논지를 강화해 주는 데 큰 도움을 주고 있으며, 니체에 대한 정확한 이해에는 치명적인 번역어이다. 명백히 '권력'을 뜻하는 맥락이 아닌 한 'Macht'는 '힘' 또는 '역능'으로 번역되어야 한다. '역능의지'는 이 말에 다소 긍정적인 뉘앙스를 넣은 번역이고 '힘에의 의지'는 중성적인 번역으로서 가장 무난하다(본 저작에서는 두 번역어를 혼용한다).

로 되돌아와 같은 것[힘의 증가를 향한 노력]을 되풀이할 수밖에 없다."(N/II, 29) 하이데거의 이런 규정은 매우 정확하다. 여기에서 우리는 1) 니체에게 '생성'이란 바로 힘에의 의지라는 존재자의 본질과 그 때문에 빚어지는 영원회귀를 뜻한다는 것, 2) 힘에의 의지는 모든 존재자들의 '본질'이지만, 그 본질은 끝없는 생성과 확장을 내용으로 하는 본질이라는 것, 3) 모든 생성은 힘에의 의지라는 회로를 벗어날 수 없으며 그 바깥의 어떤 목적(이데아, 신 등, 니체가 거부했던 영원한 존재들)을 향할 수 없다는 것, 그리고 4) 니체에게 영원회귀란 힘에의 의지라는 존재자의 본질 때문에 결과하는 현상으로서, 존재자 전체가 결국 힘의 증가를 위한 노력으로 영원히(항구적으로) 되돌아올 수밖에 없다는 것을 뜻한다는 것을 알 수 있다.

　　그러나 문헌학적으로 뛰어난 하이데거의 해석은 철학적으로는 근본적으로 빗나가고 있다. 하이데거는 니체를 끝없는 힘의 확장을 지향하는 인간중심적이고 "근대적인" 사상가로 파악한다('Macht'를 '권력'으로 이해할 때 이런 식의 파악은 더 강렬해진다). 그러나 우리는 힘에의 의지 개념을 생물학을 포함한 여타 과학의 연구 결과로서, 즉 메타-과학적인 탐구의 결과——가장 엄밀한 의미에서의 형이상학 = 'meta-physica'——로서 받아들여야 한다. 이것은 곧 생물학적 'life' 개념을 넘어서는 'Leben' 개념을 핵심으로 하는 형이상학이다. 니체는 '형이상학'과 '플라토니즘'을 동일시해 거부하지만 이것은 어휘의 문제일 뿐이며, 그의 힘에의 의지와 영원회귀는 다름 아닌 니체의 'meta-physica'인 것이다. 니체 사유의 생물학적 맥락을 '생물학주의'로서 거부하고 그를 근대 주체철학의 최후의 완성자로 보는 하이데거의 시각이 빗나간 것은 이 때문이다. 19세기의 생물학'적' 철학은 흔히 인간중심주의로 빠지곤 했다. 그러나 그런 식의 사상들 이야말로 바로 니체가 겨냥해 비판하고자 한 사상들이다(니체가 다윈은 어느 정도 존중하면서도 스펜서에 대해서는 늘 경멸적으로 이야기한 것도 이 때문이다). 니체의 사유가 여러모로 혼란스러운 점이 있지만, 그것은 니체 개인의 한계만이 아니라 당대 과학 전체의 한계이기도 했다. 니체에게서 혼란스럽고 단편적으로 처리되었던 면들이 베르그송에게서 비로소 심층적이고 명료하게 다듬어지지만, 이것은 베르그송 개인의 뛰어남 때문만이 아니라 그가 니체보다 한 세대 뒤에 태어나 19세기 과학을 더 잘 조망할 수 있었기 때문이기도 하다.

어쨌든 이로써 우리는 앞에서 다소 직관적으로 이야기했던 '영원회귀의 긍정'을 비로소 구체화할 수 있게 되었다. 니체에게 'Leben'이란 생물학적인 '생명'을 포함하면서 또한 초극하는 '삶'으로서, 자기-초극적인 역능, 형식을 창조하는 힘, 조형력을 본질로 하는 삶이다. 이것이 니체의 '역능의지'이다. 이 힘에의 '의지'의 결과로서 세계/삶은 끝없이 생성한다. 그러나 이 생성은 이제 물리세계만을 고려해서 이야기할 때의 영원회귀와는 전혀 다른 영원회귀를 가져온다. 왜인가? 이 영원회귀는 생명세계에서의 힘에의 의지와 물리세계의 동일성 또는 에네르기 하락의 투쟁의 결과로서 도래하는 것이기 때문이다. 그렇다면 회귀하는 것은 무엇인가? 만일 힘에의 의지라는 것이 스스로를 초극해 가는 운동이라면 영원히 회귀하는 것은 또다시 스스로를 초극해야 하는 상황들이다. 이 상황들에는 지금까지 있어 왔던 측면들의 반복과 시간이 가져온 새로운 차이가 혼재되어 있다. 산다는 것은 또다시 스스로를 초극해야 하는 상황들, 반복과 차이가 빚어내는 상황들과의 끝없는 맞섬이다. 여기에서 '상황'이란 주체를 뺀 '객관적' 주변을 뜻하지 않는다. 주체와 주변의 투쟁이 이어지는 시간의 매듭들을 뜻한다. 그래서 상황과의 맞섬은 바로 자기 자신과의 맞섬을 포함한다. 이것이 곧 'Leben'이고, 그래서 (통속적인 딱지들이란 대개 오해를 불러일으키기 십상이지만) 'Lebensphilosophie'는 니체에 대한 적절한 서술일 수 있다. 힘에의 의지와 영원회귀가 교차하는 핵심 개념이 곧 'Leben'인 것이다. 그리고 이런 의미에서의 'Leben'이 곧 니체적 의미에서의 'Werden'이기도 하다. 니체의 생성존재론은 곧 ('생명'과 '삶'을 포괄하는) 生의 존재론인 것이다.

영원회귀를 긍정한다는 것은 무엇을 뜻하는가? 그것은 자신에게 영원히 되돌아오는 자기-초극의 상황들/계기들을 긍정하는 것이다. 차이와 반복의 놀이, 'Zu-fall'의 놀이, 주사위 놀이에 직면했을 때 그것을 긍정하는 것, 번개의 웃음을 터뜨리는 것, 창조로서의 삶을 사는 것, 자신의 사건들을 사는 것. 이것이 영원회귀를 긍정하는 것이고 역능의지를 긍정적으로 사는 것이다. 이제 우리가 해야 할 일은 이 모든 이야기들의 보다 현실적인 ——윤리적인 또는 정치적인——맥락을 잡아내는 일이다.

3. 초인에의 길

역능의지와 영원회귀를 두 축으로 하는 니체의 존재론으로부터 어떤 실천철학으로 나아갈 것인가? 우리는 허무주의 및 가치의 전환에 대한 니체의 사유를 살펴봄으로써 초인에의 길을 찾아낼 수 있을 것이다.

니체 사유 전체가 허무주의를 둘러싸고서 전개된다고 말할 수 있다. 그러나 이런 판단의 의미는 이중적이다. 한편으로 허무주의란 서구 역사/존재론사에 대한 니체의 판단이다. 그것은 그 말의 가장 일상적인 의미에서 '허무함'의 상황을 가리킨다. 그러나 다른 한편 허무주의란 니체 사상의 핵심이기도 하다. 허무주의를 "아무것도 존재하지 않는다"라는 고르기아스의 테제로 이해하는 한, 그것은 정확히 니체의 생각이기 때문이다. 니체의 생각은 바로 힘에의 의지와 영원회귀 외에는 아무것도 존재하지 않는다는 것이기에 말이다. 요컨대 생성이 모든 것이다. 존재는 곧 생성이다. 따라서 '허무주의'는 니체 사유의 결정적인 고비에서, 지도리에서 나타나는 두 얼굴의 개념이다. 이런 이중성을 어떻게 이해해야 하는가?

니체는 『도덕의 계보학』에서 몇 번에 걸쳐 "인간이란 의지하지 않기(nicht wollen)보다는 차라리 허무를 의지할(das Nichts wollen) 것"이라고 말한다. 힘에의 의지는 사물의 본질이고 우리는 언제라도 의지하지 않을 수 없다. 그래서 허무를 의지한다는 것은 의지하지 않기를 의지하는 것이다. '의지의 무'라는 쇼펜하우어의 개념은 차라리 '무에의 의지'로 바꾸어야 한다. 이것이 일차적인 의미에서의 '허무주의'이다. 그러나 문제의 핵심은 이 허무주의에서 생성으로서의 세계는 "허무함"으로서 그친다는 사실이다. 니체에게 생산적이고 창조적인 행위는 곧 이 세계가 허무하기 때문에, 즉 생성일 뿐이기 때문에 가능하기 때문이다. 니체에게 존재론적 허무주의는 초인에의 길로 나아갈 수 있는 바탕이다. 그러나 "허무할" 뿐인 허무주의에서 허무는 오로지 "허무할" 뿐이다. 이로써 니체에게 허무주의란 그것이 "허무함"을 의지하는 한에서 비판의 대상이지만, 생성에 대한 긍정인 한에서 미래 철학의 기초라고 말할 수 있다. 그렇다면 "허무함"을 의지한다는 것은 정확히 무엇을 뜻하는가? 니체에게 허무주의 '비판'이란 무엇을 뜻하는가?

니체가 "심리적 상태로서의 허무주의"라고 부른 것은 곧 "허무함"의 상태에 빠진 허무주의이며, 허무주의 비판은 이런 심리적 상태로서의 허무주의에 대한 비판이다. "우리가 일어나는 모든 일들에서 '의미'를 찾을 때, 그러나 거기에 아무 의미도 없을 때, 그래서 결국 의미를 찾아 헤매던 자가 할 말을 잃었을 때."(XIII, 46) 이때가 '심리적 상태'로서의 허무주의가 찾아오는 첫 번째 경우이다. 여기에는 오랫동안 무엇인가를 찾아 헤매었으나 결국 도로에 그친 영혼의 피곤함, 헛되이 보낸 세월이 불러오는 고통, 번민이 있다. 다시 힘을 내어 원기를 회복하고 다시금 안정된 휴식처를 찾아 나서기에는 이미 피폐해버린 영혼은 허무주의에 빠진다. 그래서 이 영혼은 심지어 자신이 스스로를 오랫동안 속여 왔다는 자괴감에 젖기까지 한다. 이 영혼은 무엇을 찾아 헤매었을까? 다음과 같은 것들이다: "모든 일들에 있어 최상의 윤리적인 준칙(Kanon)의 '실현', 도덕적인 세계질서[의 추구], 생명계에서의 사랑과 조화의 증대, 일반적으로 행복하다고 할 수 있는 상태로의 근접, 심지어 일반적으로 허무하다고 할 수 있는 상태로의 돌진." 심지어 "일반적으로 허무하다고 할 수 있는" 그런 곳을 자신이 찾던 곳으로 착각해서 돌진할 정도의 집착, 포기할 수 없는 갈망, 이 집착과 갈망은 무엇을 의미하는가?

이 집요한 추구는 어떤 목적에의 추구이다. 그리고 목적은 생성의 각 계기들을 그 아래에 귀속시키는 도달점이다. 계기들은 그런 한에서만 의미를 부여받는다. 그러나 그런 목적을 끝내 발견하지 못했을 때, 더 정확히 말해 이제 발견에의 길을 새롭게 떠날 힘이 소진되었을 때, 오직 생성만이 물결치고 있다는 것을 깨달았을 때, 심리적인 상태로서의 허무주의가 도래한다. 생성의 목적은 존재하지 않으며 생성만이 존재한다는 것. 나아가 목적으로 조금씩이나마 전진하고 있다는 '발전/진화'에의 환상마저 무너졌을 때, 더욱 강렬한 허무감이 전신을 휘감는다. "인간은 더 이상 생성의 협력자가 아니며, 하물며 그 중심은 더욱 아니라는 것"을 깨달았을 때, 다시 말해 우주의 목적에 기여하는 인간의 위대한 소명이라는 허상이 무너졌을 때. 이것은 기독교적인 목적론의 붕괴만이 아니라 계몽 시대를 특징짓던 목적론적 '진화론'들의 붕괴까지도 함축한다.

"보편적인 것이란 존재하지 않는다. 근본적으로 인간은 무한한 가치로 충만한 전체가 그 자신을 통해서 존립하지 않을 때, 자신의 가치에 대한 신념을 상실하기에 이른다."(XIII, 47) 자신의 가치에 대한 신념은 어디에서 오는가? 개별자의 자기 신념은 자신을 둘러싸고 있는 전체의 총체성, 체계화[조화], 조직화에 대한 신념에서 유래한다. "신성한 전체의 일원"(헤겔)일 수 있을 때 삶의 우발성과 불연속성, 소외, 다원성, 대립, 모순, 부정은 극복되고 영혼은 경탄과 외경 속에서 전체와 합일할 수 있다. 나아가 안드레이가 피에르에게 이야기했듯 이러한 총체성, 조화, 유기성을 주재하는 존재와의 합일에 도달할 수 있다. 이런 식의 존재론은 때로 윤리학의 형태로 표현되기도 한다: "전체의 복지는 개인의 헌신을 요청한다." 개인은 자신의 가치를 확보하기 위해 그러한 보편성/전체를 구성해낸다. 그러나 그런 보편성/전체가 존재하지 않는다는 것을 깨달았을 때, 결국 심리적 상태로서의 허무주의가 도래한다. 시간의 이어-붙임으로서의 목적도 또 공간의 이어-붙임으로서의 총체성도 존재하지 않는다는 것을 알게 되었을 때, 이중적 형태의 심리적 허무주의가 도래하는 것이다.

목적도 총체성도 존재하지 않는다는 것을 깨달았을 때, 이제 탈출구라고는 이 세계 바깥에 어떤 진리를 상정하는 것밖에는 없다. 이것은 우리가 경험으로 확인하는 세계, 생성의 세계를 하나의 거대한 착각으로 치부하고 생성으로서의 세계 저편에 영원한 진리를 설정하는 것이다. 그러나 이 세계가 심리적 갈구가 만들어낸 것에 불과하며 그러한 상정(想定)에는 어떤 근거도 존재하지 않는다는 것을 깨달았을 때, 다시 심리적 상태로서의 허무주의가 찾아온다. "생성이라는 실재가 유일한 실재로 다가오고, 저편의 세계나 허구적인 신성(神性)으로 향하는 온갖 형태의 샛길들이 금지되기에 이른다――그러나 사람들이 집착하는 이 세계는 이미 사라져버렸다."(XIII, 48) 니체는 앞의 두 깨달음이 주어지고 세 번째 깨달음이 오는 것으로 말하고 있으나, 철학사적으로 본다면 세 번째 형태가 가장 앞에 온다고 해야 할 것이다. 저편 세계의 진리를 찾던 것을 포기한 후, 세계에 내재하는 총체성과 목적을 찾았던 것이다.[1] 어쨌든 목적, 통일성, 진리라는 세 개념이 포기되면서 생성하는 세계가 실재라는 깨달음이 찾아오고, 이때 세계는 무가치하다는 느낌이 밀려온다.

세계가 무가치하다는 느낌은 어디에서 유래하는가? 그것은 가치란 또는 의미란 목적, 통일성, 진리――전통 형이상학이 찾았던 영원한 존재(들)――에서 찾을 수 있다는 생각에서 유래한다. 우리 삶의 계기들 하나하나가 무의미한 몸짓들이 아니라는 것, 세계의 거대한 목적――'섭리'――을 위한 발걸음들이라는 것을 전제할 때, 우리 삶은 가치/의미를 부여받을 수 있다는 것. 세계를 채우고 있는 존재자들 하나하나가 고립된 존재자들이 아니라는 것, 세계라는 거대한 유기체의 필수적인 부분들을 형성한다는 것, 그 부분들 사이에는 조화라는 섭리가 깃들어 있다는 것을 전제할 때, 우리 각자의 삶은 가

---

1) 초월성의 네 단계/종류에 대해서는 다음을 보라. 이정우, 「氣란 무엇인가」, 『전통, 근대, 탈근대』, 그린비, 2011, 274~287쪽.

치/의미를 부여받을 수 있다는 것. 우리가 경험으로 확인하는 생성 세계가 전부가 아니라는 것, 그것을 넘어서는 어떤 '진리'가 존재한다는 것, 형이상학적 존재(영원한 존재)가 존재한다는 것을 전제할 때, 우리의 삶은 가치/의미를 부여받을 수 있다는 것. 이 세 가지 전제가 무너졌을 때, 우리 삶의 가치/의미를 떠받치던 이유/근거는 무너지고 그 실재의 폐허 위에서 허무주의가 찾아온다.

결국 허무주의란 영원회귀에의 깨달음에서 온다. 목적——세계의 존재이유로서의 궁극 목적——을 찾아 헤매는 자에게 영원회귀는 말한다. 저 멀리에서 세계의 사건들을 모두 꿰어서 끌어당기는 종착점은 착각이라고. 조화를 찾아 헤매는 자에게 영원회귀는 말한다. 이 무수한 존재들을 꿰어 하나로 만드는 그토록 거대한 실은 허상이라고. 저편의 세계에 어떤 영원한 존재로서의 '진리'를 설정하는 자에게 영원회귀는 말한다. 생성을 초월한 그런 존재는 하나의 허구에 불과하다고. 결국 영원회귀라는 또 다른 '진리'를 깨달은 영혼은 "아무 것도 존재하지 않는다" 그리고 "궁극적 가치/의미란 존재하지 않는다"는 생각에 빠진다. 이것이 '심리적 상태'로서의 허무주의이다.

그러나 더욱 중요한 것은 논리적으로 전개된 이 허무주의 아래에서 어떤 역사적 맥락을 읽어내는 일일 것이다. 19세기의 허무주의는 어떤 역사적 과정에서 배태되었을까? 이것은 앞에서 행한 철학사적 논의를 일반사의 맥락에서 재론하는 것이기도 하다.

니체에게 역사는 계몽 시대가 파악한 역사와는 다른 것이다. 계몽 시대는 역사의 퇴행론 및 순환론이 아닌 발전론을 전개한 독특한 시대이다(얼마나 많은 사상가들이 역사의 퇴행이나 순환을 묘사해 왔던가). 그러나 계몽 시대의 끝에서 니체는 허무주의의 시대로 귀착한 서구사의 퇴행을 말하고 있다. 이 퇴행의 결정적 지도리는 어디인가? 유대-기독교적 가치가 등장한 곳이다. 그렇다면 근대 계몽 시대는 유대-기독교를 무너뜨리고서 역사의 발전을 이룩했는가? 니체에게 계몽이란 기독교적 가치의 세속화에 불과하다. 니체에게 결정적인 지도리는 고중세와 근대 사이에 그어지기보다 고대와 중세 사이에 그어진다. 근대란 중세의 세속화에 불과하다. 달리 말해 소크라테스-플라톤적 가치에 대한(그리고 "대중을 위한 플라톤주의"인 기독교에 대한) 비난에도 불구하고, 그레코-로망적 가치 전반은 니체에게 어떤 희망을 주는 것이다. 허무주의의 극한에서 초인에의 길을 찾아나선 니체, 미래를 열어 가는 니체와 전(前)기독교적 가치에 의미를 두는 니체, 과거로 거슬러 가는 니체, 이 두 니체에게서 과거와 미래의 두 방향으로 뻗어 가는 시간은 그 어딘가에서 만나는 듯하다.

　　니체가 전개하는 논의를 따라가기 위해서는 앞에서 기독교론을 전개하기 전에 제시했던 전제들을 다시 한번 음미해 볼 필요가 있다. "어떤 짐승이나 종 또는 개체가 그 본능을 상실할 때, 자신에게 불리한 것을 선택하거나 선호할 때, 나는 그들이 타락/몰락했다고 말한다." "좋은 것은 무엇인가?——힘의 느낌, 힘에의 의지, 인간에게서의 힘 자체를 고양하는 모든 것." "행복이란 무엇인가?——힘이 증폭되었다는 느낌, 장애물 하나가 제거되었다는 느낌." "삶이란 무엇인가? 힘의 증대, 지속, 축적을 위한 본능, 역능을 위한 본능. 그래서 역능에의 의지가 결여된 곳에는 하강이 있을 뿐이다."

이런 역능의 존재들은 어떤 존재들인가? 누가 힘에의 의지를 행한 존재인가? 니체에게 그리스-로마의 귀족들이야말로 이런 존재들이다. 니체는 이 귀족들의 가치체제를 한마디로 "좋음과 나쁨"으로 규정한다. 이런 가치체제는 기독교를 통해서 "선과 악"으로 바뀐다. 칸트로 대변되는 근대 철학은 이러한 가치체제의 세속화에 불과하다. 그 끝에는 허무주의가 기다리고 있다. 니체는 『도덕의 계보학』에서 이 역사관을 원한, 가책, 금욕이라는 세 개념을 통해서 해명한다.

니체에게 '좋음'이란 개념은 어떤 행위를 통해 얻은 결과에 대해서가 아니라 한 인간 자체에 대해서 성립한다. '좋음'은 결과의 문제가 아니라 존재/가치의 문제이다. 존재/가치로서의 좋음은 무엇을 뜻하는가? 좋음은 "거리의 파토스"에서 태어나는 가치-존재이다. 거리의 파토스는 타자와의 차이를 확인함으로써 가지게 되는 자기 존재, 자기 가치에의 긍정이다.

> "좋다"라는 판단은 "좋은 사람"[好人]으로 평가받는 이에게서 기인하는 것이 아니다. 모든 저급한 자들, 저열한 자들, 평범한 자들, 천한 자들의 대극에 서서[2] 스스로를 그리고 자신의 행위를 좋은 것으로 즉 최상의 것으로 느끼고 내세우는 고귀한 자들, 힘 있는 자들, 우뚝 선 자들, 야망에 불타는 자들[3]이야말로 "좋은 자들" 자신들이

---

2) [⋯] im Gegensatz zu allem Niederigen, Niedrig-Gesinnten, Gemeinen und Pöbelhaften [⋯]." 단어들의 선택에서 짐작할 수 있듯이, 그리스-로마 시대의 평민들 및 노예들을 염두에 두고 있다고 할 수 있다.

3) "[⋯] die Vornehmen, Mächtigen, Höhergestellten und Hochgesinnten [⋯]." 역시 그

되었던 것이다. […]

고귀함과 거리의 파토스, 즉 저열한 자들과 "하층민들"에 대해 지배자들이 가지는 지속적이고 압도적인 집합적-근본적 감정 ──바로 여기에서 "좋은"과 "나쁜"의 대립이 발생했다.(GM, I, §2)

그래서 좋음/나쁨은 비이기적/이기적이라는 평가에서 발생한 것이 아니다. 이기적이니 비이기적이니 하는 평가는 좋음/나쁨을 인간 '존재'의 성격이 아니라 사회적인 평가의 잣대로 이해하기 시작했을 때 등장한 것이다. 달리 말해 좋음/나쁨을 도덕으로서 전환했을 때 성립한 평가이다. 이러한 전환은 곧 귀족적 가치가 "무리본능"(Heerdeninstinkt)에 자리를 내어 줌으로써 성립했으며 행동보다는 말이 전경을 차지했음을 함축한다. 이것은 곧 헬라스 민주정의 도래와 소크라테스적 가치가 인간을 평균화하고 내면화함으로써 종래의 귀족들이 보여준 "강력한 육체적 힘, 풍요롭게 불타오르면서 스스로를 발산하는 건강"을, 전쟁, 모험, 사냥, 춤, 결투, 놀이 같은 "강하고 자유롭고 쾌활한 활동을 담고 있는 모든 것"(GM, I, §7)을 몰락시켰음을 뜻한다.[4] 니체가 볼 때 헬라스의 전사(戰士)-귀족

리스-로마 시대의 귀족들을 염두에 둔 표현들이라 할 수 있다. 그러나 니체가 생각하는 귀족과 노예는 실체화된 보편자로서가 아니라 실제의 삶의 양태에 있어 구분된다고 해야 하리라. 귀족으로 태어났으나 노예인 인간도 있고 노예로 태어났으나 귀족인 인간도 있다. 더 정확히 말해, 귀족과 노예는 한 인간이 생성해 가는 양태 전체를 놓고서 판단할 수 있는 문제이다.

4) 여기에서 '강함'이 단순히 육체적 강함만을 뜻하지는 않는다. 귀족의 특성은 "고귀한 영혼을 가진"(seelisch-vornehm) 데에 있기 때문이다.

들(과 이들을 이은 로마의 전사-귀족들)은 브라만 계층의 가치나 ('니르바나'를 추구하는) 불교적 허무주의, 중국적인 '소심'(小心) 즉 "네 마음을 작게 가져라[조심조심 살아라!]"(JGB, IX, §267)와 같은 가치들, 요컨대 성직자들 특유의 가치들을 뛰어넘는 위대한 가치들의 소유자들이었으나, 아테네 민주정의 도래와 소크라테스적 가치의 도래는 이런 빛나는 존재들을 무너뜨렸다.

그러나 이런 존재들과 가치를 결정적으로 무너뜨린 것은 유대인들과 유대적 가치, 더 정확히 말해 유대 성직자들 및 이들의 가치였다. "유대인들과 더불어 도덕에서의 노예반란이 시작되었다."(GM, I, §7) 귀족적 가치는 유대인들을 통해서 역전되었으며, 고귀하고 강하고 아름답고 행복한 삶이 저주의 대상이 되고 비참하고 가난하고 무력하고 비천한 삶이야말로 구원을 약속받은 삶이 된다. 이 유대적 증오는 예수라는 우회로를 취했다. 유대인들/이스라엘은 예수를 "십자가에 매달린 신"이라는 역설적 존재로 만듦으로써, '대속'이라는 교묘한 논리를 창안해냄으로써 그 숭고한 복수욕을 실현했다. 니체의 이런 생각은 결국 유대-기독교 전통이란 (멀리로는 헬라스 전사-귀족에 뿌리를 두는) 로마의 귀족적 가치들에 대항하기 위해 만들어진 유대적 증오/복수욕의 산물이라는 생각으로 해석될 수 있다. 니체는 이런 유대적 전략이 어쨌든 성공했고 세계(유럽)는 유대-기

한글본에서 'seelisch'를 '정신적인'으로 번역한 것은 오해의 소지가 있다. 니체가 'Seele'라는 단어를 선택한 것은 분명 라틴어 'spiritus', 희랍어 'psychê'——전(前)소크라테스적 뉘앙스에서의 영혼——를 염두에 둔 것일 것이기에 말이다. 물론 '정신'을 전통적인 개념으로서의 '精神'으로 이해할 경우에는 니체의 'Seele'에 비교적 가깝게 접근한다고 할 수 있다.

독교화되었다고, 즉 천민화되었다고 말한다. 니체의 이런 이해에 따르다면, 결국 이로부터 양심, 가책, 금욕에 기반한 문화가 마련되었고 현대의 허무주의는 바로 이런 사태에 그 뿌리를 두고 있는 것으로 이해된다. 양심(르상티망)이란 무엇인가? 귀족적 긍정과 노예적 부정(양심)은 어떻게 다른가?

니체가 귀족과 노예의 핵심적인 차이로 제시하는 것은 이것이다: 귀족(고귀한 인간)은 '좋음'을 매개로 스스로를 긍정하는 것에서 출발하지만, 노예(저열한 인간)는 '나쁨'을 매개로 타자를 부정하는 것에서 출발한다. 또한 고귀한 인간은 좋음/나쁨으로 사유하지만 저열한 인간은 선/악으로 사유한다. 고귀한 인간은 말한다: "나는 고귀하다, 따라서 (나와 많이 다른) 저 타자는 저열하다." 저열한 인간은 말한다: "저 타자는 악하다, 따라서 (저자와 다른) 나는 선하다." 그래서 노예의 활동(Aktion)은 근본적으로 'REaktion'(반동)이다. 니체는 바로 이 논리로부터 유대-기독교적 도덕이 탄생했다고 본다. 귀족의 '좋음'을 '악'으로 전환함으로써 유대적 노예반란이 가능했다.[5] 귀족들의 유래는 '야만인들'이다. "로마, 아라비아, 독일[게르만], 일본의 귀족[사무라이], 호메로스의 영웅들, 스칸디나비아의 해적들"은 안전, 육체, 생명, 쾌적함 등에 무관심했고 또 "모든 파괴에서, 승리와 잔인함에 탐닉하는 것에서 놀랄 만한 명랑함과 쾌락의 깊이"를

---

5) "생명의 고양, 삶을 밀어붙이는 힘, 아름다움, 대지 위에서의 자기 긍정에 '아니오'라고 반응하기 위해서, 천재가 된 양심의 충동은 삶의 긍정이 우리에게 악으로, 비난받을 만한 것 자체로 [뒤집혀] 보이게 만드는 [허구적인] 다른 세계를 고안해야만 했다."(AC, §24)

보여주었다.(GM, I, §11) 이 "금발의 야수"를 '문화'를 통해 길들임으로써 오늘날의 사회가 형성되었고, 그 시발점에 놓인 것은 유대인들의 앙심이다. 유대인들은 '악'(惡)을 발명해냄으로써 반동의 본능과 앙심의 본능을 키웠다. 여기에서 앙심은 그 자체의 존재론을 발명하기에 이른다. 바로 영원한 세계, 저 세상을. 이 '진짜'세계에 비해 이 현실은 얼마나 악한가! 이로부터 존재론적 앙심이 발생한다. 생성에 대한 앙심이.[6] 이렇게 플라톤적–유대기독교적 앙심——생성하는 이 세계에 대한 앙심 그리고 이 세계를 긍정하면서 힘차게 살아가는 귀족들에 대한 앙심——이 문명을 지배하게 되었고, 그 결과가 바로 허무주의로 가득 찬 오늘날(니체 당대)의 세계이다.

근대 문명에서 우리는 무엇을 보는가. 보라! "인간이라는 벌레가 전경에서 우글거리고 있다." 더구나 이 벌레는 자신을 "진화의 정점"으로, "역사의 목적"으로 착각하고 있지 않은가. 니체는 이 탁한 공기에 저주를 퍼붓는다. 유럽인의 왜소화와 평균화가 그를 숨 막히게 한 것 같다. 위대해지려는 어떤 몸짓도 더 이상 볼 수 없는 사회, 모든 것이 선량하고 안락하고 영리하고 평범하게 되어 가는 사회에서 니체는 외친다. "선악의 저편에 숭고한 수호의 여신들이 있다면 ——내가 한번 볼 수 있게 해달라! 아직도 두려움을 느끼게 만들 만

---

6) 이것과 짝을 이루어 원한은 또한 생성의 내부에 실체/주체를 상정하는 (「선험적 변증론」의 첫 번째 항목과 같은 의미에서의) '오류추리'를 범한다. 이로써 한 인간이 실제 행하는 것과 "그 자신"이 모순을 이루기에 이른다. 들뢰즈가 그랬듯이, 이 오류추리를 (선험적 원칙론의 관계 항목에 해당하는) 인과성의 계기, 실체의 계기, 상호 규정의 계기로 나누어 설명할 수 있을 것이다.

한 완전한 것, 마지막으로 이루어진 것, 행복한 것, 강력한 것, 의기양양한 것을 한번 볼 수 있게 해달라!"(GM, I, §12)

유대적 노예반란은 앙심과 더불어 또한 양심의 가책(=죄의식)을 발명해냈다. 유대교는 "그들은 악하다"고 말했다. 이제 유대교를 이은 기독교는 "나는 악하다"고 말한다. 기독교는 앙심의 방향을 바꾸어 한 개인의 '양심' 속에 내재화한다. 이로부터 '가책'이 생겨난다. "나의 어린양이여. 네가 그토록 고통스러워하는 데에는 분명 어떤 원인이 있어야 한다[누군가가 책임을 져야 한다]. 그러나 너 자신이 바로 그 모든 것의 원인이며, 오로지 너 자신이야말로 책임을 져야 한다."(GM, III, §15) '원죄'라는 기독교의 발상은 정말 천재적이다. 사람들의 내면에 가책을 심어 놓음으로써 사제들은 스스로를 고통받는 자들의 주인으로 만든다. 여기에 또 하나의 천재적인 발상이 덧붙여진다. 신은 말한다. "너희들처럼 죄 많은 존재들을 만든 게 바로 내 죄다." 신조차도 '죄와 벌'이라는 기독교적 범주를 피하지 못한다. 이로부터 '대속'이라는 절묘한 발명품이 등장하게 된다. "너희들의 죄를 내가 대속하마." 기독교는 유대교를 잇지만 '예수의 수난과 대속'이라는 장치를 통해서 새로운 가책의 논리를 발명하기에 이른다. 푸코가 상세하게 파헤쳤듯이, 근대적 훈육은 이 가책 메커니즘을 다양하게 응용함으로써 수많은 지배 장치들을 만들어낼 수 있었다.

죄책감에 사로잡힌 신자들은 "더 많은 고통을! 더 많은 고통을!"이라고 외친다. 더 많은 고통을 내면화할수록 더 큰 구원의 기회가 보장된다. 성직자=마법사는 이렇게 고통의 갈구자들을 창조해낸다. 구원을 갈구하는 신자들은 더 "위로" 올라가려 하지만, 그 "위"

란 사실상 보다 더 길들여지고 거세되는 질곡일 뿐이다. 니체는 이런 식의 정신착란증이 유럽을 지배했으며 유럽의 뿌리 깊은 알코올 중독임을 간파한다. 속죄를 위한 고행, 회한의 눈물, 주기적인 발작이 유럽을 휘감았고, 1348년경에 절정에 이른 '죽음의 무도' 등으로 표현되었다. 유럽인들의 종교적 노이로제의 절정은 '악마'라는 개념에 압축된다. 9·11 테러가 내뿜은 연기에서 악마의 얼굴을 읽어낼 정도로 말이다. 죄책감/가책의 주기적 발작이 유럽사를 관류해 왔다.

유대-기독교가 발명해낸 또 하나의 개념은 금욕(주의)이다. 금욕은 의지를 부정하지 않는다. 아니 차라리 금욕은 의지를 기이한 방식으로 끌어안았다. 니체는 인류를 누른 저주는 고통이 아니라 고통의 무의미였음을 지적한다. 그러나 금욕주의는 바로 이 고통을 해석했고 그로써 '죄'를 만들어냈다. 이로써 힘에의 의지에서 도피하려는 기이한 의지, 즉 허무에의 의지가 도래했다("인간이란 의지하지 않기보다는 차라리 허무를 의지한다"). 모든 밝은 것, 강한 것, 행복한 것들은 '죄'로 전락한다. 이것이 금욕주의의 비밀이다. 그래서 니체에게 금욕주의란 정확히 비극의 반대말이다. 금욕주의에게 힘에의 의지는 일종의 고통이다. 양심이 세계/삶을 고통으로 보고 가책이 고통을 내면화한다면, 금욕은 고통을 벗어나고자 한다(허무에의 의지). 이런 금욕주의는 근대의 문화에 이르기까지도, 예컨대 칸트의 '무사심'(無私心)의 미학, 쇼펜하우어의 에피쿠로스주의, 바그너의 후기 악극 등에 이르기까지 이어졌다. 니체는 이 금욕주의에서 '반(反)자연', "삶을 거스르는 삶"의 극치를 본다. "고통받는 자를 지배하는 것이 그의 왕국이다. 성직자의 본능은 그에게 이 지배를 지시하고, 이러한 지배를 통해서 그는 자신의 가장 특이한 기교, 대가다운 실력, 나름의 행복을 갖게 된다."(GM, III, §15)

니체는 '왕국'이라는 표현으로 다음 사실을 시사하고 있다: 금욕적 인간들은 무리를 이룬다. 공동체 속에서 우울증을 극복한다. 금욕주의적 성직자는 이 사실을 간파하고 무리를 조직한다. 강자들은 흩어지려 하고, 약자들은 모이려 한다. 니체에게 힘에의 의지에 충실한 자는 개인으로서 살아가고, 그것에 역행하는 자들은 무리를 이룬다. 니체에게 진정으로 귀족적인 것은 개인적인 것이기도 하다. 역학적 법칙에 따라 똑같아져야 하는 벌집의 방들처럼, 무리 안에서 개인들은 왜소화되고 하향 평준화된다. "사회가 개인을 향상시킨다"는 말은 니체에게 "사회가 개인을 길들인다"는 것을 뜻한다. 니체에게 '거세'는 오이디푸스 콤플렉스의 극복이 아니라 힘에의 의지의 약화를 뜻한다.

이제 니체가 파악한 당대 즉 '허무주의'의 시대가 어떤 뿌리에서 자라 나왔는가가 분명해졌다. 세 갈래의 잔뿌리로 구성된 뿌리, 즉 양심, 가책, 금욕으로 구성된 뿌리는 근대의 허무주의에까지 뻗어 왔던 것이다. 근대의 '문화'는 반동 본능과 양심 본능을 그 도구로 삼아 인간을 길들였고 니체는 이 '문화'에서 "유럽의 악취"를 맡는다. 니체에게 허무주의에 휩싸인 당대의 유럽은 로마와 정확히 대칭을 이루는 것으로 파악된다. 유럽은 유대적 노예반란의 후예인 것이다. "로마인은 강자이며 고귀한 자이다. 그들보다 강하고 고귀한 자는 지금까지 지상에 존재한 적이 없었으며 결코 꿈꾸어진 적도 없었다. [⋯] 반대로 유대인들은 저 탁월한 양심을 품은 성직자적 민족이며 유례없는 민중도덕의 천재성을 갖추고 있는 민족이다."(GM, I, § 16)[7] 유대의 민중도덕이 승리했고 로마는 "세계적인 유대 교회당"으로 변했다. 그 밑에서 꿈틀거리던 로마적 본능은 르네상스로 꽃피었지만 결국 다시 종교개혁이라는 "양심의 운동"에 의해 질식되었고, 고전 시대 프랑스의 빛나는 고귀함은 다시 한번 민중의 양심본능이 일으킨 프랑스 혁명이라는 사건을 통해 좌절되었다. 그러나 그 와중에서 "비인간(Unmensch)과 초인간(Übermensch)의 종합체인 나폴레옹"이 등장했다. 그러나 다시 한번 양심의 정신은 '공리주의'와 '사회주의'의 모습을 띠고서 등장했다. 약속, 책임, 자유의지, 양심을 갖춘 주권적 개인이 모델이 되었고, 교환, 계약, 권리, 의무, 보상, 선의지, 공정성, 객관성 등이 가치의 기준이 되었다. 지금까지 우리에게 전근대적 가치들을 극복하고서 도래한 뛰어난 근대적 가치들로서 주입되어 온 이런 가치들은 니체로서는 달갑지 않은 것들이다. 왜인가? 니체가 생각하는 'Leben'(생명/삶)의 개념이 다음과 같기 때문이다.

모든 목적, 모든 효용성이란 하나의 힘에의 의지가 좀 더 힘이 약한

---

7) 『안티크리스트』에서 니체는 예수를 "유일한 기독교인"으로 묘사하면서 존경심을 표했다. 그렇다면 로마와 예수의 관계는 무엇인가? 고귀한 로마와 천한 유대가 대립하고 또 유대적 원한과 예수의 사랑이 대립한다면(기독교를 가책의 종교로 만든 것은 예수가 아니라 바울이다) 형식논리상으로는 로마와 예수가 통해야 한다. 그러나 로마와 예수는 어떻게 연결될까? 마초적인 로마와 사랑을 실천하는 예수가 도대체 어떻게 통하는가? 로마, 유대, 예수 사이의 관계는 무엇인가?

것을 지배하게 되고, 그 약한 것에 그 스스로 어떤 기능의 의미를 새겼다는 표식에 불과하다.(GM, II, §12)

'진보'의 정도는 그것을 위해 희생되어야 했던 모든 것의 양에 따라 측정된다. 집단으로서의 인류가 개개의 더 강한 인간 종족의 번영을 위해 희생된다는 것——이것도 진보일 것이다.(같은 곳)

'적응'이라는 것이, 즉 이차적인 능동성, 단순한 반동성이 전면에 나서게 된다. 생명/삶 자체까지도 외적 환경에 대해 점점 더 합목적성을 더해 가는 내적인 적응으로 정의되었다(허버트 스펜서). 그러나 이 정의는 생명의 본질을, 그 힘에의 의지를 오해하고 있다. 이 정의는 자발적이고 공격적이며 침략적이고 새롭게 해석하며 새롭게 방향을 정하고 조형하는 힘들이 원리적으로 우선임을 간과하고 있다.(같은 곳)

근대 사회란 모든 인간이 왜소화되고 평균화되며 계약, 의무, 공정성, 책임, 양심 등등에 따라 행위하는 사회이다. 반(反)로마적인 = 유대적인 사회. 니체는 당대를 이런 허무주의의 사회로 파악하고 있다. 니체는 근대 문명의 도처에서 앙심, 가책, 금욕의 가치를 확인한다. 근대적 형벌제도는 죄수로 하여금 죄책감, 양심의 가책, 회한을 일으키려 노력하지만 죄수가 배우는 것은 냉혹함과 소외감뿐이다('감시와 처벌'). 도처에서 유대적 노예반란의 가치는 허무주의를 낳고 있다. 과학과 철학, 예술의 경우조차 예외는 아니다.

그렇다면 다음 물음이 제기된다: 무엇이/누가 인간을 왜소화하고 평균화하는가? 가장 적실한 대답은 아마 "국가!"가 될 것이다. 또는 근대 국민국가들을 조직한 정치가들, 부르주아들, 훈육적 지식인들이 될 것이다. 여기에서 묘한 물음이 생겨난다. 그렇다면 이들이야말로 힘에의 의지에 충실한 존재들이 아닌가? 대부분의 인간들을 왜소화-평균화하고 그 위에 서서 지배하고 군림한 이들이야말로 초인들이 아닌가? 히틀러가 꿈꾸었던 것도 바로 이런 힘에의 의지가 아니었던가? 자신을 술라나 카이사르의 후예나 되는 것으로 생각했던 무솔리니야말로 초인이 아닌가? 그러나 국가에 대한 니체의 날카로운 비판을 상기해 보자. 니체에게 국가란 인간을 왜소화-평균화하는 장치일 뿐 삶에 약동을 가져다주는 장치가 아니다. 바로 그렇기 때문에 국가에 봉사하는 자들 또한 국가라는 권력장치에 봉사하는 권력에의 의지를 추구할 뿐 인간의 왜소화-평균화에 저항하고 새로운 가치를 창조해내는 역능에의 의지를 추구하는 것은 아니다. 'Macht'에서 역능(potentia)과 권력(potestas)을 변별해내는 것이 중요하다. 들뢰즈의 말처럼, 권력에의 의지란 역능의지의 퇴락된 형태에 불과하다. 인간을 왜소화하고 평균화하는 것은 권력에의 의지이다.

그러나 권력과 역능의 정확한 차이는 무엇인가? 나폴레옹과 히틀러·무솔리니를 변별해 주는 것은 정확히 무엇인가? 유럽의 혼란을 잠재우고 '나폴레옹 법'을 비롯한 갖가지 성과를 거둔 나폴레옹과 본질적으로 양심에서 출발해 파괴를 일삼은 히틀러, 무솔리니를 대비시킬 수는 있으리라. 카이사르가 술라를 반복했지만 그 둘은 분명 다르다. 그러나 정확히 무엇이 다를까? 과연 이 야심가들 사이에 근본적인 차이가 있을까?[8] 더 근본적으로 역능의지는 이런 로마적 귀족들에게서만 찾을 수 있는가? 귀족들은 꼭 로마적이어야 하는가? 니체의 사유가 현대에 대한 정확한 진단과 처방이 될 수 있으려면 이런 물음들이 해명되어야 한다.

유럽의 허무주의[9]에 대한 강도 높은 비판의 끝에서 니체는 이렇게 외친다. "언젠가 썩은 냄새가 나고 자기 회의적인 이 현대보다 더 강한 시대가 되면, 위대한 사랑과 경멸을 가진 구원의 인간이, 자신의 질주하는 힘으로 모든 것을 초월한 저편의 경지로(aus allem Abseits und Jenseits) 끝없이 비상하는 창조적 정신이 우리에게 다가오고야 말 것이다. […] 안티크리스트이자 반(反)허무주의자, 신과 허무를 초극한 이 자──그는 언젠가 올 수밖에 없다."(GM, II, §24) 왠지 불길한 느낌이 드는 예언 같기도 하고, 어찌 보면 할리우드 블록버스터 영화의 선전문구 같기도 한 이 구절에서 니체는 '초인'의 도래를 외치고 있다. 그렇다면 초인에의 길이란 도대체 어떤 것인가?

---

8) 권위(auctoritas)와 권력(potestas)을 구분하려 했고 또 그것이 성공의 비결이기도 했던 아우구스투스에게서 차이의 단초를 발견할 수도 있겠지만(*Res Gestae Divi Augusti*, XXXIV), 그의 '권위'란 결국 '권력'을 치장하는 액세서리가 아니었을까. 진정한 의미에서의 권위라는 것이 존재할까? 우리는 뒤에서 이 문제를 다루게 될 것이다.

9) '동양'에 대한 니체의 입장은 계몽주의적 동경과도 헤겔적인 경멸과도 구분된다. 니체에게 불교는 유대교뿐 아니라 기독교보다도 고차적인 종교이다. 그렇다고 그것이 니체가 찾던 해답은 아니다. 불교는 유대의 '부정적 허무주의'와 기독교의 '반동적 허무주의'를 넘어서는 '수동적 허무주의'이지만(무에의 의지가 아니라 의지의 소멸), 결국 그것 또한 허무주의이기 때문이다. 이에 비해 '중국적인 것'이라는 말은 그에게 늘 경멸해야 할 만한 어떤 것을 뜻한다.

유럽의 역사에 대한 니체의 이해는 인간이란 본질적으로 반동적인 존재라는 결론을 가져오는 듯하다. 잠시 동안의 빛이 도래하는가 싶으면 어느새 허무주의가 귀환해 새롭게 자리를 잡곤 했기에 말이다. 니체에게 허무주의란 유럽사——니체로서는 세계사라 하고 싶겠지만——의 선험적 조건이라 해도 과언은 아닐 듯싶다. 니체의 초인은 이 선험적 조건을 파괴하는 존재이고 그래서 초인이다. 이 초인이라는 존재는 가치의 전환과 떼어서는 생각할 수 없는 존재이다.

초인이란 서구 역사의 근원적 딜레마 자체를 초극하는 인간이 아닐까. 니체의 입장에 충실할 경우, 우리는 서구 역사에서 이해하기 힘든 딜레마를 만나게 된다. 만일 서구사가 허무주의의 승리의 역사이곤 했다면, 로마적 강함이 유대적 약함에 정복당해 온 역사였다면, 결국 강한 것이 약한 것에 정복당했다는 결론을 피할 길이 없다. 강한 것은 약한 것을 이겨야 한다. 어떻게 강한 것이 약한 것에 진다는 말인가? 약하지만 정당하다거나 강하지만 부당하다는 이야기는 꺼낼 수조차 없다. 그런 논리야말로 바로 니체가 유대적 논리라고 보았던 논리이기에 말이다. 로마에는 이런 논리가 없다. 전투에서 이기는 것이 정의로운 것이고 지는 것이 부정의이다. 이겼지만 부당하다거나 졌지만 정의롭다는 개념은 존재하지 않는다(물론 "위대하다"는 것과 "훌륭하다"는 것이 다르다는 것, 그래서 그 둘을 일치시키는 것이 그토록 어렵다는 사실에 고뇌한 인물, 자신의 개인적 야심과 공화국에의 이상 사이에서 아슬아슬하게 줄타기를 한 인물, 키케로 같은 인물들도 분명 존재했다). 그렇다면 정말 로마적인 것이 강한 것인가? 왜 강한 것이 약한 것에 맥을 추지 못하는가?

나올 수 있는 결론은 하나밖에 없다. 지금까지의 모든 역사는 전초전에 불과하다. 지금까지는 강한 것이 약한 것에 지는 듯이 보였다. 그러나 그것은 잠시이다(그 잠시가 몇 천 년이지만 말이다!). 강한 것은 '결국' 승리한다. 강함과 정의로움을 동일시한다면 이것이 가능한 유일한 결론이다. 그래서 니체의 시선은 미래를 향할 수밖에 없다(하지만 이 논리는 유대-기독교의 논리와 정말 많이 닮지 않았나!). 초인의 논리는 반드시 미래의 논리이다. 역사는 거대한 전환을 준비 중이라고 말할 수밖에 없는 것이다.

초인이란 '초'-인인가 초-'인'인가. 초인은 여전히 인간인가? '초'(über)는 전미래 시제인가 미래 진행형인가? 물론 전미래 시제일 수는 없다. 생성존재론이라는 대전제를 상기한다면. 그래서 가치의 '전환'이라는 말은 부적절한 표현일 수도 있다. 유대적 가치를 로마적 가치로 '전환'한다고 초인의 길을 갈 수 있는 것은 아니다. 로마적인 것이 유대적인 것에게 져 왔기 때문만이 아니다. 과거로의 전환이 진정한 해답일 수 없기 때문이기도 하다. 초인이란 인간 바깥으로 단절되어 가는 존재가 아니라 끝없이 새로워지는 인간이 아닐까. 그는 반동적 존재라는 인간의 본성 자체를 거슬러서 새로운 삶의 가치들을 창조해내는 존재이다. 이 점에서 초인은 생명 자체에 가장 부합하는 존재이다. 생명이란 엔트로피의 사면을 거슬러 올라가면서 끝없이 새로운 형상들——형상(形狀)들만이 아니라 형상(形相)들까지도——을 창조해내는 존재이기에 말이다. 초인이란 허무주의의 사면을 거슬러 올라가면서 삶의 형태들을 창조해낸다. 니체에게 정말 중요한 것은 전환이 아니라 창조이다. 전환이란 서구사의 몰락을 역전

시키는 단초로서만 의미를 가진다.[10]

초인은 허무주의를 극복한, 더 정확히 말해 극복해 나아가는 존재이지만, 허무주의의 극복은 곧 허무주의의 완성이기도 하다. 어째서인가? '허무주의의 이중성'을 상기하자. 허무주의란 생성에의 깨달음이고 바로 그 깨달음에 입각해서만 영원회귀의 긍정도 가능하다. 허무주의의 극복은 동시에 (허무주의에 기반한) 영원회귀의 긍정이다. 허무주의의 극복이란 허무주의의 완성이다. 이 완성된 허무주의에서는 어떤 것도 "허무하지" 않다. 허무주의에의 깨달음은 부정에의 깨달음이다. 플라톤의 파르메니데스 극복에서 분명해졌듯이, 변화는 부정을 내포한다. 따라서 이 깨달음의 긍정은 곧 부정의 긍정이다. 그것은 '운명애'(amor fati)로서의 영원회귀의 긍정이다. 그러나 이 긍정은 나귀의 즉자적 긍정(긍정의 희화화)이 아니다. 영원회귀의 긍정은 또한 힘에의 의지의 긍정이기 때문이다. 이 의지의 긍정은 1) 소극적 허무주의(의지의 소멸)에 대항하는 의지에의 긍정이며, 2) 반동적 허무주의('무에의 의지')에 대항하는 존재 = 생성에의 의지에의 긍정이며, 3) 부정적 허무주의('초월에의 의지')에 대항하는 창조에의 의지의 긍정이기도 하다. 창조행위 ——니체적 의미에서의 '예술'(Kunst)——는 초월적 동일자가 아닌 의지적 생성에의 긍정이고, 무가 아닌 새로운 생성에의 긍정이며, 의지의 소멸이 아닌 의지

---

10) 삶의 형태 자체를 바꾸는 것과 한 형태의 내용물을 바꾸는 것은 다르다. 인간은 신을 죽이고 그의 자리를 차지했다. 그러나 비어 있는 자리를 새로 차지하는 것은 진정한 전환/전복과는 거리가 멀다. 그것이야말로 동일성에 머무는 허무주의에 불과하다.

의 확장에의 긍정이다. 그것이 곧 '형식을 창조하는 힘' 즉 '조형력'에의 긍정이다.[11]

'형식을 창조하는 힘'은 곧 해석하는 힘이기도 하다. 니체에게 해석이란 세계를 특정 관점에서 보는 인식론적 행위만은 아니다. 그것은 스스로를 특정한 해석주체로서 세우는 행위이며, 한 인간의 관점이란 곧 그 인간의 존재이다. 나아가 해석이란 힘에의 의지에 입각해 살아가는 모든 존재들의 삶의 방식 그 자체이다. 산다는 것은 곧 힘에의 의지의 활동이며, 이것은 다름 아니라 "관점을 세우는 힘"으로서의 해석이기 때문이다. 이 해석은 '정신'이 행하는 것이 아니다. 그것은 (이성과 감정을 포함해 갖가지 활동들의 총체인) 신체적 존재로서의 '자신'(das Selbst)이 행하는 것이다. 스스로를 해석주체로 세워 가는 인간, 그렇게 함으로써 절대적/초월적 진리에의 믿음과 그 파멸로 인한 절망이라는 양극을 무효화시키는 인간, 그가 곧 초인이다. 초인은 가치들의 가치를 해석하고 새로운 가치들을 세워 나가는 해석적·주체이다. 그는 뱀의 대가리를 수없이 물어뜯어 내뱉는 고난의 밤들을 버티어내고 마침내 새로운 리라를 얻은 자이다. 마침내 영원회귀를 긍정하게 된 인간, 삶을 기쁘게 긍정하게 된 인간.[12]

---

11) 이런 조형력의 활동이 'Kunst'이다. 이 'Kunst'는 현대적 의미에서의 '예술'보다는 그리스적 의미에서의 '기예'에 더 가깝다. 그것은 조각이나 시, 그림 등을 창조하는 것이 아니라 삶의 형식들 자체를 창조하는 것을 뜻한다. 물론 좁은 의미에서의 '예술' 또한 'Kunst'의 중요한 한 형식이다.

12) 백승영은 초인을 ① 항상 자기 자신을 넘어서고(über-sich-hinausgehen), 자기를 극복하는 삶을 영위하는 인간, ② 힘에의 의지를 가치 설정의 원칙으로 삼아 관점적 경험 상황을 스스로 구성하는 주체, ③ 삶에 적대적인 형이상학적 이분법과 절대적 도덕으로부터 자유로

생성존재론의 역사——아직은 매우 짧은 역사——에서 반복적으로 나타나는 것은 서구 존재론사 비판의 작업이다. '존재' 중심의 서구 존재론사를 비판하는 것이 '생성'존재론의 초석이 되는 것은 당연하다. 그리고 그 출발점에서 늘 엘레아학파가 논의되는 것 또한 자연스럽다. 이후 철학사의 전개에서 니체에게는 특히 소크라테스-플라톤의 철학과 그 통속화인 유대-기독교 전통에 대한 비판에 방점이 찍힌다. 그리고 이 전통을 잇는 근대 형이상학(특히 독일 이념론) 및 그 통속화인 계몽사상 또한 유사한 비판의 도마 위에 놓인다. 앞에서 언급했듯이, 이 모든 비판은 사실상 유대-기독교에 근간하는 서구 문명 비판이며 온갖 형태의 플라톤주의에 대한 비판이다. 이 점에서 니체에게서 서구 사상사는 다분히 획일화되고 균일화되는 경향을 띠게 되며, 때문에 그의 비판은 적지 않게 거친 성격을 띤다 하겠다. 이후 서구 존재론사에 대한 보다 정교한 이해는 베르그송, 하이데거, 들뢰즈, 데리다 등의 과제가 된다.

그러나 니체적 비판의 한계가, 그 한계의 핵심이 단지 철학자들에 대한 논의가 상세하지 못하다거나 부정확하다거나 적지 않은 왜곡을 포함한다는 사실에 있는 것은 아니다. 문제의 핵심은 보다 본질적인 곳에 있다. 생성존재론은 세계의 궁극을 생성으로 본다. 그렇다

운 인간, ④ 자기 극복이라는 목표만을 위해 가치 평가와 의미부여 작업을 하기 때문에 (전통적인 의미에서는 도덕적이지 않다고 평가되는) 이기적이고 개인적인 존재, ⑤ 자기 입법적인 존재이자 자기 명령적인 존재, ⑥ 자기 자신에 대해 디오뉘소스적 긍정을 하는 힘의 느낌을 자신의 행복으로 삼는 인간으로 정리해 주고 있다.(백승영, 『니체, 디오뉘소스적 긍정의 철학』, 책세상, 2005, 228~229쪽)

면 생성존재론이 대면해야 할 가장 기본적인 사실은 세계는 숱한 동일성들로 구성되어 있다는 사실이다. 개체들, 개체들의 성질들/속성들, 개체 이하의 존재들, 개체 이상의 존재들, (일정한 동일성을 형성하는) 관계들, 일정한 틀을 유지하는 시공간들 등을 비롯해 어째서 무수한 형태의 동일성들('존재'들)이 존재하는가? 더 정확히 말해 생성존재론이 설명해야 할 것은 동일성들의 변화이다. 동일성들이 변해 간다는 것은 분명 생성존재론의 '진리'가 확인되는 방식이다. 그러나 바로 그렇기 때문에 생성존재론은 동일성들이 변해 가는 과정을 설명했을 때 가장 빛나는 설득력을 얻는다. 생성존재론이 해야 할 일은 생성에 대한 강조가 아니라 오히려 존재에 대한 설명이다. 차이생성의 철학에게 중요한 것은 어떻게 동일성들을, 더 정확히 말해 동일성들'의 변화'를 설명할 것인가이다. 우리는 이것을 '생성존재론의 역설'이라 부를 수 있을 것이다.[13]

이것은 동일성의 철학들의 경우에도 성립한다. 동일성의 철학이 설명해야 할 것은 왜 그 동일성이 변해 가는가 하는 것이다. 동일성의 철학이 동일성 자체에 집착하고 멈추는 한, 그것은 그 동일성을 과도하게 과장된 형태로 신비화하기에 이른다. 생성의 철학이 동일

---

13) 이 점에서 '생성'(生成)이라는 말은 매우 시사적이다. 생성은 '生 = be-coming'만이 아니라 '成 = being'이기도 하다. 그것은 흐름의 와중에서 발생하는 동일성들을 시사한다. 때문에 성숙한 생성존재론은 'Becoming'에 대한 배타적인 강조가 아니라 'Becoming' 위에서 성립하는('위에서'를 '분리'를 함축하는 것으로 읽으면 곤란할 것이다) 'Being', 더 정확히 말해 'beings'의 탐구를 통해 성립한다. 생성존재론은 'Becoming'과 'beings'의 존재론이다. 이런 생각을 정확히 나타내고 있는 서구어로서 's'engendrer'를 들 수 있다. 베르그송이 『창조적 진화』에서 이 용어를 즐겨 사용하는 것도 이런 맥락에서 이해할 수 있다.

성(의 변화)을 설명해 주어야 하듯이, 동일성의 철학은 생성(의 존재)을 설명해 주어야 한다. 이렇게 볼 때, 동일성의 철학과 생성의 철학이 'opposition'의 관계에 설 때 그 두 철학 모두 실패한 철학이 된다는 것을 알 수 있다. 두 철학은 필연적으로 서로에게 수렴할 수밖에 없으며 결국 종이 한 장 차이에 이르게 된다. 서로가 서로의 반면(反面)인 것이다. 그럼에도 생성존재론이 동일성의 존재론보다 더 근본적인 입장이라고 한다면, 어느 입장을 취하든 동일성들의 이해는 결국 그것들의 변화의 이해이고 시간의 지평 위에서 성립하는 것이기 때문이다. 생성의 철학에게 문제가 되는 것은 생성을 정교화하는 점에 있지만, 동일성의 철학에게 문제가 되는 것은 결국 그 동일성을 열지 않고서는 안 된다는 점에 있는 것이다.

이 점에서 니체가 정립한 '생성의 무죄'는 생성존재론의 시작일 뿐이다. 이후 생성존재론의 정교화는 곧 생성 위에서 동일성들이 탄생/소멸하는 과정을 개념화하는 것이 되었고, 베르그송, 화이트헤드, 들뢰즈는 이러한 개념화의 진전 과정을 보여주는 결정적인 인물들이다.[14)]

동일성의 변화 과정에 대한 설명과 더불어 생성존재론의 양대 과제를 형성하는 것은 생성의 바탕 위에서 윤리적-정치적 입장을 세우는 작업이다. 허무주의의 이중성에서 출발해 계보학적 가치전

---

14) 니체의 'Werden', 베르그송의 'durée', 화이트헤드의 'process', 하이데거의 'Ereignis', 들뢰즈의 'différentiation'을 비교하는 것이 21세기의 존재론을 전개하기 위해 선결되어야 할 과제라고 할 수 있다.

환을 꾀하고 초인으로 나아간 니체의 실천철학은 그의 존재론 못지 않게 이후의 생성철학에 중요한 토대가 되었다. 그러나 유대-기독 교적 가치에 대한 계보학적 비판과 그레코-로망적 가치의 재평가로 이루어진 그의 실천철학은 1) 그 자체로서 과연 설득력이 있는가의 문제만이 아니라 2) 그것이 과연 서구를 떠나 세계사적 지평에서의 윤리학/정치(철)학이 될 수 있는가? 라는 두 가지의 중요한 물음을 야기한다. 유대-기독교 가치에 대한 그의 비판은 얼마만큼 정당한 가? 단순한 호메로스적 "영웅"들이나 끝없는 욕망에 휘둘리는 로마 의 군벌-마초들이 미래 삶의 모델이 될 수 있는가? 나아가 유대-기 독교와 그레코-로망의 대결이라는 지중해세계의 문제가 과연 세계사 전체의 문제일 수 있는가? 서구의 철학자들이 늘 그렇듯이, 니체 역 시 서구를 세계와 동일시하고 있는 것이 아닌가? 니체의 실천철학은 그의 존재론보다 더 심각한 물음들을 떠오르게 만든다.

이 두 가지 근본 과제에 대한 실마리들을 찾기 위해서는 이제 생 성존재론의 또 한 사람의 선구자를 만나 봐야 한다.

4. 존재와 시간

베르그송의 존재론은 시간의 진정한 의미를 보지 못한 서구 존재론 사에 대한 집요한 비판으로 구성되어 있다. 이 점에서 베르그송의 존재론은 전형적인 생성존재론의 형태를 띠고 있다. 우리는 그에게서 니체의 경우보다 더 정치한 생성존재론의 기본 논변들을 만나게 된다. 니체가 그랬듯이, 베르그송 역시 엘레아학파의 존재론에서 19세기 진화론에 이르기까지 길게 이어 온 서구 학문의 역사 전체를 조망하고 그 한계선에 서서 자신의 시간철학을 제시하고 있다.

　베르그송은 서구 학문이 두 가지의 근본적인 착각에 입각해 진행되어 왔음을 고발한다. 첫째, 서구 학문은 운동을 운동하지 않는 것들의 합으로서 설명하고자 했다. 둘째, 서구 학문은 무를 매개해서 존재를 이해하고자 했다. 무란 주관적인 것이며, 이 주관의 매개는 실재에 대한 왜곡된 이해를 가져왔다. 여기에서 결론을 먼저 이야기했으나, 이 두 가지 '영화적 기작'은 서구의 학문사 전체에 대해 베르그송이 행한 광범위하면서도 치밀한 비판의 결실로서 나온 것들이다. 이제 우리가 따라가 보아야 할 것은 이 비판적 분석의 궤적이다.

존재와 무

파르메니데스를 논하면서 이야기했듯이, 헬라스의 존재론은 무를 개입시켜 생성을 이해했다. 생성은 '아님'을 즉 부정을 내포한다. 그리고 부정을 무로서 받아들일 때 생성은 무를 내포한다. 플라톤은 무/부정을 '타자의 존재'로서 파악함으로써 생성을 관계들의 변화로서 이해할 수 있었다. 그러나 이것이 무/부정을 배제한 것은 아니다. 무/부정의 논리는 자기동일성을 갖춘 존재'들'을 설정하고 그것들 사이의 관계 변화들을 사유할 때 언제나 함축되어 들어가는 것이다. 그리고 거기에는 불연속의 논리가 작동하고 있다. 불연속의 세계에서 연속성이란 반드시 '관계'로서만 성립한다. 급진적인 연속성 ──'아페이론'──은 늘 '그 위에서' 동일성들의 관계(의 운동)를 사유해야 할 터일 뿐이다. 만일 동일성을 보장해 주는 '형상들'이 존재하지 않는다면 아페이론이란 그저 흐리멍덩할 뿐인 연속성 = 흐름일 뿐이다. 운동하는 연속성, 연속적 운동성으로서의 아페이론은 반드시 극복해야 할 무엇이다.

베르그송은 여기에서 헬라스적 편견의 뿌리를 발견한다: 무를 매개해 생성을 파악하는 것, 동일성을 매개해 생성을 파악하는 것. 어떤 형태로든 동일성(들)을 본체로서 상정하는 사유들은 그 안에 무/불연속/부정을 필수적으로 함축하게 된다. 이런 원리들이 매개되었을 때에만 동일성(들)이 동일성(들)일 수 있기 때문이다. 때문에 이 사유들에서 운동이란 어떤 형태로든 동일성의 훼손을 함축하며, 이 훼손을 설명하기 위해서 아페이론(질료/물질)이 상정된다. 이로부터 위에서 말한 베르그송의 두 비판이 성립한다. 1) 서구 존재론은 자체로서는 운동하지 않는 모종의 동일성을 통해서만 운동을 이해하려 했다. 2) 존재(들) = 동일성(들)을 무/부정을 매개해서만 이해하려 했다.

동일성은 무와 부정을 매개해서 스스로의 동일성을 유지한다. 그래서 동일성은 시간을 초월한다. 베르그송은 이런 사유 구도가 서구 존재론사에서 시간의 의미를 근본적으로 간과하게 만들었다고 본다. 이것은 곧 생성의 의미를 간과했음을 뜻한다. 생성이란 동일성들을 가르고 있는 무와 부정을 메움으로써 연속성을 도래하게 만든다. 무와 부정의 메움은 파르메니데스적 일자 또는 헤라클레이토스적 흐름을 도래시킨다. 서구 존재론사의 경우 동일성'들' 사이의 무/부정이 메워짐으로써 파르메니데스적 일자로 돌아가지는 않았으며, 결국 그것은 생성에 관련해 성립했다. 즉, 이 경우의 연속성은 흐르는 연속성이다. 그러나 이럴 경우 동일성들은 스스로를 유지하지 못하며 아페이론으로 흡수되어버린다. 이로부터 서구 존재론을 오랫동안 지배해 왔던 질료와 형상의 이원론이 등장하기에 이른다. 형상들은 질료 속에서 '타락'하지만 결코 그것으로 흡수되지 않는다(근대 과학에서 이 '타락'은 '오차'의 개념으로 변형된다). 이것이 생성을 무/부정을 매개해 이해할 때 필연적으로 결과하는 이원론이다.

베르그송은 무와 부정이 실재의 객관적 성격이 아니라는 것, 인간의 주관이 실재에 투영해서 그것을 보는 관념적 구성물일 뿐이라는 것을 확립함으로써, 생성을 동일성들의 '타락'으로서가 아니라 본래적인 것으로 사유하려 한다. 연속적 흐름은 동일성들이 타락함으로써 성립하는 것, 질료에 "떨어짐으로써" 성립하는 것이 아니다. 그것은 실재 자체이다. 실재는 아페이론(새롭게 이해된 아페이론)이다. 베르그송은 이 흐르는 연속성, 또는 연속적 흐름을 '지속'이라고 부른다. 서구 존재론사에서 아페이론의 위상은 극적으로 반전된다.

베르그송은 무와 부정이 주관의 투영이라는 사실을 여러 갈래의 논변으로써 전개한다.

1. 무를 사유하는 한 방식은 그것을 이미지로서 그려 보는 것이다. 이것은 곧 사물들의 소멸을 상상하는 것이다. 베르그송은 이 경우에 관련해 데카르트적 논법을 구사한다. 1) 외부세계를 삭제해 가는 경우, 사물들을 하나하나 삭제해 나갈 때 그렇게 삭제해 나가는 나 자신은 엄연히 존재한다. 2) 내부세계를 삭제해 가는 경우, 내 의식이 삭제되어 갈 때 나의 또 다른 의식이 그렇게 사라져 가는 내 의식을 주시하고 있다. 어느 경우든 삭제'되는' 존재의 무는 다름 아닌 삭제'하는' 존재의 존재에 의해서 확인되고 있는 것이다. 3) 그렇다면 외부세계와 내부세계를 동시에 삭제하는 경우는 어떤가? 이 경우에도 사정은 마찬가지이다. 이때 우리는 외부세계와 내부세계를 왕복 운동하면서 두 세계를 동시에 무화하려 애쓰고 있는 스스로를 발견한다. 무가 존재한다면, 그것은 단지 외부세계와 내부세계를 왕복 운동할 때 찰나적으로 지나가는 그 경계선에 있을 뿐이다.

2. 무를 상상하는(이미지로서 그려 보는) 것이 아니라 논리적으

로 규정하는('상상'하기보다 '생각'하는) 경우는 어떨까? 이 경우 베르그송은 '타자로서의 비존재'라는 플라톤의 논법을 구사한다. 여기에서도 논의는 외부세계, 내부세계, 전체의 순으로 전개된다. 1) 베르그송은 '타자로서의 비존재'라는 플라톤적 존재론을 부재(不在)의 심리학이라 부를 만한 것으로 보완한다. 무엇인가가 '없다'는 것은 사실상 어떤 타자가 '있다'는 것을 뜻한다. 서울이라는 도시가 '없다'는 것은 사실상 거기에 어떤 다른 도시가, 아니면 최소한 어떤 폐허가 '있다'는 것을 뜻한다. 왜 인간은 타자의 현존을 동일자의 부재로서 이해하는가? 인간이 시간적 존재이기 때문이다. 인간은 자신의 기억과 기대를 투사해 세계를 본다. 타자가 있을 때 그는 말한다. 이제 그것(동일자)은 "더 이상" 없다고. 또는 말한다. 그것이 "아직은" 없다고. 그러나 주체의 기억과 기대를 거둬내고 사실을 보면 거기에는 그가 기억/기대했던 그것이 아닌 어떤 다른 것이 현존(現存)하고 있을 뿐이다. "무라는 관념은 주관의 측면에서는 선호(選好)를, 객관의 측면에서는 대체(代替)를 뜻하며, 결국 이 선호와 대체라는 감정 사이의 결합, 아니 차라리 중첩에 다름 아니다."(EC, 282/419)[1] 2) 내부세계의 경우, (『시론』에서 상론되었듯이) 동일자와 타자의 공간적 대체의 방식보다는 보다 분명하게 '지속'의 관점에서 '부재'가 곧 '현존'임이 강조된다. 우리 내면의 공백이란 사실상 충만에 불과하다.

---

1) EC = Henri Louis Bergson, *L'Evolution créatrice*, PUF, 1907; 『창조적 진화』, 황수영 옮김, 아카넷, 2005. 베르그송의 저작들로는 '백 주년 기념판'에 수록된 것들을 사용했다. 앞의 쪽수는 불어본, 뒤의 쪽수는 한글본의 쪽수이다.

이 또한 우리가 시간적 존재이기 때문에 그렇다. 우리 마음속을 채우고 있는 존재들이 "더 이상" 없다거나 "아직은" 없다고 생각할 때, 실제 '현존'하는 것은 바로 그렇게 생각하는 마음을 바라보는 또 다른 내 마음이다. 여기에서도 기억/후회와 기대/욕망의 심리학이 작동하고 있다. 3) 이제 내면과 외면을 동시에 지워버리는 경우는 어떤가? 이 경우에도 베르그송은 데카르트적 논변을 제시한다. '전체의 삭제'란 용어상의 모순을 함축한다. 전체를 삭제할 때, 삭제하는 주체는 여전히 전제되고 있기 때문이다.

3. 삭제라는 행위/과정을 전제하지 않고 순수 논리적인 방식으로 문제에 접근할 경우는 어떠한가? 즉 실제 시공간 안에서 벌어질 수 있는 무화가 아니라 논리적인 무화의 경우는 어떤가? "A가 존재하지 않는다"라는 명제는 어떤 의미를 함축하고 있는가? "A가"라고 말하는 것은 우리가 이미 A의 표상을 가지고 있음을 뜻하고, 이것은 이미 A의 존재를 가정하고 있는 것이다. 베르그송은 "A가 존재하지 않는다"는 판단이란 무엇인가를 덜어내는 행위가 아니라 차라리 무엇인가를 덧붙이는 행위를 함축함을 역설한다. "'존재하지 않는' 것으로 생각된 대상의 관념에는 '존재하는' 것으로 생각된 대상의 관념의 경우보다 더 적은 것이 아니라 더 많은 것이 존재한다. '존재하지 않는' 대상의 관념은 필연적으로 '존재하는' 대상의 관념일 뿐만 아니라, 덧붙여 이 대상의 배제라는 표상까지 포함하고 있기 때문이다."(EC, 286/425) 베르그송은 '없다'라는 술어 자체가 '있는' 어떤 것을 주어로 성립한다는 점을 논함으로써, 무/부정이란 자체로서가

아니라 항상 존재/긍정에 덧붙여져서 성립함을 역설한다.[2] 무의 가능성은 존재의 실재성 위에 붙어 있는 것이다.

4. 이제 베르그송은 앞의 논리들을 '부정' 개념을 통해 보충한다. 1) 부정은 긍정 위에서 성립한다. 왜인가? "이 탁자는 검다" 같은 판단과 "이 탁자는 희지 않다" 같은 판단은 단순한 형식논리적 플러스와 마이너스의 관계가 아니기 때문이다. 전자는 단순히 실재를 서술하는 명제이다. 후자의 명제는 전혀 성격을 달리한다. 플라톤에게서 이미 부정명제의 특성을 보았거니와, "이 탁자는 희지 않다"고 말할 때 화자가 본 것은 '희지 않은' 탁자가 아니라 흰색의 여집합 속의 어느 한 색의 탁자이기 때문이다. '희지 않은 색'이라는 색은 사실상 없다. 앞에서도 말했듯이 우리는 부재를 보고 있는 것이 아니라 어떤 타자의 현존을 보고 있는 것이다. 긍정명제와 부정명제는 이렇듯 그 성격을 전혀 달리한다. 긍정명제가 실재에 대한 유일한 서술이라면, 부정명제는 어떤 실재를 전제한 채 그 실재의 여집합에서 임의의 한 경우를 서술하고 있는 것이기 때문이다. 나아가 부정에는 모종의 주관이 작동하고 있다. 여기에서 화자는 왜 하필이면 이 탁자가 "희지" 않다고 말하는 것일까? 실제 탁자 색깔의 여집합에 속하는 어느 색깔에 대해서도 그렇게 이야기할 수 있다. "이 탁자는 노란색이 아

---

2) 주어에 들어가는 존재가 사실상 무인 경우는 어떨까? "유니콘은 없다"라고 말할 때, 주어를 채우고 있는 존재는 실제 없지 않은가? 그러나 지금의 맥락은 주어가 상상적인 것인지 실재적인 것인지에 있지는 않다. 상상적인 경우에도 '없다'라는 술어의 성격은 실재적인 경우와 마찬가지이기 때문이다. 그러나 문제의 핵심은 지금 우리가 논하는 것이 세계의 '무'에 대한 것이고 따라서 실재하지 않는 존재들은 애초에 논외라는 점에 있다고 해야 할 것이다.

니다", "붉은색이 아니다" 등등으로. 화자가 하필이면 "희지" 않다고 말하는 것은 이미 그 탁자를 "희다"고 말하는 판단/인물을 전제하고 있기 때문이다. 부정이 긍정 위에서 성립한다고 한 것은 이 때문이다. 2) 부정명제는 특정한 항을 배제하는 것일 뿐 사실상 어떤 항을 적시하고 있는 것은 아니다. 그것은 특정한 항을 긍정하는 사람에게 경고하는 명제이며, 또 그 항을 다른 어떤 항으로 대체해야 함을 제안하는 명제이다. 부정판단은 사물에 대한 판단이 아니라 판단에 대한 판단이다. 그것은 특정한 사물을 판단하고 있는 것이 아니라 이미 이루어진 판단을 배제하고 있을 뿐이기 때문이다. 부정명제가 겨냥하는 것은 사물/실재가 아니라 타인/판단인 것이다. "이런 종류의 모든 의도를 제거해 보자. [주관에 물든] 인식에 오로지 과학적인 또는 철학적인 특성만을 되돌려 줘 보자. 달리 말해 실재가 오로지 사물들만을 고려할 뿐 인물들에는 무관심한 정신 위에 스스로를 각인시킨다고 가정해 보자. 그때 우리는 이러저러한 사물들이 있다는 것을 긍정할 뿐, 어떤 사물이 없다는 것을 긍정할 일은 없게 될 것이다."(EC, 290/432)

베르그송은 이렇게 여러 가지 논변들을 통해서 무와 부정이란 세계 자체의 속성이 아니라 인간이 세계에 투영하는 주관적 속성임을 논증한다. 논의 과정에서 이미 언급했지만, 왜 인간은 세계에 무와 부정을 투사해서 바라보는가 하는 문제는 흥미로운 문제이다.

긍정명제와 부정명제는 모두 명제로 표현되며 얼핏 차이란 단지 "아니다"라는 표현, 일종의 '마이너스'에 있을 뿐으로 느껴진다. 그래서 형식논리에 따른다면 부정의 부정은 다시 긍정으로 되돌아온다. 또는 변증법적 논리에 따른다면 부정의 부정은 달라진 형태의 긍정으로 되돌아온다. 그러나 베르그송은 긍정의 행위와 부정의 행위는 단지 방향에서의 대칭관계를 가지는 것이 아니라 보다 근본적으로 다른 행위임을 강조한다. "땅이 습하다"고 말하는 것과 "땅이 습하지 않다"고 말하는 것 사이에는 단지 부호의 차이만이 있는 것이 아니다. "땅이 습하다"는 것은 객관세계가 주관에게 말하자면 강요하는 사실이지만, "땅이 습하지 않다"는 것은 사실상 땅이 "~하다"고 해야 할 것을 주관이 가진 관심, 실망, 기대 등등의 심리적 상황을 투영한 결과일 뿐이며, 하나의 판단으로서 아직 미완성의 열린 것이기 때문이다. 부정은 어떤 상대방을, 상대방의 판단에 대한 교정을, 또는 상대방으로서의 자기 자신을 겨냥하고 있으며, 실제 판단이 아니라 다만 상대방의 판단을 판단하고 있는 것이다. 베르그송이 부정에서 "사회의 시작"을 보는 것은 이 때문이다. 부정이란 주관적인 것이며 또한 사회적인 것이다. 부정은 사물이 아니라 타인(의 판단)을 겨냥하기 때문이다.

부정의 이 같은 성격은 인간존재의 두드러진 한 특징에서 유래하는데 그 특징이란 곧 '가능성'을 생각할 수 있는 특징이다. 인간은 있는 그대로의 현실만을 지각하지 않는다. 인간은 가능성으로 특징지어지는 존재이고 가능성을 투사해서 세계를 보는 존재이다. 가능성이란 현재를 넘어 과거와 미래를 사유할 수 있게 해주는 양상이다.

순수하고 단순하게 경험의 선(線)을 따라가는 정신, […] 이런 정신에 기억을, 그리고 특히 과거에 집착하려는 욕망을 부여해 보자. 그것에 분리하고 구분하는 능력을 주어 보자. 그는 더 이상 흘러가는 실재의 현실태에만 주목하지는 않을 것이다. 그는 흐름을 [분리하고 구분해서] 하나의 변화로서 파악할 것이고, 그 결과 이었던 것(ce qui a été)과 인 것(ce qui est) 사이의 대조로서 파악할 것이다. 그리고 우리가 떠올리는 과거와 상상하는 과거 사이에는 본질적인 차이가 없기에,[3] 그는 곧 가능태 일반의 표상으로 넘어갈 것이다.(EC, 293~294/436~437)

가능태 일반의 표상으로 넘어간 인간은 "어째서 무가 아니라 무엇인가가 존재하는가?"라는 라이프니츠의 물음으로까지 나아가게 된다. 여기에서도 존재를 무 위에 존립하는 것으로 생각하는 착각이 도래하지만, 지금까지의 논의로 미루어 알 수 있듯이 결국 이 절대 무란 '전체'의 존재에 덧붙여진 정신의 조작에 불과하다. 결국 베르그송에 따르면 얼핏 심오하게 보이는 이 물음은 단지 사이비 물음일 뿐인 것이다.

그런데도 상대 무의 경우든 절대 무의 경우든 왜 존재는 무 위에 존립한다는 생각은 우리에게 그토록 자연스럽게 느껴지는 것일까? 베르그송은 우리의 철학적 오류들은 대개 실재에 주관을 투영하는 데에서 유래한다고 본다. 극히 드문 과학적/철학적 맥락이 아닌 한,

---

3) "떠올리는 과거"는 언젠가 한번 현실적이었던 것으로서의 과거를 가리키고, "상상하는 과거"는 현실이었든 아니든 일반적으로 상상할 수 있는 과거이다. 미래까지 포함하는 가능태 일반을 표상함으로써 존재론적 사유가 시작되고 존재의 아래에는 무가, 긍정의 아래에는 부정이 있다는 (베르그송이 비판하는) 생각이 도래한다.

우리의 삶은 실재에 대한 사변에 의해서가 아니라 현실에 대한 가치 판단에 의해 이끌린다. 그리고 대부분의 경우 실재는 이 가치판단에 의해 물들여진 채로 이해(오해)된다. 달리 말해, 스피노자가 '신학'의 맥락에서 설득력 있게 지적했듯이(『에티카』1부, 보론), 인간은 자신의 목적론을 실재에 투사하곤 한다.

베르그송은 인간의 삶은 '부재'에 의해 이끌린다는 점을 지적한다. 인간은 부재/무를 현존/존재로 채우기 위해 살아간다. 인간적 삶을 이끌어 가는 추동력은 현실성보다는 가능성에 있다. 가능성은 부재를 낳고 부재는 현재의 인식보다는 미래로 향하는 욕망과 과거를 향하는 후회를 낳는다. 무를 채워 나가는 우리 삶의 방식은 어느새 사변적 맥락에까지 스며든다. 존재가 무 위에 수놓아지는 자수 같은 것으로 이해되는 것은 이 때문이다. 베르그송은 무와 부정이 '인간적인 것'임을 논증함으로써 무/부정이 투사되지 않은 실재로 우리를 데려간다.

한 철학자가 행한 작업은 항상 양면으로 읽힐 수 있다. 오바케 (お化け)들을 몰아내려 했던 근대주의자 이노우에 엔료가 역설적으로 '요괴학'의 시조로 간주되듯이, 베르그송이 실재 탐구에 주관을 투영하는 행위를 비판하기 위해 분석한 무론, 부정론은 역설적으로 인간존재와 무/부정 사이의 관계에 대한 흥미진진한 통찰을 남겼다고 하겠다. 우리는 예컨대 사르트르에게서 그 여진(餘震)을 분명하

게 확인한다.[4]

이런 맥락에서 베르그송의 실재 탐구는 헤겔의 변증법과 흥미롭게 비교된다. 헤겔이 사유하려 한 것은, 설사 그것이 거대한 종합철학의 외관을 띠고 있다 해도, 결국 인간이/주체가 세계/자연과 상호작용하면서('노동') 만들어 가는 시간, 존재와 당위가 역동적으로 얽히면서 전개되는 역사였기 때문이다. 베르그송을 논의한 지금 우리는 왜 그에게서 '부정'이 그토록 중요한 역할을 하는지 더욱 잘 알게 된 듯하다. 존재와 당위의 얽힘을 지배하는 것은 결국 부정의 노동이기 때문이다(전혀 다른 맥락/뉘앙스에서이지만, 바로 이것이 베르그송의 통찰이기도 하다).[5] 베르그송의 경우는 다르다. 베르그송이 탐구하려 하는 것은 인간의 주관에 의해 채색된 실재로부터 그 채색을 빼낸 실재 자체이기 때문이다. 베르그송은 주관과 객관의 얽힘이 아니라 객관 자체를 탐구하려 한 것이다. 그렇다면 우리는 왜 베르그송에

---

4) 『존재와 무』 도입부에 나타나는 '부정들'에 대한 논의를 참조. 여기에서 사르트르는 베르그송의 논법을 구사하면서도 무를 객관화한다. 카페에서의 '피에르의 부재'는 '카페의 무화(無化)'와 함께 이중의 무화를 형성하며, 나(피에르를 찾는 주체)는 "부정의 판단 이전"에 이 이중의 무화를 직관한다는 것이다.

5) 주체성에 대해 부정이 가지는 의미는 『정신현상학』(게오르그 빌헬름 프리드리히 헤겔, 임석진 옮김, 한길사, 2005)의 「서론」에 잘 나타나 있다. "실체가 곧 주체라고 하는 것은 바로 이 실체에 순수하고도 단순한 부정성(Negativität)이 작용하면서 바로 이로 인하여 단일한 것이 분열됨을 뜻한다. 그러나 […] 이 대립은 분열된 양자가 서로 아무런 관계도 없이 차이와 대립을 빛는 그런 상태가 아니다. 이렇게 해서 회복된 동일성, 다시 말하면 밖으로 향하면서 곧 다시 자기 자체 내로 반성, 복귀하는 움직임, 즉 최초에 있던 직접적인 통일과는 다른 이 두 번째의 통일성이 바로 진리이다. 진리는 자체적으로 생성되는 것으로서, 이는 자기의 종착점을 사전에 목적으로 설정하고 이 지점을 출발점으로 하여 중간의 전개 과정을 거쳐 종착점에 다다를 때라야 비로소 현실적인 것이 되는 원환과 같은 것이다."(52~53쪽) 사르트르와의 연계성 및 베르그송과의 대조가 분명하게 나타나 있다.

게서 '부정'이라는 것이 '인간적인' 것으로서 비판되고 있는가를 이해할 수 있다. 베르그송은 헤겔에게 말한다: "당신이 탐구하는 것은 인간의 역사일 뿐 세계의 존재론이 아니다." 헤겔은 베르그송에게 말한다: "인간이라는 존재가 이 세계에 존재하고 그 존재는 단지 즉자적으로만이 아니라 대자적(이고 즉자-대자적)으로 존재한다." 주체의 변증법적 운동 자체가 바로 '세계'를 구성하는 한 요소, 더구나 핵심적인 요소인 것이다. 그러나 우리는 헤겔에게 이렇게 말할 수 있을 것이다: "바로 그런 변증법적 운동을 정확히 이해하기 위해서라도 우선은 세계를 세계 자체로서 정확히 파악해야 한다." 처음부터 주체적 관점에서 세계에 접근할 때 그 세계 이해는 객관적인 것이 못되고 바로 그 때문에 주체의 변증법도 정확한 것이 될 수 없는 것이다. 그러나 주체성의 존재 그 자체가 세계의 한 '사실'/'사건'이라면, 우리 사유의 귀결은 실재 탐구에 그치는 것이 아니라 실재와 주체를 함께 사유하는 것, (정확히 이해된) 세계와의 관계에서 파악된 주체 또는 주체에 의해 그 자체 변형을 겪어 나가는 실재를 사유하는 데로 나아가야 할 것이다. 중요한 것은 처음부터 인식에 실천을 물들이는 것이 아니라 실천을 인식으로 근거 짓는 일일 것이다.

무와 부정이 투사되지 않은 세계는 곧 연속적인 세계이다. 세계에 무와 부정을 투사함으로써 구멍을 내고 금을 긋는 것은 인간의 주관이기 때문이다. 무와 부정은 불연속을 낳는다.

연속과 불연속

인간의 주관이 만들어내는 구멍들과 금들을 솎아내고 세계를 볼 때 세계는 (무/부정을 투사해 파악한 세계에 대해 상대적으로) 연속적인 것으로서 나타난다. 이 연속성은 파르메니데스적 일자로서 성립할 수도 있고, 헤라클레이토스적 "panta rhei"로서 성립할 수도 있다. 그러나 양자의 인식론적 위상은 다르다. 후자가 경험으로 확인되는 사실이라면 전자는 어떤 논리적 추론의 결과이기 때문이다. 서구 존재론사는 파르메니데스의 길을 따랐으며, 바로 이 사실이 생성존재론이 행하는 철학사론의 결정적인 출발점이 된다. 생성존재론자들로서는 바로 이 서구 존재론사의 길——"플라톤 철학에 대한 긴 각주"——을 해체적으로 독해하는 것이 사유의 초석을 이루는 것이다. 매우 상이한 양태이지만, 니체, 베르그송, 화이트헤드, 하이데거, 들뢰즈 등에 의해 반복적으로 논의된 것은 엘레아학파에서 연원하는 이 존재론사이다.

존재가 무를 극복하고서 존립하는 것으로 볼 때, 존재와 무 사이에는 절대 모순이 존재한다. 그 사이에는 시간이 없다. 그러나 무의 극복으로서의 존재에 대한 표상은 또한 생성을 출발점으로 해서 성립할 수 있다. 생성이란 소멸의 계기를 포함하며, 따라서 생성을 넘어선다는 것은 곧 무화(無化)를 넘어서는 것이기 때문이다(미리 말한다면, 생성이란 또한 탄생의 계기를 포함하며 바로 이 사실이 생성존재론의 핵심을 이룬다). 생성이란 무와 부정을 내포한다는 이야기를 했거니와, 사실상 이런 파악 자체가 생성을 넘어선 어떤 동일성들에 주안점을 두는 관점에서 이루어지는 이야기라는 사실을 알 수 있다. 동일성들의 맥락에서, 생성은 항상 무와 부정의 계기를 내포할 수밖에 없기에 말이다. 앞에서는 주관이 실재에 만들어내는 구멍들과 금들, 즉 주관이 실재에 투영하는 무와 부정의 작용을 논했거니와, 이제 우리가 논할 것은 생성을 무와 부정을 매개해서 파악하는 관점이다. 이것은 우리가 처음에 이야기했던 "운동을 운동하지 않는 것들의 합으로서 설명"하려는 관점이며, 물론 이것은 첫 번째의 관점 즉 "무를 매개해서 존재를 이해"하려는 관점과 맞물려 있다. 여기에서 문제가 되는 주관은 앞의 경우보다 훨씬 이론적인 주관이지만, 그 또한 결국 앞의 경우와 마찬가지로 인간의 실천적 맥락을 인식적 맥락에 투영함으로써 야기되는 사태라는 점이 중요하다.

베르그송의 사유에서 가장 특징적인 것들 중 하나는 'intelligence'(영어의 'understanding', 독일어의 'Verstand'에 해당)의 본성에 대한 이해에 있다. 베르그송에서 'intelligence'는 일반적인 이해에서처럼 '합리(주의)적 이성' 능력을 뜻하지만, 그것의 본성은 사물에 대한 순수/합리적 인식이 아니라 어디까지나 인간의 실용적인 행동에 연관된다. 다시 말해, 베르그송의 'intelligence'는 전통 철학에서처럼 인간의 선험적 능력이 아니라(물론 특정한 시간대에서의 단면을 생각할 때 분명 선험적 성격을 띠지만) 진화의 산물이며, 특히 물질성(matérialité)을 인식하기에 적합한 능력이다. 그래서 이 말은 '오성'이나 '지성'보다는 차라리 '지능'을 뜻한다('본능'과 정확히 대비되는 의미에서). 전통 철학에서 '순수 인식'으로 생각하는 분석적/합리적 인식을 베르그송은 인간 주관의 실용적 인식이라고 생각한다. 이 점은 베르그송 인식론의 가장 독창적인 측면들 중 하나이며, 그를 서구 철학의 '정통'에서 급진적으로 일탈하게 만드는 측면이기도 하다. 우리가 흔히 '객관적'이라고 생각하는 합리적/과학적/분석적 인식은 베르그송에게는 오히려 '주관적'인 것이다. 그것이 '보편적'인 것일 수는 있어도 결코 '객관적'일 수는 없다. 베르그송의 이러한 생각은 하이데거를 비롯해 현상학/해석학 계열의 여러 철학자들에게로 이어진다.

그렇다면 지능은 어떤 면에서 '주관적'인 것인가? 지능은 사물을 어떻게 이해하며, 그것으로 포착되지 않는 실재는 과연 어떤 것인가? 우리가 시간을 어떤 식으로 다루는가를 생각해 보는 것이 모든 논의의 실마리를 이룬다.

실용적인 주관을 투영해서 운동과 시간을 볼 때, 우리가 투영하는 것은 무엇보다도 우선 '목적'이다. 실용적 행동/인식이란 무엇보다 어떤 목적을 향하는 행동/인식이기에 말이다. 'telos'에 주목하는 것은 어떤 '점'에, 정지점에, 또는 어떤 '상태'에 주목하는 것이다. 하나의 행동 단위가 여러 단위들로 분절된다면(예컨대 전철을 갈아타는 경우), 우리의 주목은 하나의 목적/정지점/상태에서 다른 목적/정지점/상태로 건너뛴다. 이렇게 우리는 실재를 흐름으로서가 아니라 (우리의 행동-목적이 투영된) 정지점들의 계열로, 상태들의 계열로 파악한다. 우리의 이런 행동-구조는 우리의 지각-구조와 상응하면서 형성된다. 상태들 또는 '질(質)들'의 지각이란 사실상 무한한 진동들/파동들[6]이 우리 신체의 지각 구조를 통해서 응축된 결과들에 불과하다. 베르그송이 볼 때, 인간이 사물들을 분절하고 이름 붙이고 계열화하고 분석하고 공식화하고 그래프로 그리는 등 이런 식의 모든 작업들은 바로 그 아래에서 물결치고 있는 '지속'을 잘라버린 위에서 성립하는 것이다. 그래서 베르그송주의자는 과학자들(특히 사회과학자들)이 인간의 삶을, 생명, 신체, 욕망, 무의식, 감정, 내면… 등을 깔끔하게 삭제해버리고 수식과 그래프, 컴퓨터 프로그램 등등으로 설명할 때, 특히 그런 설명을 "객관적"이라고 말할 때 강한 의혹을 품게 된다. 베르그송의 눈으로 볼 때 그런 설명들이야말로 정말이지 '주관적'인 것이기 때문이다.

'상태'나 '성질'은 일상 언어에서 형용사들로 표현된다. 베르그송에게 인간 지식의 '영화적 착각'은 곧 일상 언어에 반영되어 있다. 형용사와 더불어 가장 보편적인 품사인 명사와 동사에 대해서도 유사한 논의가 성립한다. 니체를 읽은 이후라면 아마 명사에 대해서는 긴 설명이 필요 없을 것이다. 베르그송에게 형태/형상은 이차적인 것이다. 실재는 "형태/형상의 연속적 변화"이며, 따라서 형태/형상

---

6) 베르그송은 물질을 구성하는 궁극적 '자'(子), '소'(素) 등을 찾으려는 시도를 부질없는 짓으로 보았다. 어떤 형태의 동일성을 찾아내든 그 동일성 역시 우리가 그 밑에서 운동하는 무한한 (넓은 의미에서의) 진동들/파동들을 어떤 방식으로든 응축시켜 잡아낸 것에 불과하기 때문이다. 이런 생각은 양자역학의 발달을 통해서 구체화되었으며(드 브로이, 프리고진 등의 경도를 상기), 오늘날 초-끈 이론 등과 연계해서 여전히 열려 있는 문제라고 해야 할 것이다. 다음 글이 도움이 된다. Milič Čapek, "Bergson's Theory of Matter and Modern Physics", *Bergson and the Evolution of Physics*, ed. and trans. by Gunter, The Uni. of Tennessee Press, 1969, pp. 297~330.

은 "전이(轉移 =transition) 위에서 취해진 어떤 일시적인 것"에 불과하기 때문이다.(EC, 302/448) 우리가 동일성이라고 생각하는 것은 사실상 평균치일 뿐이다. 탄소의 원자가가 6이라고 말하는 것은, 사실상 수많은 실험치들의 평균치가 6이라고 말하는 것이다. 흥미로운 것은 동사의 경우이다. 베르그송은 우리가 운동에서 주목하는 것은 운동 자체가 아니라 그것의 부동의 윤곽(dessin)이라는 점을 지적한다. 우리는 운동 자체에 주목하기보다 운동의 주체, 목적/의도, 결과 등에 주목한다. 운동을 우리 삶의 면(面)으로 끌고 와 그 면의 윤곽에 복속시키고, 그 윤곽에 맞추어 이해한다. 그 면에 포착되지 않는 유동성은 우리 손에 미꾸라지를 남기고 빠져나간 물처럼 사라져버린다. 동사가 포착하는 것은 운동 자체가 아니라 바로 이 윤곽이다.

'이루어진 것'(ce qui est fait)과 '이루어지는 것'(ce qui se fait) 사이에는 근본적인 차이가 있다. 한 사람의 인생을 유년기, 청년기, 장년기, 노년기로 나눌 때, 여기에서도 정확히 영화적 착각이 작동하고 있다. 사람들은 실재-지속을 몇 가지의 '가능적/상상적 정지들'로 나눈 후 다시 그것들을 실(거짓 생성)로 이어 '인생'을 구성한다. 분절의 수를 늘린다 해서 사태의 본질이 달라지지는 않는다. 우리 삶은 연속적이며 질적 다양체이며 창조(절대적 창조)를 동반하는 지속이다. 여기에서 사람들은 '어린이', '어른'을 떠낸다/마름질한다. 그리고서 "어린이가 어른이 된다"고 말한다. 그러나 어린이라는 어떤 '것'도 어른이라는 어떤 '것'도 인위적 구성물이다. 마름질되고 균일화되고 기호화된 '무엇'일 뿐이다. 그래서 "어린이가 어른이 된다"고 말하는 것과 "어린이에서 어른으로의 생성이 있다"고 말하는 것은 다르다. 전자가 아리스토텔레스의 존재론을 함축하는 명제라면, 후자에서 주체는 생성이며 '어린이'와 '어른'은 그 생성의 잠정적 계기(契機)들일 뿐이다. 이렇게 우리의 일상적 사고와 언어 속에 영화적 착각은 뿌리 깊게 박혀 있다.

지금까지의 논의를 통해 우리는 인간 지능의 '영화적 착각'이 무엇인지를 가늠할 수 있게 되었다. 그리고 이 영화적 착각이 어디에서 유래했는가 또한 알 수 있게 되었다. 베르그송은 이 유래를 '만화경'(萬華鏡)에 비유한다. 어린 시절 동전을 넣고서 보곤 하던 만화경을 상기해 보자. "우리의 행위 각각은 우리의 의지를 실재에 삽입하는 특정한 방식을 겨냥한다. 우리의 신체와 다른 신체들/물체들 사이에서, 행위 각각은 만화경 같은 윤곽(figure)을 보여주는 유리 조각들의 배열에 비교할 만한 배열이다. 우리의 활동은 하나의 배열에서 다른 배열로 옮겨 간다. 분명 그럴 때마다 우리는 만화경에 새로운 동요를 새겨 넣겠지만, 매번 우리가 주목하는 것은 그 동요가 아니라 단지 그때그때의 새로운 윤곽일 뿐이다. [⋯] 사물들에 대한 우리 인식의 영화적 특성은 그것에 대한 우리의 적응이 함축하는 만화경적 특성에 기인한다."(EC, 306/452~453)

인간은 자신의 관심과 목적, 방향, 맥락에 따라 실재-생성으로부터 어떤 단면들(성질들, 형태들/형상들, 위치들, 의도들)을 절취(截取)한다. 그렇다고 생성을 배제하는 것은 아니다. 바로 그렇게 절취한 단면들을 연접시켜 그 이어짐을 생성으로 파악한다. 이 경우 생성은 절취된 것들의 계기(繼起)로서 이해되고 있다. 여기에서 세 가지가 빠져 달아난다. 1) 연속성: 단면들이 이어짐으로써 연속성이 들어서지만, 그것은 실재의 연속성이 아니라 지능에 의해 구성된 연속성이다.[7] 2) 질들의 얽힘: 질들은 공간적으로 고정된 후 부분들로 '분석'되어 (실제로는 그렇게 존재할 수 없는) 추상물로서 다루어지며, '질적 다양체'(multiplicité qualitative)이기를 그치고 해부된다. 3) 절대적 창조(베르그송 고유의 의미에서의 '약동'=élan)는 고려의 대상이 되지 않는다.[8] 베르그송에게 서구 존재론사는 바로 이런 시간 망각의 역사이거니와 그 기본적인 형태는 엘레아학파, 플라톤, 아리스토텔레스에서 발견된다.

엘레아학파. "운동과 운동체가 주파한 공간을 혼동함으로써 엘레아학파의 궤변이 태어났다."(E, 84/146)[9] 무수한 논의들이 이어져 온 제논의 역설에 대한 베르그송의 해법은 고르기아스의 매듭에 대한 알렉산드로스의 해법과 유사한 위상을 띤다. 많은 철학자들과 수학자들이 무한소미분의 기법으로 문제를 해결하려 했으나, 베르그송은 그 기법의 대전제를 무너뜨림으로써 해결의 물꼬를 완전히 바꾸어버렸다. 문제의 핵심은 시간의 공간화에 있다. 시간을 공간화함으로써, 달리 말해 운동을 운동체의 궤적으로 대체함으로써 모든 역설

---

7) 이것은 베르그송에게서처럼 지능에서만 성립하는 것은 아니다. 예술적 구성에서도 마찬가지로 이런 절취('사건들=드라마들'의 절취)와 연접(구성/플롯을 위한 연접)의 행위가 핵심을 이룬다. 그렇다면 과학기술적 구성과 예술적 구성은 어떻게 다른가? 또 구성과는 다른 방식으로 작동하는 예술(예컨대 인상파)의 경우는 어떤 존재론에 입각해 있는가? 과학기술은 반드시 이런 메커니즘을 따르는가? 이런 문제들이 과제로서 남는다.

8) 베르그송의 '지속'을 연속성, 질화(質化=qualification), 창조의 세 계기로서 파악한 글로 다음을 보라. 이정우, 「지속 이론의 한 해석」, 『객관적 선험철학 시론』, 그린비, 2011.

9) E=Bergson, *Essai sur les données immédiates de la conscience*, PUF, 1889; 『의식에 직접 주어진 것들에 관한 시론』, 최화 옮김, 아카넷, 2001.

들이 가능했다. 아킬레우스와 거북이의 운동을 그 운동이 이미 이루어졌을 때 성립할 그 궤적으로 바꾸어 놓아서는, 달리 말해 운동에서 운동 자체를 제거하고서 그것을 추상공간으로 옮겨 놓은 후 기하학적 조작을 함으로써는 결코 문제의 본질에 다가설 수 없다. 자의적으로 분절하고 재구성할 수 있는 공간과 실재-운동 사이에는 건너뛸 수 없는 간극이 있다. '이분법'의 경우는 이런 간극을 그 기초적인 형태에서 보여주고 있다. 화살의 역설은 문제를 더욱 형상적(形狀的)으로 보여준다. "한 발사체의 궤도 위에서 점들을 고정시킬 수 있다는 사실로부터 그 경로의 지속 안에서 불가분적인 순간들을 구분할 권리가 있다고 결론짓는 것."(MM, 214/321)[10] "화살의 경로 자체를 그것이 통과한 간격들에 대해서만 말할 수 있는 것으로 대체하는 것, 운동이 부동의 것들과 일치한다는 부조리를 경험에 상관없이(아프리오리하게) 전제하는 것."(EC, 309/457)

시간의 공간화에는 동시성 개념이 중요한 역할을 맡는다. "공간과 지속이라는 두 항 사이를 잇는 연결선은 동시성이다. 우리는 그것을 시간과 공간의 교차로서 정의할 수 있다."(E, 82/143) 운동을 공간에 옮겨 놓고서, 달리 말해 운동을 운동체가 그리고 간 궤적으로 환원시켜 놓고서, 그 궤적 위에서 속도를 계산할 때 동시성의 역할은 핵심적이다. 아킬레우스와 거북이가 완벽하게 합치하는 것은, 두 주자들이 하나의 점으로 환원되는 것은, 속도가 궤적의 길이를 매개로

---

10) MM = Bergson, *Matière et mémoire*, PUF, 1896; 『물질과 기억』, 박종원 옮김, 아카넷, 2005.

계산될 수 있는 것은 동시성의 개념이 작동할 때이다. 지속이 공간에 투영되어 궤도로 환원되고, 두 지속의 비교가 공간의 부분들(선분들)의 비교로 환원되는 것은 지속을 멈추어 동시성들의 체계로 환원했을 때이다. 이 점은 '경기장 역설'에서 보다 시사적으로 드러난다. 일정한 속도로 운동하는 한 운동체가 두 운동체(정지해 있는 하나와 반대 방향에서 동일한 속도로 다가오는 하나)를 동시에 통과한다. 제논은 원래의 운동체가 일정한 거리를 통과했을 때 "하나의 지속이 스스로의 두 배가 된다"는 모순을 이끌어낸다. 이것은 정확히 운동을 공간화하고, 동시성들을 점들과 동일시하고, 궤적의 외연들을 비교해 속도를 계산함으로써 나온 결과이다. 그러나 두 배가 되는 것은 원래 운동체의 지속이 아니라 바깥의 관찰자가 계산한 공간의 크기일 뿐이다.(MM, 214~215/321~322의 각주를 참조)[11]

니체와 베르그송이 공히 엘레아학파에서 서구 존재론사의 운명을 읽어냈다는 사실은 음미해 볼 만하다. 서구 학문의 근저에서 생성 초월에의 의지를 읽어낸 이들이 공히 파르메니데스와 제논에게서 그 발단을 발견한 것은 우연이 아닐 것이다.[12] 같은 이유에서 긴 세월 서구 존재론사의 이면을 형성했던 헤라클레이토스 사유의 의미

---

11) "운동을 주파된 선 위로 환원해버릴 가능성은 운동의 바깥에 위치해 매 순간 정지의 가능성을 고려함으로써 실재의 운동을 가능한 부동성들로 재구성할 수 있다고 주장하는 관찰자에 대해서만 존재한다."(EC, 309~310/458)

12) 니체가 파르메니데스에, 베르그송이 제논에 중점을 두고 있는 것은 이들의 접근 방식에서의 차이에 기인한다고 생각된다. 니체가 문헌학적 맥락에서 서구 존재론사를 해체했다면(이런 방식은 하이데거에게 계승된다), 베르그송은 메타과학적 맥락에서 유사한 작업을 행했다고 할 수 있다(이런 방식은 들뢰즈에게 계승된다).

가 새로운 빛 아래에서 모습을 드러냈다. 서구 존재론사에 맞서 '생성의 무죄'에 대한 니체의 항변과 서구 학문에서의 시간 망각을 가져온 영화적 착각에 대한 베르그송의 해명은 생성존재론의 최초의 문턱을 형성한다.

플라톤. '친부살해'를 통해 파르메니데스를 극복하고자 한 플라톤, 그가 겨냥했던 것이 비존재의 존재였음을 보았다. 존재와 비존재(의 존재) 사이의 구분이 참과 거짓을 가늠케 해준다. 그러나 엘레아 학파에서 비존재가 부정된 것이 생성의 부정과 맞물려 있음을 상기하자. 비존재의 도래는 또한 생성의 도래를 함축한다. 존재와 무만이 '존재'하는 세계는 '임'과 '아님'만이 존재하는 세계이다. 여기에는 생성이 들어설 자리가 없다. 존재와 무의 경계선이 무너지고 연속성이 도래할 때, 자기동일성이 타자-화(他者-化)를 겪을 때 생성이 성립한다. 플라톤에게는 이 연속성＝아페이론이 성가신 문제로서 등장한다. 플라톤에게는 이 아페이론을 벗어나려는 경향과 (말년에 나타난 것이지만) 존재와 생성을 결합하려는 경향이 존재한다("타자에 작용을 미치는 경우건 아니면 […] 타자에 의해 작용을 받는 경우건 어떤 자연적 힘/역능＝'dynamis'를 가진 것은 그것이 어떤 것이건 실재"한다고 했던 것을 상기). 전자의 경우, 생성은 '정화'해야 할 대상이다. 후자의 경우 존재는 '역능'으로 이해되며, 존재＝실재가 생성의 장('코라')에 실현되는 구도로 귀착한다. 전자가 생성/물질성을 떨어버리고 '올라가는' 종교적 플라톤이라면, 후자는 형상계가 물질계에 '내려와' 실현되는 방식을 탐구하는 철학적 플라톤일 것이다. 우리는 후자에서 그 후 오랫동안(라이프니츠와 헤겔에 이르기까지) 이어져

온 '구현'(具顯)의 철학을 발견한다.

베르그송의 존재론은 플라톤의 그것과 정확히 대비된다. 그에게 본래적인 것은 생성이다. 그러나 니체에게 생성이 단순한 흐름이 아니라 역능의지와 영원회귀의 생성이듯이, 베르그송에게도 생성은 단순한 흐름이 아니다. 베르그송의 생성은 잠재성의 생성이며, 그것은 곧 생명 = 잠재성이 형상들을 낳는 생성이다(그에게 's'engendrer'라는 말이 각별한 의미를 가지는 것은 이 때문이다). 베르그송의 존재론은 생명 = 잠재성으로부터 형상발생(genèse idéale)이 이루어지는 존재론이다(이 점에서 그의 사유는 'morphogenesis'에 연관되는 모든 이론들의 원형이다).

플라톤적 본질주의는 어디에서 유래했는가? 베르그송은 "사물들의 변화 앞에서 사유와 언어가 취하는 태도를 잘못되었다고 보는 대신, 사물들의 변화 자체가 잘못되었다고 본 것"에서 유래했다고 말한다.(EC, 313/463) 우리 사고(일차적으로는 지각)는 세계를 분절하고, 분절 행위는 언어와 맞물려 있다. 플라톤에게서 하나의 말에 하나의 존재가 상응한다는 것, (어떤 경우에는 망설이고 있긴 하지만) 각각의 말에 각각의 형상들이 대응한다는 것을 상기해 보라. 명사들만이 형상들을 가지는 것이 아니다. 모든 말들이 각각의 형상을 가진다(플라톤의 사유가 어떤 면에서는 매우 현대적으로 보이는 이유가 바로 여기에 있다). 경험으로 확인하는 감각적 차원은 연속적이고 복잡하다. 우리의 언어는 이 연속성을 마름질하고 복잡성을 분해해서 세계를 파악한다. 분별(分別)하기는 인식의 기초가 된다. 'idein' 동사의 (헬라스 역사에서의) 초기 용법은 바로 그런 것이었다. 그래서

'idea'는 사물들의 감각적 성질들을 가리켰지만(사물'들' 자체가 이미 분별된 것들이다) 그 감각적 성질들은 이미 분별되고 평균화된 것들이었다. "하늘은 파랗다", 이런 식의 판단/명제에서 우리는 인간의 원초적인 사고방식을 확인한다. 분별의 수준은 점차 심층화되고 마침내 'idea'나 'eidos'는 '본질'의 의미에 다다르기에 이른다. '이데아론'은 이렇게 탄생했다.

　플라톤 사유의 결정적인 측면은 사물의 본질을 그것의 '목적'으로 파악한 점에 있다. 다른 한편 이데아는 오늘날의 표현으로 '심층적 구조'라는 합리주의적/수학적 의미를 함축하며, 이로써 합리주의와 목적론은 플라톤에게서 독특하게 결합하게 된다. 이데아는 생성을 안정화(安定化)한 '성질'/'상태', 진화를 안정화한 '형식'[예컨대 '종'], 복수적 존재들을 안정화한 '본질'을 뜻할 뿐만 아니라, 일련의 행위들의 과정을 안정화한 '계획'/'목적'의 의미도 가지는 것이다. 결국 이데아론은 생성, 진화, 복수적 존재들, 행위 과정이 함축하는 연속성(과 다질성)을 마름질하고 압축시켜 안정된 존재들(성질/상태, 형식, 본질, 계획/목적)로 환원한다. 그러나 문제의 핵심은 여기에 있지 않다. 핵심은 이데아론에서 이 과정은 거꾸로 이해된다는 점에 있다. 연속적인 운동과 질적 다양성은 불연속적이고 자기동일적인 이데아들의 '퇴락'으로 이해된다는 점에 있다. 부동적 존재들이야말로 '본래적인' 것들이다. 그러나 헬라스의 철학에는 이 존재들과 적어도 논리적으로는 대등한 또 하나의 존재가 엄존한다. 이 존재는 부동의 형상들의 완전성을 훼손함으로써 현세계를 가능케 한다. 이러한 존재에게는 '질료'라는 이름이 붙었다. 신체라는 감옥에 갇힌 영혼, 감각적인 것을 넘어서 발견해야 할 형상들, 형상들로 거슬러 올라가는 인식의 단계들을 비롯해 익히 알려진 플라톤적 테마들이 이로부터 이끌어져 나왔다. 앞에서 보았듯이, 성숙한 플라톤에게서 질료(/감각적인 것)의 위상은 격상되지만 그 사유의 근본 성격에는 변함이 없다.

연속성/아페이론을 함축하는 생성은 불연속적인 형상들의 '퇴락'이고, 이 퇴락으로부터 시간적 지속과 공간적 연장이 유래한다. 지속과 연장이라는 조건에 입각해 우리는 사물들을 감각한다. 물 속에 들어가면 퍼지는 일본 꽃(おりがみ)처럼 이데아들은 질료에 구현되는 순간 공간적으로 퍼지고(연장) 시간적으로 늘어진다(지속). 그렇게 퍼지고 늘어진 형상들은 본연의 자기동일성을 상실함으로써 복잡하게 얽히고(생성), 변질되고(진화), 여럿으로 분화되고(복수성), 계기하는 움직임들로 화한다(과정). 따라서 진리의 발견이란 시공간 속에서 타락하기 이전의 형상들의 차원을 되찾아 가는 과정이며, 그런 과정을 완수한 인물들만이 진정한 통치자의 자격을 부여받을 수 있다. 플라톤 사유의 이런 성격으로부터 베르그송은 니체가 내렸던 것과 유사한 진단을 내린다. "[형상철학에 있어] 물리적인 것은 논리적인 것의 퇴락"이라고.(EC, 319/471)

아리스토텔레스. 플라톤이 각각의 자기동일성들로서 분리시킨 형상들을 아리스토텔레스는 현실을 참조해 결합시키려 했다. 그에게 현실은 'ousia'들 = 'thing'들로 되어 있으며, 플라톤처럼 각각의 말에 해당하는 형상들을 각각 분리시킨다면 우시아들 = 사물들의 사물성/개별성은 해체되어버린다. 이것이 그가 플라톤에게 제시했던 비판의 요체이다. 아리스토텔레스로서는 플라톤 사유의 원자론적 측면이 현실의 존재방식을 그것 자체로서 긍정할 수 없게 만든다고 보았음에 틀림없다. 생명체들에 대한 실증적인 탐구와 그 과정에서 발견한 형상들의 실제 조리(條理)가 그를 그러한 방향으로 이끌었을 것이다. 베르그송이 적절히 지적했듯이 "이데아들이 독립적으로 존재한다는 생각을 거부함으로써 출발했지만 끝내 그것들의 자존성(自存性)을 포기할 수 없었던 그는 그것들을 압축해서 둥글게 말았다".(EC, 321/473~474)

이로써 실재/실체, 시간, 양상, 인식에서 중요한 차이가 도래하게 된다. 아리스토텔레스에게 실재는 영원의 차원에 자족적으로 존재하는 형상들이 아니라 (우리가 보고 있는 현실이 시사하듯이) 서로 얽혀 있다. 여기에서 얽혀 있다는 것은 자체로서 존재하는 우시아와 그것에 부대해서 존재하는 다른 존재들이 (그것들을 떼어서는 의미가 없는 방식으로) 결합해 있음을 뜻한다.[13] 이미 보았듯이, 플라톤에게도 형상들의 결합('코이노니아')은 중요하다. 그러나 아리스토텔레스에게 코이노니아는 논리적인 것이 아니라 현실적인 것이다.[14] 그

---

13) 우시아는 바로 'tode ti', 'atomon'('individuum'), 'ta kath'hekasta' 등으로 불린 이 개체/개별성을 가능케 하는 핵이다. 그러나 또한 우시아는 'eidos', 'to ti ên einai'로 이해되기도 한다. 이 이중성의 문제에 관련해서 다음 글을 보라. 박홍규, 「아리스토텔레스의 우시아」, 『형이상학 강의 2』 박홍규 전집 3권, 민음사, 2004, 11~77쪽.

14) 이 점이 과장되어서는 곤란하다. 이미 보았듯이, 플라톤 역시 형상들 간의 결합 가능성/불가능성을 가늠할 때 실제 우리가 겪는 경험을 토대로 하고 있기 때문이다. 플라톤의 경우 형상들의 실제/현실적인 결합 이상을 사유할 수 있는 여백이 열려 있는 것은 분명하지만, 아리스토텔레스 자신이 생각했던 것만큼 두 사람의 차이가 큰 것은 아니다.

는 이데아들을 압축해서 그것들을 우시아를 중심으로 둥글게 말았던 것이다. 그 결과 각각의 존재요소들은 시간의 좀 더 밀접한 지배를 받게 된다. 시간은 단지 "영원의 움직이는 그림자"는 아니다. 우리가 현실에서 보고 있는 그대로 존재요소들은 일정한 방식으로 변화를 겪는다. 존재요소들 사이의 관계, 더 정확히 말해 시간 속에서 변해 가는 관계의 총체는 일정하다(그러한 일정함으로부터의 일탈은 '우연=tychê'로 처리된다). 이로써 변화는 그것 자체로서 탐구의 대상이 된다. 따라서 아리스토텔레스의 사유는 변화의 심장부에서 가능태의 작동을 밝혀내고자 한다. 플라톤에게서 'dynamis'의 의미를 보았지만, 아리스토텔레스에게서 이 말은 둥글게 말린 형상들의 핵심에서 전개되는 변화의 추동력을 가리키기에 이른다. 우시아는 탈시간적인 존재가 아니라 시간 속에서 (그것에 부대하는 존재들과 얽혀) 스스로를 실현하는 존재로서 이해되기에 이른다. 결과적으로 인식이란 현실, 질료, 변화, 시간, 가능성 등을 떨쳐버린 영원의 지평에서가 아니라 현실의 변화 내에 깃든 항구성에서 성립한다. 현실의 변화는 그것 자체로서 탐구의 대상이 된 것이다.

　　그러나 생성의 긍정은 어디까지나 형상들의 체계에 입각한 본질주의 내에서만 성립한다. 형상들은 질료라는 터 위에서만 존립하지만, 원칙적으로 질료를 초월해 있다. 질료적 차원 때문에 얼마간 굴곡을 겪음에도 불구하고, 또 다양한 개체성을 낳음에도 불구하고('種'의 뜻도 가지는) 'eidos'는 그 동일성을 유지하기 때문이다. 따라서 생성은 그 연속적 변이에 입각해서가 아니라 형상에 새겨져 있는 어떤 특이점들에 입각해서 파악된다. 질적 변화이든, 양의 증감이든, 공간 이동이든, 운동은 형상 자체가 아프리오리하게 내포하고 있는 구조를 벗어나지는 않는다. 대표적으로 질적 변화는 하나의 형상이 내포하는 대립(차가움과 뜨거움, 위와 아래 등)에 따라서만 파악되며, 형상들 자체 내에서도 동일한 논리가 적용된다(남자와 여자, 척추동물과 무척추동물 등). 운동의 연속성은 직관적으로는 긍정되지만 결국 형상이 내포하는 대립의 구조에 입각하여 파악된다. 요컨대 아리스토텔레스에서 생성은 형상들의 동일성 및 그것들의 체계의 동일성을 훼손시키지 못한다. 나아가 이 동일성의 체계는 '위계'를 형성하는 것으로 파악되고(그 정점에는 물론 神이 놓인다)[15] 이런 사고 ——'실재도'='존재도'에 입각한 가치-존재론——는 플로티노스를 거쳐 중세의 철학들에 이르기까지 서구 존재론사에 긴 여운을 남기게 된다.

근대 과학. 니체의 경우도 그렇거니와, 베르그송 역시 고중세 사유와 근대 사유에 날카로운 선을 긋지 않는다. 날카로운 선이 그어질 수 있다면, 그것은 바로 이들 자신들로부터이다. 이것이 생성존재론 계열에 속하는 인물들이 학문사(學問史)를 바라보는 기본 관점이다. 이들에게 근대의 '과학'(science)이란 사실상 고대 형이상학의 변형태일 뿐이다. 고중세의 '형이상학'과 근대의 '과학'을 대비시키는 일반적인 생각은 피상적인 이해일 뿐이다. 특히 베르그송이야말로 '근

---

15) "한 실재의 설정은 또한 동시에 그것과 순수 무 사이를 메우는 모든 실재도(實在度)들의 설정을 함축한다. […] 하나의 완전성(perfection)이 주어져 있기에, 이 완전성과 우리가 상정(想定)하는 무 사이에는 퇴락들(dégradations)의 연속체 전체가 주어지게 된다."(EC, 323/476)

대 과학'의 존재론적 근간에 대해 정치한 해명을 제시한 핵심적인 인물이며, 그 후 근대성을 비판적으로 바라보는 대다수의 사상가들은 베르그송의 관점을 이어받고 있다. 어떤 면에서 현대 학문, 20세기 사상의 역사는 베르그송주의자들과 반(反)베르그송주의자들—합리주의자들—의 전장(戰場)이었다고 할 수 있을 것이다.

근대의 과학은 기계론적 과학이다. 그래서 사람들은 아리스토텔레스의 목적론과 (데카르트 등의) 근대 기계론을 대비시키는 데 익숙해 있다. 그러나 베르그송은 이 점에 관련해 날카롭게 전복적인 관점을 제시한다. 그에게 두 사유체계는 그 심층에서 인간 사유의 기본적인 조건을 따르고 있을 뿐이다. 베르그송은 표면적인 갖가지 차이들을 걷어내고 이 사유들의 근저에서 공통으로 작동하고 있는 영화적 기작과 실용적인 관점을 읽어낸다.

고대 자연철학과 마찬가지로 근대 자연과학(지금의 경우는 고전 역학) 역시 어떤 존재들을 임의적으로 분절하고, 그 분절 결과를 기호화하고, 그렇게 형성된 기호들을 조작한다. 우선 관심을 가지는 '계'를 분리하고(예컨대 천문학에서의 태양계, 물리화학에서의 열역학적 계, 의학에서의 순환계 등등), 그 계에서 핵심적이라고 생각되는 변항들을 분리하고(열역학적 계의 경우 부피, 압력, 온도 등), 그 변항들을 측정하고 기호화하고 조작한다(때문에 측정의 단위들, 변항들을 가리키는 기호들, 변항들 사이의 관계를 규정하는 함수들 등이 중요한 역할을 한다). 이 점에서 베르그송은 근대 과학 역시 고대 자연철학과 마찬가지로 영화적 기작을 구사하며, 인간의 관심을 투영해 실재-지속을 분절하고 조작한다는 점에서 둘은 같다고 말한다. 베르그송이 볼 때 과학은 근본적으로 기술과 연속적이다. 한순간 이론에 몰두하는 과학도 결국 언젠가는 응용되기를 바란다. 실용적 관점이란 인간의 관점을 사물에 투영해 그것을 예측하고 조작하는 데 있다. 과학은 기술을 지향하며 기술은 세련된 형태의 마법이기도 하다는 점에서, 과학기술은 마법의 후예라 할 수도 있을 것이다.

그러나 베르그송은 고대 자연철학과 근대 과학이 그 근저에서 어떻게 통하는가를 보여주는 한편, 그 두 사유양식의 차이가 무엇인지에도 주목한다. 언제나 심층적인 유사성과 구체적인 차이점을 함께 보아야 한다.

고대 자연철학은 아리스토텔레스적 본질주의에 입각해서 전개되었다. 본질주의는 사물들의 변화 과정에서 또는 변화를 넘어서 '완성태'를 파악하려 한다. 그리고 하나의 점으로 상징될 수 있는 그 완성태에 있지 않은 다른 국면들은 그 완성태의 '타락'한 형태로서 이해되거나, 또는 그 완성태로 나아가려는 '가능태'로서 이해된다. 플라톤의 경우 완성태와 현실태의 대비가 뚜렷하지만, 아리스토텔레스의 경우 현실태는 완성태로 나아가는 가능태이기도 하다. 이로써 아리스토텔레스는 현실태가 보여주는 생성과 시간을 긍정하는 면을 보여주지만, 그 생성과 시간은 어디까지나 완성태를 전제하는 본질주의적–목적론적 사유 구도 내에서 이해된다. 아리스토텔레스는 이런 생물학적 구도에 입각해 물리세계조차 그러한 방식으로 파악하려 했으며, 이로부터 사물들이 '자연적 장소'에 입각해 정위(定位)되는 우주론적 체계가 도출되어 나왔다. 때문에 운동체의 궤적은 그것의 자연적 장소(그것의 본질에 귀속되는 하나의 범주로서의 장소)

에 입각해 파악되며, 그 구체적인 과정보다는 완성태/목적이라는 특권적인 순간에 입각해 파악되었다. 과정을 과정 자체로서 즉 매 순간 파악하기보다는 본질로부터의 연역을 통한 핵심적인 순간들에 입각해서 파악했던 것이다.

베르그송은 고대 자연철학과 근대 역학체계 사이의 핵심적인 차이는 "고대 과학은 한 대상에 관련해 그것의 특권적인 순간들에 주목했을 때 충분히 인식한다고 보았던 반면, 근대 과학은 그것을 모든 순간들에서 고려했다는 점에 있다"(EC, 330/485)고 본다.[16] 이것은 곧 근대 과학은 고대 과학이 정복할 수 없었던 연속성을 정복했음을 뜻한다. 이 점에서 근대 과학은 베르그송이 생각하는 실재 = 지속에 한발 더 다가섰다고 볼 수 있다.[17] 이것은 수학적으로는 곧 무한

---

16) "모든 순간들에서"로 번역한 "n'importe quel moment"은 "어느 순간에서든"이나 "임의의 순간들에서"로 번역될 수도 있다.

17) 베르그송에게서 형이상학과 과학의 관계는 이중적이다. 한편으로 과학과 형이상학은 날카롭게 대립한다. 과학이 시간까지도 공간화한다면, 형이상학은 시간을 자체로서 파악하려 한다. 과학이 사물들을 등질화하려 한다면, 형이상학은 질적 풍요로움을 자체로서 긍정한다. 과학이 결정론을 지향한다면, 형이상학은 창조를 중시한다. 과학이 사물을 기호화하고 그 기호들을 조작해서 파악하려 한다면, 형이상학은 사물과 기호를 매개하지 않는 만남을 추구한다. 이 외에도 여러 가지 면에서 과학과 형이상학은 분명하게 구분되며 또 대비되기에 이른다.(특히 EC, II 및 "introduction à la métaphysique", PM, 177~227을 참조. PM = Bergson, *La pensée et le mouvant*, PUF, 1934; 『사유와 운동』, 이광래 옮김, 종로서적, 1982) 그러나 과학은 역사 속에서 변해 가는 것이지 어떤 본질로서 고정되어 있는 것이 아니다. 우리는 과학이 아니라 과학'사'를 염두에 두어야 하며, 실제 ('프랑스 인식론'의 전통에 따라) 베르그송의 작업 자체가 과학사를 기반으로 하고 있다. 따라서 과학은 정태적으로 머물러 있는 것이 아니라 자신의 한계를 극복해 나가면서 계속 새롭게 발전하는 것으로 파악된다. 이렇게 볼 경우, 베르그송의 "지속"은 과학적 세계관과 대립하는 것이 아니라 오히려 과학적 세계관이 발전해 가면서 궁극에 도달해야 할 극한으로서 제시된 것이라고 볼 수 있다(일종의 '외삽'). 때문에 베르그송은 무한소미분에서 시작해 양자역학에 이르기까지의 과

소미분의 문제와 관련된다. 고대적 목적론에서 시간은 불연속적으로 파악된다. 그러나 고전 역학에 이르러 과학은 시간을 무한히 분해하기에 이른다. dt는 가장 기본적인 독립변수로 자리 잡는다. 시간은 어떤 특권적인 점들에 모이기보다 각자의 독립성을 유지한다. 시간은 등질적이 된다. 따라서 과학적 법칙의 추구에서 일차적으로 중요한 것은 시간 간격을 재는 것이다. 근대 과학은 시계의 발명 없이는 불가능했다. 근대 과학은 시간을 공간으로 전환시키는 기계, 시간을 공간-연속체에 투사하는 기법을 가능케 한 기계의 발명이 없이는 불가능했던 것이다. 베르그송은 근대 과학의 근저에서 '측정'의 중요성을 읽어내고 있거니와, 우리는 측정 중에서도 가장 중요한 측정은 바로 시간의 측정(사실상 공간에 투사된 시간의 측정)이었음을 상기해야 한다. 우리는 이와 연관되는 근대 과학의 특성들을 잘 알고 있다. 공간의 궤적을 통해 이해되는 기하학적 구조들, 등질화를 위해서 '질점'(質點)으로 환원되는 물체들, 측정된 결과들 사이에서 성립하는 동적인 관계로서의 '함수', 연속성의 수학적 정교화로서의 '극한' 등등.

물론 이런 모든 차이점들에도 불구하고 베르그송에게 고대 과학과 근대 과학은 근원적으로 같은 지반 위에 놓여 있는 것으로 이해

학사를 발전의 관점에서 받아들인다. 그럼에도 과학과 형이상학이 결코 만날 수 없는 간극이 존재한다. 과학이 사물들을 분절하고, 기호화하고, 조작하고, 결정론적으로 파악하려 하는 한, 과학과 형이상학은 끝내 구분된다고 보아야 하는 것이다. 요컨대 베르그송은 과학의 역사를 존중하고 그 자기 극복을 충분히 인정하면서도 형이상학과의 간극 또한 분명히 한다고 볼 수 있다.

된다. 수학적으로 연속성을 통해 표현됨에도 고전 역학이 고려하는 것은 언제나 순간들이다. 즉 하나의 점, 잠재적인 부동성들이다. 이런 면에서 시간을 공간으로 환원시키는, 제논의 역설이 함축했던 서구 최초의 존재론은 근대 과학에서도 여전히 살아 있다. 물론 연속성을 정복한 고전 역학은 두 시점(時點)들 사이에서 좀 더 좁은 간격들을 얼마든지 증가시킬 수 있다. 더 나아가, 고전 역학은 시간의 흐름이 좀 더 빠르다고 가정할 수도 있다. 그럴 경우 시간에 대한 우리의 체험은 달라지겠지만, 고전 역학의 체계에는 하등의 변화가 오지 않는다. T_1, T_2, T_3…, 사이의 간극을 얼마로 잡든(절대 시간이 어떻든) 이 시점들 사이에서 설정된 역학 법칙에는 변화가 없다. 체험의 맥락에서 우리는 "설탕이 녹기를 기다려야 한다". 기다림의 시간은 우리에게 절대적이다. 그러나 설탕이 녹는 역학적 기작은(그런 것이 고전 역학으로 온전히 파악될 수 있다고 한다면) 달라지지 않는다. 극단적으로 말해 고전 역학적 세계는 부채가 펴지듯이 순간적으로 펼쳐질 수도 있다. 고전 역학의 결정론적 체계에서 시점들은 흘러가지 않아도 이미 동시적으로 존재한다. 거기에는 설탕이 녹기를 기다릴 때와 같은 진정한 의미에서의 이어짐이 존재하지 않는다. 시간이 본성상 "흘러가야" 한다면, 비결정성을 머금는 이어짐이라면, 결국 '발명' 이외의 다른 것이 아니라면,[18) 경험 일반의 시간(물질을 따로 고립시

---

18) "시간이란 모든 것이 단번에 주어질 수 없게 만드는 무엇이다. 그것은 지연시킨다. 아니 차라리 그것은 지연 자체이다. 때문에 [의인적으로 말해] 시간에는 늘 어떤 망설임/모색(élaboration)이 깃들어 있다. 그래서 그것은 바로 창조와 선택의 운반자가 아닌가? 시간이라는 것이 존재한다는 것, 그것은 바로 사물들에는 비결정성이 깃들어 있다는 증거가 아닌

킨 계가 아니라 물질과 생명, 나아가 정신이 공존하는 실제 경험의 시간)은 결코 고전 역학적 시간이 아니다. 고전 역학체계는 하나의 추상물일 뿐이다. 연속성은 정복되었지만 그 대가는 컸다.

가능과 실재

왜 우리는 설탕이 녹기를 기다려야 하는가? 세계——특정한 개별 과학의 관심사에 의해 추상화된 세계가 아니라 우리가 경험하는 대로의 세계 전체——는 고전 역학이 잘 들어맞는 천체들이나 물체들의 세계가 아니라 그것들과 생명체들이, 나아가 정신을 가진 인간이 공존하는 곳이기 때문이다. 기다림이란 서로 다른 지속들을 가진 존재들 사이의 시차(時差)에서 유래한다. 그러나 고전 역학이 성공을 거두자 사람들은 그 패러다임을 모든 영역으로 투사하기 시작했다(이런 과정은 담론사에서 계속 반복되어 왔다. 오늘날의 '사회생물학'에 이르기까지. 근대 이후 학문의 역사는 환원주의의 역사이다). 이런 과정은 존재론적으로 무엇을 의미하는가? 그것은 곧 "모든 것이 주어졌다"는 것이다. 화학적 과정, 생명체들의 운동, 나아가 인간의 뇌와 정신까지, 심지어는 문화와 역사까지도 결정론적으로 이해되기 시작했다. 베르그송은 근대 학문의 이 결정론, 시간에서의 흐름, 이어짐,

---

가? 시간이란 바로 이 비결정성이 아닌가?"(PM, 102/87)

발명을 전혀 고려하지 않는 사고를 '키메라'라고 부른다. 사람들은 자신들이 추상시킨 결과물을 그 추상화의 행위 자체는 고려하지 않은 채 다시 자기 스스로에게 적용함으로써, 자신이 만들어 놓은 울타리 속으로 스스로 들어간다.

베르그송에게 인간 사고의 이런 경향은 근원적이다. 그것은 세계의 양상('가능한 것'과 '실재적인 것'의 관계)을 대하는 인간의 '본성'에 뿌리를 두고 있기 때문이다. 앞에서 부정에는 긍정의 경우보다 더 많은 것이 들어 있다고 했거니와, 마찬가지로 우리는 가능적인 것에는 실재적인 것의 경우보다 더 많은 것이 들어 있다고 할 수 있다. 사람들은 가능적인 것을 채워져야 할 무로 표상하고, 실재적인 것을 그 무를 채우는 것으로 표상한다. "A가 실재한다. 바로 그렇기 때문에 그전에 그것은 가능했다고 해야 한다"고. 여기에서 가능한 것은 그림조각 맞추기 놀이의 판처럼 표상된다. 고전 역학적 결정론에서 이런 표상은 뚜렷하게 나타난다. 베르그송은 이런 식의 생각을 '추후적인'(rétrospectif) 사고로 특징짓는다. 사람들은 현재의 실재로부터 과거의 가능을 추후적(追後的)으로 추론한다. 실재를 그것을 미리 규정했던 것으로 상정되는 가능으로 되돌려 투사한다. 하지만 실재가 가능을 채우는 것이 아니라 가능이 실재에 덧붙는 것에 불과하다. 무엇인가가 실재할 때 비로소 우리는 그것이 "가능해졌다"고 말할 수 있다.[19] 부정명제가 긍정명제를 전제한 후 거기에 붙는 무엇이

---

19) '가능'에는 소극적 의미와 적극적 의미가 있다. 소극적 의미에서 "가능하다"는 것은 "불가능하지는 않다"는 것을 뜻한다. 그것은 단지 불가능성을 배제하는 것으로 그친다. 적극적

듯이, 가능적인 것이란 실재적인 것을 전제한 후 거기에 붙는 무엇이다. 가능으로부터 실재가 도래한다고 생각하는 것은 마치 거울에 비친 상으로부터 실제 인물이 생겨난다고 말하는 것만큼이나 부조리한 것이다. 요컨대 "가능이란 이미 도래한 실재와 그것을 뒤로 투사하려는 경향이 결합된 효과"(PM, 112/95)에 불과한 것이다.

베르그송의 지적으로부터 우리는 중요한 결론을 이끌어낼 수 있을 것이다. 가능성은 불가능성과 함께 택일의 관계를 형성하는 것이 아니다. 가능성이라는 양상은 시간의 흐름 속에서 계속 변해 가는 일종의 정도로서 존재한다. 가능성과 불가능성이 일종의 '대립'으로 미리 주어져 있는 것이 아니다. 상황의 변화를 비롯한 여러 요인들에 따라, 가능성의 정도가 특히 (개인적 또는 집단적) 주체의 노력 여하에 따라 계속 변해 가는 것이다.

결정론적 사고에서 가능성에 대한 이런 개념은 무척이나 낯선 것일 것이다. 그러한 사고에서는 늘 "모든 것은 주어졌다"는 대전제가 작동하기 때문이다. 따라서 생성이란 목적을 통해서든 법칙을 통해서든 늘 주어진 것의 현실화이며, 가능/잠재는 이미 완성되어 있는 '프로'그램으로서 이해된다. 여기에서 시간의 역할은 최소화된다.

의미에서 "가능하다"는 것은 잠재력의 존재를 뜻한다. 따라서 베르그송의 논의에서 '가능'은 사실상 '잠재'를 뜻한다. 이렇게 볼 경우, 실재는 잠재를 분명 전제한다고 보아야 한다. 실재가 갑작스럽게 무에서 돌출할 수는 없기 때문이다. 여기에서 베르그송 논의의 핵심은 잠재가 "존재하지 않는다"는 점에 있다기보다는 그것이 결정되어 있지 않다는 점에 있다고 해야 할 것이다. 잠재성은 생성의 과정이다. 실재 = 현실화가 도래했을 때 비로소 우리는 잠재성이 "바로 그렇게" 생성했다고 말할 수 있다.

근대 과학은 고대 과학에 비해 시간이 흘러가는 '과정'을 면밀하게 함수화했다. 그러나 연속성의 정복이라는 외관에도 불구하고, 그것은 곧 등질화와 결정론을, 즉 질적 생성의 평가절하와 진정한 의미에서의 창조의 역할을 거세함으로써만 가능했다. 베르그송은 근대 결정론은 고대의 목적론보다도 더 강고하게 시간의 역할을 폐기한 사유로서 고발한다. 이 점을 보다 상세히 이해하기 위해 '근대적' 학문이란 어떤 것인가를 조금 더 들여다보아야 한다.

근대 기계론은 결정론적 사고를 고대의 목적론보다 훨씬 강고하게 밀어붙였다. 고대 목적론은 '목적'을 고착화한 대신 '과정'에는 일정한 유연성을 부여했지만, 근대의 결정론에서 생성은 매 순간 완벽하게 결정되어 있는 것으로서 규정되었다. 그리고 이런 생각을 방해하는 요소들은 이성의 이름으로 제거되었다. 세계의 질적 생성은 '제2 성질들'로서 분류되었고, 장소가 가진 절대성과 역사성/문화성은 등질공간에서의 원점(좌표계 설정에서의 원점)의 상대성에 자리를 내주어야 했으며, 사물들이 가진 구체적 상황들은 '질점'에서의 위치와 질량만을 남기고서는 증발되었다. 이렇게 양화되고 등질화되고 상대화되고 기하학화된 세계에서 비로소 운동의 연속성은 정복되기에 이른다. 우리는 데카르트의 '연속적 점화'(fulgurations)의 개념에서 이런 생각의 신학적 표현을 본다(역설적으로 이 생각은 신의 자의성을 핵으로 하고 있지만). 신의 개입을 일종의 '초기 조건'으로 생각한 이신론적 전통에서 세계는 정확히 시계태엽의 이미지에 따라 파악된다.

다른 한편 '함수' 개념은 근대 결정론을 수학적으로 표현했다.

함수 개념은 역설적이다. 한편으로 그것은 시간을 독립변수로 만듦으로써 그것을 세계의 모든 변화의 기저로서 자리 잡게 했다. 그러나 다른 한편 이제 시간은 등질적 수의 차원으로 편입되기에 이른다. 시간은 수를 표상하는 선분에 정확히 유비적인 것으로서 이해되기에 이른다. 갈릴레오에 의한 함수 개념의 성립[20]은 근대 과학의 문턱에 위치한다. 라이프니츠에 의한 무한소미분의 기법들(특히 수학적 기호들)의 발명은 함수들의 매끄러운 표현을 가능하게 했고, (가장 규칙적인 차원이고, 따라서 근대 과학의 전개에서도 선두에 섰던) 천체들의 운동을 인상 깊게 표상하기에 이르렀다. 우리는 이런 분위기를 표현하고 있는 대표적인 예로서 라플라스의 결정론을 잘 알고 있다. 연속적 운동은 수학적으로 정복되었고, 이로써 시간은 등질적인 독립변수로서 확고하게 자리 잡기에 이른다. 물론 이 모든 것은 기계론의 전제(양화, 등질화, 상대화, 기하학화된 세계) 위에서 성립했다.

근대의 과학과 철학은 이중적인 관계를 맺었다. 근대의 철학(기계론 및 함수 개념)은 근대의 과학을 정초했고, 이후 과학은 그렇게 정초된 길을 끝까지 밀어붙였다. 반면 근대 과학의 정초자인 철학 자체는 오히려 그렇게 정초된 세계가 세계 '전체'일 수 없다는 사실을 증명하기 위해 애썼다. 이로부터 근대 철학의 분열증이 시작되었다. 한편으로 그것은 세계를 기계론적으로 파악한다. 오히려 과학의 실

---

20) 클라블랭은 이 과정을 빼어나게 추적했다. Maurice Clavelin, *La philosophie naturelle de Galilée*, Albin Michel, 1996.

증적 탐구들을 건너뛰어 기계론을 세계 자체의 궁극적 이미지로 만든 것은 철학자 자신들이었다. 다른 한편으로 그것은 영혼과 신을 세계 바깥에 위치시키기 위해 안간힘을 쓴다.[21] 이렇게 세계는 순도 100%의 상이한 존재들이 공존하는 기이한 것이 되어버렸다. 영혼은 기계론으로부터 구제되기 위해 허깨비 같은 것이 되어야만 했다. 사람들이 근대적 사고의 이미지로서 데카르트의 이원론을 떠올리는 것은 이런 이유에서일 것이다. 후배 철학자들이 이런 양극단을 극복하려 노력했던 것은 사실이다. 그러나 상당한 시간이 흐를 때까지도 데카르트의 그림자는 근대적 사유를 떠나지 않았던 것으로 보인다.

우리는 극복의 세 갈래를 구분해 볼 수 있다. 둘 중의 하나를 포기하거나 다른 한쪽에 포섭하는 경우가 그 하나이다. 유물론으로의 경사: 데카르트가 그어 놓은 날카로운 선의 어느 한편을 포기하는 것, 그래서 영혼의 독자성을 포기하고 물질의 일원론으로 가는 방향. 이 경우 생명 현상은 물론 정신 현상도 기계론적으로 설명되기에 이르고[22] 근대 결정론은 극에 이른다. 이런 한계가 극복되기 위해

---

21) 영혼은 한편으로는 물질의 세계와 단적으로 구분되는 존재론적 위상을 부여받았다. 다른 한편으로 영혼은 기계론적 세계를 인식하는 인식 주체이기도 하다. 그것은 정신, 마음, 의식이기도 하다. 우리는 이렇게 물을 수 있다. 세계를 기계론적으로 완벽하게 표상했을 경우, 그렇게 표상하고 있는 주체는 도대체 그 세계의 어디에 어떻게 존재하는 것일까? 근대 과학/철학은 이 물음에 답할 수가 없었고(그런 문제를 의식조차 하지 못한 경우가 대부분이었거니와), 여기에는 영혼과 물질의 단적인 이원론이 깔려 있었다고 보아야 한다.

22) 데카르트는 라플라스에 훨씬 앞서 이렇게 말하고 있다. "만일 누군가가 동물의 어떤 종(예컨대 인간)의 종자의 모든 부분들에 대해 인식한다면, 그는 이 지식만을 가지고서도 확실한 이성과 수학을 사용하여 그 종자가 후에 도달할 모든 형태와 구조를 연역할 수 있을 것이다."(『동물의 형성』) 그러나 우리를 아연하게 하는 것은 그가 라플라스보다 오래전에 이 말

서는 '물질' 개념 자체가 변화를 겪어야 했다. 유심론으로의 경사: 라이프니츠와 헤겔의 유심론에서 우리는 근대 기계론 위에 겹쳐져 있는 고대 목적론을 확인하게 된다. 물질은 정신의 퇴화된 형태이거나("mens momentanea") 외화된 형태가 된다("Entäußerung"). 여기에서 우리는 근대적 기계론을 포섭하면서 그것을 하위에 위치시키려는 전략을 확인하게 된다. 그러나 이미 보았듯이, 고대 목적론과 근대 기계론의 차이는 당사자들이 생각한 것보다 훨씬 작은 것이며 모나드들의 펼쳐짐이라는 라이프니츠의 사유든 절대정신(의 '계기들')의 구현이라는 헤겔의 사유든 거기에서 우리는 기계론의 뒤집힌 이미지로서의 목적론을 발견하게 된다. "모든 것이 주어졌다"는 점에서 하등의 다를 것이 없는 사유들을.

또 다른 경향들로는 이원론을 유지하면서 그것을 더 큰 일원론으로 통합해 가는 경우와 그 사이에 매개물을 넣어서 봉합하려는 경우이다. 우리는 스피노자와 칸트에게서 각각의 대변자들을 본다. 스피노자는 무한실체로서의 신과 유한실체로서의 영혼, 물질의 구도를 무한실체로서의 신과 그 상이한 표현들로서의 무한한 속성들(그 종류에 있어 무한할 뿐 아니라 각각에 있어서도 무한한 속성들)의 구도로 변형시켰다. 이런 구도를 '범신론'이라 부르든 다른 이름으로 부르든 그 결과는 컸다. 아울러 스피노자에게 정신속성의 작용 = 감응(affectio)과 물질속성의 작용 = 변양(modificatio) 사이의 일치는 데

을 했다는 사실이 아니라 그 말을 생명의 영역에서 하고 있다는 사실이다.

카르트에서처럼 어떤 불가사의한 기관을 통해서 가능한 것이 아니라 그 두 작용이 사실상 근본 실체의 두 표현일 뿐이라는 사실에서 논리적으로 도출된다.(E, II, p/7)[23] 이런 변화에도 불구하고, 스피노자에게도 역시 실재는 영원 속에 전체로서 주어져 있다. 이것은 분열된 양자를 보다 근원적인 일자로 통합해 가는 길이다.

반면 칸트는 양자 사이에 제3의 매개자를 삽입함으로써 분열을 극복하고자 했다. 칸트에게도 세계는 기계론적으로 이해된다. 그러나 그러한 이해는 형이상학적 직관을 통해서가 아니라 인식론적 반성을 통해서 성립한다. 칸트에게 신적인 것은 '의식 일반'이다. 따라서 구성'되는' 것은 의식-외적인 잡다이다. 이 인식 질료와 인식 주체 사이에는 어떤 친연성도 없다. 단적으로 말해, 의식의 빛이 비추이지 않은 세계는 아무것도 아니다. 선험적 주체에 의해 구성된 한에서 비로소 세계는 기계론적인 것으로서 드러난다. 뉴턴이 한 일은 세계의 이법을 발견한 것이 아니라 그러한 구성을 비로소 본격적인 수준에서 현실화한 것뿐이다. 따라서 선험적 주체의 발생 그 자체는 논외로 남는다. 이것이 칸트가 주체를 '입법적'(立法的)인 존재로 만들었다는 이야기의 핵심이다. 따라서 『순수이성 비판』과 『실천이성 비판』 사이에 존재하는 간극은 생각만큼 넓은 것이 아니다. 입법적인 존재의 가능조건을 파 들어갔을 때 우리는 자연스럽게 실천이성에 도달하게 된다. 그러나 이런 매끄러운 연결은 입법자로서의 선험

23) E, II, p/7 = 『에티카』 2부, 명제 7.

적 주체 내부에서만 가능하다. 순수이성의 구성 결과로서 제시된 기계론적 세계상과 순수이성 자체의 존립근거로서 제시된 도덕적 차원 사이에는 심대한 심연이 놓인다. 『판단력 비판』이 요청된 것은 이 때문이다. 그러나 그것은 일관된 존재론적 비전 없이, 이미 이루어진 양립 불가능한 두 차원 사이에 제3의 매개자를 세운 것에 불과하다. 이런 식으로 기운 매듭들을 없애고 물질과 정신, 존재와 인식, 세계와 주체 사이의 간극을 파기하려면 전혀 다른 사유 구도가 필요했다. 그것은 곧 대립하는 존재들을 시간 속에서 화해시키는 관점들이었다.

실증주의적인 방식으로든(콩트, 스펜서 등), 변증법적인 방식으로든(헤겔, 마르크스/엥겔스), 19세기의 사유는 모든 것을 시간 속에서 형성되어 나온 것으로 파악함으로써 데카르트와 칸트가 남겨 놓은 간극들을 극복하고자 했다. 공간적으로 모순된 것들은 시간 속에서 화해한다. 이 점에서 19세기의 이론들은 근본적으로 '진화론'——그 형태는 매우 다양하였지만——의 사유 구도에서 움직였다. 이것은 분명 커다란 발전이었다. 이 구도에서 유물론의 생경함과 유심론의 공허함, 그리고 이원론의 어중간함은 극복된다. 유물론은 물질의 전개과정에서 정신이 생성되어 나왔다고 봄으로써 유물론적 입장과 정신의 의미를 화해시킬 수 있었고, 유심론은 물질을 정신의 미발현 상태로 설정함으로써 그 비실증성을 극복할 수 있었으며, 이원론은 양립 불가능한 것으로 설정했던 차원들을 시간 속에 배열함으로써 그 불연속성을 극복할 수 있었다.

베르그송이 바로 이런 흐름의 정점에 놓여 있는 것은 분명하다. 그러나 그는 헤겔에서 스펜서에 이르기까지 전개되어 온 이 흐름에서 진정으로 시간이 이해되어 왔는가를 묻는다. 19세기 사유는 시간 개념을 통해서 이전의 사유들을 극복했다. 그러나 19세기 사유들의 시간이 과연 진정한 시간인가? 여기에 베르그송의 물음이 있다.

유물론, 유심론, 이원론의 구분은 베르그송에게는 이차적인 것이다. 이 구도들이 시간 축에서 재배열된 경우에도 사정은 동일한 것으로 남는다. 핵심은 이 사유들이 구사하는 시간론의 성격에 있다. 베르그송이 볼 때 19세기 사유들은 기계론을 벗어나기 위해 많은 노력을 했고 많은 성과를 거두었지만, 그것들은 스스로가 생각하는 것보다 기계론에서 그리 멀리 떨어져 있지 않다. 사변적인 형태로든 실증적인 형태로든, 스펜서에 이르기까지의 서구 존재론은 결정론의 그림자를 떨쳐버리지 못했기 때문이다. "그[스펜서]의 통상적 기교는 진화를 진화된 것의 단편들로 재구성하는 데 있다는 것만 말해 두자. 내가 두꺼운 종이에 그림 하나를 붙인 다음 그 종이를 잘게 잘라버려도 나는 작은 종이들을 필요한 만큼 모아서 그 그림을 복원할 수 있을 것이다. 그리고 그와 같은 그림 맞추기 놀이에서 조각들을 가지고 공작을 하는 아이는 잘라진 그림 조각들을 나란히 놓아 결국 멋지게 채색된 그림을 얻고는 아마도 자신이 그 그림과 색채를 만들었다고 생각할 것이다. 그러나 그림을 그리고 색을 입히는 행위는 이미 그려지고 채색된 그림의 단편들을 모으는 행위와는 아무런 관계도 없다. 마찬가지로 당신은 진화의 가장 단순한 결과들을 서로 짜 맞추어 그것의 가장 복잡한 결과들을 그럭저럭 모방할 수는 있으나 그것들 중 어느 것에 대해서도 발생을 추적할 수는 없다. 그리고 진화된 것에 진화된 것이 첨가되는 이 과정은 진화 자체의 운동과는 유사하

지 않을 것이다."(EC, 363/533)

우리는 저 멀리 엘레아학파의 사유가 보여주었던 생성 파악의 방식이 19세기 후반의 사유에서도 거의 똑같은 형태로 나타남을 보고서 놀라게 된다. 스펜서는 현실에서 출발한다. 즉, 이미 진화된 것에서 출발한다. 스펜서는 이 진화'된 것'에서 출발해 진'화' 자체를 추적하고자 한다. 이것은 두 가지를 함축한다. 스펜서는 현실로부터 시작해 역추적함으로써 가능을 이끌어낸다. 그것은 곧 현실을 근거로 과거를 재구성하는 것이다. 이것은 곧 우리가 앞에서 말한 '추후적인 사고'에 다름 아니다. "현실은 ~하다, 고로 우주는 ~한 가능성을 가지고 있었고 그것이 현실화된 것이다." 또한, 현실이란 무엇일까? 그것은 우리의 지능을 가지고서 파악한 것에 다름 아니다. 현실 파악 자체가 이미 우리의 지능을 전제하고 있다. 그래서 지능은 스스로를 투영해서 얻어낸 인식 결과를 가지고서 진화를 이해하고자 하며 그 자신도 이해하고자 한다. 마치 자신이 우주 진화의 한 갈래가 아니라 전체인 듯이. 우리는 여기에서 자신이 파악한 현실의 외연을 가능의 외연과 동일시하고 그래서 우주의 가능성을 자신이 파악한 현실성과 동일시하는 지능의 기묘한 논리를 본다. 그러나 진정으로 '진화'해 온 것은 가능성(잠재성) 그것 자체에 다름 아니다.

니체와 마찬가지로 베르그송 역시 서구 존재론사가 생성과 시간의 진정한 의미를 읽어내지 못했다고 말한다. 그리고 양자 모두 그 원천을 엘레아학파에서 찾고 있다. 이로써 현대 생성존재론이 서구 존재론사를 읽어내는 어떤 기본적인 모형이 갖추어졌다고 하겠다. 니체는 이런 문제의식하에서 생성에 대한 본격적인 파악을, 즉 영원회귀와 힘에의 의지에 입각한 생성존재론을 펼쳤다. 그렇다면 이제 베르그송은 어떤 생성존재론을 펼칠 것인가? 그가 생각하는 진정한 의미에서의 '진화'란 어떤 것인가? 그런 '진화론'으로 볼 때 인간은 어떤 존재인가? 그리고 '인식'이라는 행위는 어떻게 이해되어야 하는가? 더 나아가 윤리, 종교, 예술 등은 어떤 의미를 부여받을 수 있는가?

5. 생명의 약동

"생명이란 무엇인가?"라는 물음은 그 자신 생명체인 인간에게 영원한 물음이다. 생명의 탐구는 생물학의 전유물이 아니다. 생물학의 생명 개념은 특수한 관점과 방법을 동원했을 때 파악되는 생명일 뿐이다. 생명 개념은 생물학을 훨씬 넘쳐 난다. 그러나 생명에 대한 탐구가 체계적이고 탄탄한 것이 되려면 생물학에서 출발해야 한다는 것 또한 사실이다. 베르그송의 사유는 생물학에서 출발해 그 개별 과학적 테두리를 넘어 생명을 탐구하는 메타생물학/생명철학이다.[1]

사실상 베르그송의 '지속' 개념은 그 자체 생명의 개념을 함축한다. 연속성은 생명의 원초적인 성격이다. 생명으로서 불연속성은 곧 그것의 반대항인 죽음을 뜻하기 때문이다. 물론 삶과 죽음은 복잡

---

1) 생명 탐구의 세 단계를 설정할 수 있다. ① 생물과학은 개별 과학으로서의 생물학으로 생명체들에 대한 실증적인 탐구를 뜻한다. ② 일본 학자들이 흔히 말하는 '생명과학'은 종합 생물과학으로서 다양한 종류의 생명체 탐구들을 종합해 좀 더 넓은 시야에서 생명을 논한다. ③ 생명철학은 생명과학을 근거로 생명, 주체, 윤리, 인식 등의 전반적인 관계를 탐구한다.

하게 얽혀 있다. 그러나 어떤 방식으로든 생명은 연속성을 추구한다. 연속성이란 생명의 성격 그 자체이다. 아울러, 생명은 다질성을 향한다. 생명이란 어떤 새로운 질(質)들의 창조를 핵심으로 하며, 생명의 시간이란 물질의 등질적 시간과 대조적으로 다질적 시간이다. 물질의 시간은 등질적이기에 수학적 법칙으로 표현된다. 생명의 시간은 다질적이기에 진화의 우발성으로 표현된다. 마지막으로 생명은 창조의 계기를 머금고 있다. 이 창조는 어떤 의미에서도 '제작'이 아니다. 그것은 어떤 계획의 '구현'도 아니며, 주어진 전체의 재조합도 아니다. 그것은 우주에 결코 존재하지 않았던 것이 존재하게 되는 절대적 의미에서의 창조이다. 베르그송의 진화는 창조적 진화이다. 이렇게 지속으로서의 시간은 사실상 생명의 시간인 것이다.

이 생명의 시간을 가능케 하는 것은 다름 아닌 기억이다. 베르그송의 생명론은 기억론의 형태를 띤다. 기억이란 소멸과의 투쟁이다. 그러나 이 투쟁은 추상적 동일성의 보존이 아니라 시간 속에서의 동일성의 자기변화를 통해 가능하다. 기억은 스스로 타자화되면서도 동일성의 측면을 잃지 않는다. 변화하라는 시간의 요구에 따르면서도 '스스로'를 잃지 않는 것, 여기에 기억의, 생명의 놀라운 본질이 있다. 생명은 시간의 와류에 저항하면서 독자적인 동일성을 유지하는 것을 핵심으로 하지만, 그 동일성은 끝없이 스스로를 타자화하는 동일성이다.[2] 따라서 베르그송에게는 추상적 동일성으로서의 생명/

---

2) 때문에 기억은 현재와 과거에 관련해 여러 가지 역설들을 함축하게 된다. 들뢰즈는 이 역설을 동시간성의 역설(현재가 동시에 과거일 때에만 시간은 흘러간다), 공존의 역설(과

정신——베르그송에게 '정신'은 생명의 고도화된 층위일 뿐 별개의 존재가 아니다——과 그것의 변양태들로서의 '상태'들이라는 도식은 거부된다. 한 상태에서 다른 상태로의 이행을 말하는 것은 부동의 것들을 조합시킴으로써 운동을 설명하려는 엘레아적 착각의 변형태에 다름 아니며, 그러한 상태들을 꿰는 실로서 다시 생명/정신이라는 실체를 도입하는 것은 잉여 가설일 뿐이다.[3] 생명이란 끝없이 타자화되면서도(다질성, 창조) 스스로를 이어 가는(연속성) 기억에, 지속에 다름 아니다. "의식적 존재에게 있어 존재한다는 것(exister)은 변화하는 것이고, 변화한다는 것은 성숙하는 것이며, 성숙한다는 것은 자신을 특이하게(indéfiniment) 창조하는 것이다."(EC, 7/30)

생명(성)의 이런 성격은 물질(성)의 성격과 정확히 대비된다. 관성을 본성으로 하는 물질은 고전 역학체계에서는——베르그송이 논하는 물질은 기본적으로 고전 역학체계의 물질이다——모든 것이 공간으로 환원되며(물체는 질점으로 환원된다), 또한 모든 운동은 가역적 운동으로서 파악된다. 여기에서 시간——시점——은 공간이동(아리스토텔레스의 'phora')이 야기하는 궤적의 점들과 정확히 상응을 이룬다. 시간은 공간화된다. 나아가 고전 역학적 체계에서는 시간

거 전체는 매 순간 현재와 공존한다), 선재의 역설(과거 일반은 현재에 선재한다), 스스로와의 공존의 역설(과거는 무수한 층위들에서 스스로와 공존한다)로 정리해 주고 있다.(DR, 110~113/193~198)

3) 그러나 생명/정신활동을 뇌로 환원시켜 설명하려는 생각은 추상적 실체로서의 생명/정신을 도입하려는 생각과 똑같이 거부되어야 한다. 이에 관련해 다음을 보라. 石井敏夫, 『ベルクソンの記憶力理論』, 理想社, 2001.

이 거꾸로 가든, 어떤 속도로 펼쳐지든 그 체계는 변하지 않는다. 거기에는 어떤 절대적인 의미에서의 시간, 설탕이 녹기를 기다려야 하는 시간은 의미를 상실하며, 따라서 상이한 지속들과 그것들 사이의 차이(생명의 맥락에서는 본질적인 차이)는 문제시되지 않는다. 모든 것은 등질화된다. 따라서 시간은 기하학적 공간이 그렇듯이 파편화될 수 있고, 거꾸로 갈 수 있고, (오려 붙이는 등) 조작할 수 있는 것이 되어버린다. 거기에는 기억이 없다. 나아가 이러한 파악은 어떤 형태로든 고립화를 전제한다. 모든 논의는 하나의 '계'(系)를 고립시킴으로써 시작된다. 이러한 고립화는 물론 자연 자체의 분절들을 참조해서 이루어지지만, 인위적인 조작을 피할 수는 없다(그리고 이런 인위성은 많은 경우 인식을 위해서가 아니라 실용을 위해서 가해진다). 물론 물질이 등질화 가능한 그만큼 그러한 조작은 분명 가능하다. 반면 생명에 대한 그러한 조작은 일정한 한도 내에서만 가능하다. 그 한도를 넘어서면 생명은 소멸(죽음)을 맞이할 것이고, 그때 그것은 더 이상 생명이 아니기 때문이다.

베르그송에게서 물질과 생명은 평행을 달리지 않는다. 두 실재는 반대의 방향으로 달려간다. 그렇다면 생명'체'는 어떤 존재인가? 생명체의 개체성은 어떤 존재론적 위상을 가지는가? 1) 우선 생명체는 다질적 개체(individu hétérogène)이다. 여기에서 다질성은 외적 다질성이 아니다. 외적 다질성은 분할을 허용하지만, 내적 다질성은 분할할 경우 그 본성이 파괴되어버린다. 내적 다질성은 '조직화'를 갖춘 다질성이며 하나의/고유한 리(理)를 가지는 다질성이다. 그래서 내적 다질성은 외적 다질성으로 화했을 때에만 분할 가능하다. 베르그송이 제시한 생명체의 이런 특성을 우리는 아픔의 문제와 관련시킬 수 있다. 생명이 없는 존재들은 외적 다질성만을 가진다. 그래서 시체만을 해부할 수 있다. 살아 있는 생명체를, 나아가 인간을 해부한 20세기의 경험이 그토록 끔찍하게 다가오는 것은 이 때문이다. 다질적 개체의 다질성은 내적 다질성이며 그때에만 그것은 '개체'일 수 있다. 그러한 개체의 분할은 항상 아픔/고통을 유발한다. 생명체란 고유한 존재이며, 그 고유성이 파괴될 경우 아픔/고통을 느끼는 존재이다. 2) 또한 생명체는 완벽한 정의를 거부하는 존재이다. 생명체에 대한 정의는 완성될 수 없다. 왜인가? 완벽한 정의는 완성된 실재에만 적용되는 것이기 때문이다. 생명이란 지속이고 지속을 정의하기 위해서는 그 운동성을 사상하고 정지시켜야 한다. 플라톤에게 운동과 정지는 다섯 가지 '최상위 유들'에 대등하게 들어간다. 그러나 베르그송이 볼 때 정지는 운동에서 지속을 제거했을 때에만, 시간을 공간화했을 때에만 성립한다. 생명체란 기본적으로 열린 존재이다.[4] 생명체는 정적인 동일성의 원리를 벗어나며 살아 있는 한 끝없이 변화해 나간다(성장, 생식/유전, 진화). 그러한 열림(열려-나아감)을 인위적으로 정지시켰을 때에만 그것에 대한 분석적 지식이 성립

---

4) 이 맥락에서 '경향'(tendance)이라는 개념은 베르그송 사유에서 핵심적인 역할을 부여받게 된다. 경향은 고정된 어떤 것으로서의 규정성이 아니라 계속 운동해 가는 과정에서 드러나는 규정성이다. 그것은 본질, 실체, 성질, 속성, 상태, 구조 등등, 그 어떤 고정된 규정성도 아니다. 경향이란 시간 속에서 생성해 가는 중에 드러나는 규정성/방향성이다. 그것은 늘 시간에 충실할 것을, 운동/변화를 지켜봐 가면서 판단할 것을 요구하는 규정성이다. 또, 시간은 끝나지 않고 미래는 늘 열려 있기에 판단을 단적으로 닫아 버릴 수 없게 만드는 규정성이기도 하다. '경향' 개념은 베르그송적 존재론을 핵심적으로 특징짓는다.

한다. 3) 생명체는 자신 속에 내재해 있는 경향들/갈래들을 한번에 표현하지 못한다. 그래서 늘 기로에 서게 되고 선택해야 하며 그 결과를 감내해야 한다(자신의 공간적 동일성을 포기하고 시간적 동일성 ——유전——으로 방향을 잡은 것도 핵심적인 선택들 중 하나였다). 그러나 이런 선택이 내적으로만 이루어지는 것은 아니다. 생명체는 언제나 외적 조건들, '환경'들에 맞닥뜨린다. 환경은 생명체에게 늘 어떤 'problêma'를 던지고 생명체는 그 문제에 해(解)를 냄으로써만 생명을 이어 갈 수 있다. 'discrimen'(시간의 지도리) 위에 서야 하는 것은 특별한 사람들의 일도 아니고 인간만의 일도 아니다. 그것은 삶/생명 그 자체의 본질이다. 생명체란 문제를 만나 모색, 선택해야 하고, 삶/죽음의 기로에 서서 싸울 수밖에 없는 존재이다.

등질적 물질과 구분되는 다질적 개체로서의 생명체는 추상적 동일성에 머물지 않고 스스로를 끊임없이 열어 나간다. 그 열림의 과정——이 과정은 늘 모색, 선택, 투쟁을 동반한다——을 통해 생명체는 차이생성을 소화하면서 자신의 동일성을 바꾸어 나간다. 베르그송은 이 능력을 '기억'으로 개념화한다. 생명체의 기억능력은 성장, 생식/유전, 진화 등으로 표현된다. 베르그송은 이 모든 것을 지배하는 어떤 단일한 법칙이 존재한다고 믿지 않는다. 더 정확히 말해, 생명체의 기억을 법칙성으로 파악하면 할수록 그 법칙성은 생명(체)의 추상적 측면만을 파악하게 된다. 생명의 기억/시간은 '지속'이며 때문에 생명(체)의 이해는 그 자체로 매우 복잡하고 섬세한 굴곡들(sinuosités)을 따라가는 운동이다. 더구나 그 운동은 결코 끝나지 않는다. 끝났다고 생각하는 그 순간에도 기억은 변하고 있기 때문이다.

"생명이 존재하는 모든 곳에는 늘 시간이 기입되는 등록부가 존재한다. 그 어디에선가는 열린 채로."(EC, 16/44) 이 기억의 과정 전체를 사람들은 '진화'라 부른다. 그래서 이제 우리가 살펴볼 것은 진화를 파악하는 여러 관점들이다.

베르그송이 주안점을 두고 논한 주제는 기계론과 목적론의 공통의 한계이다. 베르그송이 볼 때 극단적 기계론과 극단적 목적론은 공히 결정론의 성격을 띠고 있으며, 진화에서의 시간의 역할을 이해하고 있지 못하다.

기계론(또는 기계론적 환원주의)은 그것이 인정하는 설명 요소들('기계적인' 것들)로 현상을 환원시켰을 때 만족한다. 이 점에서 동일성의 사유의 전형이다. 그것은 생명의 생성을 그것이 상정하는 요소들로 환원함으로써 차이생성을 동일성으로 해소하고자 한다. 예컨대 바이스만은 '생식질'(그가 현대에 활동했다면 '염색체' 또는 '유전자' 또는 'DNA'라 불렀을 것이다)의 연속성을 강조했고, 진화에서의 갖가지 차이들(의 생성)에도 불구하고 그것의 동일성은 확고한 것으로 이해했다. 체질(체세포)과 생식질(생식세포) 사이에는 확고한 '방벽'이 세워져 있으며, 표현형에서 일어나는 어떤 변화도 유전형에 영향을 끼치지 못한다(흔히 드는 예로서, 쥐의 꼬리를 계속 잘라도 꼬리 잘린 쥐가 태어나지는 않는다). 이런 식의 사고는 시간을 시간 자체로서, 시간이 가져오는 변화들을 변화들 자체로서 보기보다 어떤 동일성의 메커니즘에 부대하는 환각으로 치부해버리는 사고의 전형이다. 그러나 오늘날 리처드 도킨스 같은 인물로 대변되는 이런 식의 사고는 첨단 과학의 옷을 입은 엘레아적 환영의 산물일 뿐이다. 가장 참신한 듯이 보이는 사상의 근저에서 가장 낡은 존재론의 그림 자가 아른거린다. 여기에서 시간은 항상 거꾸로 되돌려져 어떤 동일 성으로 귀착되곤 한다. 그 사이에서의 모든 차이생성들은 일종의 환 각으로서 사라져버린다. 진화는 우주의 시간이며 'différentiation' 자체이다. 그러나 진화'론'에서 얄궂게도 이 시간과 차이생성은 어디 론가 사라져버린다.

바이스만의 세계는 완벽한 생물학적 허무주의[5]의 세계이다. 거 기에서 유일하게 실재적인 것은 항구적으로 스스로의 동일성을 유 지하면서 전달되는 생식질이며, 한 개체의 삶이란 그러한 생식질을 잠시 담아 두었다가 다른 개체로 전달해 주는 운반자의 삶일 뿐이다 (우리는 프로이트의 「쾌락원칙을 넘어서」 같은 논문들이나, 하디의 『테 스』, 졸라의 '루공-마카르 총서'를 비롯한 여러 소설들에서 바이스만의 그림자를 읽어낼 수 있다). 이런 동일성의 세계에서 개체들과 집단들 의 시간, 삶의 매 순간, 삶의 생생한 지속은 소거되어버린다. 베르그 송은 이렇게 말한다. "한 곡선의 아주 작은 한 요소는 거의 직선과 도 같다. 우리가 보다 작은 요소를 취할수록 그것은 직선을 닮아 갈 것이다. 극한으로 갈 경우 흔히 말하듯이 그것이 직선일 수도 있고

---

5) 본래 허무주의는 절대적 생성만이 존재하는 세계에서 성립한다. 바이스만은 생식질이라는 실체를 제시한다는 점에서 오히려 본질주의 철학에 가깝다. 그러나 다른 관점에서 볼 때, 바 이스만의 세계는 어떤 새로울 것도 없는 추상적 동일성의 세계라는 점에서 그리고 인간 실 존은 단순한 운반자로 전락하는 세계라는 점에서 '허무한' 것으로서 다가온다. 생성존재론 의 관점에서 볼 때 동일성의 세계야말로 오히려 '허무한' 세계이다.

곡선일 수도 있다고 해야 할지 모른다. 사실 각 점에서 곡선은 접선과 일치한다. 그래서 '생기'(生氣)도 임의의 점에서 물리-화학적 힘들을 접선으로서 허용할 것이다. 그러나 결국 이 점들은 곡선의 생성(mouvement générateur)으로서의 점들을 정지점들로 상상하는 정신이 투사하는 관점들에 불과하다. 사실은 곡선이 직선으로 이루어져 있지 않듯이, 생명은 물리-화학적 요소들로 이루어져 있지 않다."(EC, 31/66) 베르그송이 기계론 비판의 맥락에서 언급한 이 유비를 우리는 결정론 비판의 맥락에서 읽을 수 있다. 생명의 시간은 지속으로서의 시간이지만, 그 시간을 합리화하고자 할 때 그것의 생성을 어떤 식으로든 접어 두어야 한다. 삶의 매 순간을 그것 자체로서 사는 것, 생명의 지속을 사는 것은 이런 기계론적-결정론적 환원주의를 극복하는 데서 시작된다.

베르그송의 기계론 비판은 고전 역학적 기계론에 대한 비판이다. 그러나 우리는 기계론 자체가 '진화'해 왔다는 사실을 잊지 말아야 한다. 기계론은 데카르트에 의해 제시된 하나의 인식론/존재론이지만, 그 후 데카르트가 부정하고자 했던 존재들을 하나하나 그 안에 받아들여 왔다. 처음에는 '힘'을, 다음에는 '에네르기'를, 다음에는 '정보'를. 그 과정에서 '조직화' 개념도 그 의미를 크게 바꾸기에 이른다. 또, 생명(체)를 바라보는 입장에 따라 얼마든지 많은 요소들이 기계론에 도입된다. 예컨대 데카르트의 기계론과 다윈의 '기계론적 설명' 사이에는 얼마나 큰 거리가 있는가. 오늘날의 기계론은 고전 역학적 기계론은 비교 대상도 되지 않을 정도로 복잡하고 유연한 기계론이다. 목적론 또한 마찬가지이다. 과학'사'를 도외시하고 인식론적 논의를 할 경우, 우리는 언제나 시대착오에 빠진다는 사실을 명심하자. 어떤 시대의 어떤 기계론/목적론인지를 분명히 하지 않는 다면, 맥락 없는 추상적 논의에 떨어질 수밖에 없다. 베르그송의 기계론 비판은 오늘날의 관점에서는 낡은 비판이다. 그러나 이런 변화에도 불구하고 베르그송의 거의 항구적인 공헌 또한 분명히 드러내야 한다. 그것은 바로 지속으로서의 시간에 대한 해명, 과학이 지속을 다룰 때 거의 필연적으로 가해야 하는 조작(과 그 조작이 그것을 왜곡시키는 방식)에 관한 것이다. 세계를 합리화할 때 우리는 어떤 식으로든 생생한 지속을 왜곡해야 하며, 때문에 과학과 더불어 (그 왜곡되는 부분을 사유하고 살리려는) 형이상학이 요청된다는 베르그송의 지적은 오늘날에도 (그리고 앞으로도) 유효한 지적이다. 그러나 다른 한편 합리화의 양태는 시간 속에서 계속 변해 가며, 따라서 형이상학적 논의는 바로 그런 합리화의 끝에서 이루어질 때에만 유의미하다는 사실 또한 잊어서는 곤란하다.

목적론의 경우는 어떨까? 베르그송은 목적론은 기계론의 거울-이미지일 뿐이라고 생각한다. "목적론은 거꾸로 선 기계론"일 뿐이다. 차이가 있다면, 기계론이 과거로부터 현재를 밀어 간다면 목적론은 미래로부터 현재를 끌어 간다는 점이 있을 뿐이다. 어린 시절의 트라우마로부터 현재를 설명하는 프로이트가 전자의 이미지를 잘 전해 준다면, 기독교의 종말론은 후자의 이미지를 잘 전해 준다. 양자 모두에서 현재는 현재 자체로서 이해되기보다 과거나 미래로 환원되어 이해된다. 기계론은 현재를 과거 "때문에"로 설명하고, 목적론은 현재를 미래를 "위해서"로 설명한다. 그러나 베르그송은 목적론을 기계론보다 유연한 것으로 평가한다. 고전 역학의 인과론과 고대적인 목적론을 비교해 본다면 확실히 그렇다. 기계론은 매 순간을 모두 결정론에 복속시킨다. 목적론은 그 과정에 상당 부분의 유연성을 부여한다.[6] 그러나 복잡계 이론 등 굳이 일일이 예를 들지 않아도, 기계론을 취하면서도 얼마든지 유연해질 수 있다는 것은 근대 과학 이후 전개된 현대 과학 전반을 힐끗만 보아도 분명하게 드러난다. 나아가 생물학적 맥락에서 기계론적 담론들이 목적론을 배척하는 것은 아니다. 목적론은 기계론적 과정을 통해서만 성립할 수 있고, 기계론은 목적론을 통해서만 생물학적 의미를 부여받을 수 있기 때문이다. 광합성의 의미는 무수한 화학반응들의 연구를 통해서 드러나며, 이 화학반응들은 목적론적 이해를 통해서만 (단순한 화학적 반응이 아닌) 생물학적 과정으로서의 의미를 드러낸다. 베르그송의 시대와는 달리, 오늘날 기계론과 목적론은 더 이상 논쟁거리가 아니다.

목적론에서 중요한 것은 목적론의 성립 단위이다. 베르그송은 외적 목적론과 내적 목적론을 구분한다. 아리스토텔레스에게서 찾아볼 수 있는 외적 목적론은 근대 과학에 의해 거부되었다. 그러나 사람들은 목적론의 단위를 잘게 나눔으로써 그 설득력을 보장받을 수 있다고 보았고, 그래서 목적론의 소재지를 개체 내부로 축소시켰

---

6) 그래서 기계론은 하나의 우연만 만나도 이론을 고쳐야 하는 상황에 부딪친다. 반면 목적론적 사유는 유연하게 계속 변신해 가곤 한다. 예컨대 기독교는 새로운 학문적 성과가 나오면 그것을 흡수해서 자신의 입맛에 맞게 바꾸어버린다. 그러면서 계속 변신해 간다. 진화론을 기독교에 흡수해 기독교적 진화론을 이야기하는 테야르 드 샤르댕이 그 전형적인 예이다. 기계론은 갑갑하지만 정직한 면이 있고, 목적론은 유연하지만 부정직하다.

다. 개체를 구성하는 존재들 사이에서는 목적론을 인정할 수 있다고 본 것이다. 베르그송은 개체라는 존재론적 분절 자체가 명확한 것이 아니며, 개체를 구성하는 단위들(특히 세포) 자체도 하나의 개체성을 띤 생명체라는 점을 지적한다. 내적 목적론 역시 더 작은 단위들의 입장에서 보면 외적 목적론이며, 딱히 더 설득력이 큰 것도 아니라는 것이다. 이 점에서 '엔텔레케이아'에 입각한 '생기론'은 거부된다. 그래서 1) 목적론은 단적으로 거부되어야 하거나 2) 외적/내적 구분을 떠나 (공간적으로 보아) 극미에서 극대에 이르는 그리고 (시간적으로 보아) 진화의 과정 전체에 걸치는 목적론을 구성하는 두 가지 길이 있다. 두 번째 길을 택해 구성될 목적론은 '계획' 또는 '설계'의 개념에 입각한 목적론과는 판이한 목적론이며(베르그송이 볼 때 자연을 기계로 보는 것과 설계된 것으로 보는 것은 거울 이미지이다), 베르그송은 이 길로 가닥을 잡는다.

　베르그송의 논변에서 한 가지 살펴볼 것은 개체성에 대한 비판적 언급이다. 베르그송은 극미에서 극대에 걸쳐 무한히 분절되어 있는 존재 단위들을 이야기하지만, 사실 개체라는 존재의 특이성은 결코 무시할 수 없는 무엇이다. 개체들이 모여 이루는 더 큰 단위에서의 '조화'와 개체 이하의 단위들이 보여주는 '조화'는 결코 같은 등급의 조화가 아니다. 개체가 단적인 동일성을 형성하지 못하는 것은 사실이다. 그러나 극미에서 극대로 가면서(역도 마찬가지) 우리는 개체라는 단위에서 매우 큰 도약이 발생한다는 사실을 인정해야 한다. 개인들이 국가를 위해 조직되는 것과 세포들이 개체를 위해 조직되는 것을 비교해 보라. 흔히 볼 수 있는, 인간사회를 유기체에 비유하는,

정치/문화를 의학에 비유하는 수사법은 이런 차이를 쉽게 은폐한다. 그리고 반드시는 아니라 해도 이런 식의 수사는 대개 전체주의를 위한 비유이기 십상이다.[7] 다른 한편, 개체들이 존재함으로써만 문화 세계라는 또 하나의 세계가 존립한다. 개체 이하의 단위들만 존재하는 곳에서 우리는 '물질'들의 흐름만 볼 수 있을 뿐이다. 생명체들이 없는 행성들을 상상해 보라. 거기에는 '삶'이라는 것이 존재하지 않는다. 그리고 개체 이상의 단위들(가족, 집단, 종…)은 개체를 전제하지 않으면 성립하지 않는다. 개체성은 이 우주에서 매우 특권적인 존재론적 분절을 형성한다. 자연적 맥락에서도 그렇거니와, (개체성을 넘어 '주체성'을 핵심으로 하는) 사회적/문화적 맥락에서는 단적으로 그렇다.[8]

어쨌든 베르그송에게 중요한 것은 아리스토텔레스적 목적론과 데카르트적 기계론을 넘어선 생명철학의 확립이다. 그 출발점은 기계론과 목적론이 공히 놓치고 있는 것, 시간의 진정한 의미, 즉 "새로운 것들의 끊임없는 분출"이다. 이 새로운 것들은 과거와 공존하는 현재의 역설을 이룸으로써 흘러간다. 이미 흘러간 시간은 합리적 '분석'의 대상이 된다. 사람들은 죽은 시간을 '지시'하고, 자르고 붙여 '분석'하고, 양끝을 고정시켜 '측정'하는 등 마음껏 지능의 능력을 발

---

7) 사회를 유기체에 비유하는 것은 근본적인 맹점을 내포한다. 유기체의 부분들은 내적 복수성을 이루지만, 사회의 구성원들은 외적 복수성을 띨 뿐이기 때문이다. 외적 복수성의 세계인 사회를 유기체에 비유하는 것은 곧 한 사회를 어떤 식으로든 통합(統合)하려는 의도가 깔려 있기 마련이다. 역사 속에 등장했던 여러 "생명철학"들이 전체주의적 정치 이데올로기를 설파하곤 했던 것은 이런 맥락에서 이해할 수 있다.

휘하지만, 그렇게 할 수 있는 시간은 늘 이미 지나간 시간이다. 때로 그런 지능의 능력을 미래로 투사해 기계론적으로 예측하거나 목적론적으로 기대하지만, 이것은 그 사이의 시간을 미리 예단하는 것이고 그래서 시간은 그런 예측이나 기대를 (대상의 성격에 따라 다른 정도로) 비켜 가버린다. 진화의 과정 전체는 이런 관점에서 이해되어야 한다. 진화의 결과들을 수집해 조합하는 것만으로는 가능하지 않다. 그것은 진화 전체가 아니라 (그 자체 진화의 산물인) 지능이 시간에서 (기계론적으로 또는 목적론적으로) 잡아낸 특권적인 점들의 조합, '추후적으로' 구성한 산물일 뿐이기 때문이다. 물론 지능으로서는 이것은 필연적인 것이다. 단지 그 한계를 분명히 하는 것이 중요하다. 앞에서 '경향' 개념의 중요성을 강조했거니와, 경향이란 점선으로만 그려진 방향성으로서 그 실선으로의 현실화는 오로지 시간과 더불어 확인할 수밖에 없다. 우리는 역사적 사건의 의미(전모)를 그 과정이 진행된 후에야 재구성해 파악할 수 있다. 진화에서의 어떤 경향은 잠재성이며 그 잠재성은 특정한 상황에서, 타자들과의 우발적인 관계를 통해, 일련의 중요한 지도리들을 통과하면서 비결정론적으로 현실화된다. 우리가 진화 전체를 사유하고자 할 때 늘 염두에 두어야 할 것이 이 원리이다. 그러나 지능은 마치 진화의 과정 전체를 자신의

---

8) 베르그송 사유에 나타나는 이런 개체성 폄하는 실존주의 사상의 형성에 상당한 영향을 끼쳤을 것이다. 철저하게 주체성에 입각한 사르트르의 사상과 베르그송 사상을 비교해 보라. 사르트르의 인간철학/주체철학과 베르그송의 자연철학/생명철학을 비교해 보는 것은 흥미로운 작업이다.

틀 속에 용해할 수 있다는 듯이 생각한다.[9]

베르그송에게 생명이란 잠재성을 현실화하는 존재이다. 잠재성으로부터 현실성으로의 이행을 가능케 하는 선험적 지평이 시간이다. 달리 말해, 세계는 시간 속에서 생성하며(생성존재론의 제일 원리) 생명의 맥락에서 생성이란 곧 잠재성의 현실화이다. 이 과정의 거시적 측면이 곧 '진화'이다. 나아가 이 현실화란 그저 접혀 있던 종이가 펼쳐지는 것 같은 결정론적 현실화가 아니다. 베르그송에게 진화란 '창조적 진화'이다. 그것은 절대적인 의미에서의 새로움이 창조되어 온 과정이다. 그러나 이것이 진화를 단절적인 것으로 파악함을 뜻하지는 않는다. 오히려 베르그송에게 진화는 근본적으로 연속적이다. 진화에 어떤 목적이나 '조화'가 존재한다면, 그 목적이나 조화는 미래가 아니라 과거에 존재한다. 생명의 탄생으로부터 오늘날에 이르기까지 생명은 연속적이다. 그러나 이 연속성이 일자의 연속성은 아니다. 오히려 중요한 것은 생명의 다양성이다. 다양성은 어디에서 유래하는가. 생명은 끝없이 새로움을 부여받게 되고 어느 순간 더 이상 양립하지 못할 지경에 다다른 경향들은 분기(分岐)한다. 생명체들 사이에 공통성, 상보성, 조화 등이 어느 정도 존재한다면, 그

---

9) 여기에서도 우리는 과학과 베르그송 형이상학을 대비시킬 수도 있고 또 겹쳐 놓을 수도 있다. 한편으로 지속의 형이상학을 통해 지능의 한계를 비판할 수도 있지만, 다른 한편으로 지능(분석적/합리적 이성) 자체도 과학사적 변화를 겪으며(따라서 지능을 고착적으로 파악하는 것 또한 오류이다), 과학의 성숙에 따라 시간의 본성에(지금 맥락에서는 진화의 굴곡들 전체에) 조금씩 다가간다고 볼 수도 있다(물론 지능은 분석적/합리적 인식 방법의 근본 한계 자체는 초월하지 못하지만).

것은 미래에 실현되어야 할 어떤 목적 때문이 아니라 모든 생명체들이 근원적인 공통의 출발점을 가지기 때문이고, 상이한 경향들이 분기와 잠재성의 현실화라는 공통의 논리를 따르기 때문이다. 요컨대 베르그송이 보는 진화란 다음과 같다. 1) 존재는 지속적인 생성이고, 생명에 있어 생성이란 잠재성의 현실화이다. 2) 잠재성은 미리 정해져 있는 것이 아니며 절대적 새로움으로 끝없이 풍요로워진다. 3) 생명 자체는 지속하지만, 그 잠재성이 함축하는 경향들이 더 이상 양립할 수 없을 때 그것들은 분기한다. 4) 생명체들에 공통성, 상보성, '조화'가 존재한다면, 그것은 어떤 설계 때문이 아니라 그것들이 공통의 요람 위에서 분기해 온 것들이기 때문에 그렇다.

이제 지금까지 추상적 논리로 이야기했던 논점을 하나의 흥미로운 예를 통해서 그리고 기존 학설들에 대한 비판적 독해를 통해서 구체화하고, 그런 논의로부터 진화를 바라보는 베르그송의 관점을 재음미해 보자.

여기에서 하나의 흥미로운 예라 한 것은 곧 공통의 기관/기능의 존재를 뜻한다. 눈이 있어 '본다'는 것이 성립하는가, '본다'는 것을 위해서 눈이 존재하는가? 전자의 경우 눈이 있을 경우 당연히 '본다'는 것이 성립하지만 문제는 눈의 존재 그 자체이다. 후자의 경우 눈은 분명 '본다'는 것을 위해서 존재하지만 문제는 '본다'는 것의 존재 그 자체이다. 전자의 경우 눈이 왜 존재하는가를 설명해야 하고(가장 단순한 답은 "보기 위해서"이다), 후자의 경우 '본다'는 것이 왜 존재하는가를 설명해야 한다(가장 단순한 답은 "눈이 있으니까"이다). 이렇게 해서는 해결의 실마리를 찾을 수 없다. 베르그송은 해결의 실마리를 발산하는 생명-계열들이 왜 동일한 기관/기능을 공유하는가라는 물음에서 찾는다. 생명-계열들이 잠재성 속에 더 이상 공존할 수 없어 분기했다면, 그 계열들은 상이한 경향들을 보여주면서 뻗어 갈 것이다. 그럼에도 눈 같은 기관/기능은 거의 모든 동물-계열들에서—어떤 의미에서는 식물-계열들에서까지도—발견된다. 이 현상을 어떻게 이해할 것인가? 또 식물과 동물은 완전히 다른 계열인데, 왜 두 경우 모두 유성생식이라는 공통의 현상을 보여주는가(식물의 경우에는 그것이 그야말로 "사치"인 듯이 보이기까지 한다)? 단지 '우연'으로 처리하는 것은 싱거운 것이기도 하고(특정한 현상을 설명하기에는 너무 넓은 개념이기에) 지적으로 게으른 것이기도 하다(탐구의 여지가 충분히 남아 있기 때문에). 베르그송은 상이한 계열들에서 나타나는 유사한 기관/기능이라는 현상을 실마리로 생명이란 원초적 약동(élan)을 공유하면서도 경향들의 양립 불가능성에 따라 계속 분기되어 온 연속성이라는 그의 가설을 검증해 나간다.

베르그송의 이런 논지는 1) 생명-계열들의 분기가 다양하면 다양할수록 2) 그리고 유사한 구조들의 복잡성이 더 클수록 그 설득력이 커진다. 좀 더 다양한 분기들에 유사한 구조들이 나타난다면, 그리고 그 유사한 구조들이 좀 더 복잡할수록 우연으로 설명할 수 있을 가능성——맹목적 기계론의 무한한 덧셈으로, 극히 오랜 시간이 가능케 한 우연으로 설명할 가능성——은 점점 더 희박해지기 때문이다. 물론 어떤 설계된 합목적성의 가능성은 배제된다. 이렇게 기계론적 우연들의 오랜 세월의 집적이라는 가설과 목적론적 계획이라는 가설을 동시에 거부했을 때 공통의 근원이라는 가설이 하나의 대안이 될 수 있는데, 베르그송은 이 길로 가닥을 잡는다. 다양한 생명체들에 편재하는, 그리고 극히 복잡한 구조를 가지는 눈 같은 기관, 봄 같은 기능이 좋은 예를 제공해 주는 것은 이런 맥락에서이다. 이제 이 예를 가지고서 기존의 학설들을 비판적으로 음미해 보고, 그 과정을 통해서 베르그송의 가설이 어떤 빛을 던져 주는지 살펴보자.

1. **외적 조건들에 의한 기계론적 진화**(아이머 등의 정향진화설). 베르그송에 의하면, 아이머의 정향진화설(定向進化說)은 생명체는 외부 조건들에 '적응'하며 이때의 적응이란 생명체의 내적 힘과 외부 조건들이 만나 물리-화학적으로 결정된다는 것을 뜻한다. 아이머의 정향진화설은 외적인 '추동력'과 내적인 '추동력'이 기계적으로 합성해 다양한 기관들의 진화를 일정한 방향으로 끌어가는, 생명에 대한 본질주의적이고 (어떤 면에서는) 목적론적인 생각을 담고 있기 때문이다. 말하자면 그것은 우주적 목적론에 입각해 있다. 어떤 면에서 아이머의 생각은 베르그송과 겹친다. 생명이 어떤 근본적인 추동력을 이어 간다는 생각이 그것이다. 그러나 베르그송에게 아이머식의 기계론은 진화를 결정론적이고 단선적으로 바라보는 생각에 불과하다. 거기에는 같은 근원에서 나왔지만 결국 복잡하고 다양하게 분기해 가는 경향들에 대한 생각이 빠져 있으며, 무엇보다도 생명의 길은 곧은 단선적 길이 아니라 우연적인 상황들에 적응해 가면서 끝없이 구부러지고 때로는 후퇴하기까지 하는 복잡한 길이라는 사실이 간과되고 있다. 베르그송의 진화론에서는 '우발성'(contingence)이 큰 비중을 차지한다. 사실상 생명의 내적 잠재성, 경향, 추동력, 연속성

(기억)이라는 가설만 제외하면 진화의 구체적 과정들은 전적으로 우발적이다.

적충(滴蟲)으로부터 인간에 이르기까지 눈들을 정교함의 정도에 따라 늘어놓을 경우 정향진화설이 옳다고 착각할 수도 있다. 그러나 이것은 결과만을 늘어놓고서 착각하는 것일 뿐 그 사이에 존재하는 과정에는 눈을 감는 것이다. 도마뱀의 피부색이 외부 환경에 따라 변화하는 방식이나 번데기가 온도에 따라 다른 나비가 되는 과정, 또는 아르테미아 살리나(작은 새우의 일종)가 물의 염분에 따라 변형되는 과정을 보면 정말 기계론적 인과관계가 작동하는 듯이 보인다. 그러나 베르그송은 '원인' 개념에서 추동(推動), 촉발(觸發), 전개(展開)라는 세 가지 상이한 의미를 읽어낸다. 하나의 당구공이 다른 당구공에 충격을 가할 때, 원인의 양과 질은 결과의 양과 질에 직접적으로 연관된다. 그러나 성냥불이 화약을 촉발시켜 폭발이 일어날 때, 결과의 양과 질은 성냥불의 양과 질에 의존하지 않는다. 그리고 녹음 테이프가 풀리면서 음악이 전개될 경우에는 원인의 양과 결과의 양 사이에는 밀접한 관련이 있지만, 각각의 질 사이에는 아무런 관련성도 없다. 기계론적으로 "설명한다"는 것은 첫 번째의 경우에만 성립한다. 생명체와 환경의 인과(특히 눈과 빛의 관계 같은 복잡한 경우)를 생각할 때 중요한 것은 생명체의 능동성이며, 이때의 인과란 사실 두 번째 의미나 세 번째 의미이다. 더구나 상이한 갈래들에서 유사한 결과들이 나왔다는 사실을 고려한다면 더욱 그렇다. 진화 전체에 어떤 흐름이 존재한다면, 그것은 생명체의 내적 잠재성에서 유래하는 것이지 기계론적인 인과에서 유래하는 것이 아니다.

2. 미소 변이들의 축적에 의한 진화(다윈 등의 자연도태설). 오늘날 ('네오 다위니즘'으로 변형된) 다윈의 이론이 차지하는 비중을 감안할 때, 베르그송이 그에게 합당한 비중을 두어 논의하고 있지 않다는 점은 놀랍다. 그러나 20세기 전반기까지도 (신)라마르크주의자가 더 많았다는 사실, 프랑스의 경우 1965년에야 다위니즘이 (제도적으로) 생물학계에 등장하기 시작했다는 사실을 감안한다면, 베르그송이 다윈에 할애한 페이지가 적다는 것은 그리 의아한 일은 아니다. 오히려 그는 당시(1907년)로서는 다윈 사유의 의미와 한계를 매우 정확하게 파악하고 있었다.

다윈 사유에서 미세한 '변이'(variation)와 생명체들의 '다양성'은 논의의 주춧돌이다. 다윈은 생명체들의 변이가 그것들을 점차 "개량해" 간다고 보았고, 이것은 그가 인위적인 사육과 자연적인 '선택/도태'를 섞어서 논했기 때문이다. 사육자들이 개체들의 변이를 이용해서 생명체들을 점차 개량해 가듯이, 자연('환경')은 자신에게 제공된 생명체들의 큰 다양성 앞에서 어떤 것들은 '선택'하고 어떤 것들은 '도태'시킨다.[10] 여기에서 어떤 아프리오리한 논의도 무용하다. 이런 과정은 환경의 변화와 그에 따른 생명체들의 생존경쟁(다윈

---

10) "개개의 경미한 변이가 만약 [생존에] 유용하다면 보존된다는 이 원칙을 나는, 인간의 도태력에 대한 그 관계를 명확히 하기 위하여, '자연선택'(natural selection)이라 부른다. 그러나 허버트 스펜서 씨가 사용한 '최적자 생존'(survival of the fittest)이라는 표현이 한층 더 정확한 것이며, 때로는 그만큼 더 편리한 것이다. […] 그러나 '자연선택'은 나중에 알게 될 것이지만 끊임없이 활동할 용의가 되어 있는 힘이며, '자연'의 제작이 '기술'상의 작품에 대해 가지는 관계와 마찬가지로 인간의 보잘것없는 노력보다 무한량으로 우세한 것이다."(찰스 다윈, 『종의 기원』, 이민재 옮김, 을유문화사, 1983, 80쪽)

에 따르면, 특히 같은 종에 속하는 개체들 및 변종들 사이에서 심하다)의 복잡한 분기와 굴곡에 따라 진행되기 때문이다. 이 과정에서 생명체들의 왕성한 번식력과 다양성은 중요한 역할을 한다. 그렇지 않다면 생명체들은 일찍이 절멸되었을 수도 있고, 또 오늘날처럼 고등한 존재들로 '진화'해 오지 못했을 것이기 때문이다. 다윈에게 자연이란 무척이나 잔혹한 것으로 표상된다. 엄청난 양적 크기와 질적 다양성이 제공되고 그중 극소수만이 자연에 의해 '선택'을 받는 것이 '생명/삶'이기에 말이다. 양적으로 대다수가 그리고 질적으로 대다수 경우들이 도태되기 위해서 세상에 태어난다. 다윈은 이렇게 생명체들이 환경 변화라는 맥락에서 생존경쟁을 펼치며 자연적으로 선택/도태되는 과정을 '적응'이라고 불렀다.

베르그송은 다윈의 '적응' 개념을 비판적으로 검토한다. 다윈의 적응 개념은 (우주적 목적론에 입각해) 생명체가 우주 전체의 흐름에 따라 "정향" 진화한다는 아이머의 적응 개념과 다르다. 전자에서의 환경은 적응의 구체적 형태를 결정하는 것이 아니라 적응의 조건들을 결정한다. 때문에 다윈에게서는 진화의 우발성이나 복잡성이 분명하게 나타난다. 베르그송이 제시하는 핵심적인 비판은 "눈 같은 그토록 복잡한 구조가, 더구나 진화의 숱한 가지들에서 공통으로 나타났다는 사실을 적응——자연도태——의 메커니즘만을 가지고서 이해할 수 있는가?"이다. 다위니즘은 무엇이 사라져버렸는가에 대해 잘 설명한다(물론 사라져 없어진 것들을 단적으로 확인할 수는 없지만). 그리고 무엇이 살아남았는가에 대해서도 비교적 잘 설명한다. 그러나 다위니즘은 방금 언급한 베르그송의 물음에 대해서는 쉽게 답하지 못한다. 왜인가? 눈처럼 정교한 구조가 만들어지기 위해서는 (다소 과장해서) 무한한 부품들과 공정들이 필요하다. 순수하게 우발적인, 그리고 수적으로 극히 큰 변종들 중에는 분명 이런 부품들이나 공정들을 포함한 것들이 존재할 것이다. 그리고 운(運)이 좋다면 그런 변종들이 살아남을 수 있을 것이다. 그런데 그 '운'이 일회성 운이어서는 소용없다. 그런 운들이 (단순한 덧셈이 아니라) 곱해져서, 그것도 순서대로 곱해져서 오늘날의 인간의 눈 같은 것이 만들어질 수 있을까?[11] 베르그송은 고개를 흔든다. 우연도 한두 번이지 어떻게 그것이 무수히 중첩될 수가 있단 말인가? 베르그송은 생명의 원초적 추동력에는 눈 같은 것을 만들어서 '본다'는 기능을 실현할 잠재성이 갖추어져 있었다고 본다. '본다'는 것이 생명의 보존에 절대적으로 필요하겠기에 말이다. 이렇게 볼 때 그토록 다양한 생명-계열들에서 그토록 복잡한 구조가 공통으로 나타나는 현상을 이해할 수 있다. 물론 베르그송은 구체적으로 지금 우리가 아는 눈이라는 것이 미리 설계되어 있었다든가, 어떤 일정한 경로를 통해 그런 구조가 단선적으로 발전해 왔다든가 하는 식의 생각들은 처음부터 기각한다. 다

---

11) 여기에서 내가 "곱해진다"고 표현한 것은 눈의 형성을 위한 어떤 부품/공정이 만들어졌다고 해도 그것은 그 자체로서는 아무 의미도 없으며, 이전의 부품들/공정들에 조화롭게 편입됨으로써만, 게다가 생명체의 다른 부분들과도 문제 없이 공존할 수 있게 됨으로써만('조직화의 도안'을 해치지 않음으로써만) 의미를 가지게 됨을 뜻한다. 더구나 이런 곱하기가 한 계열도 아니고 매우 많은 계열들에서 거의 똑같은 순서로 이루어져야 한다는 사실까지 고려한다면 '우연의 축적'이란 더욱더 불가능해 보인다. "서로 독립적인 두 진화 계열에서, 어떻게 헤아릴 수 없이 많은 똑같은 미세 변이들이 똑같은 순서로 순수하게 우연적으로 생겨날 수가 있단 말인가? 그 각각으로서는 아무런 유용성도 없을 터인데, 어떻게 [자연]선택에 의해 보존되고 차곡차곡 축적될 수가 있단 말인가? 그것도 똑같은 순서로."(EC, 65/114)

만 생명 자체에 내재해 있는 잠재성만을 인정할 뿐이다. 그 구체적인 과정에 대해서는 다위니즘의 큰 설명력을 인정할 수 있다.

사실 다윈 자신도 이 문제가 난제라는 것을 인정했다. "다른 거리에 대해서 초점을 조정하고, 다른 양의 광선을 받아들여서 구면수차(球面收差)와 색수차(色收差)를 교정하는 등, 그 모든 모방하기 어려운 장치를 가진 이 눈이 자연도태에 의해 만들어졌다고 상상하는 것은, 나 자신 솔직히 고백하거니와, 극히 불합리한 이야기이다."[12] 그러나 다윈은 그 가능성을 닫지는 않았으며, 현대의 어떤 생물학자들은 이런 우연의 축적이 가능하다고 주장하기도 한다. 사실 생명의 내적 잠재성/'경향'을 단적으로 부정하지 않는다면, 베르그송과 다윈의 거리는 급격하게 짧아질 수 있다. 문제를 이렇게 생각해 보자. 사람들은 "진화의 법칙은 ~하다"고 말한다. 그러나 우리가 꼭 생각해 봐야 할 것은 '진화'란 바로 그것을 지배하는 법칙 자체가 진화하는 과정이라는 사실이다(앞에서 진정으로 '진화'하는 것은 가능성/잠재성/자체라고 했던 것을 다시 한번 음미해 보자). 환경에 적응해 가는 생명체의 능동성은 그것 자체가 진화한다. 생명체의 능동성, 자발성, 내적 활동성을 강조하는 입장과 생존경쟁 및 환경에 의한 선택/도태를 강조하는 입장은 각 입장을 공간적으로 고착시키는 순간 '진화'를 보는 적절한 입장이기를 그친다. A라는 종의 변종들이 B라는 환경에 부딪쳐 그중 a_1이라는 변종이 살아남았다고 하자. 이 살아남은

---

12) 다윈, 『종의 기원』, 183쪽.

변종이 환경에 적응하는 방식은 그전에 A의 변종들이 적응하는 방식과는 이제 다른 방식이 된다. 진화에 대해 목적론적 관점을 취하지 않고서도, 우리는 생명체의 능동성, '주체성'은 그것 자체가 계속 '진화'해 왔으며, 환경과 생명체가 관계 맺는 방식 그 자체가 계속 '진화'해 왔다고 보아야 한다. 그리고 이런 메타진화적 관점은 베르그송의 논지를 앞에 놓아야만 비로소 선명하게 이해된다.

베르그송은 진화의 구체적 국면들에 대한 설명을 하려는 것이 아니다. 그것은 과학자들의 몫이다. 베르그송은 그런 설명들이 진화 전체에 대한 설명으로 정합적으로 수렴할 수 있으려면 생명 자체 내에 끝없이 새로운 형상을 창조해내려는 잠재성이, 이질적인 경향들이 내재하는 것으로 보아야 함을 말하고 있는 것이다. 이 힘을 '조형력'으로 볼 때 베르그송은 니체에 상당히 근접한다.

3. 불연속적인 도약에 의한 진화(드 프리스 등의 돌연변이설). 미세한 우연들의 축적이 있을 법하지 않다면 도약적인 우연들의 축적은 어떨까? 드 프리스는 큰달맞이꽃에 대한 실험을 통해서 종들에는 불안정한 시기가 도래하며 이 시기를 통과하면서 여러 다양한 방향으로 돌연변이들을 만들어낸다는 사실을 밝혔다. 이 경우 눈처럼 복잡한 구조가 나타난다는 사실, 게다가 서로 다른 계열들——예컨대 연체동물과 척추동물——에서 유사한 구조가 나타난다는 사실은 좀 더 이해하기 쉽다. 무한히 미세한 우연들의 축적이 아니라 성큼성큼 도약한 우연들의 축적은 분명 덜 기적적이기 때문이다. 그러나 문제는 이런 돌연한 변화는 생명체에 이롭게 작용하지 않는다는 사실이다. 돌연한 변화가 생명체에 이롭게 작용하려면 다른 모든 구조들이

그에 따라 조절되어 생명체가 새로운 존재로 거듭나야 하고, 거기에 그런 새로운 존재방식이 환경에 운 좋게 작용해 생존을 가져다주어야 한다. 그러나 돌연한 변화는 다른 부분들에 부정적인 영향을 주기 십상이고, 그 결과 돌연변이를 겪은 생명체는 오히려 불리한 입지에 처할 확률이 커진다. 물론 "우연히" 즉 상황/환경이 그런 돌연변이에 유리하게 작용할 수도 있다. 그러나 여기에서 우리는 또다시 그런 운의 축적에 기대야 한다. 방식은 조금 다르지만 다윈에 대해 제기한 의문은 다시 반복된다. 이번에는 우연의 축적이 덜 기적적이 되는 대신 각 우연의 확률은 오히려 더 작아진다.

생명체의 부분적 변화가 다른 부분들과 상관성을 가진다는 것은 물론 사실이다. (다윈이 든 예로서) 파란 눈을 가진 흰 고양이는 대개 귀머거리이며, 털이 없는 개는 이빨이 엉망이다. 그러나 베르그송은 물리-화학적 정합성과 유기적 상관성을 구분한다. 물리-화학적 변수가 눈 색깔, 털 색깔, 귀에 또는 털과 이빨에 동시에 작용하는 상황은 얼마든지 생각할 수 있다. 그러나 사람들은 이런 정합성 개념으로부터 눈과 같은 구조의 상관성으로 은근슬쩍 넘어간다. 두 경우는 판이하다. 전자는 대개 병리적인 경우로 나타나고(하나의 이상이 다른 이상과 정합적으로 나타난다), 후자는 오히려 점차 복잡해지고 잘 기능하는 상승의 경우로 나타난다. 전자를 설명하는 것과 후자를 설명하는 것 사이에는 엄청난 차이가 있다. 게다가 후자의 경우 여러 관련되는 부분들의 상관성은 단순한 물리-화학적 변수를 통해서가 아니라 창조적인/능동적인 적응을 함축한다. 그것은 단지 반응의 연쇄가 아니라 유기적 상관성의 여러 단계에 걸친 축적을 함축한다. 게

다가 드 프리스의 실험은 식물을 대상으로 행해진 것으로서, 식물은 동물에 비해 이런 상관성의 역할이 현저하게 적다. 결국 돌연변이가 이런 상관성(의 진화)을 해명하지 못하는 한, 불연속적인 도약이 왜 긍정적으로 작용하는가는 수수께끼로 남는다.

4. 획득형질의 유전에 의한 진화(라마르크 등의 용불용설). 지금까지의 논의를 통해 세 가지 입장 각각의 난점들을 논증했다. 우주적 목적론을 함축하는 단순한 기계론으로서의 정향진화설은 진화-계열들의 다양성과 진화 과정에서의 우발성의 핵심적인 역할을 간과함으로써 진화를 단선적으로 파악하고 있다. 다위니즘의 미세 변이들의 무수한 우연적 축적이라는 가설은 있을 법하지 않은 상황을 주장하는 것이다. 돌연변이설은 대부분 부정적인 결과를 가져오는 불연속적인 진화가 어떻게 상관적 변화를 통해 새로운 조화를 이끌어낼 수 있고, 게다가 그런 행운이 계속될 수 있는가를 해명하지 못하는 한 설득력을 잃는다. 그렇다면 마지막 남은 하나는 (신)라마르크주의가 주장하는 (용불용을 통한) 획득형질의 유전에 의한 진화이다.

라마르크설은 얼핏 가장 개연성이 높은 설인 듯이 보인다. 생명체는 환경에 적응하기 위해 스스로를 변형시켜 나간다. 그리고 그 변형은 세대를 통해 전해진다. 생명체에게 '본다'는 것은 삶의 원초적 조건이고 그래서 끝없이 눈을 더 많이, 더 강도 높게 사용한다. 그렇게 해서 생긴 변형은 후손들에게 전해진다. 일견 이런 설명은 눈 같은 구조의 진화를 가장 잘 설명해 주는 듯하다. 그러나 베르그송은 '획득형질의 유전'이라는 라마르크주의의 핵심 가설을 비판한다.

어떤 면에서 라마르크와 베르그송은 통한다. 라마르크는 생명체의 내적인 '노력'이라든가 '의지'/'의식'을 인정하는 입장이고 이점에서 앞의 세 입장과 달리 베르그송과 생각을 같이한다. 여기에서 '노력'이란 운동을 함으로써 근육을 불리는 것과 같은 것이 될 수는 없다. 진화에서의 '노력'은 눈 같은 구조가 진화할 수 있게 할 정도의 심층적인 것이어야 의미있는 개념이 된다. 그것은 생명체가 (근육 발달 같은 것보다 훨씬 심층적인) 변형을 만들어낼 수 있고 또 그것을 유전시킬 수 있는 능력을 뜻해야 한다. 그렇다면 그런 식의 '획득형질의 유전'이 과연 가능할까?

오늘날 '획득형질의 유전'은 일반적으로 기각된 이론이다. 20세기 벽두에 작업했던 베르그송은 상당히 공들인 논의를 통해 이 이론을 거부하고 있다(아울러 라마르크주의에 입각해 있는 스펜서의 철학 또한 상당 부분 기각되어야 할 것이다). 베르그송은 바이스만의 입장을 따라 '생식질과 체질'(지금으로 말하면 생식세포와 체세포, 유전형과 표현형)을 엄밀히 구분해야 함을 강조한다. 그러나 베르그송은 바이스만이 두 질 사이에 '방벽'을 세움으로써 지나치게 생식질의 동일성을 고착하려 했다고 본다. 체세포에서 일어난 변화라 해도 어떤 연유에서 생식세포에 영향을 줄 수 있고, 그 경우 (기계론적인 결정론에 입각해서가 아니라 해도) 일정 정도 유전에까지 영향을 줄 수 있기 때문이다. 우리가 산모에게 특별한 건강 관리를 권유하는 것도 이 때문이다. 그러나 베르그송은 이런 경우에도 미묘한 문제가 있다고 생각한다. 뛰어난 검술사가 된 아버지를 이어 아들도 일류 검술사가 되었을 때, 획득형질이 유전될 것일까 아니면 가계에 이미 그런 소질/잠재성이 내려왔던 것일까 아니면 후천적인 교육/문화를 통해 길러진 것일까? 아버지를 이어 아들도 알코올 중독에 걸렸다면, 획득형질의 유전인가 본래적 소인(素因) 때문인가 아니면 집안 분위기 때문인가? 베르그송은 "몸(sôma)이 획득한 습관"과 그것에 앞서 있는 "자연적 성향(aptitude)" 사이에서의 아프리오리한 판단은 어렵다는 결론을 내린다.

획득형질을 어느 정도 분명하게 보여주는 유일한 실험은 브롱-세카르의 실험뿐이다. 모르모트에게 인위적으로 일으킨 간질 증세는 유전되었다. 이를 둘러싼 바이스만과 브롱-세카르의 논쟁이 있었고 그 뒤에 여러 실험들과 논쟁들이 이어졌거니와, 결국 획득형질이 유전된다면 그것은 어떤 형태로든 생식세포/성세포에까지 침투한 영향 때문일 것이다("변형이 어떤 결과를 낳는다면 그것은 아마 생식질에서 야기되는 화학적 변화를 매개로 해서일 것이다"). 이 문제에 있어 베르그송은 '일탈'(écart)의 유전과 '형질'의 유전을 구분할 것을 제안한다. 설사 형질이 유전되는 경우라 해도 어떤 변형된 형질이 그대로 유전될 가능성은 매우 적다. 형질이 변형되고 그 획득형질이 생식질에 어떤 영향을 끼쳐 유전에 반영된다 해도 그 결과 나타나는 것은 어떤 '일탈'이지 획득형질 그것이 아니라는 이야기이다. 아버지가 알코올 중독에 걸려 그 결과 어떤 형질상의 변화를 겪었을 경우, 그 획득형질이 그대로 아들에게 전달되는 것은 아니다. 그 획득형질이 아버지의 생식질에 모종의 영향을 미칠 것이고 그 결과 아들에게 어떤 유전상의 효과를 미치겠지만, 마치 어떤 물건을 전달하듯이 그 획득형질이 그대로 아들에게 전달될 리는 없다. 다만 유전상의 영향을 받은 아들은 형질상 다른 어떤 방향으로 변형을 겪을 것임에 틀림

없다. 이것은 형질의 유전이 아니라 '일탈'의 유전인 것이다. 이런 과정을 통해 눈이 진화할 가능성은 거의 없다.

지금까지 눈처럼 복잡하면서도 편재하는 구조를 예로 하여 정향진화설, 자연선택설, 돌연변이설, 용불용설의 한계를 차례로 검토해 보았다(돌연변이설은 자연선택설에 포함시켜 이해할 수 있으며, 실제 신다위니즘에서는 그것을 '무작위 유전자 표류＝random genetic drift' 이론으로 변형해 수용하기도 한다). 베르그송은 이런 이론들과 같은 층위의 또 다른 이론을 수립하려는 것이 아니다. 오히려 이런 이론들을 비판적이고 종합적으로 바라보면서 진화 전체를 이해할 수 있는 존재론을 제시하려는 것이다.

자연도태설은 개체가 아니라 개체군이 보유하는 배(胚)에서 (환경과의 관련하에서) 생겨나는 차이생성에 초점을 맞춘다. 베르그송은 이 점에 동의한다. 그러나 이런 차이생성이 환경과의 적응 과정에서 발생하는 우연이며, 그러한 우연의 축적(자연선택에 의한 도태와 생존)만으로 예컨대 눈의 진화에서 확인되는 진화 전체의 방향성이 가능했다고는 생각하지 않는다. 이것은 곧 진화 과정은 순수 우연의 축적이 아니며 생명 그 자체가 내포하고 있는 근원적인 추동력(impulsion)을 인정해야 한다는 것을 뜻한다. 이때에 우리는 그토록 복잡한 눈 같은 구조가, 그것도 생명의 숱한 다양한 계열들에서 유사하게 나타날 수 있는 까닭을 이해할 수 있다. 드 프리스의 돌연변이설은 이런 축적의 기적 같은 성격을 일정 정도 완화해 주지만, 갑작스러운 변화가 긍정적인 결과를 가져올 확률은 오히려 자연선택의 경우보다도 더 적다. 오히려 이 학설이 시사하는 것은 생명 자체에 어떤 식으로든 계속 변화하려는 추동력이, 시간 속에서 차이를 만들 어내려는 근본 충동이 존재한다는 사실, 그리고 (눈 같은 구조가 시사 하듯이) 그러한 추동력/충동이 모든 생명체에게 공통으로 이어져 내 려오고 있다는 사실이다.

이런 점에서 베르그송의 생각은 아이머의 정향진화설과 공통분 모를 가진다. 두 사상은 공히 생명 자체의 내적 추동력을 인정한다. 그러나 베르그송은 아이머의 결정론을 받아들이지 않는다. 우주적 목적론이라는 거대한 틀 안에서 다시 기계론적/물리-화학적 결정론 을 추구하는 아이머에 반해, 베르그송은 목적론을 거부하고 단지 생 명 자체에 내재하는 근본 추동력만을 인정한다. 그 추동력의 현실화 는 (추동력에 내포되어 있는 무수한 경향들에 따라) 매우 다양한 갈래 들로 갈라지며 또 환경과의 우발적인 마주침들을 통해서 진화해 간 다. 때문에 "생명의 자발성은 형상(形相)들의 계속적인 창조로 나타 난다".(EC, 87/142) 정향진화설은 이런 분기와 우발성을 심각하게 고려하지 않는다는 점에 한계가 있다. 라마르크주의 역시 이런 내적 '노력'을 제시한다는 점에서 베르그송과 통한다. 그러나 베르그송은 획득형질의 유전이란 규칙적인 것이라기보다는 차라리 예외적인 것 임을 강조한다. 그러한 '노력'이 존재한다면 그것은 개체들에 의한 획득형질의 유전을 통해서가 아니라 배 자체에 내재한 심층적인 경 향이라고 해야 할 것이다. 이 점에서 베르그송은 바이스만과 통한다. 그러나 거듭 말하지만 베르그송은 바이스만이 생식질의 동일성에 집착한다고 보며, 생명-계열들의 분기와 우발적 마주침, 그리고 근 본적으로 새로운 존재들의 출현에 주안점을 둔다.

이상의 논의를 통해 이제 베르그송의 생명관, 진화론을 정리할
수 있게 되었다. 무엇보다도 베르그송에게 생명의 핵심은 '시원적 약
동'에 있다. 눈을 표현하는 방식이 그토록 다양하고 또 그토록 복잡
함에도 그 기능에서는 극히 단순하다는 사실, '보다'라는 유일하고
동일한 기능을 표현하고 있다는 사실은 시사적이다. 생명체는 보아
야만 살 수 있다(살 수 있는 방식이 봄에 있는 것만은 아니지만). 베르
그송에게는 질료나 형상보다는 생명——데미우르고스가 그 의인적
표현일 수도 있다——이 일차적이다. 생명은 어떤 힘, 기능, 기억이
다. '보다'라는 기능은 눈보다 더 근원적이다. 그러나 기능은 그것이
구현될 물질적 터가 없다면 유령에 불과하다. 생명은 물질에 구현된
다.[13] '보다'라는 기능은 물질에 구현되며 그 결과 숱한 형태의 눈들
이 탄생한다. 그 다양성과 복잡성에도 불구하고 그것들은 모두 생명
의 시원적 약동에 함축되어 있는 경향들 중 하나 즉 '보다'를 구현하
고 있다. 플라톤과 대조적으로 베르그송에서 형상이란 이차적인 자
리로 내려앉는다. 형상이란 생명이 물질에 구현됨으로써 탄생한다.
기계론은 물질 조각들을 꿰어 맞춤으로써 생명을 구성하려 하지만,
그 물질 조각들은 사실 물질에 생명이 구현됨으로써 생겨난 조각들
이다. 기계론자들은 먹물들의 조각으로 일획(一劃)을 재구성하려 하
지만, 먹물 조각들은 일획을 가능케 한 힘의 산물들일 뿐이다. 목적

---

13) 그러나 생명과 물질이 실재적으로 구분되는가는 미묘한 문제이다. 베르그송은 생명과 물질
   의 이원론에서 출발해 점차 일원론으로 수렴해 간다. 이렇게 될 경우 생명과 물질은 형식적
   으로만 구분되기에 이른다.

론자들은 그 조각들을 그렇게 배열되게 한 프로그램을 찾지만, 끝에 존재하는 프로그램은 없으며 시원적 힘이 있을 뿐이다. 조각들이 모여 생명을 구성할 수 있는 것이 아니다. 생명의 분화 과정이 그런 조각들을 산물로서 낳을 뿐이다("생명은 요소들의 부가와 결합을 통해서가 아니라 [시원적 약동의] 분할과 증식을 통해 나아간다").

베르그송에게 생명은 단일하고 연속적인 시간을 함축한다. 그러나 오성은 생명의 운동 자체보다는 그것이 물질에 새겨 놓은 흔적들에 주목한다. 그리고 그 공간적 존재들을 재조립해 시간/운동을 재현하고자 한다. 그것은 일획의 운동을 먹물-조각들을 조립함으로써 재현하고자 하는 것과 같다. 목적론은 그 일획을 미리 공식화하고 있는 프로그램을 상정하지만, 결국 그 프로그램을 채워 나가는 과정에 대한 설명에서 기계론의 거울 이미지를 보여준다. 그러나 베르그송이 볼 때 이 먹물-조각들은 일획의 시간/운동이 먹물을 통과하면서 그 물질성을 극복해 간 흔적일 뿐이다. 형태는 생명이 물질성을 관통하면서 남긴 결과인 것이다. 과학은 이 형태/공간에서 출발해 시간/운동을 재구성하려 한다. 그러나 그런 재구성은 과학이 가지고 들어가는 관점들에 상대적이다. 형이상학은 이 운동/시간 자체에 주목함으로써 그러한 관점들의 상대성을 극복한다. 베르그송의 엘레아학파 비판이 바로 이런 극복의 시발점이었다.

생명이 단일하고 연속적이라고 해서 그것이 단선적이고 균일한 것은 결코 아니다. 생명이란 다양한 경향들/복수성의 잠재적 공존이기 때문이다. 이 경향들은 시간의 어느 지점에서 갈라진다. 더 이상 공존할 수 없는 시점에 다다르면 분기하는 것이다. 그럼에도 생명의 가지들은 '시원적 약동'을 공유한다. 그래서 베르그송에게서 '약동'('엘랑')은 시원적 추동만을 뜻하지 않으며 계속되는 여러 갈래들로의 분기 자체를 뜻하기도 한다. 생명은 약동을 통해서 여러 갈래들로 분기한다. 이 분기의 과정은 경향들에 일정 정도 함축되어 있지만 그 구체적인 과정은 비결정론적이다. '생명과 물질의 투쟁'은 시간 속에서 펼쳐지며 '경향'들은 그 과정을 통해서만 구체화된다. 그래서 그 과정은 근본적으로 창조의 과정이다. 이 '창조적 진화'는 분기의 순간들에서는 물론 하나의 갈래 자체 내에서도 계속 작동한다. 이것이 '약동'의 세 번째 의미, 즉 새로운 '질들'(qualités)의 창조이다. 진화는 생명의 약동을 통해 계속 새로운 질들이 탄생하는 과정이다. 그래서 우리는 베르그송의 '엘랑' 개념에서 1) 시원적인 추동 2) 경향들의 분기 3) 새로운 질들의 창조라는 세 가지 맥락을 읽어낼 수 있다. 이 추동, 분기, 창조의 시간이 곧 '지속'에 다름 아니다.

베르그송 생명철학을 핵심적으로 요약해 주는 것은 '물질을 통한 형상발생'(la genèse idéale de la matière)이다. 'genèse idéale'라는 표현은 베르그송과 플라톤의 차이를 단적으로 표현해 주고 있다. 플라톤에게 형상들은 즉자적으로 주어져 있으며, 질료에 구현됨으로써 생성에 일정한 패턴을 부여한다. 그러나 베르그송에게서 형상들은 생성한다. 형상들——생명형태들, '종'들——은 시간 속에서, 지속 안에서 생성/소멸을 겪는다. 그렇다면 형상들을 낳는 주체/실체는 무엇인가? 그것은 곧 생명이다. 생명 자체는 순수 운동, 순수 자유, 순수 창조의 존재이다. 그러나 생명은 허공에서 지속하는 것이 아니라 물질 속에서 지속한다(이원론이 아닌 일원론의 구도에서 말한다면, 생명이라는 측면은 물질이라는 측면과의 타협을 통해서 지속한다). 그래서 'de la matière'에서의 'de'는 물질'로부터의'가 아니라 물질'을 통한'으로서 이해되어야 한다. 플라톤에게서는 즉자적 형상들이 데미우르고스에 의해 질료에 구현된다. 베르그송에게서는 '생명' 자체로 화한 데미우르고스가 질료 속으로 들어가 지속함으로써 형상들을 낳는다. 어쩌면 생명 자체 내에 점선으로 그려진 무한한(무한히 가능한) 형상들이 내재해 있다고 해야 할지도 모른다. 이때 생명이란 무한한 형상들의 잠재적 공존을 내포하는 것으로 이해되어야 한다. 베르그송에게서 일차적인 것은 운동하지 않는 것이 아니라 운동하는 것 두 종류이다. 그리고 그 두 종류의 운동하는 것들의 투쟁을 통해 일정 정도 안정된 형상들/구조들이 발생한다. 그것은 'morphogénèse'의 존재론이다.

이 두 가지 상이한 운동은 과학사적으로는 열역학 제2법칙과 진화론으로 표현되었다. 열역학 제2법칙은 에네르기의 하락을 이야기한다. 그러나 진화론은 새로운 에네르기 축적 방식(새로운 정보 축적의 방식)을 이야기한다. 이로부터 생명에 대한 베르그송의 유명한 표현, "생명이란 물질이 하강하는 사면(斜面)을 거슬러 올라가려는 노력"(EC, 246/367)이라는 표현이 등장하게 된다. 생명은 물질과의 투쟁/타협을 통해서 새로운 형상들을 창조해낸다. '진화'란 바로 이런 과정 이외의 것이 아니다. 이러한 과정은 철저하게 '우발적인' 과정이다. 그러나 생명에 점선으로 그려진, 그나마 계속 변해 가는 잠재적 형상들을 상정하고 진화를 그것들의 현실화로 보는 방식도 가능할 것이다. 그럴 경우 진화는 우발적이지만, 그렇게 해서 탄생하는 형상들은 적어도 잠재적으로는 또 유동적으로는 생명에 내재해 있는 것이라고 볼 수도 있으리라. 물론 이 형상들의 현실화 과정에는 어떤 아프리오리한 방식도 새겨져 있지 않다. 우발성, 경향들의 분기, 전적으로 새로운 창조가 진화를 특징짓는 것이다. 다음 구절을 음미해 보자.

> 생명은 물질과의 접촉에 있어서는 추동력이나 약동에 비교되지만, 그 자체에 있어서는 무한에 가까운 잠재성들이다. 이 잠재성들은 무수한 경향들이 상호 침투되어 있는 것이며[점선으로 그려져 있고, 또 유동하는 것이며], 서로 분리되어서야 즉 공간화되어서야 비로소 [현실적으로 즉 공간적으로] '무수한 것들'[외적 복수성]로 화한다. 물질과의 접촉이 이런 분리를 현실화한다. 물질은 단지 잠재적으로 다수였던 것[잠재적 복수성]을 현실적으로 분할하며, 이런 의미에서 개체화는 부분적으로는 물질의 작품이고 부분적으로는 생명이 내포하는 것의 결과이다. […] [그러나] 생명은 그와 같이 분리된 개체들 사이에서 여전히 존속하고 있다.(EC, 259/384~385)

그래서 개체화된 생명체들은 한편으로 물질에 의해 구체화된 '사물'이며, 다른 한편으로 생명의 약동을 담고 있는 '생명'이기도 하다. 생명체에 깃들어 있는 생명의 강도는 가능적 행동의 크기에 비례한다. 이 가능적 행동의 크기는 신체상으로는 신경계의 발달 정도를 통해서 나타난다.(『물질과 기억』, 1장) 따라서 신경계는 생명을 구체화하는 장치이지 생명 자체는 아니다. 그래서 뇌의 역할을 과장할 필요는 없다. 생명은 뇌를 통해서 작동하며, 그래서 외부에서 관찰할 때 마치 모든 일이 뇌"가" 하는 것처럼 보인다. 그러나 "가" 앞에 올 수 있는 것은 생명-주체이지 뇌 자체가 아니다. 물론 생명-주체는 물질 세계와 직접 접촉해 작동하는 신경계를 통해서만 구'체'화되며, 따라서 신경계의 총수인 뇌를 통해서만 구체화된다. 베르그송의 자유는 물질 속에 구현되는 자유이며, 때문에 구체적인 장 속에서의 선택, 발명, 결단 등이 자유의 핵심적인 규준이 된다. 이런 구체적 행위의 맥락에서 이제 생명은 '기억'으로 물질은 '이미지'로 옷을 바꾸어 입고 등장한다.

6. 창조하는 삶

생명을 이렇게 이해한 한에서 이제 우리가 해야 할 일은 우리의 삶 속에서 이 생명의 불꽃을 직관하는 것, 그리고 그런 직관에 따라 삶을 영위하는 것이다. 앎과 삶에서 어떻게 생명의 약동을 현실화할 것인가. 생명의 약동을 어떻게 직관하고, 어떻게 그에 따라 살 것인가.

베르그송의 '인식론'은 그의 존재론을 떠나서는 생각할 수 없다. 직관의 인식론은 지속의 존재론을 전제한다. 그러나 들뢰즈가 적절히 지적했듯이, 직관의 인식론에 기반할 때 지속의 존재론의 의미 또한 분명해진다. 베르그송의 '직관'은 칸트적 직관('지각'으로서의 'Anschauung')도 수학적 직관도 또 철학적 예지(叡智)로서의 초월적 직관도 아니다. 그것은 생명과 시간에 입각해 사물을 보는 것에 다름 아니다.[1] 그래서 직관의 인식론은 베르그송의 생명철학, 시간

---

1) 베르그송의 '직관' 개념에 대한 깊이 있는 통찰은 들뢰즈에 의해 제공되었다. Gilles Deleuze, *Le Bergsonisme*, PUF, 1966.

철학에 직결된다. 이제 생명체로서의 인간, 즉 동물로서의 인간이 함축하는 인식론적 의미가 무엇인가? 생명철학에 비추어 가능한 세 가지의 인식 양태들, 즉 지능과 본능 그리고 직관은 어떻게 다른가? 과학적 인식의 의의와 한계는 무엇인가? 생명철학에 근거해 형이상학은 어떤 의미를 띠는가? 라는 물음들을 차례대로 맞이해 보자. 그 후 베르그송의 생명철학이 함축하는 실천철학은 어떤 것인가를 생각해 보자.

이미 논의했듯이 '적응'이라는 개념은 진화의 어떤 세부 사항들을 잘 설명해 주지만, 진화의 흐름 전체는 설명해 주지 못한다. 우연들의 기적적인 축적에 호소해야 하기 때문이다. 그렇다고 진화의 흐름 전체에 미리 주어진 청사진이나 외부에서 작용하는 초월적 프로그램을 부여하는 것은 더더욱 받아들일 수 없다. 베르그송에게 진화란 '시원적 약동'이 가져온 추동력이 이어져 온 결과이며, 그러나 그 안에 존재하는 다양한 경향들이 끝없이 분기되어 온 결과이기도 하다. 그리고 그 과정은 절대적인 의미에서 거듭되는 창조적 진화이기도 했다. 베르그송은 목적론을 거부하며, 따라서 생명체들 사이의 '조화'를 믿지 않는다. 오히려 종들의 분화는 더 이상 서로 공존하기 어려운 경향들이 갈라진 결과이기 때문이다. 게다가 진화의 과정은 결코 '進化'의 과정만은 아니다. 오히려 이탈, 정지, 역행의 과정이기도 하다. 그래서 우리가 해야 할 작업은 비교적 줄기차게 분화해 오면서 오늘날에까지 이르는 진화의 굵은 갈래들을 추적하는 것, 그중에서도 "인간에 이르는 길"을 찾아내는 것, '동물성'이라는 것이 인식론에 함축하는 바가 무엇인지 읽어내는 일이다.

식물과 동물은 실재적으로 구분되지 않는다. 서로 다른 갈래로 갈라졌음에도 상대 갈래의 일정 비율을 여전히 내포하고 있기 때문이다.[2] 그렇다고 식물과 동물이 형식적으로 구분되는 것은 아니다. 두 갈래는 엄연히 다른 갈래를 달려간다. 두 갈래를 구분해 주는 것은 고정된 어떤 요소들이 아니라 생성하는 상이한 두 경향이다. 두 경향은 공존하고 있지만, 각 갈래에서 어느 한 경향이 점점 강화됨으로써 식물과 동물은 다른 길을 걸어왔다. 앞에서도 말했지만, 여기에서도 경향들 전반이 미리 공존하고 있다가 갈라졌다기보다는 극히 미세했던 갈라짐이 시간이 흐르면서 점차 뚜렷해져 갔다고 해야 할 것이다. 어쨌든 식물과 동물은 다른 길을 걷게 된다. 식물이 광합성으로 생명을 보존한다면, 동물은 이미 합성된 양분들을 섭취한다. 그래서 동물의 방식은 필연적으로 타자의 파괴를 함축하며, 이로부터 '동물적인' 본성들이 유래했을 것이다. 이런 방식은 필연적으로 감각과 운동, 고등한 경우에는 지능/본능을 요청한다. 신경계의 점차적인 발달, 나아가 '의식'의 발달과 이런 동물적 생존방식 사이에는 밀접한 관계가 성립한다. 감각·운동·지능/본능을 요청하는 동물적 삶과 신경계·의식의 발달은 상생(相生)의 관계를 맺으면서 진화해 왔다고 할 수 있다.

---

2) 그렇다고 이것이 아리스토텔레스적 관점을 함축하는 것은 아니다. "아리스토텔레스 이래 이어져 와 대부분의 자연철학자들로 하여금 오류를 범하게 한 생각은 식물적 생명, 동물적 생명, 이성적 생명이 한 경향의 연속적 발달 단계를 보여준다는 생각이다. 그러나 각 계열은 점점 커지면서 갈라지는 하나의 활동성이 분산되는 세 방향들이다."(EC, 136/208)

동물들은 (아마도 다른 동물들의 먹이가 되지 않기 위해서) 원래 딱딱한 각피(殼皮)에 싸여 있었고 그 때문에 감각-운동계를 발달시키기가 힘들었다. 극피동물과 연체동물은 이런 상태에서 그리 멀리 나아가지 못했다. 절지동물과 척추동물은 거기에서 벗어나 감각-운동 신경계를 발달시킬 수 있었다. 곤충(특히 막시류)에서 정점에 달한 절지동물과 인간에게서 정점에 달한 척추동물을 비교해 볼 때, 하나의 갈래가 '본능'을 심화시켜 간 반면에 다른 한 갈래는 '지능'을 심화시켜 간 것으로 보인다. 식물적 생명, 동물적 생명, 이성적 생명의 관계가 그렇듯이, 본능과 지능 역시 서로 발산해 간 두 계열로 간주되어야 한다. 지능이 본능을 포괄하면서 더 나아간 것이라고 말할 수 없다는 뜻이다. 두 능력 사이의 차이는 복잡화와 완성도에서의 차이가 아니다. 본능이 어느 정도 지능을 포함하고 지능이 어느 정도 본능을 포함하는 것은 사실이지만, 게다가 각각이 어떤 본질이 아니라 경향들이라는 점도 역시 사실이지만, 각각의 보다 순수한 측면에 초점을 맞출 경우 두 능력의 차이를 어느 정도 분명하게 제시할 수 있다.

첫째, 지능은 인공적 도구들, 특히 도구를 만드는 도구들을 제작하고, 제작 방식 자체를 무한히 변형시켜 가는 능력이다. 반면 본능은 각 동물이 자신의 신체를 도구로 사용할 수 있는 능력이다. 지능은 무기물을 대상으로 한다. 지능은 무기물에 자의적인 형태를 부여해 도구를 만들며, 형태들의 자유로운 조작을 통해서 제작 방식을 계속 응용해 나간다. 반면 본능은 자신의 신체 및 다른 동물들의 신체, 그리고 그것들과 연합해 일정한 장을 이루는 사물들을 사용하며 (지능의 무한한 응용과는 대조적으로) 어떤 단일한 활동을 집중적으로 추구한다. 지능은 서툴지만 학습을 통해 계속 응용을 넓혀 가고, 본능은 주어진 활동을 극히 정교하게 펼치지만 그것 이외의 것으로 넓혀 가지 못한다. 본능도 지능도 자신에게 주어진 과제를 해결하지만 그 해결의 방식은 대조적이다.

둘째, 다소 단적으로 표현해서 지능은 의식적이지만 본능은 무의식적이다. 지능은 사물로부터의 거리-둠을 통해 그것을 '표상'한다. 행동과 행동 사이에 의식을 매개함으로써, 지능은 '가능성'을 재어 보고 상상을 통해 사물들을 잠재적으로 변형시켜 보고, 여러 가지 선택지들 중에서 방황한다. 지능은 가능성/잠재성, 상상, 선택 등을 매개함으로써 사물들을 변형시키고자 한다(여기에서 앞에서 논한 '무'와 '부정'의 개념을 재음미해 보는 것도 좋을 것이다). 지능의 특징은 '만일 ~라면'이라는 가정법에서 두드러지게 나타난다(마르크스가 지적했듯이, 인간은 벌과 달리 머릿속에서 집을 지어 본 후에 작업에 착수한다). 지능이 발달할수록 변형의 종류와 폭은 커진다. 본능의 경우 행위와 행위 사이에 이런 주저와 선택을 매개시키지 않으며 행동과 표상이 정확히 일치한다. 따라서 여기에는 의식이 존재하지 않지만, 이 무-의식은 의식의 무가 아니라 사물과의 거리가 제로가 됨으로써 생겨나는 의식의 잠복이다. 행동이 완벽할수록 의식은 밑으로 잠복한다. 오히려 행동의 완벽성이 깨질 때 의식은 깨어나 주저하게 된다. 인간의 경우에서도 "생각이 너무 많으면" 본능적인 일을 잘못하는 것은 이 때문이다. (본능이 가장 발달한) 절지동물의 행동과 '무아지경'(無我之境)에 빠진 사람의 행동은 어떤 점에서는 유사한

면이 있다. 본능에 있어 표상(잠재적 행동)과 행동(실제 행동) 사이의 거리는 제로가 된다.

셋째, 본능이 구체적인 사물 자체를 지향한다면 지능은 추상적인 관계를 지향한다. 본능은 물질성을 함축하는 구체적 사물을 지향하며, 그 사물과의 완벽에 가까운 합일을 이루어낸다. 벌이 먹이의 신경 구조의 한 부분을 정확히 찌름으로써 그것을 마비시키는 것을 보라. 벌은 사고를 매개해 먹이를 마비시키지 않는다. 먹이의 신체와 벌의 신체 사이에는 언제나-이미 정교한 합체(coordination)가 성립되어 있다. 본능에서는 몸과 몸이 만나 정교한 질서-장을 형성한다. 반면 지능은 추상적인 사고에 강하다. 척추동물에서의 지능은 사물과의 합체에서 절지동물이 보여주는 정교함에 훨씬 못 미친다. 그러나 지능은 사물들을 실재공간이 아닌 추상공간에 옮겨 놓고서 그 복잡한 관계망을 파악한다. 지능이 승리를 거두는 영역들을 보라. 사물들을 하나의 점('질점')으로 환원시켜 놓고서 그것들 사이의 공간적 관계를 구하는 물리과학자들의 작업, 장소들을 밀어버리고 그 텅 빈 공간에 기하학적 건물들을 짓는 (주로 모더니즘 계열의) 건축들, 바둑이나 장기를 비롯해서 사물들에는 무관하게(장기 말을 어떤 재료로, 어떤 색깔, 모양, 크기로 만드는가는 본질적인 것이 아니다) 추상적인 관계들의 체계를 핵심으로 하는 놀이들, 이런 곳들에서 지능은 커다란 개가를 올린다. 본능은 신체 자체의 구체성에 입각해 활동하지만, 지능은 추상적인 형식들을 매개해 활동한다.

넷째, 지능은 공간을 마름질하며 본능은 장소에 합치한다. 지능은 사물을 자신의 추상공간, 등질적 공간에 옮겨다 놓고서 마름질한다. 때문에 지능이 가장 편안하게 작동하는 곳은 곧 무기물, 그것도 보다 등질적인 무기물에서이다. 지능은 'extra partes extra'의 성격을 띤 공간을 불연속적으로 마름질함으로써만 명료하고 분명한 표상을 획득한다. 그것은 고정된 동일성들이 확고하게 설정되는 세계이다. 물론 여기에도 유동성이 있다. 지능은 자신이 마름질한 개개의 동일성들에 기호를 붙여 주며, 마름질이 자의적/임의적인 만큼 기호들도 자의적/임의적이다. 동일성-기호의 체계는 얼마든지 재구성될 수 있다(기호는 사물과 떨어져 그 자체로서 조작될 수 있고, 이 점이 지능의 능력을 활짝 개화하도록 만들었다). 지능은 이런 오려-붙임의 무한한 가능성이 펼쳐져 있는 텅 빈 공간에서 편안함을 느낀다. 반면 본능에게 공간이란 언제나-이미 형성되어 있는 구체적 장소이다. 인간 이외의 생명체에게 텅 빈 기하학적 공간 같은 것은 존재하지 않는다. 동물들은 언제나 구체적인 장소에서, 더 넓게는 항상 구체적인 '상황' 속에서 살아간다. 본능은 어떤 특정한 상황을 학습 없이 완벽에 가깝게 터득하고 있다. 한 동물의 본능은 그 본능에 관여하는 모든 타자들과 그 동물을 이미 어떤 하나의 장으로 포괄하고 있다. 조롱박벌과 배추벌레는 (개체적 차원이 아니라 종적 차원에서 볼 때) 우발적으로 만나는 것이 아니라 애초에 서로가 서로를 향하여 정향되어 있는 것이다. 생명계란 이런 정향들의 무한히 복잡한 입체적 전체이다.

이상 네 가지 측면에 걸쳐 지능과 본능을 비교했거니와, 베르그송은 생명 진화에 기반한 이 비교를 통해서 제3의 인식 가능성을 드러내고자 한다. 베르그송의 이런 시도는 다음 언급에서 그 실마리를 보여주고 있다. "지능만이 탐구할 수 있으나 정작 지능 자체는 발견할 수 없는 것들이 있다. 본능이야말로 이것들을 발견할 수 있으나 본능 자체는 그것들을 결코 탐구할 수 없다."(EC, 152/231) 지능——더 넓게 말해 인간의 지성——만이 반성적 수준에서 사유할 수 있다. 그러나 분석적 지성, 즉 지능은 그것의 고유한 성격 때문에 본능에서 발견되는 사물과의 합치-인식에 도달할 수가 없다. 본능이야말로 사물과 완벽에 가깝게 합치함으로써 그것을 인식한다. 그러나 본능에는 반성적인 사유가 결하고 있으며 자신이 완벽에 가깝게 하는 일이 무엇인지를 그 스스로는 인식하지 못한다. 본능과 지능의 관계는 기 수련자와 기 연구자의 관계와 유사하다. 기 수련자는 기가 무엇인지를 본능적으로 알지만 그것을 사유하지는 못한다. 기 연구자는 기에 대해 사유하지만 몸으로 기를 알지는 못한다. 베르그송은 지능과 본능의 이런 한계, 서로가 서로에 대해 상보적인 한계를 넘어가는 인식의 가능성을 타진한다. 그는 이러한 인식에 '직관'이라는 이름을 붙여 주고 있다.

베르그송의 직관은 감성을 통한 직관이 아니다. 즉 그것은 비매개적 지각이 아니다. 오히려 그것은 (러셀의 피상적인 비판이 말하는 바와는 달리) 고도의 반성의 끝에서 반성을 넘어서면서 성립한다. 또 베르그송의 직관은 수학적 직관이 아니다. 개념적 구성체들에 대한 비매개적 파악이 아니다. 베르그송의 직관은 구체적 대상들에 대한 인식이다. 나아가 베르그송의 직관은 플라톤 유의 또는 피히테나 셸링 유의 '예지적 직관'도 아니다. 베르그송의 직관은 반드시 지속과 연계되는 지속이기 때문이다. 그렇다면 베르그송의 직관이란 어떤 것인가? 베르그송은 자신이 말하는 직관을 "이해관계를 초월한 (désintéressé), 자기의식을 가지게 된, 자신의 대상에 대해 반성할 수 있고 또 그것을 계속 확장해 나갈 수 있게 된 본능"으로 규정한다.

직관이 추구하는 것은 본능과 같은 인식이다. 즉 그것은 대상을 분석하기보다는 그것과 내적으로 합일하고자 한다. 조롱박벌은 학습을 통해 더듬어서 배추벌레의 아홉 개의 신경중추 위치들을 찾아내는 것이 아니다. 그것은 배추벌레와 내적으로 합일하고 있다. 베르그송이 추구하는 것은 이런 인식이다. 그러나 직관은 지능의 끝에서 성립하는 본능이다. 그것은 자신의 인식행위를 순수한 형태로 즉 '사유'의 차원에서 파악하게 된 본능이며, (표상과 행동의 합일을 통한 무-의식의 방식이 아닌) 자기의식을 가지고서 스스로의 인식행위를 반성하게 된 본능이며, (어떤 특정한 상황에 대해서만 능력을 발휘하는 생물학적 본능과는 달리) 대상에 대한 사유=합일을 계속해서 확장해 나갈 수 있는 본능이다. 즉 직관이란 지능의 능력을 소화하고서 내장한 본능이다.

바로 이런 성격을 띤 직관을 추구하는 행위, 그것을 베르그송은 '형이상학'으로 이해한다. 이로부터 또 하나의 인식론적 과제가 등장한다. 그것은 곧 '과학'과 '형이상학'의 관계 규명이다. 전통적인 의미에서의 'philosophia'가 근대 이후 과학과 (좁은 의미에서의) 철학으로 갈라진 후, 과학과 형이상학은 서로가 서로에 대해 대타(對他) 의식을 가짐으로써 각각 스스로를 규정해 왔다. 과학은 형이상학"이 아닌" 것으로서, 형이상학은 과학"이 아닌" 것으로서 각각 스스로를 인식한다. 이렇게 상호적인/대타적인 자기규정은 역사적으로 계속 변화해 왔다. 이런 자기의식은 형이상학 쪽이 특히 강하다고 보아야 한다. 과학은 특별히 어떤 위기 상황이 도래하기 전에는 그 자체로서 굴러가며, 오늘날 기술 및 자본주의와 결탁한 과학은 더욱더 무반성적인 행위가 되어버렸다. 그러나 명확한 자기의식을 특징으로 하는 형이상학은 늘 과학의 역사를 지켜보면서 스스로를 재규정해 왔으며, 형이상학에 대한 새로운 규정의 출현은 곧 하나의 새로운/빼어난 철학체계의 출현을 의미하곤 했다. 그렇다면 베르그송에게서 과학과 형이상학은 어떻게 이해되고 있는가?

베르그송 인식론의 핵심적인 특징은 그것이 인식주체에 중점을 두고서 자연/생명/세계를 '대상'으로서 파악하는 사유가 아니라 오히려 '인식'이라고 하는 것이 자연/생명/세계로부터 파생되어 나온 어떤 존재양식이라고 생각하는 사유라는 점에 있다. 그런데 (칸트로 대변되는) 일반적인 인식론에서 사태는 역전되어버린다. 인간은 사실상 물질의 상관물인 지능을 (생명과 물질을 포괄하는) 자연에 투사해서 거기에서 물질적인 어떤 것을 읽어내고 생명까지도 그 결과를 투영해 설명한다. 생명 진화의 한 측면인 지능이 오히려 스스로의 틀을 투사해 생명을 물질적으로 읽어내는 것이다. 자신을 자연에 투사해 자연으로부터 거울에서처럼 반사되어 나온 자신의 모습을 읽어내고 그것을 자연 자체의 모습이라고 착각하는 것과도 같다.[3] 그러

---

3) 칸트의 공간론은 이런 식의 지능을 전형적으로 보여준다. '감성의 아프리오리한 형식'으로서의 공간은 이성 자체에 장착되어 있는 고정된 주물로서 설정된다(더 중요한 것은 이런 공간론이 시간론에 그대로 투영됨으로써, 즉 공간론과 시간론이 유비적으로 설정됨으로써 '순수이성 비판' 전체에 공간성=물질성의 그림자가 배어 있다는 점이다. 주체와 시간의 문제, 즉 종

나 지능이란 생명이 물질과 투쟁하면서 진화해 만들어낸 하나의 부분일 뿐이다. 다시 말해, 지능이란 물질의 상관물로서 생겨난 것이고 때문에 거기에는 물질의 특성이 짙게 배어 있는 것이다. 베르그송은 이런 구도에 입각해 지능이 자연을 다 덮어 설명한다는 인식론을 거부한다. 지능은 자연의 진화에서 물질적 측면과 상관적으로 발달한 것이다. 바로 그렇기 때문에 자연 진화에서 생명의 어떤 측면은 지능의 그물을 빠져나간다. 그 빠져나가는 측면을 직관하고자(지속의 관점에서 포착하고자) 하는 것이 형이상학이다. 지능(과 그 가장 빼어난 형태인 과학)이 물질적인 것을 지향한다면, 형이상학은 생명적인 것을 지향한다. 그래서 베르그송에게서 과학과 형이상학은 각각 "실재의 반쪽"씩을 담당하는 것으로 이해된다.

그러나 과학의 역사를 고려해서 베르그송 인식론을 다시 생각해 보자. 예컨대 양자역학의 세계에서 우리는 베르그송적 실재에 훨씬 다가선 세계상을 볼 수 있지 않은가. 물론 과학의 발달이 베르그송적 인식론을 파기시키지는 못한다. 지능의 변화는 바로 물질에 대한 새로운 발견과 맞물려서 이루어져 왔기 때문이다. 오늘날의 지능은 베르그송이 생각했던 것과는 현저하게 다른 지능이지만, 그것은 베르그송이 지능을 오인했다기보다는 '물질성' 자체의 의미가 계속 새롭게 발견되어 왔기 때문이라고 해야 할 것이다. 어쨌든 중요한 것

합의 문제를 제기하고 있음에도 불구하고, 칸트의 사유에는 경직된 공간성=물질성이 짙게 스며들어 있다). 베르그송은 공간을 존재론적으로 파악하며, 특히 칸트가 공간성에서 '강도'의 측면을 배제했다고 본다.

은 과학과 형이상학을 가르는 경계선은 학문의 역사를 따라서 계속 이동한다는 점이다. '형이상학적'이라고 조롱당했던 볼츠만의 가설은 오늘날에는 물리학의 상식이 되었다. 목적론은 고대 철학의 잔재로 여겨져 왔지만, 미시적 생물학이 발달하면 할수록 (새로운 각도에서 이해된) 목적론의 의미는 새삼스럽게 더 뚜렷이 드러난다. 베르그송을 따라 형이상학을 지속을 이해하는 것으로 그리고 과학을 상징적 진리를 추구하는 것으로 구분한다면, 과학은 '상징들'(수학적-논리적 장치들)을 계속 새롭게 발명해냄으로써 지속에 점점 더 가까이 다가왔다고 해야 한다. 과학이 상징적 진리를 추구하는 한 베르그송적 지속에 합치할 수는 없다 해도(이 점에서 형이상학은 과학의 윤형자라고 할 수 있을 것이다). 베르그송의 지속 이론은 실증 과학들처럼 구체적인 인식을 가져다주지는 않지만, 과학사를 따라가면서 과학의 한계점들을 적시하고 그때마다 항상 저편의 잉여로서 남게 되는 생명/지속에의 직관을 보여줄 수 있는 존재론이다. 때문에 그것은 베르그송 자신이 희망했듯이 늘 스스로를 수정해 나갈 수 있는 '실증적'인 존재론인 것이다.

지속의 존재론이 행하는 이런 역할은 우리에게 늘 새로운 인식의 창조를 가져다줄 수 있는 존재론이다(그리고 직관의 인식론이 이 지속의 존재론을 보좌한다). 지속의 존재론은 세계를 시간의 관점에서, 질적 풍요로움의 관점에서, 그리고 무엇보다 절대적 창조의 관점에서 봄으로써, 우리의 인식/지식이 내포하고 있는 한계들을 깨 나갈 수 있는 바로미터로서 작동할 수 있다. 그것은 과학의 윤형자로서 실증 과학들을 인도할 수 있으며(과학은 '발견'을 목표로 하지만, 또한 지속의 존재론을 통해서 발견을 위한 새로운 관점들을 '발명'해 나감으로써만 발전할 수 있다), 우리로 하여금 늘 생명의 진리, 시간의 진리에 충실한 인식을 추구하도록 추동할 수 있는 것이다. 베르그송의 인식론은 과학에 대한 메타이론이 아니다. 과학의 끝에서 우리가 실재/생명에 또 다른 방식으로 다가설 수 있는 길을 찾는 행위인 것이다. 베르그송의 인식론은 과학'에 대한' 사유가 아니라 과학을 넘어서 생명과 합일할 수 있는 길을 찾는 것, 그 자체 삶의 한 방식을 뜻한다.

생명의 진리를 인식하고 표현하는 것과 더불어 그러한 진리를 실제 살아야 한다. 여기에서 '실제'란 윤리적이고 정치적인 차원을 함의한다. 형이상학이나 예술은 생명의 진리를 발견하고 표현하기 위해 잠시 현실을 떠나지만, 그러한 일탈은 반드시 회귀를 통해서 되돌려졌을 때에야 비로소 우리의 삶에서 건강하게 자리를 잡게 된다. 그러한 되돌아옴이 이루어지지 않을 때, 형이상학과 예술은 결국 윤리/정치를 회피하기 위한 고급한 장치들로 전락한다. 상징계를 넘어서는 차원을 확보하는 것은 매우 중요하다. 그러나 그러한 확보가 결국 상징계 자체를 변화시키는 데에로 나아가지 않는다면, 그것은 도피 이상의 것이 아니다. 상징계를 넘어서는 것은 어디까지나 상징계를 변화시키기 위한 것이다. 더구나 우리는 (안호상, 니시다 기타로 등을 비롯해서) 생명의 존재론이 악용당한 여러 예들을 알고 있다. 생명의 철학과 예술은 인식론적 회귀를 통해서 그 현실적 맥락을 분

명히 할 때에만 악용당하지 않을 수 있는 것이다.[4]

　이 점에서 베르그송의 사유는 『도덕과 종교의 두 원천』에서 완성된다고 하겠다. 니체가 『도덕의 계보학』에서 그렇게 했듯이, 우선 베르그송은 금지와 의무라는 도덕적 가치의 뿌리를 탐사한다. 그러나 그의 작업은 계보학이라기보다 차라리 지질학이다. 베르그송은 생명의 진화 과정으로까지 내려가 뿌리("도덕과 종교의 두 원천")를 찾아내기 때문이다.

　우리의 도덕적 삶에서 기초적인 역할을 하는 것은 금지와 의무이다. 즉 "하지 말아야 할 것"과 "해야 할 것"이다. 개별적인 금지와 의무는 때로 의심의 대상이 되지만, 금지들과 의무들의 총체인 '사회'라는 것 자체는 마치 개별적인 경우들을 초월한 무엇인 듯이 우리 위에 군림한다. 이 점에서 사회의 관습/습관은 자연의 법칙성과도 같다. 그러나 칸트와 달리 베르그송은 이러한 금지/의무의 체계가 우리의 '실천이성'에서 유래한다고 보지는 않는다. 베르그송은 그 체계의 뿌리를 생명 진화의 과정 전체를 참조하면서 추적한다. 생명은 물질과의 투쟁을 통해 새로운 형상들을 창조해내 왔다. 따라서 하나의 형상(개체이든 종이든)이 그것을 창조했고 또 새로운 형상의 창조로 나아가는 생명의 약동을 망각할 때, 그것은 자신의 동일성을 본

---

4) 그러나 이것이, 한국의 지식인들이 흔히 그렇듯이, 학문과 예술의 자율적 가치를 부정하면서 모든 것을 정치로 환원시키려 하는 거친 생각에 동조하는 것은 아니다. 학문과 예술은 현실로 회귀해야 하지만, 그것이 현실을 건강하게 변모시키기 위해서도 현실로 단순히 환원되어서는 곤란하다. 오히려 학문과 예술은 보다 큰 '담론화의 높이'를 이룸으로써 그만큼 더 현실을 긍정적인 방향으로 변모시킬 수 있다.

래적인 것으로 착각하고서 그것에 고착되어버린다. 우리의 삶은 늘 이런 '석화'(石化)의 위험에 처해 있다. 이러한 석화의 핵심적인 형태는 '습관/관습'이다. 금지와 의무의 체계는 이렇게 석화된 습관/관습의 한 형태이다. 각 개인은 이 습관/관습을 내면화하고 그것 없이는 살아갈 수 없는 존재로 길러진다(무인도에서 혼자 살아가던 로빈슨 크루소조차도 거기에 부재해 있는 '사회'를 끊임없이 의식한다). 생명의 약동이 이 체계에 틈입(闖入)하면서 그것을 균열시킬 때에만 우리는, 마치 마비에서 깨어난 사람들처럼 그때까지 자신이 생각 없이 잠겨 있던 습관/관습의 장 전체를 사유해 보게 된다.

일종의 습관으로서 우리 안에 내면화되어 있는 의무/도덕은 진화의 한 결과이다. 문명이 아무리 발달해도 '자연'은 늘 심층에서 작동한다. 진화의 핵심적인 두 줄기는 절지동물에서의 본능과 척추동물에서의 지능을 낳았다(특히 막시류와 영장류). 두 경우에 공통적인 것은 도구의 사용이며, 도구의 사용은 분업을 통해서 이루어질 때 가장 효율적이다. 때문에 베르그송은 이 두 계열은 공히 '사회'라는 것을 향하도록 운명 지워져 있다고 생각한다. 물론 전체주의적 본능에 의해 지배되는 막시류(벌, 개미 등)와 적어도 이론상 자유로운 개인들의 집합으로서의 인간사회는 구별된다. 그럼에도 인간사회는 그 기저에서 원초적 사회, 즉 그 자체 하나의 유기체와도 같은 사회를 원형으로 품고 있다. 사람들은 개별 의무들에 대해서는 논쟁하지만 의무-전체가 사회의 본질이라는 점은 의심하지 않는다. 그래서 의무는 습관의 형식을 띠게 된다. 결국 의무는 '이성적인' 것이 아니다. 개별 의무들에서 문제가 발생했을 때 그 문제는 이성적으로 풀어야 한다. 그러나 의무-전체는 이성적인가? "너는 할 수 있다, 왜냐하면 너는 해야 하기 때문이다", 더 단적으로 "해야 하니까 해야 한다"는 정언명법은 과연 이성적인 것인가? 베르그송에게 한 사회가 무의식적으로/습관적으로 강요하는 의무들의 체계는 막시류에서 가장 분명하게 나타나는 본능에 유비적인 것이다. 그것은 곧 한 사회의 '보호'를 최상의 목표로 한다. 인간사회가 지능을 통해서 도덕을 보다 '인간적인' 것으로 다듬는다 해도 그 밑바닥에는 결국 지능이 본능과 공유하는 것, 즉 "사회를 보호해야 한다"는 명법이 흐르고 있다.

지능에 의해 구성된 도덕체계가 작동하는 것은 항상 의무-전체가 하나의 '체계'를, 그물망을 형성하는 한에서이며, 도덕이 원만하게 성립하는 것은 항상 하나의 체계 내에서이다. 근본적으로 '닫힌' 성격을 가진 인간 사회/집단들은 서로 적대함으로써만 자체 내의 결속을 유지할 수 있다. 그래서 베르그송이 특히 경계하는 것은 작은 단위의 집합에서 성립하는 경우를 더 큰 단위의 집합으로 확장하는 것이다.

하나의 국가(아무리 큰 국가라 해도)와 인류 사이에는 유한한 것과 무한정한 것(l'indéfini), 닫힌 것과 열린 것(l'ouvert) 사이의 거리만큼이나 큰 거리가 놓여 있다. 사람들은 흔히 말한다. 시민적 덕의 함양은 가정에서 이루어지며, 마찬가지로 자신의 조국에 충성함으로써 인류를 사랑할 준비를 한다고. 그래서 우리의 공감은 계속 커져 가되 변질되지 않으며 결국 인류 전체를 포용하게 된다고. 그러나 이것은 영혼에 대한 순수하게 주지주의적인 개념화에서 나온,

아프리오리한 추론일 뿐이다.(MR, 27/42)[5]

베르그송은 진정한 의미에서의 의무나 도덕은 인류 전체로, 더 나아가 모든 생명으로까지 나아간 의무/도덕이라고 본다. 그러나 이런 도덕은 단지 더 좁은 범위에서의 도덕을 확대시킨 도덕이 결코 아니다. 두 도덕 사이에는 양적 차이가 아니라 질적 차이가 존재하며, 후자의 도덕에 이르기 위해서는 유한으로부터 무한정으로의 도약이 전제된다. 베르그송에게 전자의 도덕은 '닫힌 도덕'이지만, 후자의 도덕은 '열린 도덕'이다. 닫힌 도덕은 하나의 규범-전체로서, 의무-전체로서 주어지는 상징계이며, 여기에서의 도덕이란 대개 도식적이고 상투적이며, 마지못해 하는 것이며, 또 강압적이고 법적인 것이다. 반면 열린 도덕에서는 지능이 아닌 직관이 작동한다. 열린 도덕은 본능에 입각한 막시류적인 사회나 지능에 입각한 현실사회가 아니라 생명에의 직관에 따르는 열린 사회가 대응한다.

본능은 특정한 사물에의 합일을 보여준다(내용상으로는 생존투쟁의 방식이지만). 생명철학에서 직관으로 가는 한 매개로서 중시되었던 본능은 그러나 도덕철학에서는 큰 의미를 부여받지 못한다. 그것은 본질적으로 닫힌 능력이기 때문이다. 반면 생명철학에서 비판적 뉘앙스를 띠면서 다루어졌던 지능은 도덕철학에서 일정 정도 역할을 행한다. 지능은 특정한 대상에 몰두해 있는 시선을 좀 더 높이

---

5) 이하 MR = Bergson, *Les deux sources de la morale et de la religion*, 1932; 『도덕과 종교의 두 원천』, 송영진 옮김, 서광사, 1998.

들어 보다 일반적이고 차분한 수준에서 사태를 볼 수 있게 해주기 때문이다. 그러나 도덕철학에서 지능의 한계는 분명하다. 그것은 결국 삶을 특정한 상징계로 가두는 것에 불과하다. 그것은 '안전'할지 모르나 늘 강압적이고 배타적이다. 결국 지능은 본능과 마찬가지로 '닫힌' 것이다. 지능에 의해 구성된 도덕은 한 사회를 합리적으로 유지시키는 데 기여하지만, 대부분의 경우 그것은 피상적이고 소극적이며 강제적이다. 사람들은 상투적인 어휘들을 남발하면서 (정치가들의 연설에서 가장 잘 드러나듯이) 아무런 감정의 동요 없이 거짓말을 한다. 또, 사람들은 타인들의 눈치를 보면서 최소한 욕먹지 않을 정도로 행동함으로써 도덕의 하한선 위에서 아슬아슬하게 살아간다. 그리고 '사회'가 부과하는 의무들을 어쩔 수 없어 투덜대면서 실행한다. 그럼에도 사회는 그럭저럭 굴러간다. 지능에 의해 구성된 사회는 일종의 언어체계와도 같다. 여기저기에서 구멍이 난다 해도 그물 전체는 어쨌든 유지된다. 그물 전체는 여간해서 무너지지 않는다. 이것이 사회가 완전히 무너지지 않는 이유이다.

지능은 형식적 인식에 강하다. 그러나 본능은 특정한 내용(구체적 존재)에의 합일에 강하다. 직관은 본능이 지능을 경유함으로써, 특정한 이해관계를 초월해서 생명의 근저로 나아갈 때 성립한다. 그러나 도덕철학에서 직관은 본능에서 출발하지 않는다. 지금 문제가 되고 있는 것은 행위이지 인식이 아니기 때문이다. 도덕적 직관은 지능에 의해 구축된 도덕의 강제성과 배타성을 깨면서 삶 자체, 생명 자체로 도약할 때 성립한다. 베르그송은 이런 도약을 '사랑의 약동'이라 부른다. '생명의 약동'이 우리에게 주어진 존재의 근원이라면, 사랑의 약동은 우리가 행해야 할 실천의 근원이다. 이런 사랑의 약동에 입각할 때에만 열린 도덕은 성립할 수 있다.

이것은 종교에 대해서도 마찬가지로 말할 수 있다. '정적 종교'는 지능 이하의 종교로서 기본적으로 보존, 배타를 목표로 한다. 그것은 지능이 불러일으킬 수 있는 위험(죽음에의 불안이나 사회적 삶에의 두려움)에 대한 본능의 반동에서 유래한다. 그것은 기본적으로 공상적인 성격을 띠며, "우화적 기능"에 근거한다. 여기에서 본능은 지능에 대한 방어 기제로서 작동하지만 직관에는 이르지 못한다. 이에 비해 '동적 종교'는 지능 이상의 종교로서 생명/지속에의 직관에 근거하는 사랑의 감정을 토대로 한다. 정적 종교가 방어 기제에 입각해 있다면, 동적 종교는 사랑의 약동을 실천한다.

베르그송은 이런 사랑의 약동에 관한 실증적 근거를 이른바 "도덕적 영웅들"에게서 구한다. 늘 그렇듯이 여기에서도 베르그송은 논증보다 실증을 중시하며, 따라서 역사 속에서 실제 나타난 도덕적 인물들에 논의의 초점을 맞춘다. 지능에 입각한 도덕은 인칭적 차원에서 보다 멀어질수록 점점 더 큰 엄밀함을 획득한다. 칸트의 도덕철학은 그 대표적인 경우이다. 그러나 베르그송은 도덕적 영웅들이란 무엇보다도 우선 구체적인 인격체라는 점을 강조한다. 도덕은 결코 일반성의 차원, 'überhaupt'의 차원에서 성립하는 것이 아니라 한 사람 또는 여러 사람의 생생한 인격을 통해서 구현된다. 지능의 도덕에서 중요한 것이 상호성, 보편성, 추상성이라면, 직관의 도덕에서 중요한 것은 이런 생생한 인격을 향하는 유사성이다. 이론적인 맥락에서 동일성과 재현의 논리를 비판하는 베르그송은 그러나 도덕의 맥락에서는 전형적인 유사성의 논리를 편다. "성인들은 어떻게 그렇게 모방자들을 거느릴 수 있었을까? 도덕적 영웅들은 어떻게 그들 뒤에 추종자들을 거느릴 수 있었을까? 그들은 아무것도 요구하지 않지만 모든 것을 얻는다. 그들은 훈계하지 않는다. 그저 거기에 있을 뿐. 그들의 존재 자체가 호소(력)/흡인(력)인 것이다. 이것은 [본능/지능의 도덕과는] 전혀 다른 도덕이다. 자연적인[본능적인] 의무가 억압 또는 강제라면, 완전하고 완성된 도덕에는 하나의 호소(력)가 있다."(MR, 30/44)

여기에서 베르그송의 논리는 매우 플라톤적이다. '성인들/도덕적 영웅들'은 일종의 이데아인 것이다. 그러나 이 이데아들은 현실 속에서 하나의 사건으로서, 인물-사건으로서 생성한 존재들이다. 그들은 새로운 창조의 결과이지 영원 속에 주어진 형상이 아니다. 우리는 베르그송의 논의를 사건의 관점에서 이해할 수 있다. 도덕적 영웅들의 출현은 생명에의 직관이 빚어낸 역사-속의 사건/작품인 것이다. 또 하나, 베르그송의 논리는 사람들을 모방자들로 만들 뿐 진정한 윤리적 주체로 만들지 못한다는 문제점이 있다. 대중들은 늘 모방자들로 그칠 뿐 스스로 윤리적 주체로 서지는 못하게 된다. 물론 이런 모방이 자기변화의 방향성의 문제를 해결해 준다고 볼 수 있다. 즉 성인-되기를 함으로써 사람들은 각자를 가장 긍정적인 방향으로 변화시켜 나갈 수 있다. 그것은 단순한 모방이 아니라 자기변화의 방향을 잡아 나가는 한 방식일 수 있을 것이다. 그러나 다시 그러한 도덕적 이데아들이 다수일 때, 그리고 그 각각이 서로 다른 길을 보여줄 때, 문제는 간단하지 않다. 우리는 사람들이 각자의 '교주들'을 내세우면서 서로 증오하고 살육하는 광경을 잘 알고 있지 않은가. 베르그송은 열린 도덕이 인류의 부분들이 아니라 인류 전체를 향한 도덕이며 따라서 닫힌 도덕과 질적으로 다르다고 말하지만, '인류'라는 말만큼 공허한 말도 드물며 '인류'를 내세우는 대부분의 도덕들(베르그송은 그리스의 현인들, 이스라엘의 선지자들, 불교의 아라한들, 기독교의 성자들을 예로 들고 있다)은 사실상 배타성과 독단성을 그 본질로 하고 있는 것들이다. '인류 보편성'이라는 개념 자체가, 단지 개념만 놓고 보더라도, 한참 후대의 산물인 것이다. 베르그송이 특히 중시하는 '기독교 신비가들' 또한 특정한 문화적 맥락에서 나올 수 있는 이야기일 뿐이다(기독교 신비가들이 과연 이슬람 예언자들을 긍정했을까?). 이 문제는 근본적이다.

베르그송은 이런 한계를 뚫고 열린 도덕으로 나아갈 수 있는 근거로서 'émotion', 'sensibilité', 'sentiment' 같은 비지능적인 능력들을 들고 있다. 우리로 하여금 본능적인 습관과 지능적인 규범을 넘어 열린 도덕으로 나아갈 수 있게 해주는 것은 이런 능력들이다.[6] 이 능력들은 주어진 일을 정확하게 하는 능력도 또 일반화하고 추상화

---

6) 각각 정서, 감성, 감정으로 번역할 수 있으나, 어감이 정확히 일치하지는 않는다. 베르그송은 "표상의 효과일 뿐인 그리고 그것에 부대하는 것일 뿐인 정서만이 있는 것이 아니다. 표상을 앞서는, 그것을 잠재적으로 내포하며 어느 정도까지는 그것의 원인이기도 한 정서도 존재한다"고 말한다.(MR, 44/57) 새로운 과학적 발견이나 예술적 창조, 그리고 도덕적 발명은 순수 지능에 의해서가 아니라 바로 이런 정서를 통해서 가능하다고 할 수 있다. 베르그송은 인식론적 함의('오성'과 대비되는)가 짙은 'sensibilité'나 우발성의 뉘앙스를 많이 풍기는 'sentiment'에 비해서 'émotion'이 이런 깊은 의미를 담을 수 있다고 본다. 때문에 그는 자신의 도덕철학을 '감정의 도덕'과 분명하게 구분한다.

하는 능력도 아니다. 그것은 닫힌 도덕의 테두리를 깨고서 더 멀리 보는 능력, 생명의 약동 위에서 사랑의 약동을 직관할 수 있는 능력이다. 이러한 능력들은 지능의 도덕을 뒷받침하는 합리적 능력이 아닌 비합리적 능력이다. 그러나 이 능력은 지능 이하의 무반성적 감성 능력이 아니라 지능 이상의 반성적 감성 능력이다. 그것은 곧 직관의 능력에 다름 아니다. 비합리주의 입장을 취한다고 해서 "자유로운 행위가 변덕스럽고 비이성적인 행위를 뜻하지는 않는다. 변덕스럽게 군다는 것은 이미 형성된 두/여러 입장들 사이에서 기계적으로 오락가락한다는 것, 그러면서도 결국 그것들 중 하나에 고착된다는 것을 뜻한다. 그것은 내적 상황을 성숙시켰음을 뜻하는 것도, 또 진화시켰음을 뜻하는 것도 아니다. 역설적으로 들리겠지만, 그것은 의지를 구부려 지능의 메커니즘을 흉내내게 만든 것이다. 반대로 진정으로 우리의 것이라 할 그런 행위는 지능을 모방하려 하지 않는 의지, 점진적인 성숙을 거쳐 진화하면서 행위에 도달하는 의지에서 비롯된다".(EC, 47~48/89) 원초적 본능에 따르거나 지능의 법칙성으로 추론하기보다 직관에 의해 열린 도덕으로 나아간다는 것은 곧 새로운 도덕 자체를 발명한다는 것을 뜻한다. 발명은 보통 기술이나 예술과 결부되어 이해되지만 진정으로 위대한 발명은 윤리적 발명인 것이다.[7]

---

7) 여기에서도 주의할 것은 '추후적 사고'의 오류이다. "존재할 수 없었을 수도 있는 것, 어떤 상황들, 어떤 인물들이 없었더라면, 특히 어떤 한 사람이 없었더라면 존재하지 않았을 수도 있는 것이 태어난다(est survenu)."(MR, 71/83) 그러나 사람들은 마치 이것이 이미 잠재해 있다가 현실화된 것인 양 생각한다. 그러나 도덕적 영웅들의 탄생은 각각 특이한 사건들이

베르그송의 철학은 생명의 철학이다. 생명은 연속적으로 흐르는 존재이며, 다채로운 질들을 낳는 존재이며, 또 절대적인 의미에서의 창조를 가능케 하는 존재이다. 그러나 인간에게서 꽃핀 생명의 한 갈래/경향인 지능은 곧잘 그 자신의 틀에 그 자신을 낳은 생명을 가두려고 한다. 베르그송의 존재론, 인식론, 윤리학이 겨냥하는 것은 우리를 한계 짓고 있는 그 지능의 울타리를 깨고 (지능을 그 한 갈래로 포함하는) 생명 전체를 직관하는 데에서 시작된다.

이를 위해서 그는 우선 철학의 역사, 더 나아가 학문의 역사 전체를 해체적으로 독해하고자 하며, 그 역사 전체를 시간 망각의 역사로서 파악하기에 이른다. 니체와 마찬가지로 베르그송 역시 엘레아학파의 시간 제거가 서구 존재론사를 특징지었다고 생각하며, 플라톤주의를 서구 존재론의 핵심으로 파악한다. 베르그송의 사유는 동일성 우선의 서구 존재론을 심장부에서 해체해 간 사유였으며, 기본적으로 "역학은 그 근본에 있어 논리학"이라는 니체식의 비판과 궤를 같이했다고 볼 수 있다. 베르그송에 이르러 플라톤에게 일차적 존재들이었던 형상들은 이차적인 파생물로 전락한다. 형상들이란 "생명과 물질의 투쟁"이 빚어낸 결과들인 것이다. 전통 철학의 용어로 하면, 리(理)들은 기(氣)의 두 측면(음기와 양기)의 투쟁이 빚어낸 결과들인 것이다. 데미우르고스는 생명으로 화하여 코라와 투쟁하고, 그 투쟁의 우발적 결과로서 형상들이 태어난다고 할 수 있다. 따라서

다. 이 사건들은 절대적인 의미에서의 시간의 지도리를 형성하며 역사의 근원적 변환을 함축한다.

진화란 그 말의 진정한 의미에서 '발명'의 역사인 것이다.

따라서 생명에 충실한 삶이란 곧 직관과 발명으로서의 삶이다. 직관은 생명에의 직관, 시간에의 직관이며, 우리로 하여금 지능의 딱딱한 틀을 깨고서 생명과 함께할 수 있게 해주는 (그 자체 생명의 연속선상에서 성립하는) 정신의 능력이다. 그리고 실천적인 삶이란 곧 생명과 함께하면서 생명의 가장 아름다운 발현태인 사랑의 약동을 실천하는 삶이다. 기존의 선악 개념을 해체한 니체와 달리 베르그송은 사랑의 약동을 외치면서 열린 사회를 지향했다. 물론 두 인물은 공히 역사적이고 구체적인 지평에서 실천철학을 제시하지 못한 한계를 품고 있다. 그럼에도 플라톤주의의 형태를 띠고서 흘러온 서구 존재론사를 근본에서 해체하고 생성의 존재론과 윤리학의 근본 형태를 만들어낸 것이 바로 이 두 인물이라는 점은 부정할 수 없다.

결론: 생성에서 존재로

서구 존재론사의 출발점에서 엘레아학파는 생성 부정의 논리를 주조해 냈다. 이런 논리는 플라톤에 의해 상당 부분 극복되었고 보다 정교한 체계로 재구성되었지만, 플라톤 사유의 심장부에도 여전히 이 논리가 굳건히 자리 잡고 있음을 부정할 수 없다. 플라톤이 플라톤주의로부터 가장 멀리 일탈해 나아간 대목은 아마 『소피스테스』편에서의 'dynamis'론일 것이다. 그리고 소피스트 사냥에서 나타난 몇 가지 혼란들 또한 주목할 만한 대목이다. 이 점에서 플라톤주의 극복의 씨앗은 사실 플라톤 자신에 의해 뿌려졌다 해야 하리라.

플라톤에게 '시뮬라크르'는 이미지이다. 이 이미지는 두 가지 상이한 맥락에서 등장한다. 생성하는 것으로서의 이미지와 모방물로서의 이미지. 생성하는 것으로서의 이미지/시뮬라크르는 니체에 의해, 그리고 결정적으로는 베르그송에 의해 새로운 위상을 부여받기에 이른다. 그리고 모방물로서의 이미지는 오늘날 가장 활발하게 논의되고 있는 주제들 중 하나가 되었다. 어느 경우든 시뮬라크르는 반플라톤주의의 요람 속에서 새로운 생명을 부여받기에 이르렀다. '생성존재론'의 사유에서는 그 무엇보다도 생성이 일차적인 존재론적 진리이기 때문이다. 때문에 생성존재론의 시대는 또한 시뮬라크르의 시대이기도 하다.

생성존재론을 확고한 지반 위에 올려놓은 니체와 베르그송이 공히 엘레아학파 및 플라톤주의와의 대결을 통해 사유를 시작하고, 그 연장선상에서 서구 존재론사 전반에 대한 해체적 독해에 착수한 것은 이런 맥락에서 되짚어 볼 수가 있다. 이들은 서구 학문의 역사, 특히 그 알맹이로서 존재론의 역사가 어떻게 엘레아학파의 그림자를 벗어나지 못했는가를 집요하게 추적했다. "대중을 위한 플라톤주의"로서의 기독교에 대한 니체의 비판과 근대 과학의 엘레아적 성격에 대한 베르그송의 비판은 그 백미에 해당한다. 이들의 이런 존재론사 해체를 통해서 시간의 의미가 비로소 현대 철학의 심장부에 자리 잡게 되었다. 사람들은 이것을 "존재에서 생성으로"라는 말로 표현하곤 한다. 이런 과정을 통해 생명과 창조의 진정한 의미가 부각될 수 있었다.

그러나 생명이란 다채로운 개체성의 형태를 띰으로써만 구체화된다. 생명의 본질은 끝나지 않는 연속성에 있다. 생명의 모순은 죽음이다. 그러나 이런 사실로부터 생명체란 그저 생명을 실어 나르는 운반자에 불과하다는 바이스만적 결론을 내린다면, 더 나아가 도킨스처럼 그러한 과정의 핵심을 유전자라는 특정한 물질에 전적으로 부과한다면, 그것은 추상적인 실체주의/본질주의 이상의 아무것도 아니다. 생명이란 연속성과 더불어 질적 다채로움과 절대적 의미에서의 창조를 그 필수적인 속성으로 함축한다. 생명은 연속하는 실체라는 추상적 동일성을 통해서가 아니라 오히려 극히 다채로운 동일성들——생명체들——의 존재를 통해서, 그리고 절대적으로 새로운 질들의 탄생을 통해서 이해되어야 한다. 생명은 생명체들을 통해서만 비로소 그 구체적인 얼굴을 가질 수 있는 것이다. 생명체들이 단지 생명의 운반자들인 것이 아니다. 구체적으로 존재하는 것은 생명체들이며, 생명이란 이 생명체들의 구체적이고 복잡한 생성을 통해 읽어낼 수 있는 존재론적 원리인 것이다(여기에서 '구체적'이란 생명의 과정은 반드시 생명'체'라는 신체적 차원을 참조해서 이해된다는 것을 뜻하고, '복잡한'이란 생명체들의 복잡계에 대한 인식을 통해서 이해된다는 것을 뜻한다).

생명의 본질은 생명체들의 동일성-체계를 허용하지 않는 운동성/생성에 있다. 그러나 그러한 생성은 추상적 실체의 존속이 아니라 반드시 구체적 개체성들의 생성으로 이해되어야 한다. 요컨대 우리는 동일성들의 생성을, 생성의 동일성들로의 구체화를 사유해야 한다. 그래서 이제 우리가 사유해야 할 것은 차라리 '생성에서 존재로'의 길인 것이다. 우리가 사유해야 할 것은 동일성의 고착화에 대한 니체와 베르그송의 비판을 반복하는 데 있는 것이 아니라 오히려 생성의 과정에서 어떻게 동일성들이 탄생하는지, 동일성들의 관계는 어떻게 형성되는지, 동일성들의 진정한 존재론적 위상은 무엇인지를 해명하는 일이다. 들뢰즈의 존재론과 복잡계 과학은 아마 이 방향으로 가장 멀리 나아간 담론들일 것이다. 21세기의 사유는 이 두 담론을 토대로 하겠지만, 우리에게 절실한 것은 이 토대 위에서 구체적인 생명과학을 구축하는 일이다.

현대에 들어와 생명의 철학은 그다지 건설적인 실천철학을 제시하지 못했다. 니체, 하이데거, 니시다 기타로 등은 어떤 형태로든 파시즘과 연루되었고(니체의 경우 이런 연루가 왜곡이지만, 그 자신 안에 그런 연루를 가능케 하는 요소들이 없다고는 할 수 없다. 하이데거와 니시다의 경우는 의식적인 형태의 연루라 해야 할 것이다), 베르그송(과 화이트헤드)의 철학은 그 형이상학의 무게에 걸맞은 윤리학과 정치학을 제시하지 못했다(물론 베르그송의 윤리학은 미래 윤리학을 건설하는 데 자양분이 될 수 있을 것이다). 생성존재론에 기반하는 사유들에는 왜 이런 불균형이, 즉 형이상학/존재론에서의 빼어남과 실천철학에서의 빈약함이, 나아가 빗나감이 존재하는 것일까. 아마도 그것은 시간, 생명, 창조를 강조하는 이 존재론이 자연스럽게 제도, 체제, 법, 국가, 화폐회로 등등에 대한 분석을 소홀히 하게 만들었기 때문일 것이다. 그렇다고 우리가 가야 할 길이 존재론이 없는 실천철학의 길인 것은 아니다. 존재론의 밑받침이 없는 실천철학은 깊이 있는 철학도 아니고 그렇다고 구체적인 역사/사회과학도 아닌 어정쩡한 담론들에 불과하다. 우리가 가야 할 길은 확고한 존재론의 토대 위에 선 윤리학과 정치철학이다. 그러나 20세기의 철학사는 이 점에서 그다지 희망적이지 않았다.

생성존재론의 토대 위에서 실천철학의 물음을 포괄적이고 구체적인 방식으로 다룰 수 있었던 대표적인 경우는 들뢰즈와 가타리이다. 이들이 전개한 '되기'의 윤리학/정치학은 베르그송적 생성존재론을 근저에 깔고 있으면서도 극히 다채로운 영역들에서 구체적인 논의를 생산할 수 있었던 예외적인 경우이다. 때문에 이들의 시도를 단지 제도를 부정하거나 해체하려는 저작으로 읽는 것은 얄궂게도 이들의 사유를 그들이 극복하려고 했던 사유로 즉 베르그송적 실천철학으로 회귀시켜서 해석하는 것에 불과하다. '되기'의 실천철학은 확고하고 수준 높은 생성존재론의 바탕 위에서 구체적인 윤리학적-정치학적 비전을 제시할 수 있었던 최초의 경우라고 해야 할 것이다. 그래서 이제 우리가 해야 할 작업은 (아직은 밑그림의 상태에 머물러 있는) 이 '되기'의 실천철학을 비판적으로 재구성하는 일일 것이다.

보론1: 시뮬라크르와 시뮬라시옹[1)]

이데아와 시뮬라크르

머나먼 옛날에 등장했던 한 개념이 오랜 시간이 흐른 후 무덤에서 일어나 새로운 삶을 살기 시작할 때가 있다. '시뮬라크르'(simulacre) 같은 개념이 좋은 예를 제공해 준다. 하나의 고색창연한 개념이 참신한 뉘앙스로 갈아입고서 현대인들에 의해 회자되고 있다. 아울러 이전에 존재하지 않았던 하나의 용법이 추가된다. 시뮬라시옹/시뮬레이션(simulation). '~ation'이라는 어미를 가짐으로써 이제 이 말은 또 다른 삶을 살게 된다. 그러나 시뮬라크르와 시뮬라시옹 사이에는 예기치 못했던 거리가 끼어든다.

시뮬라크르를 논하기 위해서는 플라톤에게까지 거슬러 올라가

---

1) 이 글은 국민대학교 건축학과와 홍익대학교 시각디자인학과에서 강연한 내용을 정리한 것이다.

야 한다. 플라톤은 『소피스테스』에서 소피스트들의 정체를 추적했거니와, 중요한 것은 그러한 작업의 과정에서 그가 사용한 '나눔 = 분할(diairesis)'의 기법이다. 이 나눔의 기법은 (아리스토텔레스가 중간항이 결여된 그릇된 삼단논법으로 잘못 비판한 것과 같은) 순수 이론적 기법이 아니다. 거기에는 '선별에의 의지'가, 진짜와 가짜를 구분하려는 의지가 깃들어 있다. 플라톤의 이데아론은 순수 이론적 맥락에서 제시된 이론이 아니다. 또 그것은 현실을 벗어나기 위해서가 아니라 변화시키기 위해서 제시된 이론이다.

『파이드로스』, 『소피스테스』, 『정치가』는 분할법을 선보이고 있는 대표적인 대화편들이다. 『소피스테스』에서는 분할법의 예로서 낚시의 기술이 언급되며, 그 논리에 따라 소피스트들이 규정된다. 『정치가』에서는 참된 정치가를 선별한다. 정치가는 "인민의 목동"이거니와 의사, 상인, 농부 등 다양한 사람들이 "내가 바로 인민의 목동"이라고 주장한다. 여기에서 분할술이 결정적인 역할을 한다. 이미 『파이드로스』편에서는 진정한 광기가 어떤 것인지를 둘러싸고서 분할술이 등장한 바 있다. 결국 플라톤 분할술의 목적은 혈통을 선별해내는 것, 진짜와 가짜를 구분해내는 것이다. 그래서 나눔이란 외연적 나눔이 아니다. 그것은 질에 있어서의 나눔이다.

플라톤 사유에서 중요한 것은 감각적인 것들과 가지적인 것들을 구분하는 것이다. 그러나 플라톤주의의 핵심은 오히려 감각적인 것들 중에서 두 종류를 구분하는 데 있다. 핵심적인 것은 '복사물들'(eikonês)과 '시뮬라크르들'(phantasmata)의 구분이다. 복사물들은 이데아를 흉내내고 있으며 따라서 유사성을 담고 있다. 반면 시뮬라크르는 단지 이데아로부터 멀리 떨어져 있을 뿐만 아니라 이데아의 반대편에서 이데아 자체를 혼란에 빠트리는 존재(차라리 비-존재)이다. 플라톤의 진짜 의도는 현실 속의 다양한 존재들에 가치론적 위계를 설정하려는 것이다. 이데아의 가설은 그러한 설정을 가능케 하는 기준으로서 제시되었다.

그러나 여기에서 모든 것은 정도의 문제로 보아야 할 것이다. 시뮬라크르와 복사물의 '본성상의 차이'를 언급할 수 있으나, 본성상의 차이를 어떻게 규정할 것인가? 이데아로부터 시뮬라크르에 이르기까지 모든 것은 정도의 문제이다. 어디에서 좋은 복사물과 나쁜 복사물을 끊을 것인가? 이 사실에 이미 가치-존재론의 난점이 함축되어 있는 것이 아닐까?

플라톤에게서는 문화적인 모방물——예컨대 그림——도 시뮬라크르의 속성을 띤 것으로 이해된다.『국가』를 비롯한 여러 대화편들에서 시뮬라크르론은 문화적 모방에 관한 이론으로서 등장한다. 문화적 모방은 실재의 탐구를 통해 세계의 진상으로 나아가는 행위가 아니라 표피적 흉내내기로 이해되며 부정적으로 다루어진다(다른 한편 '뮈토스'가 함축하는 반사회적, '휘브리스'적 성격도 비판의 대상이 된다). 물론 여기에서도 정도의 문제가 전체 논의를 복잡하게 만든다. 가치-존재론을 가능케 하는 '거리'가 유동적일 경우 선별의 문제도 그만큼 어려움에 봉착하게 된다. 페라스들의 밑에서 아페이론은 끊임없이 솟아오르려 한다.

생성하는 것들이라는 존재론적 맥락에서의 시뮬라크르와 모방물이라는 문화적인 맥락에서의 시뮬라크르가 왜 동일한 구도에서 논의되고 있는 것일까? 자연적으로 존재하는 것들의 '존재도'(存在度)의 문제와 인공적 창작물들 사이의 '진정도'(眞正度)가 왜 동일한 지평에서 다루어지는 것일까? 이 문제를 이해하는 것이 플라톤 사유의 이해에 핵심적이다. 그것은 바로 플라톤에게서는 이 세계 자체가 하나의 모방물이기 때문이다. 때문에 존재론적 구도와 문화론적 구도가 동시에 '모방 = 미메시스'의 맥락에서 논의된다. 세계에 관한 이론과 문화에 관한 이론이 하나의 동일한 존재론적 구도에서 다루어진다는 것, 여기에 플라톤주의의 비밀이 있다.

만일 이런 구도가 파기된다면 어떤 결과가 도래할까? 세계 자체와 인공물들을 동시에 모방물들로서 취급하는 구도를 파기한다면, 달리 말해 세계를 '내재적인' 차원에서 본다면, 시뮬라크르론은 어떤 구도로 바뀔까? 하나의 동일한 구도에서 논의되던 시뮬라크르는 이제 두 가지 상이한 구도의 논의로 갈라진다. 세계에 관한 '시뮬라크르'론과 인공물들에 관한 '시뮬라시옹'론으로. 시뮬라크르 자체와 시뮬라크르 만들기(simul-*ation*)가 그것들을 함께 보듬어 주던 미메미스론의 껍질을 깨고서 서로 분리되기에 이른 것이다. 그렇다면 '시뮬라크르'를 논하고 있는 현대의 대표적인 두 담론이 바로 이 두 갈래를 정확히 나누어 가지고 있는 것이 과연 우연일까? 미메시스론의 울타리를 깨고서 서로 갈라진 두 시뮬라크르론이 각각 상이한 방향에서 상이한 두 인물에 의해 논의되기 시작한 것이 과연 우연일까?

시뮬라크르의 복권

시뮬라크르들은 수천 년을 지하에 감금되었으며 이따금 지상으로 솟아올라왔을 때에도 각 시대의 동일자에 의해 제압되어 다시 자신의 자리로 돌아가곤 했다. 19세기가 되어서야, 그것도 그 세기가 저물 무렵이 되어서야, 시뮬라크르는 특히 니체와 베르그송이라는 두 거장을 통해서 비로소 철학사의 표면 위로 올라오기에 이르렀다.[2]

시뮬라크르의 시대에는 고대의 형상철학만이 아니라 근대 과학의 결정론 역시 비판의 대상이 된다. 이제 자연은 완벽한 시계가 아니다. 영원한 이법으로서의 우주 개념이 파기되고 물질의 (형이상학적으로) 우발적이고도 (과학적으로) 우연한 생성들이 도래했다. 법칙을 이야기할 수 있다면 생성 위에서 성립하는 수학적 규칙성들로서일 뿐이다. 입자들의 세계는 동일성의 세계가 아니라 동일성들이 형성되고 또 와해되는 생성의 세계이다. 궁극의 입자를 찾기보다는 모든 것을 'dx'로 즉 (수학에서의 dx가 아니라) 'différentiation(x)'로 이해할 필요가 있다.

생성의 세계는 곧 영원회귀의 세계이다. 영원회귀는 같은 '것'의 되돌아옴이 아니다(그것은 스토아학파에서의 영겁회귀이다). 그것은

---

2) 시뮬라크르와 더불어 그것의 동반자인 코라(chôra) 역시 복권되기에 이른다. 코라는 생성하는 터이고 만물의 '어머니'이다. 조물주는 여기에 형상의 흔적들을 각인한다. 제어하기 힘든 시뮬라크르의 운동이 극한('페라스')을 부여받음으로써 일정한 동일성들로 화한다. 그러나 조물주와 형상세계의 초월성을 파기할 경우, 만물은 코라의 운동으로부터 '자기조직화'를 통해 발생하는 것으로 이해된다. 이것은 현대 사유의 기본 구도로 자리 잡기에 이른다.

생성이라는 같은 것의 되돌아옴이다. 즉 생성만이 '존재'한다. 계속 반복되는 것은 어떤 존재가 아니라 생성일 뿐이다. 그러나 그 생성의 와중에서 어떤 형상들의 생성 또한 반복된다. 여기에서 시뮬라크르와 이데아의 관계는 역전된다. 이데아는 시뮬라크르의 바다 위에서 형성되고 변형되고 또 사라지기도 하는 이차적인 존재로 화한다. 이데아는 시뮬라크르의 그림자이다. 시뮬라크르가 형상들의 조화로운 질서에 탈중심화, 차이, 카오스를 야기하는 것이 아니다. 형상들이 시뮬라크르들의 흐름에 중심, 동일성, 질서를 가져온다.

이제 시뮬라크르가 형상들을 선별한다. 시뮬라크르의 와류에서 되돌아오는 것, 반복되는 것만이 살아남기 때문이다. 영원회귀의 긍정은 반복의 긍정이다. 그러나 진정한 긍정은 살아남는 형상들의 긍정이 아니라 영원회귀 자체에 대한 긍정이다. 그런 긍정의 인간만이 '초인'이 되어-간다.

시뮬라크르의 복권이 도래시킨 존재론적 혁명은 사건의 철학으로 결실을 맺는다. 우리 삶에서 가장 중요한 것들 중 하나인 '사건'은 플라톤주의에서 그 위상에 걸맞은 의미를 부여받지 못했다. 이것이 형상철학을 극복해야 할, 또 (모든 것을 '의미'가 아닌 '메커니즘'으로 환원하는) 자연과학적인 사고를 극복해야 할 핵심적인 이유이다. 플라톤에게 현실세계에서 벌어지는 모든 사건들은 생성이며 따라서 이데아의 타락이다. 그러나 들뢰즈에게 세계는 사건들의 장이며, '이데아' 개념이 오늘날에도 의미를 가진다면 그것은 사건-이데아로서만 즉 반복되는 사건으로서만 그렇다.

들뢰즈의 사건론에서 특히 중요한 것은 사건을 의미와 연계해 다루는 대목이다. 하나의 사건을 자연적인 생성으로만 보기보다 문화적 의미를 띠는 것으로 보기 시작함으로써 사건론은 새로운 국면에 접어들었다. 여기에서 우리는 형상철학과도 과학('의미'가 아니라 '메커니즘'으로 사물을 보는)과도 다른 사유를 분명하게 식별해낼 수 있다. 사건이 계열화됨으로써 의미를 얻는 과정에 대한 면밀한 연구는 『의미의 논리』에서, 사건을 물질적 운동에서 파생되는 것으로 보는 데 그치기보다 오히려 물질적 운동에 삽입되는 것으로 봄으로써 그것에 실천철학적 함축을 부여하는 작업은 『천의 고원』에서 전개되었다.

시뮬라크르의 복권은 현대 예술의 성격과도 밀접한 관련을 가진다. 'esthétique'는 때로 '감성론'으로 번역되기도 하고 때로 (그다지 적절치 못하게) '미학'으로 번역되기도 한다. 이 이중성을 극복하는 것이 문제이다. 오늘날 감성은 보다 큰 인식론적 의미를 획득하게 되었고, 반면 미학은 그 경계가 흐려지고 있다. 일반적인 의미에서의 감성학이 요청되는 것은 이런 맥락에서이다.

들뢰즈가 일으킨 시뮬라크르의 복권과 나란히 우리는 아페이론의 복권을 논할 수 있으리라 본다. 현대 예술들이 띠고 있는 특이한 성격은 아페이론에 긍정적 의미를 부여하고 있음에 있다고 할 수 있다. 아페이론은 생성하는 연속성이기 때문에 페라스/'limit'가 결여된 것이며, 바로 이 때문에 형상의 철학에서는 극복해야 할 무엇으로서 다루어져 왔다. 아페이론을 긍정하게 됨으로써 연속성과 운동——베르그송의 지속은 곧 연속적인 운동 또는 운동하는 연속성이다——이 긍정되기에 이르렀다.

인상파 미술이나 음악에서 아페이론은 선명하게 복귀한다. 모네 등의 회화에서 시뮬라크르들은 빛 아래에서 명멸한다. 루앙 성당은 안개 속에서 흔들린다. '연작'(連作)의 시도는 생성을 그리려 했던 화가들에게 필연적이었다. 드뷔시 이래 이제 소리의 연속성과 질료 자체가 긍정적 의미를 부여받게 된다. 무조음악이나 (불레즈 등의) 우연의 음악은 시뮬라크르/아페이론의 복권을 소리로서 들려준다.

시뮬라크르와 아페이론, 코라가 복권된 시대는 새로운 민중이 출현하는 시대이기도 하다. 위에서 찍어 누르는 주물에 따라 모양이 달라지는 대중에서 욕망에 따라 살면서 때로 자기조직화를 통해 형상을 형성하는 다중으로.

그러나 성숙하지 못한 대중의 욕망과 자기조직화는 때로 어두운 얼굴로 나타나기도 한다. 건강한 욕망과 실천적인 자기조직화를 통해 존재하는 '다중'(multitudo)의 시대는 여전히 요원해 보인다. 현대의 대중을 다중이 아니라 군중, 나아가 우중으로 만드는 것은 단지 자본주의와 정치권력만은 아니다. 외관상 억압으로 보이지 않는 것들, 의식과 생각으로 파고드는 대신 무의식과 감성으로 파고드는 것들이 진정으로 두려운 것들이다. 오늘날의 훈육은 신체와 정신을 통제하는 훈육이 아니라 무의식, 욕망, 감성을 관리하는 훈육이다. 이런 상황을 더욱 심각하게 만드는 것은 시뮬라시옹이다.

시뮬라시옹의 시대

이미지의 운동이 'imagination'이고 기호의 운동이 'signification'이듯이, 시뮬라크르의 운동은 시뮬라시옹이다. 시뮬라시옹은 시뮬라크르 '작용', 시뮬라크르'화', 더 편리하게 번역해 시뮬라크르 '만들기'이다. 묘하게도 '시뮬라크르'와 '시뮬라시옹'은 서로 다른 논의 구도 속에서 이야기되고 있다. '시뮬라크르'는 들뢰즈라는 이름과, '시뮬라시옹'은 보드리야르라는 이름과 결부되어 있다(들뢰즈가 '시뮬라시옹'이라는 말을 쓰지 않은 반면, 보드리야르는 두 말을 다 쓰고 있지만). 플라톤에게서 하나의 맥락으로 다루어지던 것이 두 갈래로 갈라지면서, 두 갈래가 각각의 논의 구도를 형성하고 있는 것이다.

시뮬라시옹은 인간이 시뮬라크르들을 만들어내고 그것들을 변화시켜 나가는 과정이다. 시뮬라시옹은 이전에도 행해져 왔지만(지도, 그림, 인형… 등. 어쩌면 문자 자체가, 특히 漢字 같은 것이 시뮬라크르일 수도 있다), 보드리야르는 오늘날 새로운 시뮬라시옹의 시대가 도래했다고 진단한다.

첫 번째 시대의 시뮬라크르들은 미메시스 개념에 입각한 것들이며, 두 번째 것들은 기계들이며(거미를 모방한 달착륙선), 세 번째 것들은 정보 통신 혁명 위에 세워진 것이다. 마지막 단계에 이르러 조작 가능성, 초실재성(hyperréel), 완벽한 통제/관리가 도래했다(몸에 손을 대지 않고서 수술하는 의사, 모니터를 보고 하는 전쟁).

오늘날의 시뮬라시옹은 원본 없는 실재, 초실재를 만들어 가는 과정이다. 실재는 원본의 권위를 상실했다. "실재의 폐허"만이 남아 있다. 진짜와 가짜, 실재와 가능, 원본과 시뮬라크르 사이의 차이는 소멸해버렸다('resemblance'에서 'similitude'로). 이것은 이미지가 실재를 복사하는 시대가 아니라, 실재가 이미지화해서 그 사이의 간격이 사라진 시대이다. 이미지가 실재를 덮어버린 시대가 아니라 이미지가 실재인 시대이다. 본래적인 지시작용이 사라지고 시뮬라크르들의 상호 참조만이 존재하기에 이르렀다. 기표는 물질화된 기의이기를 그치고 다른 기표들과의 차이를 통해서 의미를 만들어내게 된다. 기의의 표현에서 기표들의 조작으로.

시뮬라시옹은 흉내내기가 아니다. 진짜를 위협하는 가짜, 마침내 이분법을 무너뜨리는 가짜이다. 시뮬라시옹은 원본을 계속 감속(減速)시키면서 실재의 폐허를 이끌어낸다. 시뮬라시옹은 재현이 아니다. 원본과 유사성/지시를 전제하는 재현과 지시/유사성을 제거한 후 그 힘만을 흡수한 시뮬라시옹은 다르다. 이미지＝시뮬라크르는 네 단계를 거쳐, 즉 1) 실재의 반영으로서의 이미지[神性] 2) 실재를 변질시키는 이미지[咀呪] 3) 실재의 부재를 감추는 이미지[魔法] 4) 실재와 무관한 순수 시뮬라크르로서의 이미지(시뮬라시옹)로 변해 가면서 오늘날에 이르렀다.

시뮬라크르는 무엇인가를 흉내내고 감추고 변질시키는 것이 아니라 아무것도 없다는 사실을 감추고 있는 기호이다. 시뮬라크르의 시대는 모든 것이 시뮬라크르라는 사실을 감추기 위해 또 다른 시뮬라크르를 만들어낸다. 미국 자체가 디즈니랜드라는 것을 감추기 위해 디즈니랜드가 건설되었다. 세상 자체가 미친 곳이라는 것을 감추기 위해 정신병원이 지어졌다. 인디언 살해를 감추기 위해 인디언 보호구

역이 만들어졌다. 이미 죽어버린 세상을 감추기 위하여 죽음을 전시한다.

자본주의는 시뮬라시옹의 원조이다. "팔기 위해서는 어떤 짓이든 하라", 이것이 자본주의의 원리 없는 원리이다. 자본주의는 실재의 폐허를 만들어냈지만, 모든 것이 시뮬라크르가 되면 원조는 몰락하게 된다. 때문에 자본주의는 이번에는 다시 (사실상 시뮬라크르로서의) 실재를 만들어내는 데 혈안이 된다. 추억의 상품화, 과거의 상품화, 진실의 상품화…가 끝없이 이어지게 된다.

시뮬라시옹 시대는 새로운 미학의 시대이기도 하다. 문학에서의 'hypertextuality' 기법은 시뮬라크르의 시대를 잘 보여준다. 미셸 투르니에의 『방드르디』는 시뮬라크르의 전복이 큰 정치적 역할을 할 수도 있음을 보여주었다. 뒤샹의 〈샘〉은 시뮬라크르의 역능을 유감없이 보여주었다. 앤디 워홀의 깡통들은 '유사성'이 사라진 '상사성'의 세계를 보여준다. 영상의 도래는 시뮬라크르가 우리 삶의 일부분이 되게 만들었다. 영상의 세계는 현실세계와 얽혀 있을 뿐만 아니라, 현실세계가 영상세계를 모방한다.

시뮬라시옹의 시대에 대한 논의는 현대를 인위적 시뮬라크르들이 명멸하는 시대로 파악한다. 논의 그 자체까지도 그 물결에 휩쓸리는 듯이 보일 정도로. 보드리야르에게 시뮬라시옹의 시대는 '진리'를 비롯한 고전적인 가치들이 완전히 의미를 상실한 시대이다. 그렇다면 보드리야르의 주장 자체도 하나의 시뮬라시옹에 불과한 것일까? 날카로운 비판은 점차 몽롱한 냉소로 화해 간다.

시뮬라크르와 시뮬라시옹

보드리야르는 모든 것을 시뮬라크르와 시뮬라시옹으로 과장되게 환원시킴으로써 환원주의적인 담론을 펼치고 있다. 차이들에 세심하게 주목하지 않는 담론들은 게으른 담론들이다. "모든 것은 몸이다"라는 주장과 "모든 것은 마음이다"라는 주장은 외관상 대립하는 듯이 보이지만 사실상 별다른 차이가 없는 주장들이다. 이 점에서 시뮬라시옹론은 환원주의에 입각해 차이들을 소멸시키고 있다고 볼 수 있다.

　이와 같은 식의 주장은 대개 자가당착에 빠지게 된다. 사실이나 진리/진실을 부정해버리면, 그렇게 부정하는 담론 자체도 진리/진실이 아니게 된다. 모든 것을 권력으로 환원시켜버리면, 그런 주장 자체도 권력에 불과한 것이 되어버린다. 모든 것이 시뮬라크르라고 주장하면 그런 주장도 시뮬라크르가 되기 때문에 설득력을 상실해버린다. 이것은 곧 인식론적 디스토피아이다. 이로부터 필연적으로 정치적 보수주의가 따라 나오고, 마지막에는 냉소주의가 승리하게 된다.

　들뢰즈와 보드리야르의 차이는 'virtualité'라는 말에 들어 있다. 들뢰즈에게서 이 말은 잠재성을 뜻하지만, 보드리야르에게서는 '가상성'을 뜻한다. 들뢰즈는 현실 아래의 실재, 현실의 차이(생성)를 가능케 하는 잠재성을 주목한다. 이 점에서 그는 고전적인 의미에서의 철학자이다. 잠재성의 현실화(혼돈으로부터의 생성)가 들뢰즈의 화두이다. 반면 보드리야르는 현실 위에서 파생된 가능성에 주목한다.

그 가능성이 이제 현실성이 되고, 끝내 현실성은 사라진다. 따라서 보드리야르에게서의 'réalité'와 들뢰즈에게서의 'réalité' 역시 의미를 달리한다.

들뢰즈가 '실재'를 탐구하는 반(反)포스트모던적 인물('실재론자')이라면, 보드리야르는 현실과 더 이상 구분되지 않는 상상/가능을 탐구하는 포스트모던의 전형적인 인물이라고 할 수 있다. 그러나 들뢰즈가 사건론의 맥락에서 시뮬라크르를 다룰 때, 들뢰즈와 보드리야르는 일정 정도 접근한다. 사건은 실재의 '표면'에서 떠다니는 것이기 때문이다. 그러나 들뢰즈에게 (잠재성이 아닌) '가능성'은 여전히 피상적이고 주관적인 것에 불과하다.[3]

들뢰즈의 시뮬라크르는 세계에서 발생하는 것, 차이들이지만, 보드리야르의 시뮬라시옹은 철저히 인공적인 차이들이다. 따라서 두 맥락의 구분에 부주의할 경우, '시뮬라크르'라는 개념을 둘러싼

---

3) 이데올로기를 허위의식으로서보다는 현실 속에서 작동하는 일종의 '증상'으로서 파악하는 지젝이 『차이와 반복』이 아닌 『의미의 논리』를 중시하는 것도 이런 맥락에서 성립한다고 볼 수 있다. 증상은 실재로서는 무의식에서 작동하고 있으며, 따라서 그 실재를 파악했을 때 증상은 사라진다. 그러나 현실은 바로 증상으로서 이루어져 있다. 이데올로기는 단순한 거짓이 아니라 현실 속에서 작동하고 있는 '진짜'인 것이다. 지젝은 이 점에서 보드리야르와 가까우며, 가능성/상상의 차원에 더 크게 주목한다. 그러나 헤겔-라캉주의자인 지젝은 가능성의 '과학'을 세우고자 한다는 점에서 보드리야르와 변별된다.

데리다의 '현존의 형이상학' 비판과 그라마톨로지는 보드리야르의 시뮬라시옹을 연상시킨다. 보드리야르가 사회 현상들을 분석하는 시뮬라시옹의 사회학자라면, 데리다는 전통 형이상학을 해체하는 '차異'(différance)의 비판철학자이다. 그러나 데리다의 해체는 단순한 환원이 아니라 기존의 사유에서 새로운 가능성을 읽어내는 '탈구축'(脫構築)의 사유이다. 플라톤에게서 코라의 의미를 읽어내는 대목이 대표적이다. 이 점에서 보드리야르와 변별된다. 굳이 도식적으로 말한다면, 들뢰즈-지젝-데리다-보드리야르로 가면서 실재론은 점점 '감속'하게 되고 완벽한 포스트모던적 시뮬라시옹의 세계에 근접하게 된다.

두 가지 맥락(플라톤에게서는 하나로 엉켜 있었지만, 그의 초월철학을 파기할 경우 필연적으로 분기해야만 했던 두 맥락)을 혼동할 수 있다. 단적인 '실재론자'인 들뢰즈로부터 단적인 반(反)실재론자인 보드리야르까지를 "포스트모더니즘"으로 묶어 부른다면, 그때부터 우리는 모든 것을 혼동하게 된다.

보론 2: 플라톤과 원근법의 문제

플라톤이 그의 이데아론에 입각해 회화의 존재론적 위상을 낮게 보았다는 점은 잘 알려져 있으나, 사실 예술과 플라톤 철학의 관계는 보기보다 복잡하다. 아니 일종의 수수께끼와도 같다. 『국가』에서 그리스 회화의 존재론적 위상을 낮게 평가했던 플라톤이 왜 『법률』에서는 이집트의 회화를 상찬한 것일까? 눈과 빛의 비유에 그렇게 큰 비중을 두고 있는 그의 사유가 왜 광학의 성립에 대해서는 소극적이었을까? 그리스 미술이야말로 이상화라는 면에서 그 자신의 철학과 궤를 같이 하는 것이 아닌가? 일반적으로 르네상스 미술이 플라톤적이라고 하지만, 원근법은 반(反)플라톤적 사유가 아닌가? 플라톤과 미술의 관계는 과연 적대적인가? 플라톤의 사유는 우리에게 여러 가지의 당혹감을 던져 준다.

　이 당혹감을 해소하기 위해 우리는 우선 플라톤 철학의 기본적인 성격을 음미해 볼 것이다. 그리고 그의 사유가 담고 있는 핵심적인 존재론적 통찰에 입각해 지금 제시한 의문점들에 대한 답을 찾아낼 것이다. 이를 위해서는 그의 사유를 고대 미술에서의 원근법의 문제와 연관 짓는 것이 필요하다. 미술사와 철학사의 한 교차점에서 우리는 봄과 앎을 둘러싼 존재론적 드라마를 확인할 수 있다.

플라톤과 진품 가려내기의 철학

철학사적 거장들이 대개 그렇듯이, 플라톤의 사유 역시 여러 각도에서의 해석들을 허용한다. 지금 우리의 맥락에 입각해 여기에서 취하고자 하는 해석-틀은 이것이다: 플라톤의 철학은 진짜를 가짜들의 더미에서 가려내기 위한 철학, 즉 '진정성'(authenticity)의 철학이다.[1] 그의 사유는 가짜 정치가들로부터 진짜 정치가를, 가짜 철학자들(소피스트들)로부터 진짜 철학자를, [⋯] 가려내려 한 '진품 가려내기'의 철학이라고 할 수 있다.

　　이런 문제의식으로부터 '참'과 '거짓'의 구분이 중요한 주제로서 대두된다. 플라톤의 사유는 기만적 현실에 대한 거대한 의구심과 환멸에서 출발했고, 때문에 그의 사유에는 가짜, 환각, 허상, 이미지 등에 대한 강한 저항의식이 배어 있다. 이 점에서 그에게 진짜=진리

---

1) 들뢰즈는 플라톤에게서 '분할법'(diairesis)의 목표는 아리스토텔레스의 분류학에서처럼 어떤 것의 동일성을 확인하는 것(identifier)이 아니라 경쟁자들 —— 예컨대 자신들이야말로 진정한 인민의 목동이라고 주장하는 후보들(『정치가』)이라든가 자신들이야말로 진정한 예술적 광기를 품고 있다고 주장하는 후보들(『파이드로스』) —— 에서 진품을 가려내는 것 (authentifier)에 있음을 지적한다.(Deleuze, *Différence et répétition*, PUF, 1968, p. 84~85)

와 가짜＝거짓의 구분은 본질적인 것이었다. 여기에서 그의 사유 전체를 관류하는 기본적인 테마들 중 하나가 성립한다. 만일 진짜가 존재하고 우리가 그것을 알 수 있다면, 다른 모든 것들은 그 진짜의 '모방'(mimēsis)의 성공 정도에 입각해 존재론적으로 파악되고 가치론적으로 평가받을 수 있으리라는 것이다. 물론 그의 이런 관점에는 세계를 '제작된' 것으로 보는 관점이 맞물려 있으며, 이는 곧 조물주 자신이 이 세계가 이데아세계를 모방하도록 창조했다는 것을 뜻한다. 따라서 모든 것은 이 신적인 모방을 얼마나 가깝게 다시 모방했는가에 따라 존재론적–가치론적으로 정위(定位)된다고 할 수 있다.

이런 철학에 입각했을 때 자연스럽게 따라 나오는 결과들 중 하나는 인공물에 대한 자연물의 존재론적 우위이다. 자연은 신적 모방의 산물이지만 인공물은 인간적 모방의 산물이기 때문이다. 나아가 인공물 중에서도 '실물'과 그것을 그린 회화 사이에 다시 존재론적 위계가 설정된다. 의자의 이데아와 인공물로서의 의자 그리고 의자를 그린 그림 사이에 존재론적 위상에서의 차이가 놓이는 것이다. 의자 그림은 이데아＝진리로부터 "두 단계나 떨어져 있는 것"이기 때문이다. "의자는 비스듬히 보아도 정면에서 보아도 또 달리 보아도 의자임에는 변화가 없지만, 그 겉모습은 여러 가지로 달리 보인다"(『국가』, 598a)는 사실은 중요하다. 의자는 동일성을 유지하지만, 의자를 그리는 화가는 그것의 어떤 '현상'을 그리는 것일 뿐이기 때문이다. 화가는 "현상(phainomenon)을 놓고서 그것이 나타나는 그대로를 즉 그것의 실재(to on)를 모방하는 것이 아니라, 단지 그것의 허상(phantasma)을 모방할 뿐"이라고 해야 한다.(『국가』, 598b)[2] 이런 구도로 존재론적 위계가 성립한다. 철학에서의 가짜가 소피스트에 의해 대표된다면, 문화에서의 가짜는 화가에 의해 대표되고 있다. 이렇게 플라톤에게서는 진실재(眞實在)와 현실세계의 관계에서 후자의 폄하가 현실세계와 인위적 세계에 대한 관계에서 후자에 대한 폄하로 투사된다. 이런 존재론적 위계는 플라톤의 사유 전체를 떠받치고 있다.

플라톤의 이런 문제의식이 특히 농밀하게 표현되고 있는 대화편으로『소피스트』를 들 수 있다. 여기에서 플라톤은 모상술을 '사상술'(eikastikē)과 '허상술'(phantastikē)로 구분하고 있거니와(236c), 여기에서 그의 존재론의 목적이 이데아계와 현실계를 구분하는 것 못지않게 아니 그 이상으로 이데아계와 유사한 것(모상 = '에이콘')과 그로부터 아예 멀어진 것(허상 = '판타스마'/'시뮬라크라')을 구분하는 데 있다는 점을 확인할 수 있다. 이것을 달리 생각해 보면, 플라톤이 이데아론을 구축한 목적 자체가 바로 현실의 사물들 사이에 구분선을 긋기 위해서였다고 할 수 있지 않을까. 이데아 개념은 바로 이 구분을 가능하게 해주는 기준점의 역할을 맡고 있는 것이다. 즉, 그것

---

2) 플라톤은 진리('alētheia')에 대비해서 'eidōlon', 'eikon', 'phantasma'(또는 'simulakra') 같은 말들을 사용했다. '에이돌론'은 모방물 즉 모상(模像)을 뜻한다. 현대어의 '이미지'에 해당한다. 플라톤은 에이돌론을 에이콘과 판타스마/시뮬라크라로 구분한다. '에이콘'은 그 현대어 '아이콘'이 함축하듯이 원본과의 유사성을 갖춘 모상 즉 사상(似像)을 뜻하지만, '판타스마/시뮬라크라'는 그 현대어 '판타즘'(fantasme)/'시뮬라크르'(simulacre)가 함축하듯이 이런 유사성을 거의 갖추지 못한 모상 즉 허상(虛像)을 뜻한다. 의자는 의자-이데아의 모상이지만, 의자를 그린 그림은 그 모상의 모상 즉 허상이다.

은 허상으로부터 모상으로 선을 긋고 그 선을 계속 연장했을 때 도달하게 되는 극한인 것이다. 역으로 생각했을 때, 이 극한에서 모상으로 선을 긋고 그 선을 계속 연장했을 때 도달하게 되는 반대 극한이 곧 허상이라고 할 수 있다. 이렇게 생각해 보면, 이데아론은 애초부터 순수 존재론적 맥락에서가 아니라 오히려 가치론적 맥락에서 착상되지 않았을까 하고 추측해 볼 수 있다. 이 경우, 가치론적 구분(discrimination)을 위한 기준점으로서 이데아론이 착상되었다고 할 수 있을 것이다.

이런 이유에서 플라톤의 이데아론은 즉각적으로 윤리적-정치적 함축을 띠게 된다. 이는 곧 이데아론과 영혼론의 연관성에 관련되는데, 왜냐하면 그리스 윤리학/도덕철학은 그 핵심에서 항상 영혼 개념을 중심축으로 해서 돌았기 때문이다. 사상술을 거쳐 이데아를 추구하기보다 허상술에 빠져 감각적 판단에 휘둘리는 사람은 "영혼의 동요"에 빠지게 되며, 바로 이 때문에 플라톤은 '영혼의 통일성'이라든가 '지혜의 일차성'(지혜를 중심으로 영혼의 부분들을 통합해야 한다는 생각)을 역설했다고 할 수 있다.[3] 그렇다면 지혜 중심으로 영혼을 통일하고 그로써 윤리적 삶을 살 수 있게 해주는 것은 무엇인가? 스피노자 이래의 근대적 전통과는 달리,[4] 플라톤 등 고대 철학자

---

3) 이는 곧 "지혜야말로 아름다운 영혼의 내실을 이루며 정의, 경건, 절제, 선과 더불어 용기도 지혜에서 연유한다"는 것을 뜻한다.(박홍규, 『『프로타고라스』 편에 대한 분석』, 『희랍철학논고』, 민음사, 2007, 76쪽)

4) 스피노자는 우리가 어떤 사물을 좋은 것이라고 판단해서 그것을 욕망하는 것이 아니라 반대로 그것을 욕망하기 때문에 좋은 것이라고 판단한다는 점을 강조한다. '욕망'으로부터

들은 오히려 객관적 진리의 추구에서 열쇠를 찾았다. 이들에게는 무엇인가가 좋기 때문에 우리가 그것을 원하는 것이지, 우리가 원하기 때문에 좋은 것은 아니다. 바로 그렇기 때문에 플라톤에게는 '측정술'이 무엇보다도 중요했다. 측정술이야말로 우리를 감각적/주관적 이미지에 휘둘리지 않고 사물의 객관적 본성에 근거할 수 있도록 해주는 것이기 때문이다.

> 그대들의 시각에는 같은 크기의 것들이 가까이서는 더 크게 보이나 멀리서는 더 작게 보이지 않소? […] 또한 두꺼운 것들도 많은 수량의 것들도 마찬가지가 아니겠소? 같은 소리들 또한 가까이서는 더 크나 멀리서는 더 작겠고요. […] [우리가 이렇게 감각에 휘둘리면서 살아가야 한다면] 우리에게 있어서 삶의 구제책은 무엇이겠소? 측정의 기술(hē metrētikē technē)이겠소 아니면 현상(phainomena)의 위력이겠소? 이 힘은 우리를 헤매게 하며 종종 갈팡질팡케 하여 우리의 행위에서 그리고 큼과 작음 사이에서의 선택에서 종종 후회하게 만들지만, 측정술은 이 외관(phantasma)을 무력하게 만들어 진실(to alēthes)을 드러냄으로써, 영혼이 진실에 머무는 한편 평온을 유지케 하여 삶을 구제해주지 않겠소? […] 참된 지식(epistēmē)이 아니라면, 또 측정술이 아니라면, 무엇이 우리의 삶을 구제해 준단

'가치'가 나오는 것이지, '가치'로부터 '욕망'이 나오는 것이 아니다. 따라서 선/좋음과 악/나쁨에 대한 규정도 바뀐다. "나는 선/좋음이라는 말로써 우리가 '우리 자신에게 유용하다'고 확실하게 아는 것으로 이해한다."(『에티카』, 4부, 정의 1) "나는 악/나쁨이라는 말로써 우리가 '어떤 선/좋음의 소유에 방해가 된다'고 확실하게 아는 것으로 이해한다."(4부, 정의 2)

말이오. 측정술이야말로 바로 지나침과 모자람에 관련된 기술이기에 말이오.(『프로타고라스』, 356c~357a)[5]

이렇게 측정술을 통해서 사물들의 객관적 본성을 파악하고, 영혼을 이런 본성에 조화되도록 살아가는 것에 플라톤적 가치가 있다. 측정술이란 표류하는 현실에서 어떤 동일성을 확보하는 일이며, 이 동일성에 입각해 삶을 질서짓는 기법이다(측정술은 모든 일들을 '적도'(適度/to metrion)에 입각할 때 중용의 길을 갈 수 있다는 생각과 밀접한 연관을 가진다). 그리고 모든 동일성들은 바로 이데아들에 근거하기에, 진품 가려내기는 바로 동일성/이데아를 기준으로 이루어져야 하는 것이다.[6]

예술(여기에서는 주로 조형예술)에 관련된 플라톤의 관점 역시 그의 이런 사유 구도에 입각해 이해될 수 있다. 예컨대 『국가』 3권과 10권 사이에 나타나는 미묘한 차이를 생각해 보자. 3권에서 플라톤은 교육에서의 모방의 역할을 인정한다. 하지만 10권에서는 유명한 "시인" 추방론을 전개한다. 이런 차이는 어디에서 연유할까? 3권이 회화와 더불어 특히 음악을 다루고 있는 데 비해 10권은 주로 회화를 다루고 있음에 주목해 볼 필요가 있다. 음악은 자신의 신체를 사용해서 모방하는 것이지만, 회화는 현상적인 이미지를 모방하는 것

---

5) 플라톤은 다음 전집에 의거해 인용한다. Platon, *Oeuvres complètes de Platon*, Les Belles Lettres, 2002.

6) 『필레보스』, 64d 이하, 『정치가』, 283d 이하, 『법률』, 668b 이하(여기에서는 음악론이 화두가 된다) 등에서도 같은 취지의 논의를 읽을 수 있다.

이다. 다시 말해, 음악이 사상술의 성격에 가깝다면 회화는 허상술에 더 가까운 장르라 할 수 있을 것이다. 그리고 10권에서 플라톤은 "시인"을 화가와 유비적으로 논하고 있다고 볼 수 있다. 결국 사상술과 허상술의 구분이 이런 차이를 설명해 주고 있는 것이다. 이렇게 이데아와 모상의 구분, 모상 내에서의 사상과 허상의 구분을 통한 진품 가려내기의 사유가 플라톤 철학 전반을 관류하고 있다.[7)]

이런 구도에 입각할 때, 우리는 처음에 제기했던 물음 즉 "『국가』에서 그리스 회화의 존재론적 위상을 낮게 평가했던 플라톤이 왜 『법률』에서는 이집트의 회화를 상찬한 것일까?"에 답할 수 있을 것 같다. 그리스의 예술은 현존의 미학을 추구했다. 다시 말해, 그리스 화가들은 자신들이 본 것을 그렸다. 하지만 이집트의 화가들은 자신들이 아는 것을 그렸다고 할 수 있다. 유명한 정원 그림에 그려진 것과 같은 풍경을 우리는 현실에서 볼 수 없다. 이 그림을 어떤 현대인이 그렸다면, 아마 많은 사람들이 그것을 어린이가 그린 것, 일종의

---

7) 플라톤은 이 점을 측정술과 연계시켜 지식들 사이에 가치론적 위계를 부여했다. 어림짐작에 의존하는 화성학보다 계산과 측정에 의거하는 건축이 보다 엄밀하고, 아예 물체에 의존하지 않는 수학적 사유가 건축보다 더 엄밀하며, 가장 엄밀한 분야는 순수 개념을 다루는 철학 즉 변증법(dialektikē)이라고 본 것이다.(『필레보스』, 55c~59c) 또 하나 핵심적인 것은 플라톤이 순수 수학과 응용 수학 사이에서 가졌던 문제의식이다. 짐작할 수 있듯이, 플라톤은 순수 수학을 자연에 적용할 경우 항상 어긋남이 발생하기에 응용 수학은 순수 수학처럼 엄밀할 수 없다고 보았다. 이 점은 그가 생각한 우주가 이데아로써만이 아니라 '코라'(chōra)로써도 되어 있다는 점, 존재론적 원리로서의 '아낭케'(ananchē)의 존재와 연계되며, 왜 플라톤이 자연철학을 "그럼직한 이야기"로 보았는가를 이해할 수 있게 해준다. 하지만 플라톤은 (현대인에게는 오히려 자연철학보다 훨씬 "주관적인" 것으로 느껴지는) 가치의 문제에도 수학을 적용하려 했으며, 이 점에서 그의 사유와 현대적인 의미에서의 합리주의는 같지 않다.

포스터, 꿈속의 광경을 그린 것, 심지어 광인이 그린 것 등으로 해석할 것이다. 하지만 이집트인들은 그들이 대대로 알고 있는 것, 특히 사물들의 본질로서 알고 있는 것을 계속 그렸다. 두드러진 예로서, 눈의 핵심은 정면의 경우에 가장 잘 드러나는 법이기에 그들은 사람의 옆얼굴을 그릴 때조차도 눈을 정면의 눈(눈동자가 한가운데에 있는 눈)으로서 그렸던 것이다. 그들에게는 갈대는 ~한 것, 새는 ~한 것, '~'이라는 '정답'이 존재했다. 플라톤 식으로 말해 이 '정답'이 바로 그 대상의 이데아를 가장 잘 모방하고 있는 '에이콘'인 것이다.

그러나 그리스 예술은 바로 이런 이집트 예술과 (바슐라르의 '인식론적 단절'과 유비적인 표현을 쓴다면) 미학적 단절을 이루면서 예술사의 새로운 경지 즉 현존의 예술을 진수시켰던 것이다. 바로 플라톤의 시대에 말이다. 많은 예술사가들이 BC 6세기로부터 플라톤의 청춘기인 5세기 말 사이에 일어난 그리스 조각과 회화에서의 미학적 단절을 예찬하곤 했다. 아닌 게 아니라 우아하고 생동감 있는 아프로디테의 모습은 확실히 오늘날의 우리에게까지 예술적 감동을 준다. 그렇다면 자신의 청춘 시절부터 피어나기 시작한 이 그리스 예술의 빛나는 성취를 플라톤은 어떻게 바라보았을까? 지금까지의 논의에서 이미 답은 나와 있지만, 이제 당대의 그리스 회화에 대한 플라톤의 부정적인 평가를 보다 심층적으로 들여다볼 필요가 있다. 여기에서는 보는 것과 아는 것을 둘러싼 이 드라마를 공간의 문제, 특히 원근법의 문제에 관련해 논하고자 한다.

플라톤과 원근법

플라톤이 자신의 시대에 일어난 미학적 변모에 대해 복고파의 입장을 대변했다고 할 때, 문제가 되는 중요한 한 주제는 원근법이다. 실제 플라톤이 현존의 예술을 비판한 중요한 이유들 중 하나가 바로 공간에 관련해서였다. 하지만 엄밀한 의미에서 플라톤이 원근법을 비판한 것일까? 미술사적인 맥락을 본다면, 플라톤의 시대에는 원근법이 존재하지 않았다고도 할 수 있기 때문이다. 어떤 사람들처럼 플라톤이 원근법을 비판했다고 말하는 데에는 미술사적으로 무리가 있다. 그럼에도 사상사와 미술사 전반을 놓고서 볼 때, 플라톤의 예술비판을 원근법과 관련시켜 이해하는 것은 가능하다고 본다. 이 점을 조금 더 논해 보자.

플라톤과 원근법의 관계에 관련해 이하 전개될 논의를 위해 우선 (때때로 원근법의 시조로 간주되곤 하는) 음영화(skiagraphia)와 배경화(skēnographia)에 대해 생각해 볼 필요가 있다. 음영화는 그림에서 강조하려는 부분을 돌출시키고 그 외의 부분을 눌러 그림에 요철을 가미하는 기법이었다. 그림에 입체성을 부여하려는 노력에서는 르네상스 시대의 원근법을 연상시키지만, 직접적인 연결에는 한눈에 보아도 무리가 있다. 배경화의 경우는 음영화의 경우보다는 원근법에 조금 더 연결되는 듯하다. 원래 'skēnē'(지금의 'scene')는 배우들이 옷을 갈아입거나 가면을 바꾸어 쓰는 곳으로 만들어진 가건물을 뜻했다. 후에 발전해서 점차 배경화를 의미하게 된다. 플라톤은 음영화에 대해서는 몇 번 언급하지만,[8] 배경화에 대해서는 언급한 바가 없다(하지만 플라톤 당대에 이미 이 말은 쓰이고 있었다). 이 말을 저작에서 처음 쓴 사람은 아리스토텔레스이다. 그에 따르면, "아이스퀼로스는 배우의 수를 한 사람에서 두 사람으로 늘리고, 합창단의 역할을 축소시켜 대화가 대사의 중심이 되도록 만들었다. 나아가 소포클레스는 배우의 수를 세 사람으로 늘리고, 무대에 배경화를 도입했다".(『시학』, 1449a 16~19)[9]

배경화를 원근법의 시조로 보는 데에는 이유가 없지 않다. 배경

---

8) 예컨대 플라톤은 『국가』(X, 602d)에서 음영화의 기법과 다른 유사한 고안물들을 마술의 제작(thaumatopoiia)으로 보고 있다. 당대에 새로 나타난 기법들에 대한 플라톤의 경멸감이 잘 나타나 있는 대목이다. 하지만 플라톤의 비판에는 대개 미학적 비판과 윤리학적/정치철학적 비판이 혼재되어 있음을 염두에 둘 필요가 있다.

9) 아리스토텔레스에게서 배경화의 위상은 그리 크지 않았다. 그는 비극의 구성 요소들로서 이야기/스토리(mythos), 성격/캐릭터(ēthos), 주제/사상(dianoia), 언어/대사(lexis)를 들고서, 여기에 음악과 미술을 덧붙인다. 그리고 말하기를 "남은 요소들 가운데 음악은 감각적인 매력을 덧붙이는 것 가운데 더욱 중요한 것이다. 시각적 장식은 관객의 마음을 움직이는 것이긴 하지만 기법을 가장 필요로 하지 않는 것으로서, 시작에는 가장 관련성이 적다"고 말하고 있다.(『시학』, 1450b 15~18) 아리스토텔레스의 문헌은 '로에브 클래시컬 라이브러리'에 입각해 인용했으며, 『형이상학』은 장 트리코의 번역본에서 인용했다.
그런데 본문에 인용한 아리스토텔레스의 언급은 비트루비우스(BC 80/70~15 추정)의 보고와 상치된다. 비트루비우스는 그의 『건축 십서』에서 평면도와 입면도 그리고 배경화의 화법을 구분하고서, "처음에는 아테네의 아가타르코스가 아이스퀼로스의 비극이 상연될 때 배경화를 그렸다. 그리고 그는 그것에 대해 기록을 남겼다. 이에 자극 받아 데모크리토스와 아낙사고라스는 같은 주제에 관해 책을 썼다"(7권의 서론, §11)고 한다. 생각건대 아마도 아이스퀼로스(BC 525/4~456/5)의 마지막 공연(458년)과 소포클레스(497/6~406/5)의 첫 공연(468년) 사이 즈음에 도입된 듯하다. 현대에 들어와 아테네의 디오뉘소스 극장이 고고학적으로 탐사되었는데, 그 결과 연기하는 장소가 가건물에서 본격적인 건축물로 전환되기 시작한 시기가 5세기 중엽으로 추정되었다. 이는 방금 지적한 배경화가 등장한 시기와 부합한다. 비트루비우스의 저작으로는 다음을 사용했다. Vitruvius, *The Ten Books on Architecture*, trans. M. H. Morgan, Dover Publications, 1960.

화의 도입을 통해서 연극의 공간이 입체화되었던 것은 사실이기 때문이다. 예컨대 망지기가 아가멤논의 도착을 알리는 장소인 망루라든가 그가 아르고스 궁전에 들어갈 때의 문 입구 등이 디자인되었고, 또 아가멤논의 살해 장면에서의 무대장치의 역할 또한 중요했을 것이다(그리스 연극에서는 살해 장면을 직접 보여주지 않았다). 이런 왕궁(이나 신전)의 장면들 외에도 숲(『콜로노스의 오이디푸스』)이나 동굴(『필록테토스』), 바위산(『결박당한 프로메테우스』) 등이 디자인되었던 것으로 알려져 있다. '페르소나'가 양식화되어 있었듯이 무대장치들 역시 정형화되어 있었던 것으로 보이며, 이것은 곧 그리스인들의 공간감각 및 배치(assemblage)의 양식이 일정한 형태를 갖추고 있었음을 뜻한다.

문제는 이런 공간적 배치가 과연 '원근법'으로서 해석될 수 있는가 하는 것이다. 이 맥락에서 문제가 되는 구절은 다음이다: "그들[데모크리토스와 아낙사고라스]은 어떤 고정된 점에 중심이 놓인 경우(certo loco centro constituto), 어떻게 선들이 시점(視點) 및 시선들의 발산에 자연스럽게 일치할 수 있을까를 가르쳐 주었다. 그 결과 이런 눈속임을 통해서 배경화에 그려진 건물들의 외관에 대한 충실한 재현이 이루어지고 그 결과 (모든 것이 수직의 평평한 파사드에 그려져 있음에도) 어떤 부분들은 배경으로 쑥 들어가 있는 것처럼 보이고 다른 부분들은 앞으로 쑥 나와 있는 것처럼 보이게 되었다."(『건축 십서』, 7권의 서문, §11)

이 구절에서 근대적인 원근법의 선구를 읽어내고자 한 사람들은 여기에서 언급되고 있는 "고정된 점"을 소실점으로 해석하고자 했다.[10] 하지만 파노프스키는 이 구절을 달리 해석한다. 우선 경험적으로 현재 보존되어 있는 고대 회화들 중 소실점을 보여주는 작품은 하나도 없다. 또, 파노프스키는 "circini centrum"을 '원의 중심'이 아니라 '컴퍼스의 끝'으로 독해한다. 나아가 비트루비우스가 말하는 중심은 "소실점이라기보다는 오히려 보고 있는 자의 눈을 대리하는 '투영의 중심점'일 가능성이 있다".[11] 그리고 이런 입장에서 작도를 해 볼 때, 우리가 얻게 되는 것은 소실점이 아니라 소실축이며 전체적으로 "물고기 등뼈"와도 같은 구조이다. 현재 남아 있는 작품들을 보면 이런 구조마저 엄밀하게 증명되는 것은 아니지만, 굳이 고대 회화에서 원근법의 시조를 찾는다면 이 정도까지만 논할 수 있다는 것이 파노프스키의 입장이다. 이 문제는 미술사를 보는 다양한 관점들을 낳았다.

　이렇게 고대 원근법의 유무를 둘러싼 논의들이 존재한다. 하지만 지금은 고대의 이런 시도들을 '프로토-원근법'이라 부르면서 2차원 평면에 입체감을 부여하려는 노력이 있었다는 점만을 확인해도 좋을 것 같다. 지금 우리의 맥락에서 논의의 초점은 이런 흐름들에 대한 플라톤의 시각에 두어진다. 예술가의 관점에서 본다면, 눈속임이 합리적 탐구와 배리되지 않는다고 주장할 수도 있다. 눈속임을 하기 위해서는 오히려 매우 정확한 수학적 인식이 전제되어야 하기 때

---

10) 같은 책, 1권, 2장 2절에서는 "배경화는 양 측면이 배경으로 쑥 들어가는 파사드를 그리는 방법으로서, 선들이 모두 한 원의 중심(circini centrum)에서 만난다"는 구절을 읽을 수 있다. 여기에서 "원의 중심" 역시 곧 소실점으로 읽을 수 있는 표현이다.

11) 에르빈 파노프스키,『상징형식으로서의 원근법』, 심철민 옮김, 도서출판 b, 2014, 23쪽.

문이다. 예컨대 엔타시스를 정확히 구사하는 것은 정교한 측정을 하지 않으면 불가능하다. 마술을 그럴듯하게 하기 위해서도 상당한 과학이 필요한 것이다. BC 1세기 후반의 천문학자이자 수학자인 게미노스는 이 점을 다음과 같이 말한다.

스케노그라피콘이란 무엇인가. 그것은 광학의 한 부문으로서, 건축물의 모상(tas eikonas tōn oikodomēmatōn)을 어떤 식으로 적절하게 그릴 것인가를 탐구하는 것이다. 달리 말해, 실제 건축물을 그것이 존재하는 그대로의 것으로 보이게 하려는 것이 아닌 이상, [이 부문에 종사하는 사람은] 어떻게 해서 실제의 비율을 반영시킬 것인가가 아니라 어떻게 꼭 그렇게 보이게 할 것인가를 추구한다. 그리고 건축가의 목적은 그 작품을 겉으로——그렇게——보임에 적합한(pros phantasian) 비율로 만들어 시각의 착오를 가능한 범위에서 보정하는 수단을 발견하는 것에 있으며, 이는 그가 실물에 즉한 등가성이나 균형이 아니라 시선과 상관적인 등가성이나 균형을 겨냥하고 있기 때문이다. 따라서 원통형의 기둥은 그 중앙이 시각에 대해 가늘어 보이는, 휘어져 보이는 경향이 있기에, 건축가는 이 부분을 두껍게 만드는 것이다. 또 [상황에 따라서] 원 자체가 아니라 예각원추의 단면(타원)을 그리면 그것이 원으로 보이고, 방형(方形)을 그리면 그것이 정방형으로 보이며, 또 크기가 다른 열주는 그 수와 크기에 응해서 비율을 변형시키지 않으면 안 된다. 같은 식의 추리가 거대한 조상(彫像)의 작자에 대해서도 성립한다. 즉, [그것의 실질적인 비율은] 그것이 완성했을 때의 겉보기의 비율을 가리키는 것이며,

때문에 그는 시선에 상관적인 비율이 되도록 할 뿐 실제에 즉한 균형을 실현하는 공연한 짓은 하지 않는다.[12] 작품[거대한 조상]은 상당한 높이에 설치될 때 원래 그대로의 형태로는 보이지 않기 때문이다.(「광학」, 강조는 인용자)[13]

플라톤은 자신의 시대에 등장하기 시작한 이런 프로토-원근법을 눈속임(trompe-l'oeil)으로 파악했다. 이것은 실제의 봄을 중시한 예술가와 실재의 앎을 중시한 철학자의 차이였다고 하겠다. 플라톤은 눈속임에 대해 이렇게 말한다.

누군가가 원본의 비율에 따라서 모상의 길이와 폭과 깊이를 만들어 낼 때, […] 비로소 사상술이 성립합니다. […] 하지만 거대한 작품을 주조하거나 그리는 사람들의 경우, 원래의 아름다운 사물이 담고 있는 균형/조화를 그대로 작품에 부여한다면, 당신도 아시겠지만 위쪽 부분은 원래보다도 작게 보일 것이고 아래쪽 부분은 크게

---

12) 게미노스가 언급하고 있는 이 점을 잘 보여주는 일화가 있다. 12세기 비잔티움의 학자 체체스에 따르면, 페이디아스와 그의 제자가 똑같은 작품 두 개를 동시에 만들어 설치하게 되었는데, 그 결과가 사뭇 달랐다고 한다. 고지식하게 만든 제자의 작품은 높은 곳에 설치하자 위쪽이 작아보였으나, 기하학과 광학에 능통했던 페이디아스는 이 점을 고려해 작품을 미리 보정함으로써 높은 곳에 설치했어도 원래의 모습 그대로 보였던 것이다.(Schuhl, *Platon et l'art de son temps*, PUF, 1952, p. 29) 유명한 미켈란젤로의 다비드 상도 마찬가지로 '각(角) 원근법'을 사용해 제작되었다.

13) 게미노스의 이 글은 다음에 수록되어 있다. Schuhl, *Platon et l'art de son temps*, p. 77. 게미노스는 광학을 역학, 천문학, 측지학, 음계학, 연산학과 더불어 응용수학의 한 분야로 보았다.

보이게 될 것입니다. 우리가 한쪽은 멀리로부터 보고 다른 쪽은 가까운 쪽에서 보게 되기 때문이죠.(『소피스트』, 235d~236a)

플라톤에게서 측정술은 존재론적–미학적 맥락에서만이 아니라 실천철학적 맥락에서도 중요했다. 그에게서는 "일체의 혼합은 […] 적도(to metron)와 균형(hē symmetros physis)에 맞지 않을 때 […] 파멸을 맞이하기 때문"이다.(『필레보스』, 64d~e) 플라톤의 예술론의 근저에서 작동하는 것은 사실 이런 존재론과 가치론이었다. 바로 이런 이유에서 당대에 등장한 프로토–원근법은 그에게 진실을 속이는 것으로 다가왔고, 진품 가려내기를 핵으로 하는 그의 사유에서 이런 눈속임들은 가짜로서 솎아내어져야 했던 것이다.

이런 맥락에서 우리는 본 논고의 모두에서 던졌던 두 번째 물음 ("눈과 빛의 비유에 그렇게 큰 비중을 두고 있는 그의 사유가 왜 광학의 성립에 대해서는 소극적이었을까?")에 어느 정도 접근해 볼 수 있다. 플라톤이 광학의 도래를 단호하게 막았다는 증거는 없다. 사실 '배경화'라는 말과 마찬가지로 '광학'이라는 말도 플라톤에서는 볼 수 없으며 아리스토텔레스에게서 처음 확인된다.[14] 그리스에서 본격적인

---

14) 아리스토텔레스는 '광학'(optikē, ta optika)을 자연철학이 아니라 수학적 맥락에서 개념화했다. "광학과 화성학은 시선이나 음성을 시선이나 음성으로서가 아니라 선으로서 그리고 수로서 고찰하는 것이다."(『형이상학』, 1078a 14~16) 즉, 그에게 광학은 시각의 구조에 관한 것이 아니라 응용기하학적인 것이었다. 특히 그는 『기상학』 3권에서는 무리[暈], 무지개, 환일(幻日) 등을 분석하면서 빛의 운행을 기하학적으로 분석했으며, 음의 반향, 그림자의 비춤, 무지개의 등장이 기본적으로 같은 원리 즉 '반사'(anaklasis)와 관계됨을 간파해 내기도 했다.(『분석론 후서』, 98a 24~29) 참고로 현재 남아 있는 최고(最古)의 광학서는 에우클레이

광학은 대략 4세기 중엽에 성립되었던 것으로 보인다. 이는 플라톤의 말년에 해당한다. 그렇다면 플라톤은 광학의 탄생을 단지 목도하지 못한 것일까, 아니면 목도했으되 적극적으로 발달시키지 않은 것일까?

아카데메이아가 수학적 과학들을 발전시켰고, 플라톤이 그 전체를 관장했다는 사실은 잘 알려져 있다. 『국가』(522c 이하)에서 플라톤은 수학적 학문들로서 산술, 기하학, 천문학, 음계론을 들고 있다. 이 당시의 기하학이 평면기하학이며, 플라톤은 아직 입체기하학(solid geometry)은 성립하지 않은 것으로 언급하고 있다. 하지만 『티마이오스』에 이르면 (유명한 정다면체들에 대한 논의에서 잘 볼 수 있듯이) 입체기하학이 중요한 역할을 하고 있다. 입체기하학은 광학과 밀접한 관련을 가진다. 따라서 응용수학으로서 광학이 이 시기에 즈음해 발달하기 시작했을 개연성이 존재한다. 하지만 종합적인 자연철학 저작인 『티마이오스』에는 광학이 나오지 않는다.

후대의 프로클로스의 전언에 따르면 고대에 배경화는 광학의 한 분야, 정확히는 광학과 밀접히 연관된 분야였던 것으로 추정된다.

광학(optikē)은 [⋯] 기하학에서 [⋯] 파생한 것이며, 시각적 선분들과 그것들에 의해 만들어지는 각들을 사용한다. 광학은 다시 좁은

데스의 『광학』이며, 아리스토텔레스의 연구와 궤를 같이 한다고 할 수 있다. 수학적 철학자인 플라톤이 (우리의 가설이 맞다면) 광학의 본격화를 주저한 것과 대조적으로, 비-수학적 철학자인 아리스토텔레스가 수학적 광학을 진수시킨 것은 묘하다고 하겠다.

의미에서의 광학과 반사광학(katoptrikē)로 분류된다. 좁은 의미에서의 광학은 평행선이 수렴하는 것으로 보인다거나 사각의 탑들이 둥글게 보이는 경우들처럼 떨어져 있는 대상을 볼 때 생겨나는 왜곡된 모습을 다루는 분야이며, 일반적인 반사광학은 빛이 반사되는 다양한 방식들을 다룬다. 후자는 사상술(eikastikē)과 결부되어 있고, '배경화'라 불리는 것을 연구한다. 이 배경화란 대상들이 멀리에서 또는 높은 곳에서 보일 때 그 이미지들의 비례관계가 사라지거나 모양새가 일그러지지 않도록 하는 기법이다.[15]

이 문단에서 알 수 있듯이, 고대에 광학은 이미지들의 왜곡, 사상술, 배경화 등과 밀접하게 연관된 분야였다. 더구나 프로클로스는 아카데메이아의 학문을 이은 인물이고, 『에우클레이데스의 『원론』, 1권에 대한 주해』의 매우 긴 서론은 대부분 플라톤과 아카데메이아의 수학적 학문의 이념을 논하는 데 할애되어 있다. 광학은 한편으로 기하학적 학문이기도 했지만, 다른 한편으로 사상술과 밀접한 관련이 있었던 분야였던 것이다.

우리는 이런 맥락에서 플라톤이 프로토-원근법의 도래를 불만스럽게 여겼듯이, 광학의 도래 역시 반기지 않은 것이 아닐까 하고 추측해 볼 수 있다. 헤르쿨라네움의 파퓌루스 문서 1021의 다음 문구는 이 추측을 더 강화해 주는 것으로 보인다(더구나 이 보고가 아카

---

15) Proclus, *A Commentary on the First Book of Euclid's* Elements, trans. G. R. Morrow, Princeton University Press, 1970, p. 33.

데메이아의 초기에 대한 보고임에라).

이 시기에 수학 분야에서는 큰 진전이 있었고, 플라톤은 전체의 기획자 역할을 했다. 그는 수학자들에게 문제를 부여했고, [테아이테토스 등의] 수학자들은 그 문제들을 열심히 연구했다. 이런 식으로 계측론(metrologia)과 정의(定義)들을 둘러싼 제 문제의 탐구가 이 시기에 처음으로 그 정점에 도달했다. 이는 에우독소스와 그 동료들이 히포크라테스의 이전의 방식을 크게 바꾸었기 때문이다. 기하학도 또한 큰 진전을 보였다. 이는 해석과 유해조건(有解條件/diorismos)에 관한 명제(lēmma)가 확립되어, 전반적으로 기하학은 현저히 진전을 보았기 때문이다. 나아가 광학과 기계학 또한 무시되지 않았다.(필로데무스, 「아카데메이아 관련문서」)[16]

인용문에서 광학과 기계학 또한 "무시되지 않았다"는 표현이 묘한 뉘앙스를 풍긴다. 에우독소스가 기하학적 증명을 기계를 써서 시도했다가 플라톤의 힐난을 들었다는 유명한 이야기를 떠올려 보면, 우리는 상황을 상당 정도 짐작해 볼 수 있다. 플라톤에게 광학과 기계학은 결코 수학적 학문의 반열에 오를 수 없는 분야였던 것이다. 그리고 앞의 프로클로스의 인용문과 이 대목을 연결해 볼 때, 우리는 일정한 개연성을 가지고서 플라톤이 광학의 도래에 소극적이었던

---

16) Zhmud, *The Origin of the History of Sciecne in Classical Antiquity*, trans. A. Chernoglazov, de Gruyter, 2006, p. 87.

이유와 현존의 미학에 대한 그의 꺼림 사이의 관련성을 추측해 볼 수 있는 것이다.

어쨌든 당대 도래한 현존의 미학에 대한 플라톤의 이런 비판 그리고 다른 여러 요인들도 작용해, 고대 회화에서 원근법은 점차 자취를 감춘다.[17] 특히 제국 로마에 이르러 프로토-원근법은 더 이상 볼 수 없게 된다.[18] 구체적인 차이들을 접어둔다면, 이집트 회화를 연상시키는 그림들이 다시 등장하기 시작한다. 현대인들에게 중세 회화는 그림보다는 포스터를 연상시킨다.[19] 하지만 현대인들이 익히 알고 있듯이, 르네상스기에 이르러 프로토-원근법은 근대적 원근법으로 완전히 환골탈태해 새롭게 탄생하기에 이른다. 플라톤이 비판했던 현존의 미학이 완벽하게 부활한 것이다. 그리고 이 미학을 떠받친 핵심적인 요소들 중 하나가 바로 광학이었다는 점은 무척이나 시사적이다. 이렇게 근대 회화는 반(反)플라톤적인 현존의 미학을 진수

---

17) 플라톤 식의 비판이 그 후에도 작지 않은 영향을 끼쳤다는 점은 예컨대 섹스투스 엠피리쿠스의 『논박』(VII, §§87~88)에 등장하는 한 구절에서도 알 수 있다. 엠피리쿠스는 메트로도로스 등 '규준'(kritērion)을 거부하는 회의주의자들을 논하면서, "아낙사르코스와 모니모스는 사물들을 '배경화'에 비유하면서 그것들은 꿈이나 광기에서 나타나는 것들과 같다고 여겼다"고 말하고 있다.(Empiricus, *Against the Logicians*, trans. R. Bett, Cambridge University Press, 2005, p. 19) 환영/환상의 비유로서 '배경화'라는 말이 쓰이고 있다.

18) 프로토-원근법이 사라지는 시기와 신플라톤주의가 흥기한 시기는 대체적으로 일치한다. 프로클로스의 '빛의 형이상학'과 산 비탈레 성당의 모자이크 사이에는 어떤 관련성이 있을까? 우리의 맥락에서, 특히 '추상공간'의 등장이라는 맥락에서 연구해 볼 만한 흥미로운 주제가 아닐 수 없다.

19) 중세에 프로토-원근법이 완벽하게 소멸했던 것은 아니다. 화면에 대각선 구도를 쓴다든가 사물들의 크기를 달리해 그림으로써 거리감을 표현하는 경우도 있었다. 그러나 전체적으로는 미미한 수준이었다고 보아야 하는데, 르네상스 원근법이 본격적으로 등장했을 때 사람들이 크게 놀랐다는 사실이 이를 증명해 준다.

시킴으로써 흔히 말하는 '가시성(visibilité)의 시대'를 연 것이다.

원근법은 반(反)플라톤적인가?

하지만 이것이 이야기의 끝은 아니다. 다음과 같은 의문——우리가 던졌던 네 번째 물음——이 떠오른다. 르네상스 미술은 그리스적/플라톤적 이상화를 기반으로 하고 있다는 상식과 르네상스 미술의 핵심(들 중 하나)인 원근법이 반-플라톤적이라는 사실은 어떻게 양립할 수 있는가? 르네상스 이래의 미술은 플라톤적인가 반-플라톤적인가? 르네상스 미술을 플라톤적인 눈길로 보는 일반적인 이해의 장에서 보면 반-플라톤적인 원근법의 존재는 매우 기이하다.

그래서 우리는 이런 물음을 던져볼 필요가 있다: 과연 원근법은 반-플라톤적인가? 에른스트 마하 이후에 전개된 원근법 비판을 들여다볼 경우 사태는 분명해진다. 많은 경험주의 사상가들이 원근법을 경험적인 것이 아니라 오히려 플라톤적인 것으로서 비판해 왔던 것이다. 현존의 미학에 입각해 있는 원근법이 왜 오히려 플라톤적인 것으로 비판되어 왔을까?

르네상스 원근법을 유심히 들여다보면, 몇 가지의 특성을 발견할 수 있다. 무엇보다 눈에 띄는 것은 등질공간(homogeneous space)의 존재이다. 원근법을 구사하고 있는 화면은 무한하고 연속적인 등질공간의 토대 위에 자리 잡고 있다. 이 공간은 바로 에우클레이데스적 공간이다. 또 하나 중요한 것은 르네상스적 원근법에서는 시각상(視覺像)의 만곡(彎曲)이 반영되어 있지 않다는 점, 달리 말해 (오늘날의 성능이 좋은 카메라에서처럼) 만곡이 이미 '교정'되어 있다는 점이다. 이런 공간과 시각이 성립하려면 시점이 하나이고 부동이어야 한다. 또, 시각의 피라미드가 평평한 절단면을 가져야 한다.[20] 사실 원근법을 구사한다 해도 거기에는 화가의 시점이 놓인 장소(와 경우에 따라서는 그 이동), 각 상황에서의 음영 및 색의 변화, 대상과 화가 사이의 거리(더 근본적으로 특정 '대상'의 개별화/추상 자체), 단안(單眼)으로 보는가 복안(複眼)으로 보는가 등등 여러 요인들이 개입한다. 하지만 원근법을 구사한 그림들에서 이런 요소들은 거의 사상된다. 원근법은 바로 베르그송이 서구적 합리성의 원형으로 본 플라톤적-에우클레이데스적 등질공간을 그 무의식으로 하고 있는 것이다.

그렇다면 원근법은 이중적이다. 즉, 반-플라톤적인 동시에 플라톤적이다. 그것은 현존의 장에 충실하고자 했다는 점에서 반-플라톤적이지만, 그 장을 이상화/합리화했다는 점에서는 플라톤적이었던 것이다. 때문에 플라톤이 후대의 보다 사실적인 그림들에 대비해 이 그림들을 본다면 "이 그림들은 그래도 이데아 쪽으로 조금은 가까이 가려 노력한 흔적이 보이는군"이라고 말할 것 같다.[21] 하지

---

20) 알베르티의 『회화론』(김보경 옮김, 기파랑, 2011) 1권에 나오는 그림들을 보라. 알베르티는 3차원 공간의 대상을 지각하는 시각의 구조를 원근법에 입각해 설명하고 있으며, 그 후 그러한 모습을 이차원적인 화면 위에 재현하는 방법을 논하고 있다. 이 과정에서 '시각 피라미드' 개념은 핵심적인 역할을 한다.
21) 하지만 생각해 보면, 이 이상화의 경향은 그리스 미술 전성기의 미학이기도 했다. 우리가 다

만 원근법을 구사했던 인물들은 자신들의 방식이 지각의 장/현존의 장에 충실한 것이라고 생각했다. 후대의 비판가들은 이를 "원근법의 신화"라 불렀는데, 마하의 비판이 대표적이다.

> 나 자신 뚜렷하게 기억하고 있거니와, 세 살 즈음에 접했던 모든 원근법적인 그림들이 내게는 캐리커처처럼 보였다. 내게는 왜 화가들이 테이블의 앞쪽을 그렇게 넓게 그리고 반대쪽을 그렇게 좁게 그리는가가 이해되지 않았다. 실제의 테이블은 내게는 가장 먼 쪽과 바로 앞의 쪽이 같은 폭을 가지고 있는 것으로 보였는데, 왜냐 하니 내 눈은 내가 일부러 그렇게 하지 않아도 스스로 계산[보정]하고 있기 때문이다. 하지만 화면 위의 테이블 그림은 그려진 것으로서가 아니라 생각된 것으로 보아야 하며 게다가 깊이 있게 해석되어야 한다는 것은 내게는 이해하기 힘든 농담이었다. 나는 다른 사람들도 이 점을 이해하지 못하고 있다는 점에서 위안을 느낀다.(에른스트 마하, 「인간은 왜(wozu) 두 개의 눈을 가지고 있는가?」)[22]

른 지역들의 작품들과 그리스의 작품들을 비교해 볼 때 누구나 느낄 수 있는 차이들 중 하나가 바로 이상화의 경향인 것이다. 이는 우리가 제시했던 세 번째 물음("그리스 미술이야말로 이상화라는 면에서 그 자신의 철학과 궤를 같이 하는 것이 아닌가?")과 관련된다. 결국 플라톤 자신의 생각과는 달리, 그리스의 미술은 적어도 이 점에서는 오히려 플라톤적이었다고 해야 하지 않겠는가? 플라톤은 자신의 존재론적 입장(그러나 그 심층에서는 정치철학적 입장)에서 현존의 미학을 비판했지만, 그 미학은 다른 측면에서는 바로 플라톤 자신이 강조했던 비례, 균형, 조화를 추구했던 것이다. 그리고 플라톤과 회화의 이런 이중적 관계는 원근법의 시대에 다시 한 번 묘하게 반복된 것이다.

22) Ernst Mach, *Populär-wissenschaftliche Vorlesungen*, Johann Ambrosius Barth, 1903, S. 88. 마하의 다음 저작에서도 유사한 논지가 펼쳐진다. Mach, *Die Analyse der*

등질공간 즉 기하학적 공간과 실제 지각공간의 차이가 잘 나타나 있다. 다빈치의 〈최후의 만찬〉은 이 점을 극명하게 보여주는 예이다. 사실 이런 지적은 버클리가 그의 시각론에서 표명한 바 있고, 간접적으로는 칸트가 왼손과 오른손을 합동시킬 수 없다는 사실을 들어 '공간'이란 우리 신체의 정위(定位)를 떠나서는 성립하지 않는다는 점을 보여준 것과도 연관된다.[23] 그리고 이런 논점은 카시러, 메를로-퐁티 등 여러 철학자들에게서 발견할 수 있다.

사정이 이러하다면, 우리는 원근법이란 현존의 미학에 충실한 것이라기보다는 오히려 현존의 장에 플라톤적 시각을 투영해 그것을 재구성한 것이라고 해야 하지 않겠는가. 원근법은 3차원 사물들을 2차원에 재현하고자 할 때 취할 수 있는 자연스러운 기법 같지만, 굿맨도 지적하듯이 원근법을 익히기 위해서는 오히려 특정한 기법들을 상당 기간 훈련해야 하는 것이다. 원근법은 "자연스러운" 것이기보다는 세계를 보는 특정한 한 방식, 즉 "규약적인" 것이다.[24] 떨어져 있는 거대한 조각을 (원근법주의자들의 기준에서) "올바로 보이도록" 할 때, 그것이 사실적(寫實的)으로 표현되려면 [실물과] 극히 다른 형태가 되지 않으면 안 된다. 더욱이 "올바로 보이도록" 하려는 방법이 미리 정해진 보편적인 법칙으로 환원되는 것이 아니다. 왜냐하면 대상이 어떻게 보이는가 하는 것은 그 방향, 거리, 밝기 등만이

Empfindungen und das Verhältnis des Physischen zum Psychischen, G. Fischer, 1922.

23) 공간론과 장소론에 관련해 칸트의 이 논의가 함축하는 의미는 에드워드 S. 케이시, 『장소의 운명』(박성관 옮김, 에코리브르, 2016), 403쪽 이하에서 잘 분석되어 있다.

아니라 그것에 대해서 우리가 알고 있는 모든 것, 나아가 우리의 수련, 습관, 관심 등에도 의존하고 있기 때문이다.

플라톤이 원근법(프로토-원근법)의 상대주의를 비판했다면, 얄궂게도 굿맨은 오히려 그 절대주의를 비판하고 있는 것이다. 플라톤에서 원근법은 '허상술'과 연속적이다. 그가 본 원근법은 모두 실재인(einai) 것이 아니라 실재처럼 보이는(dokei) 것에 주안점을 둔 기법들이다. 반면 굿맨이 볼 때 원근법은 실재를 왜곡한다는 데에 문제가 있는 것이 아니라 실재의 한 '판본'일 뿐인 것을 실재로서 간주하게 한 점에 문제가 있는 것이다. 플라톤이 객관적 실재를 전제하고서 원근법의 주관주의/상대주의를 비판했다면, 굿맨은 오히려 상대주의를 전제하고서 (플라톤이 주관주의/상대주의라는 이유로 비판했던 그) 원근법을 객관주의/절대주의라는 이유로 비판한 것이다. 플라톤이 프로토-원근법의 비-합리성을 비판했다면, 굿맨 등은 오히려 근대 원근법의 합리성을 비판했다고 하겠다. 이렇게 원근법은 반-플라톤적이었던 것인 동시에 또한 플라톤적인 것으로서 비판받는 이중적 존재였던 것이다.

---

24) "오로지 동양의 회화에만 익숙해져 있는 눈은 원근법으로 그린 그림을 이해하는 데 한참이 걸릴 것이다."(Nelson Goodman, *Language of Art: An Approach to a Theory of Symbols*, Hackett, 1976, pp. 14~15) 오스만 투르크의 화가들은 현존의 미학(원근법)에 입각한 베네치아 화가들의 그림을 '악마의 그림'이라 생각했다(그러면서도 그 화풍에 매혹되어 몰래 모방하고자 했다). 전통적인 이슬람 세밀화는 인간의 눈이 아닌 신의 눈으로 그림을 그려야 하는 것이었고, 그래서 경지에 오른 화가는 아예 눈이 멀어버린다고 믿었던 것이다. "눈이 먼다는 건 고요해지는 것이지. […] 그림이 가장 심오한 경지에 이르는 것은 신이 어둠 속에서 나타나는 것을 볼 때라네."(오르한 파묵, 『내 이름은 빨강 1』, 이난아 옮김, 민음사, 2009, 114쪽)

이제 우리가 던졌던 마지막 다섯 번째 물음("플라톤과 미술의 관계는 과연 적대적인가?")을 생각해 보면서 결론을 내려 보자.

플라톤과 예술의 관계를 간단히 적대적이라고 보기는 어렵다. 플라톤이 당대의 예술에 대해 다소 야박한 평가를 내리긴 했지만, 이미 지적했듯이 그리스 예술은 그 한 측면에서 플라톤적이었던 것이다. 플라톤과 그리스 예술은 '이상화'라는 가치를 공유했다고 보아야 한다. 그 후 서구 미술은 플라톤이 비판했던 현존의 미학을 버리고 무-관점의 세계로 나아간다. 그러나 르네상스에 이르러 현존의 미학은 다시 환골탈태한 모습으로 등장하게 된다. 이때 플라톤과 미술의 이중적 관계가 다시 묘하게 반복된다. 원근법은 현존의 미학을 추구한 반-플라톤적 기법이었지만, 또한 동시에 현존을 이상화한 플라톤적 기법이었던 것이다. 바로 이런 점이 비판의 대상이 되면서, 서구 미술은 경험의 차원을 보다 잘 재현하는 현존의 미학을 추구하게 된다. 인상파는 그 극한에서 등장한 사조이며, 그 근저에는 베르그송적 생성존재론이 깔려 있다. 〈루앙 성당〉 연작에서 어떤 것이 더 사상술적이며 어떤 것이 더 허상술적인가를 묻는 것은 의미가 없다.

하지만 잘 알려져 있듯이, 현대 예술에 이르러 예술적 재현의 개념은 한계에 달하고 '추상미술'이 전면에 부각되기에 이른다. 여기에서 우리는, 복잡다단한 현대 예술을 단순화하는 것은 금물이지만, '추상'이라는 말이 시사하듯이 플라톤적 존재론이 예술적 활동의 근저에서 새로운 힘을 발휘하고 있음을 확인하게 된다. 상호 대조적인 뉴먼과 폴락의 그림들이 잘 보여주듯, 현대 회화에는 내용상 플라톤적인 작품들도 있고 반-플라톤적인 작품들도 있다. 하지만 전체적으로 볼 때, 현대 회화를 이끌어온 힘은 가시적 현실 너머에서 화가가 사유하는 차원을 그리고자 하는 욕망이었다고 해야 하지 않을까. 현대 회화가 이데아를 그리려고 한 것은 아니지만(물론 실제 내용상 그런 사조들도 적지 않다), 각 화가들이 이데아의 자리에 놓고자 하는 그것을 그리려 애써 온 역사가 현대 추상회화의 역사인 것이다. 이렇게 본다면, 플라톤과 회화(넓게는 미술)의 관계는 플라톤 자신이 생각한 것 이상으로 본질적이었으며, 플라톤적인 것과 반플라톤적인 것은 서구 미술사를 관류해 온 일종의 무의식이었다고 해야 하리라.

찾아보기